绩效审计理论与实务

王会金　贾云洁　编著

中国财经出版传媒集团
中国财政经济出版社

图书在版编目（CIP）数据

绩效审计理论与实务／王会金，贾云洁编著．--北京：中国财政经济出版社，2020.12（2025.1重印）
ISBN 978－7－5223－0117－4

Ⅰ.①绩…　Ⅱ.①王…②贾…　Ⅲ.①效益审计－高等学校－教材　Ⅳ.①F239.42

中国版本图书馆 CIP 数据核字（2020）第 197495 号

责任编辑：陆宗祥　　　　责任印制：史大鹏
封面设计：卜建辰　　　　责任校对：徐艳丽

中国财政经济出版社 出版
URL：http：//www.cfeph.cn
E－mail：cfeph@cfeph.cn

社址：北京市海淀区阜成路甲 28 号　邮政编码：100142
营销中心电话：010－88191522
天猫网店：中国财政经济出版社旗舰店
网址：https：//zgczjjcbs.tmall.com
北京厚诚则铭印刷科技有限公司印刷　各地新华书店经销
成品尺寸：185mm×260mm　16 开　20.5 印张　426 000 字
2020 年 12 月第 1 版　2025 年 1 月北京第 2 次印刷
定价：50.00 元
ISBN 978－7－5223－0117－4
（图书出现印装问题，本社负责调换，电话：010－88190548）
本社质量投诉电话：010－88190744
打击盗版举报热线：010－88191661　QQ：2242791300

前言

虽然我国的绩效审计实践还在探索过程中，但也不乏有关绩效审计论著，为普及绩效审计理论和实践认知作出了重要贡献。纵观绩效审计的专门论著，依据其内容特征，主要分为四大类：一是介绍国外绩效审计理论、准则和实践经验类著作；二是国内学者编著的绩效审计理论与实务类著作；三是国内审计机构依据实践探索经验编著的绩效审计理论实务、准则指南及案例类著作；四是专门的绩效审计案例类著作。依据绩效审计的适用对象而言，多偏重于政府绩效审计理论、实践、准则指南和案例，有关盈利企业等适用于内部审计的绩效审计理论实践和案例著作较少。

南京审计大学是我国，乃至全世界，唯一以审计命名的财经高校，凭借审计专业的特色优势，为我国的审计事业发展培育了大批人才。随着国内绩效审计研究的兴起，也曾是国内首屈一指开设“经济效益审计”课程的高校，引领着国内“绩效审计”课程和教材建设，也形成了一个热衷于绩效审计研究、专注绩效审计教学实践的高质量师资团队，但后因学校人才培养方案的改革，原专业主干课——经济效益审计课程被取消，相关内容拆分到政府审计和内部审计专业主干课程中分别讲授，国内最早一批的经典教材《经济效益审计》（陈思维、王会金、王晓震编著）的后续修改更新未能及时跟进。之后，随着“绩效审计”专业选修课的开设，高质量绩效审计教材建设工作又提上了日程。因此，编著一本体现南审特色、适合高校和实务部门使用、兼顾政府审计和内部审计需求、融合中外绩效审计理论实践的高水准绩效审计教材，刻不容缓。

本著作由王会金、贾云洁在征求国内外绩效审计理论和实务专家意见的基础上，拟定写作提纲，并完成初稿的撰写，在此基础上历经多年的本科生、研究生、审计实务工作者教学培训的实践检验，又经过两年多的编著修订，终于完成了这本《绩效审计理论与实务》著作书稿。本书在撰写和出版过程中，得到了诸多领导、专家、学者的支持和帮助，在此谨向他们致以诚挚的谢意！感谢南京审计大学的各位领导、老师提出了宝贵的意见和建议，特别感谢政府审计学院绩效审计团队老师的倾力相助，以及在本书稿的校对中不辞辛苦、认真负责的研究生孙镜轩、李劼、顾佳乐等同学。中国财政经济出版社陆宗祥副编审等编校人员也对本书的出版做了大量专业、细致工作。本书出版还受“江苏省优势学科—现代审计科学”资助，在此一并表示感谢。

本著作在体例架构上分为理论框架、实务流程和案例分析三大模块，在通识的理论框架之上，注重实践性和实用性，满足教学和实践的双重需求。由于能力和水平所限，书中不足之处在所难免，敬请审计界同仁与各位读者不吝赐教。

王会金　贾云洁

2020 年 6 月于南京

目录

第一部分　理论框架

第二部分　实务流程

第三部分　案例分析

第一部分

理论框架

第一章　绩效审计概论

【导读】绩效审计是审计业务发展到高级阶段的产物。为准确界定绩效审计的概念，需要延展讨论其他的相关概念，包括绩效、绩效管理、绩效评价（评估）。本章在明确界定相关概念的基础上，进一步延伸讨论了绩效审计与绩效管理、绩效评价（评估）之间的关系，旨在帮助读者准确地理解和掌握绩效审计的概念、分类及特征。

【关键词】绩效、绩效管理、绩效评价、绩效审计

第一节　绩效审计相关概念界定

一、绩效

（一）绩效涵义

"绩效"一词是英文"Performance"的汉译，来源于管理学，不同的人对绩效有不同的理解。《牛津现代高级英汉词典》：Performance——"执行、履行、表现、成绩"。这种界定本身含糊不清。有人认为，绩效是指组织、团队或个人，在一定的资源、条件和环境下，完成任务的出色程度，是对目标实现程度及达成效率的衡量与反馈。也有人认为，绩效是指完成工作的效率与效能，或者是指那种经过评估的工作行为、方式及其结果；绩效是组织为实现其目标而开展的活动在不同层面上的有效输出。

1. 从字面意思分析，绩效是"绩"与"效"的组合

"绩"就是业绩，体现组织的利润目标，又包括两部分：目标管理（MBO）和职责要求。组织有组织的目标，部门（团队）有基于部门（团队）职责或任务的目标，个人也有个人的目标要求。目标管理能保证企业向着希望的方向前进，对实现目标或者超额完成目标的，可以给予奖励，比如奖金、提成、效益工资等；职责要求就是对部门和员工的日常工作任务要求，比如业务员除了完成销售目标外，还要做新客户开发、市场分析报告等工作，对这些职责工作也有要求。

"效"就是效率、效果、态度、品行、行为、方法、方式。"效"是一种行为，体现的是企业的管理成熟度目标。效又包括纪律和品行两方面，纪律包

括企业的规章制度、规范等，纪律严明的员工可以得到荣誉和肯定，比如表彰、发奖状/奖杯等；品行指个人的行为，“小用看业绩，大用看品行”，只有业绩突出且品行优秀的人员才能够得到晋升和重用。类比而言，只有符合一定时期法律法规要求的绩效才是良性、健康、可持续的绩效。

2. 绩效的来源及含义

绩效，单纯从语言学的角度来看，绩效包含有成绩和效益的意思。用在经济管理活动方面，是指社会经济管理活动的结果和成效；用在人力资源管理方面，是指主体行为或者结果中的投入、产出比；用在公共部门中来衡量政府活动的效果，则是一个包含多元目标在内的概念。

绩效是一个组织、部门或个人在一定时期内的投入、产出情况。投入指的是人力、物力、时间等物质资源，或个人的情感、情绪等精神资源；产出指的是工作任务在数量、质量及效率方面的完成情况。由此，衍生出了绩效管理的概念。

综上所述：从现有文献看，学术界对绩效的定义不尽相同，对绩效理解的差异主要在绩效所包括的范围。学术界对绩效核心思想的理解还是比较一致的，基本认同绩效涉及行为过程与行为结果两个方面。一般认为，绩效是由行为付出而引发的有价值的成就①。绩效是成绩与成效的综合，是一定时期内的工作行为、方式、结果及其产生的客观影响。

（二）绩效的特点

绩效具有多因性、多维性和动态性等特点。

1. 多因性

多因性是指组织绩效的优劣取决于多种因素的影响，其中，员工技能、外部环境、内部条件以及激励效应是影响组织绩效的主要因素。

员工技能是指员工具备的核心能力，是内在的因素，经过培训和开发是可以提高的；外部环境是指组织和个人面临的不为组织所左右的因素，是客观因素，我们是完全不能控制的；内部条件是指组织和个人开展工作所需的各种资源，也是客观因素，但在一定程度上我们能改变内部条件的制约；激励效应是指组织和个人为达成目标而工作的主动性、积极性，激励效应是主观因素。

在影响绩效的四个因素中，只有激励效应是最具有主动性、能动性的因素。人的主动性、积极性提高了，组织和员工会尽力争取内部资源的支持，同时组织和员工技能水平将会逐渐得到提高。因此绩效管理就是通过适当的激励机制激发人的主动性、积极性，激发组织和员工争取内部条件的改善，提升技能水平，进而提升个人和组织绩效。

2. 多维性

Bates 和 Holton 指出：“绩效是一个多维建构，观察和测量的角度不同，其

---

① （美）哈罗德·斯托洛维奇，（美）埃里卡·J. 吉普斯. 人类绩效审计技术手册［M］. 第2版. 旧金山：乔西·巴斯·佩弗，1999.

结果也会不同。”概括而言，对于绩效概念的理解，可分为以下三种①：

（1）绩效就是工作结果或产出。有些人认为，绩效应该等同于任务的完成以及结果或产出等指标。这种以产出为导向的绩效解释方法大多出现在实践性文献中。但是，一些学术性资料也采用了同样的方法。绩效可以定义为：“在特定的时间内，由特定的工作职能或活动所创造的产出。”从中我们可以清楚地看到，绩效实际上是被视为工作的属性而加以定义的。以产出为导向的绩效概念，倾向于把工作看成是各种待完成任务的集合，但产出在一定程度上是由某些个体所无法控制的要素决定的，如工作机会不平等问题；况且，对产出的过分关注，有可能会忽视某些更重要的程序和人际关系因素。同时不恰当地强调产出，则可能造成员工对自身要求的误导。产出绩效的概念不能够解释现实中出现的高销售额与低报酬共存的矛盾，这个观点已经受到许多心理学研究成果的挑战。正是出于这种考虑，一些学者更倾向于从行为角度定义绩效。

（2）绩效就是行为。如果追溯评估实践工作历史的话，我们就会发现，绩效的行为化解释方法实际上早就存在了。几十年来，研究人员和实践工作者一直热衷于采用行为学的方式评估绩效，如行为定位记分法（behaviorally anchored rating scales，BARS）、行为观察记分法（behavioral observation rating scales，BOS）和行为预期评分法（behavioral expectation rating scales，BES）。很多学者对行为绩效进行了定义，墨菲（Murphy）称行为绩效是“一套与组织目标相互联系的行为，而组织则构成了个人工作的环境”；施奈德（Schneider）等定义绩效是“个人或系统的所作所为”；坎贝尔（Campbell）等称绩效是“那些与组织目标有关的，并且是可以根据个人的能力进行评估的行动或行为”。在这些行为绩效观点中隐含着这样一种思想：尽管绩效是行为，但并非所有的行为都是绩效；只有那些与目标有关的行为才能称为绩效。

然而，在实践中有些行为有利于组织绩效，如积极帮助同事、与同事互相合作并服从组织目标等，但它们常常无法表达为工作的正式组成部分。尽管如此，人们对质量与服务的日益关注也许意味着，对于许多工作来说，这些行为都是人们所期望的。人们通常把这些行为称为“组织的成员性行为”（organizational citizenship behavior）。事实也的确如此，一些北美学者的研究表明，销售员工的管理者在进行绩效评价时，往往非常重视组织的成员性行为。他们认为，这种组织的成员性行为具有利他性（自愿地帮助人）、自觉性（如参加某些对本职工作而言是非正式要求的会议）和责任感。因此，他们的结论是：“相对于销售员工的实际销售业绩而言，对销售员工的全面绩效评价在更大程度上取决于他们的成员性行为。”

因此，鲍曼和莫托维德罗将绩效区分为任务绩效和周边绩效。任务绩效是指正式定义的工作的各个方面；周边绩效是指组织自发性或超职责行为。任务

---

① 杜清玲，巴连良. 个人绩效概念的多维诠释［J］. 企业改革与管理，2007（1）：54－55.

绩效和周边绩效的提出具有非常重要的意义，尤其是周边绩效，它既尊重了现实情况，同时与组织变革中倡导的、以团队协作为核心的项目组运作方式以及以顾客为主导的组织文化相适应。

(3) 绩效是结果和行为的统一体。一般意义上来讲，“绩效”一词的使用相当宽泛，既包括产出，也包括行为。也就是说，不仅看员工做了什么，还要看他是怎么做的。优秀的绩效，不仅取决于做事的结果，还取决于做这件事所拥有的行为和素质。用公式可以做如下表达：结果（做什么）+行为（如何做）=高绩效。从实际意义上来说，将绩效界定为“结果+行为”是很有意义的。它不仅能更好地解释实际现象，而且一个相对宽泛的界定往往使绩效更容易被大家所接受，这对绩效管理而言是至关重要的。

实际上，在组织不同的发展时期或相同的发展时期、不同层次的员工中，绩效都有着它不同的含义。

概括而言，绩效的含义如果对应的是“结果或产出”，其适用的对象则是高层管理者、销售及售后服务等可量化工作性质的员工，其适用的组织或阶段是高速发展的成长型组织，这类组织强调快速反应，注重灵活和创新；绩效的含义如果对应的是行为，其适用的对象则是基层员工，适用的组织或阶段是发展相对缓慢的成熟型组织，这类组织强调流程、规范，注重规则；绩效的含义如果对应的是“结果+行为”，其适用的对象则是各类员工。

多维性就是指绩效包括的内容相当丰富。就政府绩效而言，从横向来看，它涉及经济、政治、社会、文化等多个维度；从纵向来看，政府绩效可划分为微观、中观和宏观这三个层面，即公务员个人绩效、政府职能部门的绩效与各级政府整体的绩效（刘笑霞，2008）。企业绩效可划分为：企业整体绩效、部门或团队绩效和员工个人绩效。企业整体绩效强调全局性，通常包含产量、盈利、成本等经济性内容，也包含员工满意度、员工成长与发展等非经济性内容；部门或团队绩效，强调集体性绩效，包括部门业务指标、客户满意度、部门之间合作性、团队精神等；员工个人绩效，一般指个体性绩效，它既表现为员工的工作结果，也表现为员工的工作过程，如员工的行为、技能、能力和素质等。三者之间的关系：员工个人绩效是根基，部门或团队绩效为支撑，企业整体绩效为总体；部门或团队绩效是员工个体绩效的整合和放大，企业整体绩效又是部门或团队绩效的整合和放大。就绩效结果体现而言，包括直接绩效、间接绩效，短期绩效和中长期绩效，经济绩效、社会绩效、环境绩效、政治绩效等。

绩效的多维性告诉我们，绩效的优劣应从多个方面、多个角度去分析，也只有这样才能取得比较合理的、客观的、易接受的结果。

3. 动态性

动态性指的是绩效会随着时间的变化而变化。随着时间的推移，绩效差的，可能会改进变好，绩效好的，也可能会退步变差。另外，绩效的动态性也指在不同的发展阶段，目标定位不同，组织所追求绩效的内容、重点等都会随之发生变化和调整。因此，我们不能用一成不变的思维来对待绩效。

4. 可测量性

绩效具有可测量性。刘美凤教授认为，将测量的结果与获得该结果所需付出的成本进行对比是评价绩效的基本方法，并且衡量行为的结果是否达到组织目标是评价绩效的关键①。在企业中，员工的绩效具体表现为完成工作的数量、质量、成本费用以及为企业做出的其他贡献等。绩效的多维性、多因性、动态性特征，决定了以下两点：一是绩效测量时应该从多个方面、多个角度考察，只有这样才能取得客观的结果；二是绩效测量应该考虑不同时间、主体及条件对绩效测量所带来的影响。关于该如何测量绩效，芬维克（Fenwick）提出的“3E”标准在实践中被广泛采用。“3E”标准，即绩效测量应该包括经济（economic）、效率（efficiency）及效益（effectiveness）三个方面②。经济，主要考察投入与成本的关系，主要关注支出是否节约；效率，主要考察投入与产出的比例，主要关注投入是否有效、合理；效益，主要考察产出与预期目标的关系，主要关注预期目标的达成程度。因此，通常意义上说绩效的测量应该能够体现成本、投入、产出与预期目标四个要素。

二、绩效管理

（一）绩效管理的涵义

所谓“绩效管理”，是指各级管理者和员工为了达到组织目标而共同参与的绩效计划制定、绩效辅导沟通、绩效考核评价、绩效结果应用、绩效目标提升的持续循环过程。绩效管理的目的是持续提升个人、部门和组织的绩效。

绩效计划制订是绩效管理的基础环节，不能制订合理的绩效计划就谈不上绩效管理；绩效辅导沟通是绩效管理的重要环节，这个环节工作不到位，绩效管理将不能落到实处；绩效考核评价是绩效管理的核心环节，这个环节工作出现问题，会给绩效管理带来严重的负面影响；绩效结果应用是绩效管理取得成效的关键，如果员工的激励与约束机制存在问题，绩效管理不可能取得成效。

绩效管理强调组织目标和个人目标的一致性，强调组织和个人同步成长，形成“多赢”局面；绩效管理体现着“以人为本”的思想，在绩效管理的各个环节中都需要管理者和员工的共同参与。

绩效管理的过程通常被看作一个循环，是由一系列相互联系、相互依存的部分组成的循环系统。至于分为哪几个关键循环，则有不同的观点。一是将绩效管理循环分为四个环节，其分法不同：有的分为绩效计划、绩效辅导、绩效考核与绩效反馈四个环节；也有分为绩效计划、绩效实施和管理、绩效评估与绩效反馈面谈四个环节；还有分 PDCA 循环（见图 1－1），即制定绩效计划（Plan）、绩效沟通与辅导（Do）、绩效考核与反馈（Check）、绩效诊断与提高（Adjust）③。二是将绩效管理分五个环节，其分法也不同：有的分为绩效计划、

① 刘美凤，方圆媛编著．绩效改进［M］．北京：北京大学出版社，2011：8.

② 蒋云根，金华编著．发展中的公共行政［M］．上海：东华大学出版社，2011：131.

③ 也有的学者把 PDCA 循环称为计划（Plan）、实施（Do）、检查（Check）、修正（Action）。

绩效辅导、绩效考核、绩效反馈与绩效结果应用等五个环节，也有的划分为建立绩效标准、绩效观察和追踪、绩效评估、绩效面谈和绩效辅导五个环节（见图1－2）。

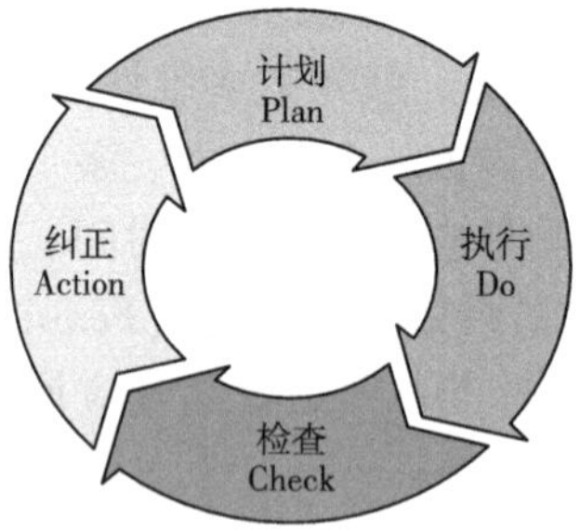

图1－1　PDCA循环

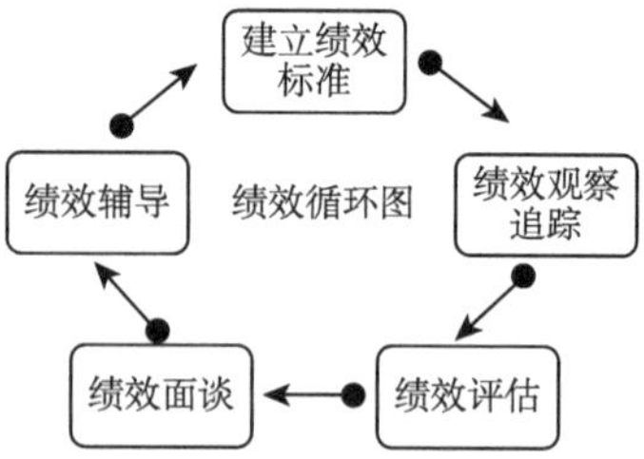

图1－2　五环节绩效循环图

（二）绩效管理的作用

1. 促进组织和个人绩效的提升

绩效管理通过设定科学、合理的组织目标、部门目标和个人目标，为企业员工指明了努力方向。管理者通过绩效辅导、沟通，及时发现下属工作中存在的问题，给下属提供必要的工作指导和资源支持，下属通过工作态度以及工作方法的改进，保证绩效目标的实现。在绩效考核评价环节，对个人和部门的阶段工作进行客观、公正的评价，明确个人和部门对组织的贡献，通过多种方式激励高绩效的部门和员工继续努力提升绩效，督促低绩效的部门和员工找出差距，改善绩效。在绩效反馈面谈过程中，通过考核者与被考核者面对面地交流沟通，帮助被考核者分析工作中的长处和短处，鼓励下属扬长避短，促使个人得到发展；对绩效水平较差的组织和个人，考核者应帮助被考核者制定详细的绩效改善计划和实施举措；在绩效反馈阶段，考核者应和被考核者就下一阶段工作提出新的绩效目标并达成共识，被考核者承诺目标的完成。在企业正常运营情况下，部门或个人新的目标应超出前一阶段目标，激励组织和个人进一步提升绩效，经过这样绩效管理循环，组织和个人的绩效就会得到全面提升。

绩效管理通过对员工进行甄选与区分，保证优秀人才脱颖而出，同时淘汰不适合的人员。通过绩效管理能使内部人才得到成长，同时能吸引外部优秀人才，使人力资源能满足组织发展的需要，促进组织绩效和个人绩效的提升。

2. 促进管理流程和业务流程优化

企业管理涉及对人和对事的管理，对人的管理主要是激励约束问题，对事的管理就是流程问题。所谓“流程”，就是一件事情或者一个业务如何运作，涉及因何而做、由谁来做、如何去做、做完了传递给谁等几个方面的问题，上述四个环节的不同安排都会对产出结果有很大的影响，也极大地影响着组织的效率。

在绩效管理过程中，各级管理者都应从公司整体利益以及工作效率出发，尽量提高业务处理的效率，应该在上述四个方面不断进行调整、优化，使组织运行效率逐渐提高；在提升了组织运行效率的同时，逐步优化公司管理流程和业务流程。

3. 保证组织战略目标的实现

企业一般有比较清晰的发展思路和战略，有远期发展目标及发展规划，在此基础上根据外部经营环境的预期变化以及企业内部条件制订出年度经营计划及投资计划，再具体制订出企业年度经营目标。企业管理者将公司的年度经营目标向各个部门分解就成为部门的年度业绩目标，各个部门向每个岗位分解核心指标就成为每个岗位的关键业绩指标。

对公司来说，绩效管理是增强战略执行力的一套方法，它将个人业绩、个人发展与公司目标有机结合，通过持续改善个人业绩和团队业绩来持续改善公司业绩，并确保公司战略的执行和业务目标的实现。

影响组织绩效的关键因素，主要有以下五个方面：一是工作者本身的态度、工作技能、掌握的知识、IQ、EQ 等；二是工作本身的目标、计划、资源需求、过程控制等；三是包括流程、协调、组织内部的工作方法；四是工作环境，包括文化氛围、自然环境以及工作环境；五是管理机制，包括计划、组织、指挥、监督、控制、激励、反馈等。其中每一个具体因素和细节都可能对绩效产生很大的影响。控制了这些因素就等于同时控制了绩效。管理者的管理目标实质上也就是这些影响绩效的因素。

三、绩效评估（评价）

（一）绩效评估（评价）概念

所谓“绩效评估”，又称为“绩效评价”、“绩效考核”或“绩效考评”，是指将战略转化成一整套可执行的绩效衡量标准与体系，并对照绩效标准，按照一定的程序，通过定量、定性对比分析，对组织、项目或个人一定运营期间的绩效做出客观、公正和准确的综合评判。绩效考核是所有管理者行使有效管理的主要手段之一。绩效考核技巧是管理者必备的能力之一！

（二）绩效评估的类型

1. 效果主导型

考评的内容以考评结果为主，效果主导型着眼于“干出了什么”，重点在结果而不是行为。由于它考评的是工作业绩而不是工作效率，所以标准容易制定，并且容易操作。目标管理考评办法就是该类考评。它具有短期性和表现性的缺点，对具体生产操作的员工较适合，但对事务性人员不适合。

2. 品质主导型

考核的内容以考评员工在工作中表现出来的品质为主，着眼于“他怎么干”。由于其考评需要关注诸如忠诚、可靠、主动、有创新、有自信、有协助精神等员工品质特征，所以很难具体掌握。可操作性与效度较差。适合于对员工工作潜力、工作精神及沟通能力的考评。

3. 行为主导型

考核的内容以考评员工的工作行为为主，着眼于“如何干”和“干什么”，重在工作过程。考评的标准容易确定，可操作性强，适合于管理性、事务性工作的考评。

4. 结合型

有的绩效评估的考评内容关注点不只侧重于一个要素，而是将几个要素结合在一起使用，所以又称为“结合型模式”，或“综合型模式”。其依据不同的评价对象特征，有选择地采用不同的结合模式，比如目前使用比较多的是“结果＋过程”相结合性的模式。

（三）绩效管理和绩效评价的异同

1. 联系

从上述绩效管理循环来看，绩效管理是一个动态的管理过程。绩效评价是绩效管理的一个环节。绩效管理是一个完整的管理过程，它侧重于信息沟通与绩效提高，注重能力的培养，强调沟通与承诺，贯穿管理活动的全过程。绩效考核是绩效管理的一个不可或缺的组成部分，绩效考核为绩效管理的改善提供依据，帮助组织不断提高绩效管理的水平和有效性，使绩效管理真正帮助管理者改善管理水平，帮助员工提高绩效，帮助组织获得理想的绩效水平。

2. 区别

绩效评价只是绩效管理过程中一个局部环节，只出现在特定的时点；绩效管理主要面向未来，侧重于信息的沟通，强调帮助和指导及由此带来的绩效提高，其中沟通贯穿于整个过程。而绩效考核主要面向过去，只侧重于对以往业绩的考核和判断。总体而言，绩效管理与绩效评价的区别，主要体现在以下几个方面（见表1－1）：

表1－1　　绩效管理与绩效评价的区别

	绩效管理	绩效评价
从系统上看	完整的系统	系统中的一部分
从过程上看	结果与过程并重	阶段性的总结
从结果上看	组织与个人双赢	排序并确定优劣
从阶段上看	前瞻性，规划性	回顾过去
从手段上看	有完善的计划、监督、控制手段	考核一个手段
从员工上看	注重能力的培养	注重成绩的大小
从合作上看	建立合作的关系	易形成紧张关系
从沟通上看	事先的沟通与承诺	事后的考评

绩效评价是评估结果的好坏，绩效管理需要探求产生结果的原因，逆向追踪绩效因素。根据对结果的影响作用，不同的因素有不同的影响力。当其他因素都很稳定时，管理者需要关注于某些特定的因素，因为这些因素的变化会对绩效产生直接的重大影响。哪些因素容易变化，对绩效的影响作用大，管理者就需要关注和考核哪些因素。

但要注意的是，过分注重绩效会使员工也只关注绩效而不关注其他东西，这样的坏处是短期内公司会得到大利益但不利于可持续发展。只有具备大教堂思维的人才能做成大事。

四、绩效审计

（一）绩效审计的概念界定

1. 绩效审计的定义

就如绩效的多种概念界定一样，目前世界范围内，并没有适用于营利和非营利组织的、统一认可的绩效审计定义。

（1）对于政府绩效审计而言，许多国际组织和绩效审计领先国家均对绩效审计有着不同定义。目前比较权威的概念界定包括：

①世界最高审计机关的定义。各国对绩效审计的称谓不尽相同，非常不利于这类业务的发展。于是，最高审计机关国际组织在 1986 年第 12 届国际会议上，建议以“绩效审计”（Performance Auditing）统一名称。这届国际会议发表了《关于绩效审计、公营企业审计和审计质量的总声明》，指出：“除了合规性审计，还有另一种类型的审计，它涉及对公营部门管理的经济性、效率性和效果性的评价，这就是绩效审计。”这是全世界范围内第一次对绩效审计进行统一命名，并给出了政府绩效审计的经典定义。该定义指出了绩效审计的内容对象和“3E”审计目标，但并没有强调审计主体。2003 年审计署科研所翻译的《INTOSAI 绩效审计实施指南》中进一步将绩效审计界定为：“是在考虑应有的经济性的情况下，对政府活动（government undertaking）、项目或组织的效率性和效果性进行的独立检查，其目标是实现改进。”进一步强化了概念界定中的独立性要求以及绩效审计的目的。

②美国审计署的定义。《美国审计准则》中给出了绩效审计的定义。其认为：“绩效审计提供客观分析，为管理层、责任人或监管层改善项目绩效与经营，降低成本提供充分信息。”绩效审计为负责监督或采取纠正措施的有关各方制定决策提供便利，促进加强公共责任。其更强调审计的目的是为组织、项目、活动或者职能，提供一个公平的、客观的、可靠的绩效评价。绩效审计的客观性主要通过独立于被审计单位的专业审计机关，独立地检验一个实体或者管理部门在多大程度上可信、高效、有效地执行其所负责的项目，承担的职责、活动等。

③《绩效审计——一种计量的过程和方法》一书中的定义。该书依据审计人员工作于信息产业，审计是加工信息产品的行业这一观念，结合绩效审计准则的定义，提炼出对绩效审计的定义：“绩效审计是一种公平、无偏见的评价活动，以对项目、活动和职能的绩效提供客观的信息，并在必要时明确提出哪些地方需要改进以及这些改进可能产生的影响。普遍认可的绩效审计目的是通过寻求促进政府运营和效果的途径以增加价值。一种方法是对政府实施的项目或者其他政府活动产生的效果进行评价，当这种效果是积极正面时则要进行成本效益分析。另一种更为普遍的方法是找出绩效问题及其影响，进而找出原因以进行纠正。这是一种镜像式反射问题、解决办法的实证

性方法。”该书建议审计人员通过发现他人可以效仿的最佳实务以增加价值。理想的做法是，绩效审计人员客观地评价和报告项目的绩效，不论好坏都保留结构的原始模样。同时认为，如果目标是只报告不良绩效（或许保存改进机会），不报告良好绩效，那么不管这种目标是否明确表述，都很难使审计做到公平、客观。

④加拿大审计长公署的定义。加拿大将政府绩效审计定义为：“综合审计是以系统的方式检查和报告责任及管理人员为完成其职责所采取的活动、系统及控制。”并指出综合审计包括两项内容：一是对财务系统内部控制进行检查和测试，以便能对财务报表发表意见；二是检查管理人员为达到资金价值是否建立了系统和程序。显然其定义和叫法更侧重于将政府财务报表审计和绩效审计协同开展，因而命名为“综合审计”。这类似于我国开展的结合型绩效审计项目的定义，其典型代表是青岛市审计局给出的绩效审计定义。

⑤瑞典审计长的定义。瑞典审计长伯格伦（Berggren）在《瑞典绩效审计》中将绩效审计定义为：“中央机关的效果审计是检查机构或活动的效果和生产能力，其目的是检查运营活动是否有效地、有组织地和经济地进行，效果审计也应对改进中央机关的工作提出意见。效果审计的目的是促进公共机关的效果。”由此可见，瑞典审计署开展的绩效审计业务，目标侧重于效果是否实现或达成预期目标，因此，也称之为“效果审计”。

⑥青岛市审计局的定义。青岛市审计局在其编写的《绩效审计指南》一书中，对绩效审计的概念进行了界定。其认为：“绩效审计是审计机关对依法属于审计监督对象的财政财务收支及其经济活动的真实性、合法性进行审计的基础上，审查其管理和使用财政资金及其他公共资源所达到的经济性、效率性和效果性，并进行分析、评价和提出改进建议的审计行为。”这一定义属于典型的中国式审计定义模式。涵盖的内容要素较为全面。但缺乏简洁性和对绩效审计基本规律的高度概括和总结。

⑦百度词条上的定义。百度词条上的定义为：“绩效审计是指由国家审计机关对政府及其各隶属部门的经济活动的经济性、效率性、效果性及资金使用效益进行的审计。”这个定义突出了绩效审计是以“3E”为核心的，即经济性、效率性和效果性。

（2）就组织内部绩效审计而言，最权威的定义是“绩效审计准则”中给出的定义。

①国际内部审计师协会给出的定义。国际内部审计师协会发布的《内部审计实务框架》由三层次构成：第一层次是强制性的，其核心内容有《内部审计定义》《道德准则》《内部审计实务准则》；第二个层次是《实务建议》（即以前的指南），不是强制性的；第三个层次是《发展和实务指南》。其将内部审计定义为：内部审计是一项独立、客观的鉴证和咨询服务，其目标在于增加价值并改进组织的经营。它通过一套系统、规范的方法评价和改进风险管理、控制和治理过程的效果，以帮助组织达到目标。《内部审计实务框架》中并没有专门的绩效审计准则，因而也无专门的绩效审计定义，单从其给出的内

部审计定义中可以看到其凸显的绩效审计理念烙印。②中国内部审计协会给出的定义。中国内部审计协会在 2013 年 8 月发布的内部审计具体准则 2202 号——绩效审计中，将绩效审计定义为："本准则所称'绩效审计'，是指内部审计机构和内部审计人员对本组织经营管理活动的经济性、效率性和效果性进行的审查和评价。"本定义规避了通常的中国式绩效审计的白描式定义模式，结合了最高审计机关对绩效审计给出的经典定义。重点强调了三点：一是绩效审计开展的主体是内部审计机构和人员，也就是说，开展绩效审计是内部审计机构和内部审计人员的重要职责，当然可以采用自己完成或者是外包给第三方机构完成两种方式；二是将绩效审计的对象内容高度概括为"经营管理"，也可称之为"运营管理"，不再进一步具象化烦琐的列举模式，以提高定义的简洁性和概括性；三是强调了绩效审计的经济性、效率性和效果性目标，这是绩效审计区别其他审计业务类型的根本特征。

2. 绩效审计的各种叫法

据王光远（1996）统计，国内外学者有关绩效审计的提法有 20 多种，如国外学者提出过：业务审计或者叫经营审计（operational audit），业绩审计（performance audit，这个应该是翻译上形成的差异），管理业绩审计或者叫管理审计（management performance audit/management audit），货币价值审计（value for money auditing，这是英国绩效审计的叫法），综合审计（comprehensive audit，这种叫法更多是从组织管理模式上延伸而来的叫法），效率审计（efficiency audit），效果审计（effectiveness audit），制度审计（system audit），"3E"审计（economy、efficiency & effectiveness audit），衡工量值式审计（中国香港审计署的叫法）。

我国学者大都将政府审计机关开展的此类目的审计称为"效益审计"或"绩效审计"，对企业开展的此类目的的审计活动称为"经济效益审计"，而企业内部开展的此类目的的业务通常叫作"经济效益审计""经营审计""管理审计"。目前无论内部审计还是政府审计机关开展的此类业务更多采用了统一的叫法是"绩效审计"。

（二）绩效审计的概念要素

从以上不同视角侧重的绩效审计定义来看，其包含的共性要素是：

1. 审计主体

开展绩效审计的主体可以是政府审计机关、内部审计机构，也可以是第三方中介机构，但开展绩效审计的第一责任主体一般是担负审计监督公共资金、公共部门绩效的政府审计机关，或者是组织内部专设的内部审计机构，或者承担该职责的内部机构，而第三方中介机构一般是接受政府审计机关或者内部审计的委托承接一些绩效审计项目，因此从这个角度而言，开展绩效审计的第一责任主体一般是政府审计机关或内部审计机构。

2. 审计目的

无论从国家审计还是从内部审计而言，开展绩效审计的目的具有共性特征，就是实现"价值增值"。在实现价值增值的各个业务中，财务审计、合法合规审计更多是对过去财务核算结果和行为是否合乎法规制度要求进行确认，虽然也会指出问题，提出改进的建议，但很多损失已无法挽回，而绩效审计则更多是站在客观分析、评价现行绩效，从未来绩效改进的视角寻找改进的空间，是实现价值增值的理想业务模式。

3. 审计对象

绩效审计的对象可以高度抽象概括为运营管理。包括运营管理的资源获取、投入、过程、产出和效果等方方面面，既可以是项目运营管理，也可以是日常的运营管理。具体对象既可以是一个机构，也可以是一个项目、活动或一项具体的职能，项目控制、制度或政策。

4. 审计目标

无论何种审计定义，其一般都包括的绩效审计定义要素就是绩效审计目标：经济性、效率性和效果性，也就是所谓的“3E”目标。后来随着经济社会发展和需求层次的提高，又逐步拓展增加了环保性（environment）和公平性（equity）目标，由此形成了现在常讲的“5E”审计目标。

5. 系统的审计方法

绩效审计和常规审计一样，从审计计划到审计实施，再到审计总结，都需要一套系统的方法，但除了常规的审计方法外，绩效审计还需要利用到一些数量技术方法等。

总之，从上面的定义要素分析来看，真正体现绩效审计业务个性特征，也可称之为“根本属性特征”，是审计目标的不同。因而，要想给出一个适用于政府审计机关和内部审计机构的绩效审计定义，一定要抓住其具体审计内容与客体对象的差异性，寻找二者共同业务属性特征，抽象概括形成通用的绩效审计定义。

基于以上分析，本书所给出的，适用于所有审计主体开展的绩效审计的定义，可以概括为：绩效审计是对被审计单位运营管理的经济性、效率性和效果性而进行的独立、客观的评价活动。

第二节　绩效审计与绩效评价关系

在绩效审计发展起步晚、绩效审计实践经验缺乏、绩效审计准则指南尚需逐步建立和完善的国家或组织机构中，审计人员由于对绩效审计理论和实践特征掌控、拿捏得不够准确，在尝试开展绩效审计项目时经常遇到的现实情况是，把绩效审计项目做成了绩效评价项目，过多地关注绩效指标的设计、权重的分配和打分，忘记了审计的基本业务特征，甚至是做成了两不像的项目。其原因在于两者存在的诸多相似性使得审计人员产生混淆，因而有必要对比分析它们之间的异同。

一、绩效审计与绩效评价的联系

(一) 两者的理论基础相同

绩效审计和绩效评价都是对绩效的审计或评价，因而两者工作开展的理论依据是相同的，包括绩效概念、绩效特征、绩效的影响因素、绩效管理理论等，当然也包括“3E”或者后来拓展到的“4E”“5E”理论，因此，两者具有共同的理论基础。

(二) 两者的目的相似

绩效审计和绩效评价都是对被评价对象的运营管理的经济性、效率性和效果性等进行审查和评价，以提高运营管理的有效性，促进组织目标的实现。

(三) 两者的内容对象相似

绩效审计和绩效评价的内容对象都是组织、项目、活动的运营管理，包括这些绩效行为及其产生的结果，具体包括运营管理的资源获取、投入、过程/流程、产出、效果等，因此在内容对象上具有相似性。

(四) 两者使用的技术方法相似

绩效审计除了采用传统审计的方法之外，还可以大量借用相关学科的数量技术方法，包括绩效评价的方法，两者都充分借鉴了其他学科的数据采集方法，诸如访谈、问卷、调查研究，也运用了相同的如系统分析、逻辑分析、成本效益分析等分析方法。因此，两者使用的技术方法上具有相似性。

(五) 两者使用的评价标准和指标具有同源性

绩效审计与绩效评价都需要选择一定的评价标准和指标来衡量，客观评价绩效的状态，并指出存在的问题，提供改进绩效状况的有用价值信息。因此，绩效审计与绩效评价对于相同的对象领域而言，评价这些对象领域做得好坏优劣使用的评价维度、具体衡量指标设计以及应达到的绩效目标值，也就是评价标准，都是来源于同样的法规制度、方针政策要求，或事先确定的绩效计划，因而，两者使用的评价标准和指标具有同源性。

二、绩效审计与绩效评价的区别

绩效审计与绩效评价除了天生的相似性之外，也必然存在着较多的差异性或者区别。只有准确理解两者之间的差异性，充分利用优势互补，才能产生协同效应，实现更大的价值增值，促进组织战略目标的实现。两者的差异性主要体现在以下六个方面。

(一) 两者的职能定位不同

绩效评价是绩效管理的一个内置的环节，是绩效管理的重要组成部分，因此组织内部开展的绩效评价，是内部管理职责的一部分，它通过日常的绩效管理，监控季度、半年度或年度的绩效完成的情况，兑现绩效奖惩，分析偏差，以促进绩效的持续改进。因而，绩效评价是绩效管理中不可缺少的环节和内容。只有包含绩效评价的绩效管理，才能构成一个完整的绩效管理循环过程，周而复始，依据绩效管理循环的周期定期开展。绩效评价活动，既可以是内部绩效管理部门亲自实施，也可以由其外包给第三方机构完成。比如，有些主管部门或机构，基于重要性原则，在相关资金使用、项目实施、职能履行的部门单位完成任务并提交了绩效自评报告之后，对其绩效完成情况，委托第三方开展绩效后评估或再评估。无论哪一种情况，绩效评价都是绩效管理职能部门或控制流程的一个必要而法定的环节，更多体现的是管理职能本身。而审计机关或者内部审计机构按照年度审计计划开展的绩效审计项目，则是一个以独立而专业的身份，鉴证、评价运营管理绩效，得出结论、提出建议并出具报告的过程，更多体现的是一种对管理职能的监督过程，是对绩效管理的一种再监督过程。开展绩效审计的专职部门，与履行绩效评价、绩效管理的职能部门一般是平行设置的，其履行的是外置的、对立的再控制和监督的职能，因而不同于管理职能部门日常的、持续的或定期的自我管理职能。

（二）两者的保证程度不同

绩效审计和传统的财务审计、合法合规审计相比，具有审计学科的基本属性，包括独立性，发挥监督、鉴证、评价职能，需要系统的审计方法等。更为重要的是其具有独立、客观、公正性，不偏不倚发表审计意见的职业道德基本原则，获取充分、适当的审计证据，合理保证审计结论的可靠性。而审计部门之所以区别于其他的管理部门，就在于其是一个外置的再监督部门，发挥着监督控制的职能。例如，其提供的信息产品的价值，如果结论的可靠性不高，就难以体现其有别于管理职能部门或主管部门的监督信息供给，审计部门也就失去了其存在的价值，因而，绩效审计作为审计业务的一个分支，其提供的信息价值在于其所具有的分析评价的视角、深度和提供信息（审计结论）的可靠性。作为审计业务，绩效审计必须达到得出审计结论所要求的高保证程度，也就是合理保证程度。而绩效评价非审计业务，绩效评价涉及的范围广度，决定了其评价结论的保证程度达不到审计的保证程度，其数据取证的范围和查证深度，及指标、权重的设计选择，除受到较多的主观认知能力影响外，更关注和侧重于绩效全流程，注重的是数据获取的广度，而其获取数据的深度，以及对证据本身审查、确认的深度，达不到绩效审计要求。因而，其评价结论的保证程度低于绩效审计，绩效审计的结论必须要有充分、适当的证据支撑。

（三）两者的内容范围侧重不同

绩效审计和绩效评价结论要求的保证程度不同，决定了绩效审计确定的审计内容范围和绩效评价有一定的差异性。绩效评价注重评价范围的全面性，不论是对一个组织、部门、项目还是对个人的评价（或者考核，比如人力资源部门开展的员工年度绩效考核，中国特色的内容涵盖包括德、能、勤、绩等维度），其都具有完整的涵盖内容体系，注重评价的整体性和全面性，通过不同的目标或指标、权重体现其在特定时期各个绩效目标重要性程度的不同，全面获取相关运用资料信息，采用综合计分法等得出最终的绩效得分。而绩效审计因其结论的保证程度要求高，一般不对整体组织，或者项目的全过程进行绩效审计，而是选择影响绩效的关键环节、关键要素、关键风险或问题开展更为针对性的深入的绩效鉴证和评价。因此绩效评价对象的全部内容或全部流程环节，都可以是选择确定绩效审计项目的来源范围和切入点，甚至可以对绩效评价本身管理监督职能的履行开展绩效审计。

（四）两者提供的信息价值不同

绩效审计和绩效评价的业务职能特征不同、保证程度不同和评价对象范围侧重不同，必然导致两者提供的信息价值侧重不同。绩效评价侧重提供整体上的年度绩效运用的结果信息，以兑现考核奖惩，分析不足，实现绩效的持续改进。而绩效审计侧重于提供被审计对象绩效情况的“点”的信息，就绩效的某一个侧重点，深入调查取证，获得扎实的一手的绩效状况或问题信息，给出评价意见和建议。绩效评价侧重定期提供“面”的信息，绩效审计则根据需要选择审计选题，提供绩效层面的“点”的专业信息，因此，两者可以发挥信息互补、协同工作的优势。

（五）两者的开展时点、周期要求不同

绩效评价按照组织的绩效管理流程，尤其是组织的绩效考核或者是基于年度绩效报告的外部需要，以年度（或到项目建设周期结束）为周期，按照组织或国家相关绩效评价规定制度要求，定期开展，周而复始地按照相同的内容、方式和方法开展。而绩效审计每年针对或选择什么主题内容开展专题或全面的绩效审计，则主要是根据组织战略绩效目标设定和运转情况，以及发现的绩效实践中存在的主要问题，或者是期望改进的主要方面，确定不同年度绩效审计具体项目。年度之间开展的绩效审计项目选择有很大的不同，一般不会针对同一问题和领域按照年度连续开展。即使是针对同一问题和领域，后续开展的绩效审计，称之为后续审计项目，一般是针对以前绩效审计开展的结果，检查、鉴证审计发现问题是否得到实质性解决，同时也能印证审计结论和建设的恰当程度，分清责任，以促进绩效问题的实质性解决，而这和前面的绩效审计属于不同的绩效审计项目。因此，绩效审计项目的选择具有非强制性，每年开展的绩效审计的具体内容，绩效审计项目的开展时点、周期都具有很大的灵活性和可选择性，做多少项目、投入多少时间、人力资源等都需要根据组织管理的需求和审计部门的资源和时间而定，并最终形成年度审计项目计划，经过相关主管部门审批。

（六）两者选择评价标准和指标的原则不同

绩效审计和绩效评价的职能不同、内部范围侧重不同和审计业务保证程度不同决定了绩效审计和绩效评价选择评价标准和指标的原则不同。绩效评价一般以年初设置的预期标准和指标评价，也就是预算或计划目标为依据，到了年度终结时，统计各单位或部门、项目或员工绩效完成的实际情况，和年初设定的绩效目标进行对比、综合打分，得出评价考核结果，并兑现相应的奖惩。而绩效审计行动的方向是审计目标，这个目标可以是行为的经济性、合规性、效率性的判断，也可以是对项目效果的评价。其评价目标的侧重可以依据审计对象运营管理的典型特征进行选择确定，对应的审计评价标准的选择则会依据审计信息的不同而灵活地进行选择。比如：选择历史绩效情况作为评价标准，可以获得相关绩效的改进情况或变化程度；选择行业标准可以看到自身在行业竞争中的位置；选择对标单位或良好实务标准，可以看到自身改进的空间。因此，绩效审计评价标准的选择会依据希望供给的审计信息不同而不同。另外，绩效审计的设计选择指标需要在现有的绩效评价指标体系中，结合对审计内容范围和绩效目标关注点的优先次序不同，优选、精选与审计内容范围、绩效目标高度相关的几个关键指标，用于衡量绩效目标的完成情况，得出审计结论。因而，绩效审计使用的指标要求精而少，是期望达到的绩效目标最准确的衡量指标表达，简单、明了能够说明绩效的典型特征，便于得出审计结论就行。绩效审计使用的评价指标，可以是从现有绩效评价指标系统中优选出来的主要指标，也可以是现行指标体系所不曾用的指标。依据绩效目标定位和绩效评价指标设计原则，这些指标理应是反映绩效的关键指标，但现行的绩效评价指标系统中确未曾涉及的这些关键指标，因而需要补充完善。这些指标是从审计判断分析的视角，需要补充、完善，重新增加的关键绩效指标，以更精准、客观地评价绩效目标达成状况。换而言之，绩效审计评价指标的选择设计，不在于其全面性、系统性，而在于其是否精准地表达了绩效目标的主要关注点和核心诉求。因而，在我国的内部审计具体准则 2202 号——绩效审计准则中，明确要求依据审计对象目标的不同，选择适当的关键绩效评价指标是审计人员的职责。

第三节 绩效审计的类型与特征

一、绩效审计业务分类

（一）按照审计对象范围划分

绩效审计按照审计关注范围的大小，可以分为全面绩效审计和局部绩效审计。它们不仅审计范围不同，而且适用的对象、解决的问题也不同，自然也有各自的优势和劣势。

1. 全面绩效审计

全面绩效审计，是指以被审计对象绩效实现的全过程或全部影响因素为审计范围的绩效审计。这种审计方式可以对整个组织或一个项目整体开展，一般适用于长期亏损、面临破产的组织，或存在严重问题的项目，需要厘清并客观评价全链条流程和要素中存在的诸多问题以及程度，以便从整体上开出系统的解决方案。它的特点是：

（1）审计范围广，内容涵盖全面，有利于从整体上促进被审计对象绩效问题的改进。

（2）审计资源消耗大，需要投入大量的人员、较长的时间和数额较高的审计经费，因此，采用这种审计方式时，不仅要看效果，还要看成本，考虑成本—效益原则。

(3) 对审计主体的要求比较高，不仅应具备大范围审计所必需的规划、组织能力，以及优化审计资源配置、最大限度地实现审计目的的能力，而且审计组应具备与全部绩效影响要素及过程相适应的全面、合理的能力结构，从整体上把握战略及目标、绩效管理、绩效评价和绩效审计的关系的宏观驾驭能力。

(4) 审计效果滞后，因为这一审计方式所掌握绩效问题的全面性和提出绩效改进方案的系统性，其完全实施起来需要一个较长的时期和过程。就一个生产周期或会计期间而言，一般不会当期审计当期绩效就会提高，但对以后各期影响绩效各方面运作管理效果的改进具有长期、深远的影响。

2. 局部经济效益审计

局部经济效益审计是指以被审计对象的部分经济活动或影响绩效的部分因素为审计范围开展的绩效审计项目。例如，对项目生命周期中的资金筹集环节绩效开展审计，对流动资金利用绩效的审计等。局部绩效审计已适用于日常发生、周而复始的运营管理活动或业务活动，而是要解决整个过程中的某一个或某一些绩效或风险问题。其是目前世界审计机关或内部审计机构采用较多的审计方式。它的特点：

(1) 范围小，内容不多，通过解决某个环节上的问题，来推动审计对象整体绩效的提高。因此，在选择建立审计项目时，应采用科学的方法，如进行风险排序，或选择对绩效目标实现具有全局影响的关键产品、关键环节、关键影响因素建立绩效审计项目。

(2) 审计人员投入较少，且对审计主体能力结构要求相对不高，项目开展的难度相对较小。

(3) 项目时间投入较少，短期一般就能完成。因其指出绩效问题和建议的针对性强，涉及因素环节较少，建议可以在较短的时间内得以落地实施，见效较快，能起到立竿见影的效果，较为符合审计项目选择的成本—效益原则。

(二) 按照审计思路模式划分

依据世界最高审计机关绩效审计指南为：绩效审计有多种习惯做法和方向。虽然每种方式都是以国家绩效审计准则为基础的，但主要存在两种开展思路、存在方式有重大差别的模式。这两种模式指的就是结果导向审计模式和问题导向审计模式。

1. 结果导向绩效审计模式

结果导向模式绩效审计，其主要关注的问题是，“被审计单位的绩效如何，或取得了什么结果？有关要求或目标有没有达到”。在这种模式下，审计人员检查被审计单位的绩效（经济性、效率性、效果性），并将所发现的情况与既定标准（目的、目标和规章）以及审计标准（或多或少在主要检查开始之前就已经确定）进行比较。如果审计标准很难确定，审计人员可能需要与该领域专家一起确定可靠的标准，且该标准应该是客观的、相关的、合理的和可实现的。审计标准使评价审计结果成为可能。根据这种方式，所发现的缺陷很可能在于偏离了有关标准和规范方面。如果提出审计建议，这些建议经常以消除这种偏差为目标。这种模式是大部分绩效审计的开展模式，也称为“规范模式”。

2. 问题导向绩效审计模式

相对于结果导向模式而言，问题导向模式绩效审计，则主要关注问题的核实和分析，一般不参考事先确定的审计标准（比如，标准难以确定，或者不存在事先确定的预期目标标准）。在这种方式下，调查清楚缺陷和问题，是审计的出发点而不是审计的结论。审计的主要任务是核实所述问题的存在性，并从不同角度分析问题（与政府项目和活动的经济性、效率性和效果性有关的问题）产生的原因。问题导向模式关注的主要问题是：“所述问题是否真的存在？如果存在，如何理解这些问题？问题的原因是什么。”审计人员对可能的原因进行假设并对这些假设进行测试。这一分析模式的目的是就所述问题以及如何处理问题提供最新信息。审计人员的分析工作是不受限制的①。凡是与总目标相关的所有可能的重大原因都要加以考虑。因而，这一模式也称为“分析模式”。

绩效审计的评价，可以规范性地（根据与标准的偏差）进行，也可以分析性方式（根据对问题具体原因的分析）进行。事实上，问题导向模式是以独立分析为特征，而结果导向模式则主要以其对既定标准是否得到遵守的客观评价为特征（哪怕这种方式也可能涉及分析因素）。一方面，问题导向方式和结果导向方式反映了不同的审计习惯②。另一方面，这些方式也可以说明绩效审计有各种不同的操作方法③。

（三）按照绩效审计实施时间节点划分

按照审计项目实施的时间节点进行分类，绩效审计可以分为事前、事中和事后绩效审计三类。

1. 事前绩效审计

事前绩效审计是在相关运营管理或业务活动开展前实施的审计，主要是对计划、预算、项目可行性研究报告、成本预测等事前规划资料和方案的审计。通过对事前绩效审计可以防患于未然，发现前面规划资料方案中存在的风险和瑕疵，对之加以检查核实、防患或剔除方案规划考虑不周的风险，避免预测不准、计划不周可能造成的绩效损失。

2. 事中绩效审计

事中绩效审计是在相关运营管理或业务活动正在进行中，整体运营管理或业务活动还未完全结束时就介入开展的绩效审计。事中审计时，一般是将运营管理或业务活动的中期运行情况与预期运营管理或业务活动的目标进行对比，以分析相关进度及绩效指标完成的情况，及时发现项目进展中存在的绩效管理

---

① 它们不限于事实情况和标准之间的差别。

② 它们可以叫作“反映了不同层次的方向”。

③ 可以发现，这两种方法方式在审计的不同阶段是彼此相互联系的。即使问题导向方式本身在分析方面走得更宽、更深一些，结果导向方式在其高级的形式下也会用到复杂的分析。

问题或前期考虑计划不周的地方，提出改进建议，调整和修改计划、预算，使之更加符合客观实际，以确保其运营管理或业务活动最终的、整体绩效目标的实现。事中绩效审计是一种动态的审计，主要适用于工期较长的项目、技术先进复杂具有隐蔽性的工程项目或分阶段实施推进的项目、政策。比如目前，我国审计机关开展的政策跟踪审计就是一种事中绩效审计，以推进相关政策的及时落地实施。

3. 事后绩效审计

事后绩效审计是在相关运营管理或业务活动完成后开展的绩效审计项目。通过对已经完成的运营管理或业务活动的事实状况的审查，对绩效完成情况进行分析、评价，挖掘绩效变化的原因或影响因素，提出进一步改进绩效的建议。事后绩效审计是一种总结性审计，其内容可以涉及对影响绩效的各个方面和各个环节的审计，这种审计对象的载体大多是账、证、报表等会计资料和业务统计资料。其广泛应用于政府机关、企业、事业单位，是当前我国开展绩效审计的主要形式。

（四）按照审计总目标划分

按照绩效审计的总目标的不同，可以将绩效审计分为经济性审计、效率性审计和效果性审计。我国 2007 年制定发布了内部审计具体准则第 25 号——经济性准则，内部审计具体准则第 27 号——效率性准则，内部审计具体准则第 26 号——效果性准则，这三个准则就是依据审计总目标的不同，将绩效审计业务细分成经济性、效率性和效果性审计三种业务类型，并分别制定和发布的相应的准则。

1. 经济性审计

经济性审计是指对相关运营管理或业务活动、资源投入的节约程度或成本费用、资源利用的合理性或节约水平进行的审查和评价活动。经济性审计的对象可以是整体组织的运营管理活动，也可以是针对特定项目或业务的活动。

2. 效率性审计

效率性审计是指对组织运用管理活动中投入资源与获得的产出成果之间的对比关系的审计和评价活动。其目的是通过审查评价组织运营管理活动的投入、产出对比分析，优化业务流程，提高运营管理活动的效率。

3. 效果性审计

效果性审计是指对组织开展的相关运营管理活动的预期目标实现程度进行审查和评价的活动。其实质是依据事先确定的绩效目标和实现取得的绩效结果进行对比，以评价、鉴证绩效目标的完成程度，还可以进一步分析绩效实现过程中存在的主要问题及对绩效结果产生的影响程度或者后果，以及产生这些问题的原因，并提出针对性的绩效改进建议。

绩效审计项目中可以单独开展经济性、效率性和效果性审计，也可以综合在一起开展绩效审计项目。又因为经济性审计和效率性审计在实务中很难区分开来，具有一定的局限性，所以在 2012 年启动的新一轮内部审计准则修订过程中，不再按审计总目标不同细分为三个具体的绩效审计准则，而是合成为一个绩效审计准则进行规范，也就是目前执行的，2013 年 8 月中国内部审计协会发布的内部审计准则具体准则 2202 号——绩效审计准则。

（五）按照审计项目组织模式划分

按照绩效审计业务开展的组织模式不同，可以将绩效审计分为结合型绩效审计和独立型绩效审计两种。

1. 结合型绩效审计

结合型绩效审计，是指将绩效审计项目和传统审计项目合并立项，在关注传统合法、合规和财务规范性的基础之上，合理延展关注相关运营管理活动的绩效实现情况。这种绩效审计的开展模式，类似于加拿大等国家开展的综合审计模式。结合型绩效审计旨在传统的预算执行审计、专项审计和经济责任审计基础之上，向绩效评价延伸，综合关注合法、合规和绩效目标实现情况，可以单独出具绩效报告，也可以合并出具整体审计报告。因此，这种绩效审计组织模式，能做到一班人马下去，实现双重产出结果，大大提高了审计工作效率，降低了绩效审计的工作难度。但因为容易受到传统财务审计和合法、合规审计思维定式的影响，不利于绩效审计的专业化和深入发展。

2. 独立型绩效审计

独立型绩效审计，是指将绩效审计单独立项开展的组织模式，即单独立项型绩效审计。其不再将绩效审计和传统审计合并立项，因而其关注的重点内容全是影响绩效好坏的问题，当然也包括影响绩效的合法、合规问题，以及不违反相关法规制度规定但存在绩效改进空间的问题，且需要出具专题的绩效审计报告。从其组织模式和审计重心来看，单独立项的绩效审计项目实施起来难度大，专业性要求高，需要投入大量的资源开展这项审计业务。但其审计内容重心能全面引导审计人员按照绩效审计的思路规划、实施审计工作，因而更易于实现专业化发展。

（六）按照审计项目涉及部门的多少划分

按照一次绩效审计项目中涉及的外部部门单位多少，可以将绩效审计分为两种类型，一种是特定部门（或单一对象）绩效审计，另一种是跨部门绩效审计①。

1. 特定部门绩效审计

特定部门绩效审计，也称“单个审计客体对象审计”，一般指仅针对一家组织机构进行的审计，也就是对单个联邦机构或国有独资企业的某一项目、业务、事项、活动或职能开展的绩效审计。因为不涉及其他相关的机构或企业，这一绩效审计开展起来相对容易。

2. 跨部门绩效审计

跨部门绩效审计是指同时对多个联邦机构运营过程中整体或局部的特定事项进行检查。顾名思义，跨部门绩效审计主要针对政府部门，一般不涉及企

① 审计署外事司编．国外效益审计简介［M］．北京：中国时代经济出版社，2003.

业。当然，跨部门绩效审计也包括：内部审计开展的跨组织内部各个行政管理部门或业务运营相关部门的特定事项及例行审计，主要关注跨部门职责的履行和协同工作效率，挖潜部门间的协同效率。

（七）按照审计内容对象属性特征细分

按照绩效审计确定的审计对象具体属性特征，可以进一步细分为：对一个机构/组织整体开展的绩效审计、对一个项目开展的绩效审计、对一项具体业务活动开展的绩效审计、对一个法定职责/职能开展的绩效审计、对一项政策或制度开展的绩效审计，以及对某项专项资金开展的绩效审计。

1. 机构/组织绩效审计

机构/组织绩效审计，是指对一个机构/组织整体开展绩效审计，类似于前面介绍的全面绩效审计，涉及绩效影响因素多，范围层级多，审计难度大。

2. 项目绩效审计

项目绩效审计是指以某一特定项目，即一次性的经济活动为审计对象的绩效审计，例如：固定资产投资项目绩效审计、贷款项目或新技术新产品开发项目绩效审计等。因为项目目标较为明确，相对好把握，也是我国早期开展绩效审计的常见业务类型。

3. 业务活动绩效审计

业务活动绩效审计，也可以称之为某一特定的运营活动绩效审计，比如，采购、生产、销售绩效审计等。

4. 职能/职责绩效审计

职能/职责绩效审计，一般指的是对某一项法定的职能或职责履行情况的好坏进行审计，以提出针对性的建议，更高效率地履行相应的职能或职责。

5. 制度绩效审计

制度绩效审计主要是对某一制度的设计、执行投入、执行过程效率、执行效果以及存在的问题进行的审计，比如对某一管理制度开展的绩效审计，也可以对单位组织的绩效考核制度开展绩效审计。

6. 政策绩效审计

绩效审计的内容对象是某一项国家的经济方针政策，通过对审计政策投入、产出、效果、过程效率及控制有效性开展的审计。目前政府审计做的政策跟踪审计就属于这一序列。

7. 专项资金绩效审计

专项资金绩效审计就是对有专门用途的财政、非财政资金进行审计，通过对其分配、使用和管理所达到的经济、效率和效果程度进行分析和评价，提出审计建议，促进专项资金绩效管理水平提高的审计业务，这是我国早期开展效益审计探索时最常见的绩效业务模式。

二、绩效审计的业务特征

（一）项目开展的非强制性

如果说预算执行审计、决算草案审计、上市公司的年度财务报告审计、内部控制审计等审计项目是按照法律法规强制要求的，且在法定的时间内定期开展、周而复始进行，那么绩效审计项目的选择确定对于审计部门而言，就具有高度的灵活性和非强制性。按照国家法律法规或组织章程规定开展绩效审计，是审计部门和审计人员的法定职责，但每年开展多少项目、选择对哪些内容模块开展绩效审计项目，则可以由审计部门依据资源约束和组织发展的需求，依据一定的原则，自由选择确定，报相关主管部门领导批准即可。因此，和其他法定审计项目相比较而言，绩效审计项目的选择具有非强制性特征。

（二）评价标准选择的灵活性

绩效审计的评价标准都存在很大的灵活性。首先，不同国家、不同地区的政策和环境会有差异；其次，被审计对象也千差万别，衡量的标准不一定相同，这就需要审计人员事先与被审计单位充分沟通，寻求一种与被审计单位不存在重大分歧的评价标准；最后，不少评价标准是难以量化的，自然就存在很大的灵活性。因此绩效审计是没有一套放之四海而皆准的评价标准的，甚至连评价指标体系的逻辑和结构也不是硬性规定的，评价标准在很大程度上依赖于审计人员的专业知识和经验。

（三）审计评价的复杂性

绩效评价中的一些事项涉及范围广，表现形式也多种多样，而且内在的因果关系往往特别复杂，难以进行定向的判断和评价。例如，污水处理项目中关于附近河段水质改善情况的评价，假如水质改善了，是否就能归功于本项目的效果？还是附近其他环境治理项目起到了更重要的作用？假如水质没有得到改善，是否就代表这个项目实施得不成功？会不会存在虽然本污水处理项目实施成功，但此河段受到了其他人为污染的情况？所以，要对类似的问题进行客观、恰当的评价不是一件容易的事，必须仔细、多方面去分析。

（四）前瞻性、建设性

绩效审计目标定位于未来的绩效提高，因而具有前瞻性的业务属性。尤其提出的审计建议，一定要站在未来绩效改进的整体和协同性上来，提出切实可行的建议，并考虑建设实施的条件要求、成本效果和可能的影响，以达到在成本—效益约束下，实现长期绩效的深层次改进，因此要求更多考虑未来可能发生的结果和影响，具有前瞻性特征。

绩效审计结论和建议侧重建设性。绩效审计与财务审计、合规性审计不同，不侧重于监督查找违法违规问题，而是更强调绩效评价、鉴证职能，以促进绩效改善和实现组织价值增值为目标。对实际职责履行情况和效益实现情况的评价，是为了找出实际情况与理想状态的差距，分析其中影响的因素，从而对尚未完善的地方提出改进建议。因为绩效评价的复杂性和标准选择的灵活性，所以绩效审计的结论强制程度较低，提出的建议更多是方向性的建议，而不一定是非常具体的措施。被审计单位和相关部门可以采纳，也可以自己提出更具针对性的、细化的解决措施。因而，绩效审计的建议体现了较多的建设性特征，并不要求强制执行。

思考与练习

1. 如何准确理解和界定绩效的概念？
2. 评述绩效评价、绩效审计和绩效管理三者之间的关系。
3. 如何更好地开展绩效审计，需要审计人员具备什么样的能力和素质？
4. 绩效审计有哪些典型特征？
5. 常见的绩效审计业务分类有哪些？

第二章　绩效审计的产生与发展

【导读】回溯历史，才能更好地预知未来的发展，绩效审计也不例外。本章的核心任务是回顾绩效审计的产生和发展历程，厘清绩效审计的起源、产生发展动因、发展历程、现实状况，进而梳理、总结绩效审计的发展演进规律，依存的社会经济制度文化环境的变迁，以更深刻地理解和认知绩效审计的业务属性特征。

【关键词】绩效审计、受托责任、受托责任发展、受托责任类型

第一节　绩效审计产生发展的客观基础

对于绩效审计的研究，多数学者只注重对绩效审计某一方面的研究，如经营审计、管理审计，而没有将绩效审计作为一个整体加以研究。仅从一个角度或侧重于某一个方面进行研究，就可能造成各个理论要素之间的不协调、理论研究的不连贯及理论成果的不系统。因此，应将绩效审计作为一个系统，从多个角度、不同层面研究其构成要素及其耦合关系，以形成连贯、系统及完整的理论成果（宋常、吴少华，2004）。而要系统地从整体上把握绩效审计的理论问题，应从审计的本质即受托责任的视角来研究。王光远教授（1996）认为，要建立管理审计科学的概念框架或理论体系，就有必要先研究“受托责任”的概念及其基本要素问题。

一、受托责任与绩效审计

（一）受托责任与审计

1. 受托责任

受托责任是一种普遍的经济关系，其概念源于财产权，它包括所有权、经营管理权和使用权。受托责任关系一般涉及两个当事人，一个是委托人，另一个是受托人或代理人。委托人将资财的经营管理或使用权授予受托人，受托人接受托付后即应承担托付责任，这种责任就是受托责任。委托—代理关系建立以后，作为受托人，就要严格按照委托人的意志完成委托人的托付义务，并向委托人报

告受托任务的完成情况，经委托人同意后，受托责任才能解除（杨时展，1990）。美国审计署认为，受托责任是指受托管理者及有权使用公共资源的政府或机构向公众说明他们全部活动情况的义务。加拿大审计长公署认为，受托责任是对授予的某项职责履行义务作出的回答。程仲明（2004）认为，受托责任是指资源直接管理者（受托者），对资源所有者托付的资源承担有效管理的责任，即资源受托者负有对资源委托者解释、说明其活动及结果（受托财产的保值及有效增值）的义务。王光远在其经典著作《管理审计理论》中认为，受托人所承担的责任可依据法规、合约或惯例加以规范，亦即要有衡量受托责任完成情况的标准。受托责任的内容具有可计量性。由此产生的计量指标既有财务指标，也有非财务指标；既有定量指标，也有非定量指标；既有经济指标，也有社会指标。不管受托责任的内容如何规范，所有受托责任的内容都必须加以计量。审计是对管理当局自我认定、自我计量、自我编制的受托责任报告，按照公认审计准则和审计程序的要求，即进行再认定、再评定、再判定的一个过程。

2. 受托责任与审计的关系

关于审计与受托责任的关系，比较经典的共识是："审计因受托责任的产生而产生，又因受托责任的发展而发展"①。麦肯齐、特里克尔、戴维·弗林特、托马斯·李、约翰·格林、劳伦斯·索耶、利特尔顿、彼得·伯德、迈克尔·谢勒和戴维·肯特等专家、教授分别从不同的角度，论述了受托责任与审计的这种关系②。

审计的产生是由于所有权与经营管理权的分离从而形成了委托—代理关系，受托者就对委托者负有一定的受托责任。但由于双方利益的不一致和信息的不对称，受托者总是处于信息优势的地位。凭借着这种优势，他们可能做出使委托者利益受到损害的决策和事情，并提供不属实的信息报告，报喜不报忧。因此，委托者为了维护自身的经济利益，必然要对受托者采取各种形式的监督并做出合理的制度安排，其中建立审计制度审计其履行受托责任的真实性、合规性，是监督受托者受托责任的最直接、最简单且行之有效的办法。所以，审计的本质是一种确保受托责任全面、有效率履行的特殊控制制度安排。审计的目标是评价受托责任的履行情况，是审计人员对受托方的经济行为和结果与既定标准（事先约定的关于履职行为和结果的法律、规则和制度或目标要求等）一致程度的客观评价过程。即审计是为了确认关于经济行为和事件与既定标准之间的一致程度而客观地收集和评价有关证据，并将其结果传递给相关信息使用者的系统的过程。任何一种审计业务分支或类型，都符合这一审计的根本规律，绩效审计也不例外。

（二）基于受托责任的绩效审计

1. 受托责任的类型

受托责任不仅是一种普通的经济关系，同时也是一种普遍的、动态的社会

---

① 杨时展.《世界审计史》序. 见：文硕著. 世界审计史［M］. 北京：中国审计出版社，1990.

② 王光远著. 管理审计理论［M］. 北京：中国人民大学出版社，1996.

关系。在不同的历史发展阶段和不同的社会发展形态下，受托责任具有不同的表现形式，人类社会的发展史实质上就是一部受托责任的发展史。正如杨时展教授所说："人类社会的发展史，反映为委托人和受托人不断因阶级势力的消长而发生的更替，反映为委托人和受托人从寡头到逐步大众化，反映为对受托人完成情况的越来越严密的监督，反映为受托责任的越来越充实的内容。"①

（1）财产受托责任和管理受托责任。关于受托责任的内容和分类，存在较多的观点。佩顿和利特尔教授将受托责任划分为财产受托责任和管理受托责任，前者属于董事会、管理当局及全体员工对股东所承担的责任，后者是员工对管理当局、管理当局对董事会所承担的责任。

（2）货币受托责任、业务受托责任和财产受托责任。库珀和伊尻雄治教授将受托责任分成货币受托责任、业务受托责任和财产受托责任三种。其中，货币受托责任是指与流动资产流动及由此而发生的业务活动的责任，业务受托责任是指组织的管理当局有效使用全部资产及资源的责任，财产受托责任是指管理和报告资产的存在、存放地点、用途及相关情况的责任。

（3）公共受托责任和非公共受托责任。彼得·伯德教授则将受托责任按资财委托的主体不同分作公共受托责任和非公共受托责任，伯克斯教授也持相同的观点。伯德和伯克斯认为，非公共受托责任包括两部分：一是直接产生于资财的委托，这是一种财产受托责任关系，如股东将其资财委托给董事会；二是产生于分权经营和管理分工，这是一种管理受托责任关系，如董事会分权给管理当局，最高管理当局又分权给下层管理当局等。公共受托责任也包括两部分：一是公民通过议会将资源委托给中央政府或地方政府管理；二是中央或地方政府又将资源委托给社会公务员或地方政府官员，也包括各种机构团体（如国企、医院、大学等）的官员。

（4）梯形受托责任观。斯图尔特（1984）提出一种"梯形受托责任理论"。梯级从低到高依次是：①正值性和法律受托责任（accountability for probity and legality），即在道德和法律的约束下，确保公共资源按授权正确使用，是最基层的绩效和受托责任形式；②过程受托责任（process accountability），强调对程序的遵循程度，及对记录和保证资产管理控制的充分性，被视为内部控制系统的重要组成部分；③绩效受托责任（performance accountability），将不同时间、组织的绩效标准进行比较；④项目受托责任（program accountability），确定与政府作业或职能有关的具体目标是否实现；⑤政策受托责任（policy accountability），是对意图和后果的评价，关注的是政策评价和公共需求的相关性。②

（5）程序性受托责任和结果性受托责任。詹姆斯·卡特认为，受托责任是指一种可负责的状态，或对某些具体行为或隐含的任务在形式上的责任，一般又包括两种表现形式，即程序性受托责任（procedural accountability）和结果

---

① 王光远．受托责任会计观和受托责任审计观［J］．财会月刊，2002（2）．

② 同上。

性受托责任（consequential accountability）。所谓的“程序性受托责任”，是指根据事先确立好的标准来编制财务报表，并由审计证明其公正性，一次性决定受托人是否值得信赖，以及是否解除其受托责任。程序性受托责任强调要遵循各种法律、规章、制度，特别是财务制度、会计准则和预算收支制度等。与这种受托责任相匹配的审计就是合法性审计或合规性审计。所谓“结果受托责任”，是指对各种资源是否得到经济、有效的利用而确立的责任。这种形式的受托责任不以合法性为根本，而是以合法性为基础，强调资源动用的结果和管理业绩的好坏。

（6）行为受托责任和报告受托责任。蔡春认为，按照责任的内容不同，可以将受托责任划分为行为责任与报告责任两大方面。从行为责任方面来看，受托责任的主要内容是按照保全性、合法合规性、经济性、效率性、效果性、社会性以及控制性和环境性等要求经营管理或使用受托经济资源；从报告责任方面来看，受托责任的主要内容是按照真实性、公允性或可信性的要求编报财务会计报告或年度报告，以全面反映行为责任的履行情况。

（7）法定受托责任和约定受托责任。王光远教授认为，受托人所承担的责任可依据法规、合约和惯例等来加以规范。而其中法规是最基础的、最低层次的规范标准。在委托与受托的关系中，为了保证正常的秩序，立法者都以法律的形式要求受托者不损害委托人的利益，法定地要求受托者除了向委托者报告其受托责任的履行是否满足法律的最低要求外，还需按照合约的约定或社会约定俗成的管理要求，勤勉、高效地履行受托责任以实现受托管理资源的经济性、效率性和效果性，最大化保证委托人的权益。因此，衡量受托责任的完成情况的标准就有法定标准（底线标准）和合约约定标准（惯例标准）两种，对应的受托责任分别称之为“法定受托责任”和“约定受托责任”。

从以上受托责任的分类来看，虽然研究受托责任的视角各不相同，但不管站在哪个角度，都存在一个共同的规律：受托责任是一种动态的社会关系，受托责任存在不同的层次和内容，受托责任的内涵、外延随着社会的发展，民主程度的提高将会得到不断拓展和深入。

2. 受托责任的内容层级与绩效审计

委托人为验证受托人的声明是否公允和适当，就需要从受托人的报告和受托责任的行为过程与相应的标准进行检验，以判定受托人是否按照法定或合约约定标准履行其应尽的职责、义务，即受托责任的履行情况。审计在验证受托人受托责任履行过程中，就需要将被审计单位和人员的行为和结果与法定标准和合约约定的标准（或惯例标准）进行对比，以判断被审计单位及其人员是否达到相应的标准；若不能达到相应的标准，就应该承担相应的责任。

审计的本质是评价受托责任的履行情况，审计部门和审计人员在将被审计单位和人员的行为和结果与相应的标准是否一致进行检验时，由于衡量受托责任完成情况的标准分为不同的层次，受托责任也呈现出不同的层次水平。在验证被审计单位的声明与法定标准是否一致的过程中，其评价标准通常是受托方是否按照真实、合法的要求完成委托方托付的受托责任，此时受托方承担的责任是最低水平的责任层次，即法定受托责任。在审计实践中通常的审计形式就是真实性、合法合规性审计，在政府审计中就是财政财务收支审计和财经法纪审计。如果受托方的行为和结果不符合财经法纪的标准，被审计单位就应当承担相应的合规性责任。在将被审计单位的声明与合约约定标准或惯例标准进行比较检验的过程中，审计的评价标准通常是受托方是否按照勤勉、高效的要求来完成委托方托付的受托责任，被审计单位和人员承担的责任是一种约定受托责任或既定受托责任，该责任形式是高于法定责任的较高水平的责任层次，具体的审计形式就是以追究绩效责任为目的的绩效审计；如果受托方的行为过程和结果不满足合约约定标准或惯例的标准，就应当承担相应的绩效责任。①

这样，受托责任就分为法定受托责任和约定受托责任两个层次。法定受托责任是受托人的行为和报告是否符合法律规范的要求，是否存在非法行为损害委托人利益，这是法律对受托人的行为和报告的最低要求，要求受托人的受托责任履行过程和结果要符合法律规范的要求，不得损害委托人的利益。约定受托责任和既定受托责任是受托者的行为和报告结果没有达到按照事先与委托者约定的目标或按照合理的要求应当达到的目标而需要承担的责任。法定受托责任和既定受托责任是受托人的行为和结果是否达到委托人与受托人约定的表现、社会认可或接受的标准而承担的责任形式。如果受托人的行为和结果不能够达到约定或既定的标准，就应当承担相应的责任，该责任就是约定责任或既定责任，比如国资委对国有企业签订的目标责任制合约，如果未达到相应的绩效指标，则影响其应得到的年薪和绩效数额。

这样，在标准的层次上，法定受托责任的责任认定标准是法律法规的标准，约定和既定受托责任的责任认定标准是委托人和受托人事先约定或社会认可和接受的标准。而委托人和受托人事先约定或社会认可和接受的标准一般要超过法律法规的最低要求，否则就是非法行为，基于不符合法律法规强制性规范要求的合约属于无效合约，其约定受托责任便不为社会所接受和认可。因此，约定或既定责任是基于法定责任的较高形态的责任形式。对法定受托责任履行情况的审计是合法合规审计，对约定或既定受托责任的审计则是较高形态的审计类型，是鉴证和评价受托绩效责任履行情况的绩效审计。

因此，绩效审计就是检验受托绩效责任是否全面正确履行的控制机制，其目的是检验受托绩效责任是否经济、高效和有成果地得到正确履行，为委托人提供受托人履行受托绩效责任履行情况的有用信息。其本质含义是对受托责任的经济性、效率性和效果性进行鉴证和评价。

3. 受托责任的发展与绩效审计的产生

受托责任的各种内容和层级，在人类社会发展史上出现的顺序并不相同。

---

① 依托财政财务收支审计和财经法纪审计为基础，同时关注被审计单位负责人是否勤勉、尽责、高效履行了相应的职责，以追究被审计单位党政领导干部或主要领导人员应承担的责任为主要目的的审计形式就是中国特色的经济责任审计。

其内容层级的出现早晚和人们的认知水平、民主发展的程度和国家的政治体制，尤其是审计体制密切相关。一般而言，最早时候，委托人对受托人受托责任的关注，更多是资产保管保全责任、合法合规责任，包括行为符合财经法规要求，结果报告符合相关会计制度和会计准则的要求。之后随着人类民主进程的发展，逐渐要求受托人不仅应合法合规履行受托责任，还应高效履行受托责任，达到预期的目标效果。正如杨时展教授在给文硕所著的《世界审计史》序言中所写的那样："在民主的启蒙时期，人民只要求取之于民的能有所限度，过此限度，人民有权拒绝。至于取之于民的如何花费，人民并不过问；随着社会的发展，民主意识的增长，人民逐渐要求一切取之于民的，必须用之于民，不按照人民意志来使用，人民就要求他负政治责任；随着社会的再进一步发展，民主权利的再进一步增长，人民又进而要求，一切取之于民的，必须经济、有效地用之于民。用于民而不经济，用于民而没有达到人民预期的效果，政府仍要负责。"因此，在人类社会发展史上，较早出现的是合法合规受托责任，也就是法定受托责任，之后随着民主进程的发展，才出现了绩效受托责任，也就是约定或既定受托责任。绩效受托责任是受托责任发展到高级阶段的产物，对受托绩效责任的关注和需求，这样鉴证、评价受托绩效责任履行情况的绩效审计就应运而生了。因此，又回到审计和受托责任关系的原点：审计因为受托责任产生而产生，因为受托责任发展而发展。绩效审计是随着受托绩效责任的出现而产生，是受托责任发展到高级阶段的产物，绩效审计是审计学科发展到高级阶段的一个新型的业务分支。

4. 受托绩效责任的发展与绩效审计的发展

绩效审计又因对绩效关注维度的不断拓展而深入发展。早期对政府绩效的关注，侧重于效率性原则，后来，新公共管理运动核心是企业化再造政府，要求政府要像企业一样，经济、高效地使用公共资金，达到预期的效果，因而其核心价值诉求包括经济性、效率性和效果性目标，从而推动对受托绩效责任的关注维度变为更多元的"3E"原则，尤其是注重效果性原则。但因"3E"原则强调企业化的经济效率，易忽视公平、平等、民主福利等体现公共投入社会价值的指标，因此"3E"原则时常受到部分学者和公众的质疑。基于此，1997 年福林在"3E"基础上加入"公平性"（Equity）原则，提出"4E"概念。从 20 世纪起，环境问题就一直伴随着人类的社会经济活动而存在和发展。工业革命使人类进入工业文明，创造了前所未有的成就，但也迅速吞噬着地球上的有限资源，并排出大量有害废弃物，使地球环境质量急剧恶化，造成了全球性的环境污染和生态破坏，对人类的生存和发展构成威胁。如何使经济建设和环境保护相协调是当今人类社会面临的重大课题。1984 年，联合国成立了"关于环境和发展世界委员会"，该机构在 1987 年提出可持续发展的概念。可持续发展战略的提出对环境保护和经济发展的协调起到了重要的作用。人们对绩效的关注也随之拓展到对环保性的协同考虑，从而使得社会对受托绩效责任的关注，又增加了"环保性（Environment）"目标，于是绩效的关注维度拓展到"5E"原则。1995 年，最高审计机关国际组织（以下简称 INTOSAI）第十五届开罗大会首次正式提出，鉴于环境污染、破坏和环境保护已成为国际社会日益关注的问题，各最高审计机关在行使本身审计职责时应充分考虑环境绩效问题。

由此可见，随着受托绩效责任内涵、外延的不断发展，绩效审计内容范围也不断得以拓展和丰富。可以得出结论：受托绩效责任是绩效审计产生和发展的客观基础，绩效审计因为受托绩效责任的产生而产生，又因受托绩效责任的发展而发展。

二、公共受托责任与政府绩效审计

（一）公共受托责任

最高审计机关亚洲组织1985年在第三届大会的东京宣言中发表的《关于公共受托责任指导方针》中对公共受托责任的概念进行了界定，其认为，公共受托责任是指受托经营、管理和使用公共财产的机构或人员有责任汇报对这些财产的经营、管理、使用情况，并负有财政管理和计划项目方面的责任。同时对公共受托责任的内容作了原则性的解释：一方面，公共部门和政府追求发展所用开支不断增加，公营企业的发展，地方行政当局自主权的扩大，这种公共开支成倍增加的公营企业的大批涌现，使得中央政府和地方各级政府所承担的受托责任的内容和范围已扩大到更为广泛的领域；另一方面，随着社会民主意识的加深，人们对提高公共部门的效益和明确支出的受托责任的要求越来越高。

社会公众作为委托人，赋予各级政府、政府官员以及公务员设计、执行公共政策和运用公共资金方面的重要决策权，就产生了对公共受托责任的需求，政府权力的行使因公共受托责任的要求而合法。公共受托责任是民主政府的中心，公民授予政治家设计、执行公共政策和运用公共资源方面的重要决策权力，相应地，公民作为委托方，希望避免权力的滥用，希望作为政治领导的受托方智慧、高效地行使其权力。公共权力是公共受托责任的本源，是公共受托责任的前提和基础。权力的公共性，意味着权力必须用于追求社会共同利益生成，促进社会共同利益发展。公民赋予政府、民选官员以及公务员管理国家公共事务的权力，同时对公共受托责任产生需求。他们希望政府公开解释、说明其使用权力的方式，并且在发生错误时能够及时纠正。这样，公共疏通责任具有两个目的：一是政治目的，其核心在于检查政治权力的执行，是一种使权力滥用最小化的机制；二是运行目的，其核心在于保证政府运作的有效性和高效履行。

权力是对有价值的资源的控制。行使公共权力的主要方式是取得和运用公共资源，公共权力的行使与公共资源的占用就成为相互依存和共生的一种关系。公共受托责任的政治目的和运行目的，就转化为对公共资源绩效的高度关注，公共资源的绩效评价成为公共受托责任的核心内容。公共资源的获得往往具有一定的强制性因素，如大部分公共资源是通过税收的形式或提供垄断式服务获取，因此，政府要对公共资源的安全以及合理使用负有特殊的责任。公共资源的使用仅限于特定或授权的目的，因此，要比私营部门资金的使用承担更多的受托责任。

受托责任得以实现的前提，是存在一个正常运作的信息系统，能够提供足够的信息确保判断和决策，以保证资源最佳配置和目标实现；公共受托责任也不例外。

（二）公共受托责任信息鉴证与政府绩效审计

政府在履行职责的过程中，把公共权力和公共资源授权给特定的政府官员和相应的公务人员，在公众和政府机构垂直委托关系之外，在政府部门内部又形成平行的委托关系，而政府官员和公务人员是理性的经济人，拥有较大的自由裁量权，在履行公共事务的过程中存在较大的道德风险和逆向选择的动机和可能性。在官僚制的组织模式下，政府官员关心的是在预算和机构约束的范围内，最大化自身的效用，使垄断性的官僚机构产出超出社会最佳产出水平的公共产品，导致公共资源配置的无效率①。

由于政府部门提供的公共产品和服务的公共性，使得政府产品和服务难以通过市场机制确定其价值。政府最主要的目标是为社会服务，而非创造利润，公共受托责任强调其产品和服务的可得性、公平性、程序优先和遵循性原则，而不是竞争和商业原则，且政府承担的公共受托责任目标具有多元性和复杂性，要确定政府官员对其提供服务和产品的贡献十分困难。因此公共委托—代理关系一旦确立，受托方便掌握了获取和使用公共资源的权力，而作为终极委托方的社会公众，对受托方行为的控制和约束能力不足。以上因素的存在，使得受托人有充分的理由和可能怠于履行自己应履行的职责，甚至采取不当手段滥用公共权力和公共资源，委托人缺乏足够的手段和能力去获得和验证公共受托责任履行情况的信息，这就有必要建立专门的机构和人员对公共受托责任履行情况的信息进行验证，由此，产生了为验证公共受托责任而存在的政府审计。

在民主制度尚不发达的初期阶段，委托方关注的重点是财务层面，立法主要强调公共资源的安全性和公共资源的使用是否遵循立法程序，对公共资源使用的绩效评价也主要侧重于衡量财务绩效，强调遵循性和诚实性。审计侧重对受托方提供财务报告的完整性和准确性进行鉴证，以及审查履行受托责任行为过程的合法、合规性（也即程序性受托责任）。但随着 20 世纪公共部门雇员和行政部门在各级政府的大规模发展，行政国家的兴起，政府职能和开支规模迅速扩张，在持续上升的服务需求和收入下降的双层压力下，政府财政赤字不断加剧，社会公众普遍认识到政府活动对个人福利的影响，对政府部门提出更高的要求和期望，不但关注公共资源使用的合法、合规性，而且更加关注公共资源使用的经济性、效率性和效果性，希望政府提供更高的服务水平和质量，实现“少花钱，多办事”的目标。由此催生了以“3E”为主要目标的企业化

① （英）C. V. 布朗，（英）P. M. 杰克逊著. 公共部门经济学［M］. 张馨主译. 北京：中国人民大学出版社，2000.

再造政府的“新公共管理运动”。新公共管理运动关注政府资源使用和决策中的绩效问题，使得对传统财务责任和合法、合规责任的关注逐渐弱化。公共受托责任便由传统的受托财务责任，发展到受托财务责任和受托管理责任并重，并以受托管理责任为主的阶段。由此政府审计的侧重点也从对受托方对法律法规的遵循性转变到对受托方受托绩效责任履行情况进行鉴证和评价，政府审计也就从较低层次的政府财务审计和合法、合规审计上升到较高形态的政府绩效审计阶段。

总之，公共受托绩效责任的产生和鉴证需求，催生了政府绩效审计。政府绩效审计产生发展的客观基础是公共受托绩效责任。

三、内部受托责任与内向服务型绩效审计

（一）内部受托责任

无论是政府部门还是企事业单位，随着其职责范围和规模的扩大，作为对外承担受托责任的第一受托责任方，其直接运营管理变得越来越困难，这时候就需要将其承担的受托责任进一步委托授权给中层领导和管理者，中层管理者再进一步授权给相应的下属部门和人员，于是就出现了因分权管理而产生的多层内部受托责任。为了确保自己承担的初始受托责任的有效履行，包括初始委托人在内的上一级委托人就需要对下级受托人受托责任完成的情况进行监督、评价和鉴证，以确保自身受托责任的完成。因此，就需要建立专业的审计控制机制，定期或不定期评价下层受托者受托责任的完成情况，从而产生了内部审计的需求。

内部受托责任产生的初期，委托人对受托责任的关注主要是财产，资金的安全、完整，有无舞弊行为等。其后，政府职能和规模的扩大以及资本主义经济的进一步发展，使得对受托责任的关注，不仅仅包括浅层的合法和财务问题，而是逐渐深入到运营管理等业务领域，于是就从关注内部受托财务责任转向了更多关注内部受托绩效责任。内部绩效审计就应运而生了。因此，内部受托绩效责任的产生是内部绩效审计产生发展的客观基础。

（二）内部受托责任信息鉴证与内部绩效审计

下级受托责任方负责运作管理具体事务，掌握了大量的业务活动信息，具有较强的信息优势，在进行受托责任报告中，基于自身利益和信息不对称的客观状况，就会发生道德风险和逆向选择，可能会做出虚假陈述，以获取自身利益的最大化。因此，就需要一个独立的专业机构审查、核实下级受托责任方提供的受托责任履行行为和结果的报告信息，以评价、鉴证内部受托责任信息的可靠性和公允性，并解除其内部受托责任。这一专业的内设机构就是内部审计。因此，基于对内部受托绩效责任评价鉴证的需要，就产生了内部绩效审计。内部绩效审计的目的就是在评价、鉴证内部受托责任信息的基础上，根据需求改进下级受托责任方行为的经济性、效率性和效果性，最终实现组织价值增值，确保对外受托责任的有效履行。

第二节　绩效审计产生发展的背景及历程

一、绩效审计产生的背景

任何一个事物，都会经历一个产生、发展，到成熟的过程，绩效审计也不例外。任何一个事物的产生，都是一系列综合事件的相互影响，最终促成一个新生事物的应运而生，绩效审计也不例外。谈及绩效审计萌芽、产生的背景，我们需要将视野拉到更广阔的社会、技术和重大经济事件中加以综合分析。

（一）1929～1933 年世界经济危机深远影响

20 世纪 30 年代，西方国家爆发了波及整个西方国家的经济危机，使得资本主义市场经济遭受到严重打击。此次经济危机，对企业这一市场的主体和政府都产生了深远而重大的影响。

就政府而言，这场危机的爆发，暴露了崇尚自由竞争和市场调节的马歇尔古典经济学说的严重缺陷，而主张政府全面干预市场的凯恩斯经济学为西方世界所普遍接受。以马歇尔为首的古典经济学派主张政府和市场职能应有严格的区分边界和运行规律，政府的归政府，市场的归市场，市场由看不见的手（价格机制）自我调控，政府不要干预市场。政府担任“守夜人”的角色，提供基本的国防、安全和公共基础服务。西方普遍崇尚“小政府”的模式。但资本逐利的本性和市场自我调控的滞后性，导致了资本市场产生了一轮又一轮的经济危机，大量过剩的商品被销毁，给经济发展带来了重创。尤其是从 1929 年到 1933 年的经济危机，使得世界主要资本主义国家的经济发展倒退了十年之久，经济满目疮痍，大量企业倒闭，民不聊生，百姓迫切期望政府有所作为，力挽颓废的经济形势。此时，凯恩斯经济学主张政府在遵循自由竞争和市场调节的基础上，通过财政政策和货币政策对国家经济进行宏观调控。正是在这一背景之下，凯恩斯经济学迅速得到了西方世界的接受和认可。

（二）20 世纪初兴起的科学管理理论

从 19 世纪末到 20 世纪初，一些西方国家掀起了科学管理运动，形成了各有特色的古典管理理论。19 世纪末 20 世纪初管理学形成的标志：泰勒科学管理理论。科学管理理论，由弗雷德里克·温斯洛·泰勒（F. W. Taylor）在他的主要著作《科学管理原理》（1911 年）中提出。弗雷德里克·温斯洛·泰勒是美国古典管理学家，科学管理的创始人，被管理界誉为科学管理之父。在米德维尔工厂，他从一名学徒工开始，先后被提拔为车间管理员，技师，小组长，工长，设计室主任和总工程师。在这家工厂的经历使他了解工人们普遍怠工的原因，他感到缺乏有效的管理手段是提高生产率的严重障碍。为此，泰勒开始探索科学的管理方法和理论。古典管理理论把人假设为“经济人”，并系统地研究企业生产过程和行政组织管理。前者以泰勒为代表，着重研究车间生产，如何提高劳动生产率问题；后者以法约尔、韦伯为代表，着重探讨大企业整体的经营管理，且突出的是行政级别组织体系理论。该理论的显著特点是以科学技术作为建立管理理论的主要依据，这其中又包括了不同的理论学派。其中较突出的代表人物有：泰勒提出的买卖标准操作、工作定额原理和标准化原理；法约尔提出的管理不同于经营，而是经营的六种职能活动之一，即技术活动、商业活动、财务活动、安全活动、会计活动和管理活动；韦伯提出的理想的行政组织体系理论，强调必须建立不受个人情感影响而在任何情况下都适用的规则和纪律，组织中人员之间的关系完全以理性准则为指导；厄威克提出的自认为适用于一切组织的八项原则，即目标原则、相符原则、职责原则、组织级层原则、控制广度原则、专业化原则、协调原则和明确性原则；吉利克则把各家有关管理职能的理论加以系统化，提出了著名的管理七职能论，即计划、组织、人事、指挥、协调、报告和预算。科学管理所带来的车间革命和行政管理革命，极大地提高了企业的运作效率，对于效率的追求已经深入企业的各个方面。同时企业管理科学革命也逐渐被政府认可，政府潜移默化地汲取企业的科学管理理论，注重提高自身的运作效率。因此，兴起于 19 世纪末到 20 世纪初的科学管理运动是绩效审计兴起的物质技术基础。

二、政府绩效审计的发展历程

（一）政府绩效审计的萌芽阶段

其实，早在 20 世纪初期的美国政府，已经开始关注并借用企业的科学管理理论来提高政府运作的效率。自 1929 年爆发了波及整个资本主义世界的经济危机之后，凯恩斯间接调控市场经济的学说逐渐被大多数西方资本主义国家接受，并由此开启了政府间接调控市场的新时代。伴随而来的是政府为履行间接调控经济职能而进行的政府规模和公职人员队伍的迅速扩张，导致政府公共支出费用的高昂。然而税收是公共支出的基础，支出需求的增长不仅需要节流，更需要开征新税种或提高现有税种的税率，以获得更多的公共资金的支撑。然而无论是提高税率还是开征新税种，都需要经过纳税人或是其民意代表的同意，在崇尚无代表不纳税的公民社会，开征新税种和提高税率面临着极大的阻力。1939 年第二次世界大战爆发，随之而来的是第二次世界大战期间军费开支的增长以及战后恢复重建的庞大资金需求，都需要来自纳税人的财政经费支撑。可以想象的是，经济危机后政府规模的扩张，再叠加上第二次世界大战的影响，此时，整个政府的开支规模与经济危机爆发之前相比，呈几何级数上升。虽然可以借着战争和人道主义援助的名义，开征一些新税种或提高一点税率，但这对于庞大的政府开支需求，只能是杯水车薪。在公共财政资金支出和收入存在巨大缺口的内外交困之下，20 世纪 40 年代初期，主要资本主义国家兴起了绩效预算，关注财政预算资金配置的优先顺序，高效率地使用资金，并要求达到预期的效果。西方国家兴起的绩效预算改革进一步为绩效审计的产生提供了物质技术基础。

随着日益沉重的税收负担的增加，社会公众民主监督意识日益增强，不仅要求政府合法、合规地使用纳税人上交的税金，更进一步关注政府使用纳税人的资金是否用到了最该用的地方，资金是否得到了高效率的使用，是否达到了预期的目标和效果。因此，20 世纪 40 年代初，公民社会日益强大的政府履责绩效信息的需求市场已经形成。于是，当这些日益增长的政府履责绩效监督需求，具备了绩效预算管理改革提供的物质技术基础支撑时，绩效审计的萌芽逐渐生成，20 世纪 40 年代在各种需求和管理技术条件具备的情况下，政府绩效审计应运而生。

（二）政府绩效审计的快速发展阶段

绩效审计萌芽之后的发展，并不是很顺畅，会面临着政府的抵抗和阻挠。然而，20 世纪七八十年代兴起的新公共管理运动，促成了西方国家政府绩效审计的快速发展。

1929～1933 年的经济危机之后，政府规模迅速扩充，为了弥补市场失灵而进行的政府间接调控经济的职能，并没有根本解决市场失灵的问题，却又产生了新的政府失灵问题：政府机构臃肿，运转效率低下，官僚作风严重，难以快速、高效地回应信息技术革命和知识信息时代带来的社会公众个性化的需求等。而 20 世纪 70 年代，西方国家爆发了石油危机，经济出现滞胀，财政赤字上升，随之而来是政府面临的财政危机。同时政府信任也出现危机，公众普遍对政府严重的官僚主义不满，这种财政危机和信任危机是西方绩效审计兴起的直接原因。财政危机引起了立法机关、公众对政府使用资源情况的普遍关切，对政府的浪费和效率低下十分不满。与此同时，第二次世界大战后经济开始复苏，给企业的发展创造了条件，伴随着企业的发展，产生了大量的管理理论和理念，并在实践中产生了很好的效果。而公共管理的理念比较落后，公共管理水平明显低于企业管理，这为政府吸收企业的管理思想、改进其服务提供了机会和物质技术条件。要求企业化再造政府的呼声逐步提高，由此兴起了起源于美国、英国、新西兰和澳大利亚，并迅速扩展到其他西方国家的，以“3E”（经济性、效率性和效果性）为主要目标的“新公共管理运动”。新公共管理理念为政府绩效审计的发展进一步提供了直接的理论支撑，从此，绩效的理念深入政府和社会公众心中，因而促进了绩效审计在这一时期的快速发展。

20 世纪 70 年代到 80 年代末，西方主要资本主义国家逐步接受政府审计后，各自的政府审计机关也都陆续开始制定并发布绩效审计法律和制度，以保障和规范绩效审计业务的发展。具有代表性的是：美国会计总署于 1972 年颁布的《政府组织、计划项目、活动和职责的审计标准》（其规定的审计目标包括：①管理工作的经济性和效率性；②检查财务活动和遵循现行法律法规的情况；③在实现预期成果中的计划效果），标志着绩效审计业务得到正式的立法确认；1976 年，荷兰议会授权荷兰审计院开征绩效审计；1977 年，加拿大新审计法颁布，授权加拿大审计长公署对政府各项开支及项目的经济性、效率性和效果性进行审计；1977 年，新西兰《公共财政法》颁布，建立审计署，并授权其开展效益审计；1979 年，澳大利亚新审计法颁布，授权澳大利亚联邦审计署对政府部门及其所属机构开展绩效审计；1983 年，《英国国家审计法》

颁布，明确规定主计审计长有权对政府部门和公共机构开展绩效审计①。

虽然政府绩效审计已经在许多国家得以推广和应用，但各国对它的称谓和定义各不相同，不利于这一业务的规范化发展。1986 年 4 月，在悉尼召开的最高审计机关第十二届国际会议上，最高审计机关国际组织建议以“绩效审计”来统一经营审计、管理审计、经济效益审计、效益审计、效果审计、效率审计、综合审计、货币价值审计的名称，并在会议最后形成的《关于绩效审计、公营企业审计和审计质量的总声明》中正式使用了“绩效审计”的名称。由此，绩效审计在全世界范围内得以统一命名。最高审计机关国际组织在推动绩效审计的发展中发挥了重要的作用。

（三）政府绩效审计的成熟阶段

20 世纪 90 年代以后，政府绩效审计在世界各主要国家中得以普及，日臻成熟。绩效审计的业务量占政府审计的比重不断加大，多数国家政府绩效审计的工作量占政府审计工作量的比重达到 40%，有些国家甚至达到 80%。可见，政府绩效审计从其萌芽开始，经历不断地发展，已经走向成熟，多数国家制定颁布了绩效审计准则，包括绩效审计指南，进一步规范绩效审计业务的发展，并走向专业化发展道路。

当西方国家绩效审计萌芽、发展的黄金时期，我国却面临着列强的侵略，内外交困，历经抗日战争、解放战争、阶级斗争，直到 1978 年提出改革开放，才将工作重心转到经济发展上来。1983 年国家恢复审计监督制度，审计制度的建设和业务发展才被提上日程。审计署成立之后就对国有企业开展了挖潜利润空间、实现扭亏为盈的经济效益审计工作。20 世纪 90 年代初，又提出了“两个延伸”（向经济效益评价和内部控制评价延伸）的经济效益审计理念，在 2000 年之后，才陆续探索对公共财政资金和公共项目开展效益审计，并于 2003 年，提出了第一个效益审计发展规划。

三、内部绩效审计的发展历程

（一）内部绩效审计的产生阶段

内部绩效审计的产生和发展，离不开 1929～1933 年经济危机的影响，以及第二次世界大战后信息技术、管理理论的新发展，它们为内部绩效审计的发展提供的理论和技术支撑。

经济危机爆发后，外部市场疲软，寄希望于通过加大市场销售业绩保存企业的目标根本无法实现。企业逐渐认识到，存续下去的唯一选择是加强管理，减少成本费用开支，从内部挖潜利润空间。于是强化内部运营管理及审计监督的需求日益增强，从而促成了内部审计的职业化发展。在这一时期，出于采用和推广现代管理方法和技术的需求，管理审计应运而生。

1932 年，T. G. Ross 在伦敦出版了、并未引起后人广泛关注的《管理审

① 祁敦芳等编著. 政府绩效审计［M］. 北京：中国时代经济出版社，2009.

计》；直到20世纪50年代，管理审计才被人民所熟悉和接受。当时美国管理协会定期出版的《管理审计》杂志为增强社会重视管理审计研究做出了贡献。另外，加强对公司经营活动的监管，也是当时经济社会发展的一个重要方面，促使了经营审计崭露头角，并日臻完善。1941年是世界审计发展史上的一个重大转折点，维克多·布林克在美国成立了由24人组成的内部审计师协会，并于当时出版了由其撰写的《内部审计》一书，明确阐述了内部审计师如何将审计范围扩展到传统财务审计以外的做法，并使用了当时已经被社会认可的“Operations or Operational Auditing”一词，即所谓的“经营审计”。1948年3月，美国人阿瑟·肯特在《内部审计师》杂志撰文并正式提出“Audit of Operations”，也被公认为是世界上第一次提出“绩效审计”[①] 概念的审计学家。

在内部审计的职业化发展方面，IIA做出了突出的贡献，在1947年发布的《内部审计职责说明书》中，其界定的内部审计内容就提到：主要涉及会计和财务事项，也可以适当涉及业务事项。此时的《审计职责说明书》中已经明确“可以拓展到会计和财务事项之外的业务活动审计”，第一次在职业规范中提出了业务活动审计，也就是经营审计的概念。

（二）内部审计的发展阶段

一般从内部审计发展历史上看，先行得到主要发展的经营审计，是服务于管理层的管理决策信息需求，为其提供决策相关的经营活动信息，因而也称之为“为管理的审计”。一般认为，20世纪50年代中期至70年代末，是经营审计的快速发展时期。这一时期，经营审计（Operational Auditing）的第一次正式出现，是在Frederic E. Mints先生1954年7月出版的《内部审计师》杂志的撰文中。而且在经营审计实务发展方面，IIA于1957年发布的《内部审计职责说明书》中明确规定的主要范围是会计财务和其他事项，其目的是帮助所有管理者履行职责，这一“其他事项”就属于我们所界定的为管理者服务的经营审计的范围。1971年和1976年，IIA发布的《内部审计职责说明书》中，明确规定的内部审计主要业务范围是各种业务活动，其审计目标是帮助所有管理者履行职责。1978年开始发布内部审计实务标准，依然采用了同样的规定：审计主要范围是各种业务活动，目的是帮助所有管理者履行职责。

而后得到更多发展和关注的是管理审计，也称之为“对管理的审计”。1962年，美国人威廉·伦纳德撰写了《管理审计》一书，则被认为是世界上最早关于绩效审计的著作。而在管理审计的实务发展方面，则跟进得相对较晚一些。1981年，IIA发布的《内部审计职责说明书》（第5号）指出，内部审计的主要内容范围是本组织的活动，包括经济性、效率性和效果性。目的是“为组织提供服务”。明确提出内部绩效审计的“3E”目标，并拓展了内部审计的服务层次定位，从“为管理服务”，变成了强调“为组织服务”，“管理”成为审计的内容对象。经营审计和管理审计得到融合发展。之后的1990年，

---

① 经营审计和管理审计都可以归入包容性更强的绩效审计范畴。

IIA 发布的《内部审计职责说明书》中，指出内部审计的主要内容是“本组织内部控制系统的适当性和有效性，以及在完成指定的责任过程中的工作效果”，目的是“帮助本组织成员有效履职”。从而看到了管理流程控制的有效性和对产出结果的绩效完成情况的关注，绩效审计理念逐渐深入到对管理过程与结果的双重关注。

（三）内部绩效审计的成熟阶段

1999 年发布的《内部实务标准》中，第一次将管理审计的对象全面拓展到内控、风险管理和公司治理层面，目的是增加组织价值，提高组织的运营效率。管理审计日益成熟，并得以深入开展。

就中国内部绩效审计的发展而言，目前，大多数政府部门和事业单位的内部审计还停留在财务收支审计和合法、合规审计的层面，绩效审计开展得非常有限。而对于企业而言，内部绩效审计的发展，也存在着极大的不平衡性和差异性，部分企业的内审结合常规项目，延伸到进行绩效评价，给出绩效审计的结论和建议。而大多数内部审计并没有较为成熟的绩效审计实践经验。

关于内部绩效审计的标准发布，早在 2006 年就发布了经济性、效果性和效率性三个具体准则，后于 2013 年 8 月发布的新修订的内部审计准则中，将三个准则合并成为一个绩效审计准则。虽然内部绩效审计的准则发布相对于还没有单独的绩效审计准则的国家审计而言，较为超前地实现了规范化，然而，由于准则的通用性，以及传统审计思维定式的影响，内部绩效审计在实务发展方面并没有比我国政府绩效审计更为理想。

思考与练习

1. 如何准确理解受托责任？
2. 常见的受托责任分类有哪些？
3. 阐述政府绩效审计产生的背景。
4. 政府绩效审计发展受到哪些因素的制约？
5. 阐述内部绩效审计产生和发展的演变过程。

第三章　绩效审计目标

【导读】绩效审计的目标是绩效审计工作的指南和方向标，一切的审计活动都是为了实现一定的审计目标，并围绕审计目标来进行的。可以说，审计目标是审计工作的“纲”，它贯穿审计活动的一切方面和审计过程的始终。因而，清楚地认识和理解所要达到的审计目标，是有效开展审计工作的首要条件。提起审计目标，常常与之关联的一个概念范畴是“审计目的”。本章对这些相关的概念范畴进行深入的比较分析，以期能帮助读者准确地理解审计目的与审计目标、总体审计目标与具体审计目标之间的差异，以便更好地理解和掌握这些理论并用之于指导审计工作的开展。

【关键词】绩效审计目的、绩效审计目标、总体目标、具体目标

第一节　绩效审计的目标概述

一、绩效审计目的

审计目的是审计实践的出发点和归宿，是审计理论结构的逻辑起点。张继勋（2000）认为，目的，是想要达到的地点或境地，是想要得到的结果，是想要探索问题的由来。审计目的是“目的”一词在审计中的具体运用。他认为，审计目的是打算和希望审计所要达到的境地或达到的要求，是审计的出发点和归宿。审计目的回答了“为什么进行审计”的问题。审计目的包括最终审计目的和直接审计目的两个层次，最终审计目的是维护经济秩序，直接审计目的是评价经济责任。

张鸿杰、贾从民在其撰写的《中国审计大辞典》一书中指出，审计目的指审计欲达之境，是审计的预期结果和审计基本任务的统称。它根据每一时期的施政中心，有其一定的灵活性和可变性。由于审计具有社会属性，不同的社会制度则有不同的审计目的。就我国当前的审计工作而言，当前的主要目的是严肃财经法纪，提高经济效益，加强宏观控制和管理，保障社会主义现代化建设的顺利进行。主要是通过审查被审计单位财政财务收支及其经济活动的真实性、合法性和效益性，来评价、证明、确定和监督其是否履行经济责任，从而达到纠正错误，严防舞弊，加强控制，提高效益的

审计目的[①]。

陈思维教授在其所著《经济效益审计》一书中指出，审计目的是指根据一定的审计环境所确立的，用以引导审计行为发展，对审计行为结构的一种期望。绩效审计的目的是由审计环境决定的。某类审计作为社会实践，总是在一定的社会历史背景下进行的，其目的离不开诸多社会环境因素的影响，绩效审计当然也不例外。这些社会影响因素包括：①审计授权人和委托人对审计结果的客观需求。绩效审计的授权人和委托人，主要包括公共资源及国有资产的所有者，部门、企业和单位的主要领导及管理者。他们对绩效审计的结构的需求和期望，主要是有关公共资源的优化配置和国有资产运营管理绩效的评价及建议，组织运营管理的优化、经济资源合理利用及效益的最大化的评价及建议。②审计的业务内容。审计业务内容不同，其关注的目标侧重、审计思路模式不同，审计目标自然也有所不同。即使是同属于绩效审计业务，不同类别的绩效审计项目，其审计目的也不尽相同。③授权和手段。授权，是社会或法律赋予审计组织和审计人员的法定权力，是实现审计目的的前提条件。不顾审计授权的现实状况而确立的审计目的，是不可能实现的。手段，是审计主体的能力，包括知识、经验和技术方法等。它们决定着审计目的实现的可能性。也就是说，现有的审计手段所不能实现的，就不应列入当前绩效审计的目标。绩效审计的目的包含两个层次：一是直接目的，即财政财务收支及经济活动的有效性、合理性和可行性；二是最终目的，即促进审计授权人和委托人提高经济效益，降低管理、经营和投资的风险。

二、绩效审计目标

（一）审计目标的概念界定

审计目标是审计理论和实务中频繁使用的一个词，但在如何界定这一概念的内涵上却存在着不同的观点。张继勋（2000）认为，审计目标是为实现审计的直接目的所确定的审计的工作目标，是对审计事项与设定标准或一定要求的相符程度进行的确认。就财务审计而言，审计目标是对被审计单位会计报表编报的合法性、公允性进行确认；就绩效审计而言，其审计目标是对被审计单位经济活动的经济性、效率性和效果性予以确认。

审计目标是指人们通过审计实践活动所期望达到的理想境界或最终结果，或者说是指审计活动的目的与要求。审计目标的确定，除受审计对象的制约以外，还取决于审计社会属性、审计基本职能和审计授权者或委托者对审计工作的要求。同时，审计目标规定了审计的基本任务，决定了审计的基本过程和应办理的审计手续。

不同性质的审计，审计目标是不相同的。财务审计是一种发表正式审计意见的常规审计，其审计目标是（相对）固定的；而绩效审计（Performance au-

---

① 张鸿杰，贾丛民主编. 中国审计大辞典［M］. 辽宁：辽宁人民出版社，1990.

diting）是一种由于不同需要、出于不同目的而产生的非常规审计，其审计目标不是（相对）固定的，它随着审计环境，审计主体、客体等条件的变化而变化，从而具有一定程度的多样性、复杂性和不确定性。

（二）绩效审计目标的层次分类

审计目标还表现出明显的层次性特征。在一项审计工作中，根据审计目的确定的审计目标是该项审计工作的总目标。为达到审计总目标而对相关内容资料的审查是分项进行的，对不同的内容资料进行审查需要解决的问题不同，这就要求针对不同的审查内容设定不同的目标，即根据具体审查的内容不同对总目标进行分解，划分为若干具体的目标。就绩效审计而言，绩效审计目标可分为总目标和具体目标。

1. 绩效审计总目标

关于绩效审计总目标具体包括哪些，存在多种说法。

就我们国家而言，根据《审计法》第2条第3款的规定，我国国家审计的总目标是对财政收支和财务收支的真实、合法和效益进行审查和评价。“真实”是指财政收支、财务收支及其有关的经济活动是否发生、是否真实存在，在会计资料及其他有关资料中的反映是否符合客观实际，有无任意增加、减少、隐瞒等虚假行为。“合法”是指财政收支、财务收支及其有关的经济活动是否遵循法律、法规和有关规章制度的规定。如各级预算内财政资金的支出必须符合本级人民代表大会批准的预算，企业成本、费用的计算、归集和分配必须符合国家有关会计准则、财务通则等财务会计制度有关方面的规定。“效益”是指财政收支、财务收支及其有关的经济活动的经济效率和效果。这里所讲的效益，不仅仅是指用于经营资金所产生的经济效益，还包括资金投入的经济性，即是否节约；资金运用的效率，即资金合理利用的程度；资金使用的效果，即是否达到预期的目标。因而我国审计法中采用的依然是“3E”目标的说法。

就国际上来看，绩效审计总目标说法，包括“3E”和“5E”两种。20世纪60年代，美国会计总署，率先把对政府工作的审计重心从经济性审计转向了经济性、效率性和效果性并重的审计。最高审计机关国际组织1986年在悉尼召开第12届会议，对于当时国际上对绩效审计出现的不同称谓现象，为避免造成理解上的差异，讨论后公告统一称为“绩效审计”。不管如何命名，其审计目标都离不开经济性、效率性和效果性，且这三个方面也就成为绩效审计的一般内容。从而统一了绩效审计的“3E”审计目标。后来，随着社会经济的发展，人们越来越关注生存的环境和公平的起点、过程和结果，以实现更好的自我发展。需求决定供给，公共行政中越来越强调和关注公平性（Equity）和环保性（Environment）施政目标，于是公平和环保审计目标逐渐被提及并在实践中得以开展，于是绩效审计的目标又发展过渡到“5E”。

一般认为，经济性、效率性和效果性主要是绩效的浅层次关注，类似于人类发展的手段。就经济性、效率性和效果性三者而言，也有优先顺序，而在不考虑效果的情况下，去追求所谓的经济性和效率性是没有价值意义的。在绩效管理发展的早期，人们更关注经济和效率问题，随着认知和经济社会的发展，则越来越强调和重视效果问题。公平性和环保性相对于前“3E”而言，是更深层的绩效诉求，尤其是对公共行政而言，其类似于人类发展的终极目标追求。因而，从“3E”到“5E”的绩效审计目标演变来看，其反映的是人们自我发展和公共行政需求层次的逐渐提高，也是受托绩效责任内涵、外延不断发展深化的必然结果。

当然也有学者认为，效果是一个多元化的绩效诉求集合，是可以涵盖公平和环保目标的，因此，“3E”审计目标永不过时。本书从契合更多体现当前审计发展的业务内容角度出发，采用了“5E”审计目标的说法。

2. 绩效审计具体目标

（1）绩效审计具体目标的含义。审计具体目标是审计总体目标的进一步具体化，是实施审计具体工作应达到的目标，它应能指导审计人员进行具体的审计工作。审计目标决定着审计任务，审计目标是由审计职能和社会需要决定的，而审计任务又由审计目标所决定，有什么样的目标，就会有什么样的任务，因为审计目标的实现要依赖于相关审计任务的完成。而每一确定的审计任务，都有与之对应的针对性的目标要求，这就是所谓的“具体目标”。由此可见，具体目标与具体审计任务紧密相连，是每一个具体审计任务要达到的工作要求。只有每一个具体任务审计目标实现了，最后的审计总目标才能实现，并最终达到审计的目的，也就是其价值效用。

（2）绩效审计具体目标的确定。绩效审计具体目标必须根据审计目标的要求来确定。就如同财务报告审计一样，审计的总目标是对被审计单位在所有重大方面财务报告信息编制的合法性和公允性发表意见，出具报告，因而其合法性、公允性作为总目标在指导审计取证方面过于笼统，需要进一步细化，这一细化的过程就需要看会计核算的要求及管理者提出的核算信息向外界做出的声明和承诺，也就是管理当局明确或隐含的认定。具体目标反映绩效审计的个性或特殊性，它是一般目标在特定社会、政治、经济环境下的产物。对于不同的绩效审计来说，其具体目标往往是不同的。如加拿大审计长公署“对政府部门业绩报告的审计”，其审计（具体）目标为：确定部门业绩报告的质量，为国会和加拿大国民提供有关部门业绩的信息；确定部门间横向联合项目是否在业绩报告中适当披露。再如，加拿大审计长公署“对公务员人力资源管理的审计”，其审计（具体）目标为：确认公务员的作用和责任；发现公务员人力资源管理中存在的问题；对快速变化的环境中如何增强公务员为公众服务的能力提出建议。可以看出，两者虽然同为绩效审计，但其具体目标是不同的，这主要是其审计的客体内容不同所致。

通常具体审计目标的确定与分解，就是将总体审计目标量化到具体审计任务和要求的过程，也就是确定审计项目具体审计内容范围和要求的过程。这一具体目标决定了绩效审计取证的范围，以及应采用怎样的审计程序、方法来获取审计证据。这一分解确定的过程将在编制绩效审计实施方案时一并展开详细论述。

瑞典的政府绩效审计认为经济性关注的一般内容包括①：

1. 被审计单位是否以最好的价格购入所需的原材料和设备等资源。
2. 被审计单位实际花费是否与预算一致。
3. 被审计单位资源是否得到合理利用。
4. 被审计单位是否存在人浮于事的情况。
5. 被审计单位各种投入是否达到最佳配比。

（三）经济性审计应注意的事项

最高审计机关国际组织在其发布的《绩效审计指南》中认为，即使经济性的概念得到了很好的界定，对经济性的审计并不好开展。对于审计人员来说，对所选择的投入是否反映了公共资金的最经济的使用，获取的资源是否得到了经济的利用，投入的数量和质量是否是最优的和适当调配的等进行评估，常常是具有挑战性的任务，而且事实证明，如果要提出在不影响服务质量和数量的情况下降低成本的建议，则是更加困难的事情。

同时，对于什么是经济性的判断，从不同的视角出发，可能会有不同的答案。比如，对于大型设备的采购和工程投资项目，单从采购或建设成本而言，采购价最低或造价成本最低的方案是最经济的。但大型设备和工程投资项目，不仅有初始的采购价和建造成本，更有后期发生的大量的运营维护成本，而这一成本和产品的质量、性能和技术密切相关，如果初始采购和可行性方案选择时，不综合考虑以后运营维护成本支出，就会选择了初始采购和建造成本最经济性的设备和方案，但从生命周期成本（考虑维修成本和技术更新淘汰成本）而言，是不划算的。因此，对于经济性的考量，需要从初始采购、中期使用管理和后期淘汰报废整个生命周期阶段综合成本角度考量。全生命周期成本最低设备和方案，才是最符合经济性要求的方案，也是采购和工程建设需要选择的最佳方案。因而，经济性，从中长期角度来看，并不是选择花钱最少的方案，而是选择价位最合理的方案，也就是全生命周期成本最低的方案。

因而，对于经济性的具体应用而言，一定是在保证质量和使用效果的情况下，去关注经济性；在不考虑质量和效果的前提下，去追求所谓的“经济”或“节约”，是没有意义的。

二、效率性——最大限度地利用获取的资源

（一）内涵

英国审计署的定义是：效率性就是产品、劳务和其他成果与资源耗费的关系。投入已定时，如何取得最大的产出；或者产出已定时，如何缩小投入。即，花得好。

《中国内部审计具体准则第 2202 号——绩效审计》规定：效率性是组织经营管理过程中投入资源和产出成果之间的对比关系。

---

① 祁敦芳等编著. 政府绩效审计［M］. 北京：中国时代经济出版社，2009.

因此，效率是投入资源和产出成果的因果关系，以一定数量的资源投入获得最大的产出。如果把投入视作是成本，把产出成果视为一种效益，那么效率性可以看作是：既定成本条件下的效益最大化，或者效益既定下的成本最小化。从这一角度而言，在成本投入既定的情况下，关注其生产或服务提供过程，采用最佳的流程控制或更为先进的技术手段，在保证产出效果和质量的情况下，将生产和服务提供的时间、成本压缩到尽可能低的程度，这就是生产效率。在既定产出成果条件下，效率关注的是如何科学、合理地配置资源，以最少的资源投入和配比结构，加以合理的流程设计和制度保障，以获得既定的产出成果，因而这一情况下关注的核心问题变成了资源配置问题，也就是我们常讲的配置效率。因此，效率可以分为配置效率和生产效率。只有两者协同改进，才能实现最大限度的效率改进。

（二）效率性审计关注的一般内容

关于效率性关注的一般内容，瑞典政府绩效审计认为包括以下几个方面：

1. 被审计单位项目可行性研究是否与客观情况相符，是否具有可操作性。
2. 用其他方式实施项目所需要的成本是否会更低一些。
3. 被审计单位工作的方式、方法是否是最为合理的。
4. 被审计单位职责分工是否存在不必要的重叠。
5. 被审计单位是否存在本可以避免的障碍。
6. 被审计单位内部的不同部门是否能够相互协作以实现共同目标。
7. 被审计单位是否存在促使员工节约费用和采用先进技术完成自己工作的激励机制。

最高审计机关国际组织在其发布的《绩效审计指南》中认为，对效率性进行审计，也就是经济性关注的一般内容包括下列方面：

1. 人力、财力和其他资源是否得到有效运用。
2. 政府项目、单位和活动是否得到有效管理、管制、组织、执行、监控和评价。
3. 政府单位的活动是否与既定目标和要求相一致。
4. 是否以顾客为导向，及时、高质量地提供公共服务。
5. 是否以合理的成本，高效地实现了政府项目的目标。

（三）效率性审计应注意的事项

效率性与经济性有关。这里的核心问题也是资源利用。主要问题是，这些资源是否得到了最优或者满意的使用，或者在质量和时间周期方面同样或类似的结果是否可以通过较少的资源达到。我们是否在质量和数量方面，从投入和措施中获得了最大的产出？这些问题指的是服务的数量和质量与为达到结果所采取的措施和所使用的资源之间的关系。

显然，通常任何关于效率性的审计意见和审计结果仅仅是相对的。只有在偶尔情况下，缺乏效率才是非常显而易见的。可以通过与类似活动进行比较、与其他时期进行比较、与被明确采纳的标准进行比较，形成关于效率性的审计结果。例如，最佳实务等标准有时也是可用的。对于效率性的评估也许会在与具体标准不相关的情况下进行——即被审计事项非常复杂以至于没有相关标准的情况。在这种情况下，评估必须依据最大限度的信息和论证进行，必须与审计过程中进行的分析相符。

成本有效性的概念主要考虑的是，被审计单位、活动、项目或运营以合理的成本取得一定成果的能力和潜能。成本有效性分析是对项目成本和成果之间关系的研究，一般通过单位成果的成本来表示。成本有效性仅仅是整个效率性检查中的一个内容，如整个效率性还包括提供产出的时间分析，但是最佳时间安排并不总是与效果最优化相一致。

有时，区分效率性和经济性这两个概念是很难的。比如，它们都直接或间接地关注被审计单位以下方面：

1. 是否遵守良好的采购实务。
2. 是否以恰当的成本采购了恰当种类、质量和数量的资源。
3. 是否恰当保护了其资源。
4. 是否运用最佳数量的资源（人员、设备和设施等）及时生产或提供了恰当数量和质量的产品或服务。
5. 是否遵守了有关资源采购、保护和使用等方面法规的要求。
6. 是否建立了管理控制系统。

事实上，经济性审计一般关注前三个问题。效率性的概念主要限于资源是否得到了最优或者满意的使用。鉴于此，效率性多数时候具体表现在：是否用较少的资源获得了同样的产出，或者换句话说，使用同样的资源是否会取得更好的结果（就产出的质量和数量来说）。

财务审计也涉及以上问题，比如，在对采购实务进行审计时就是如此。但是，在财务审计中，对这些事项进行审计的范围是有限的。与绩效审计不同，财务审计的目标只与财务责任有关。

三、效果性——达到规定的目的或目标

（一）内涵

效果性主要是一个与目标实现程度相关的概念。效果性是指达到既定目的或目标的情况。

英国审计署的定义是：效果性就是项目、计划和其他活动的预期目标与实际结果的关系。有关的方针目标、经营目标和其他预期结果是否完成。即，花得值。

《中国内部审计具体准则第 2202 号——绩效审计》规定：效果性是组织经营管理目标的实现程度。

最高审计机关国际组织在《绩效审计指南》中指出，效果性关注的是目标、产出和影响之间的关系。通过采取措施，规定的目标是否得到实现，是否获得了产出，是否达到了效果，所取得的效果是否确实是执行政策而非其他情况的结果。

（二）效果性审计关注的一般内容

瑞典国家绩效审计规定的效果性审计关注的审计内容主要包括[①]：

1. 是否在规定时间以合理的成本实现了既定的目标。

2. 是否对项目目标对象进行了准确的定义。

3. 民众是否对项目提供的产品或服务满意。

4. 项目目标对象是否使用了所提供的产品和服务。

最高审计机关国际组织认为，在对效果性审计时一般可以开展以下工作：

1. 评估政府项目是否进行了有效的准备和规划，它们的目标是否清晰、一致。

2. 评估新的或继续进行的政府项目所设立的目标和采取的措施（法律、财务等）是否恰当、连贯、合适或相关。

3. 评估项目实施的组织结构、决策过程和管理系统的有效性。

4. 评估项目是否与其他项目相互补充、重复、交叉或者目标相反。

5. 评估公共服务的质量是否达到了公众的预期或者规定的目标。

6. 评估衡量、监测和报告项目效果的系统是否充分。

7. 评估政府投资和项目以及/或其各组成部分的效果性，即确认目标是否实现。

8. 评估所观察到的政策的直接或间接的、社会及经济的影响，是政策本身引起的还是其他因素引起的。

9. 确认阻碍令人满意的绩效或目标实现的因素。

10. 分析在确认政府活动和项目更有效的工作方式中得出的结果和观察到的问题产生的原因。

11. 确认不同方法在导致更好绩效或者消除阻碍项目效果的因素等方面的相对效用。

（三）效果性审计应注意的事项

最高审计机关国际组织在《绩效审计指南》中指出，实际上，效果性由两部分内容组成：一是政策目标是否得到实现；二是该目标的实现是否可以归因于所遵循的政策。

要判断目标的实现程度，需要采用能够对目标实现程度进行评估的方式制定目标。抽象的或者模糊的目标是难以评估的。为了判断在多大程度上所观察到的结果可以归因于执行的政策，审计人员需要进行比较。理想的做法是，对于引进政策前后情况进行比较衡量，并利用没有受到政策影响的控制小组进行衡量。

实践中，这种比较很难进行，部分原因在于经常缺乏比较材料。在这些情况下，一种方案是评价作为政策依据的各种假设的可行性。经常需要选择不太宏大的审计目标，比如评价政策目标的实现程度，在多大程度上达到了目标水平，以及绩效水平等。

---

① 审计署外事司编. 国外效益审计简介［M］. 北京：中国时代经济出版社，2003.

1. 关注被审计对象和目标实现之间的相关关系

基于效果性的两个方面的考虑，在效果性审计中，一个项目、活动或事项的目标的实现，受到多重因素影响，包括同期其他相关项目的影响、前后期同类项目的影响、客观外部情况的影响等。因此一个项目目标数据的变化，是否是被审计项目、活动、事项或政策导致的，被审计项目对其施加了多大影响，也就是对被审计对象和目标实现效果之间的相关关系，是需要特别关注的重要事项。为对这一关系进行分析判断，就需要在规划、实施效果审计项目时，对两者的相关关系获取审计证据，设计实施针对的特殊审计程序，以保证审计结论的客观、公正性。

因此，在效果审计中，审计人员一方面，通过将成果——或“影响”或“事情的状态”，与政策目标中的具体内容进行比较，对效果性进行评价或衡量，这种方法通常被称为“目标实现情况”分析。更为重要的一方面是，在对效果性进行审计时，审计人员还应该努力确定，所使用的政策工具在多大程度上为实现政策目标做出了贡献，这是效果性审计的真正意义。它要求获取关于所观察到的成果确实应归因于所采取的行动而非其他因素的证据。比如，如果被审计单位的政策目标是减少失业，那么，审计人员所观察到的失业人员数量的减少是被审计单位采取行动的结果，还是被审计单位根本无法影响的经济状况发生了总体好转的结果？这里，审计的规划必须包括属性问题，并且能够处理有效排除外部因素和中间变量的问题。

2. 关注被审计对象可能产生的副作用问题

在实施相关项目、活动、政策达成预期目标的过程中，也可能附带产生了一些未能事先有效预期的副作用问题。关注政策无意取得的副作用也是绩效审计的一个独立方面。由于副作用不受政策目标的限制，它们的情况多种多样，对副作用的研究也是非常复杂的。限制绩效审计对副作用问题调查范围的一种方法，是重点关注在其他情况下需要尽力避免的副作用（如经济政策对环境的不利影响）。但这并不意味着所有副作用都是不可取的。

一个具体的问题是，对无意取得的影响进行研究，尤其在那些影响是负面的时候，可以形成关于某一具体方面的意见。这里有一个界线问题，因为这些影响可能会扩展到最高审计机关权力和胜任能力范围之外的领域。限制所选范围的一种方法是，对其他项目曾经尽力避免的那些无意影响进行检查，例如，经济增长项目的环境影响。

3. 重视获取被审计对象相关领域利益相关者的信息

在检查效果性时，审计人员一般需要评估活动的成果或影响。因此，以制度为基础的方法可能有用（如评价被审计单位如何衡量和监测其影响），而审计人员通常也需要对被审计活动或项目的影响收集充分的实质性证据。同样，为评估活动或者政府改革的影响，一般来说，不仅需要收集有关被审计单位、活动及其相互关系的信息，还需要收集有关该领域利益相关者的信息。在确信其他利益相关者会影响到效果的情况下，这当然是需要特别关注的。

经济性和效率性审计的目标关注的是单位为达到项目目标是否最高效地取

得、保护和使用了资源。项目效果性和结果审计的目标与经济性和效率性审计的目标常常相互关联，并可能在一项绩效审计中被同时强调。实际工作中，经济性、效率性和效果性的界限常常难以明确划分，因此，英国审计署把这三者作为一个整体加以审计。

四、公平性

（一）涵义

公平理论是美国心理学家1965年提出的。该理论的基本要点是：人的工作积极性不仅与个人实际报酬多少有关，而且与人们对报酬的分配是否感到公平更为密切。人们总会自觉或不自觉地将自己付出的劳动代价及其所得到的报酬与他人进行比较，并对公平与否做出判断。公平感直接影响职工的工作动机和行为。因此，从某种意义来讲，动机的激发过程实际上是人与人进行比较，做出公平与否的判断，并据以指导行为的过程。因此，制度、政策的公平性设计直接影响最终组织的产出绩效，是绩效管理、绩效评价关注和绩效改进考虑的重要内容之一，也必然成为绩效审计关注的重要目标之一。

经济学中的公平，指收入分配的相对平等，即要求社会成员之间的收入差距不能过分悬殊，要求保证社会成员的基本生活需要。

公平性指的是努力（如货币成本）和效果（如服务的数量或货币化的收益）在社会群体中的不同分配。一般而言，公平性具体包括机会公平、过程公平和结果公平三方面内容。

（二）公平性审计应注意的问题

1. 公平性评价的复杂性

公平本身是一个相当复杂的问题，这主要是由于下列几个方面：

第一，它与个人的主观判断有关。无论是自己的或他人的投入和报偿都是个人感觉，而一般人总是对自己的投入估计过高，对别人的投入估计过低。

第二，它与个人所持的公平标准有关。上面的公平标准是采取贡献率，也有采取需要率、平均率的。例如，有人认为助学金应改为“奖学金”才合理，有人认为应平均分配才公平，也有人认为按经济困难程度分配才适当。

第三，它与绩效的评定有关。我们主张按绩效付报酬，并且各人之间应相对均衡。如何评定绩效？是以工作成果的数量和质量，还是按工作中的努力程度和付出的劳动量？是按工作的复杂、困难程度，还是按工作能力、技能、资历和学历？不同的评定办法会得到不同的结果。最好是按工作成果的数量和质量，用明确、客观、易于核实的标准来度量，可这在实际工作中往往难以做到，因此有时不得不采用其他的方法。

第四，它与评定人有关。绩效由谁来评定，是领导者评定还是群众评定或自我评定，不同的评定人会得出不同的结果。同一组织内往往不是由同一个人评定，因此会出现松紧不一、回避矛盾、姑息迁就、抱有成见等现象。

2. 国家、政府视角的公平性

公平性原则，从公共行政角度而言，不是一个绝对平均的概念，其关注的是“接受服务的团体或个人是否都受到公平的待遇，需要特别照顾的弱势群体是否能够享受到更多的服务”。就公共资金或资源的配置而言，其分配结果的公平性，只有对起点公平和过程公平加以保障才能实现。比如，就救灾资金而言，其分配结果的公平性，有赖于第一灾民身份真实性的认定，受灾轻重程度的准确评估，在配置资金的时候能够严格按照救灾资金发放原则进行发放，才能确保实现轻灾轻补、重灾重补的公平分配结果。

提供公共服务是国家、政府最基本的职能之一。合理的公共服务的制度安排是实现国家公平、正义的最佳手段和路径。公共服务制度安排的公平、正义性成为实现社会公平、正义的前提。实现公共服务的均等化是履行国家政府职责的重要工作内容和目标，也是国家政府安排行政支出的重要原则。研究公共服务公平性问题，首先要确定“由谁来进行分配”，谁来实现、维护、保障公共服务公平。就基本公共服务而言，政府责无旁贷地成为基本公共服务公平分配的主体和实现公平的维护者。研究公共服务公平性问题，还需要明确“谁和谁之间的公平”。公平分配问题将涉及对象维度，主要包括个体之间的公平问题、群体（区域、地区）之间的公平问题，以及人自身付出与回报的公平问题。现实的研究越来越证明，对公平概念的研究不能太理想、太抽象、太绝对，否则将不具有可操作性；对公共服务公平的研究也是如此。我们需要怀有向往“公平”的美好理想，但离开具体的社会历史情况和经济发展水平来谈公平是不具有现实意义的。在这一意义上说，并不是越公平越好，绝对的“公平”是不可能实现的，片面地追求公平恰恰会适得其反。我们追求的公共服务公平可以是一种现实的、具有可操作性的、现今最需要的、可以接受的公共服务公平状态。如果从我国的基本国情出发，从老百姓（最大多数民众）最迫切、最基本的需要出发，可以划定一条界线，这便是“基本需要”，它反映了老百姓的基本需求，包括解决温饱的需求、公共卫生和医疗救助的需求、基础教育的需求。针对这些需求，政府提供的基本的公共服务是对生存权、健康权、发展权的保障。保住了这一底线，就能够实现社会中受益最少的弱势群体的基本权益。这一底线既是公共服务公平的底线，又是责任的底线。底线（基本公共服务）之下的部分是政府和社会的责任，是没有差别的，是必须保证、必须实现的，体现了民众基本权利的平等；底线之上的部分可以由市场机制调节，可以由企业、社会组织和个人来承担，体现了适当的差别。

实现基本公共服务的“底线公平”需要通过负担公平、供给公平、享有公平的复合公平来实现。负担公平是实现公共服务成本分担的公平。公共服务是满足公共需要的公共性行为，是需要通过资源投入来满足范围广泛、内容多样的公共需求的，其整个过程都涉及“成本”。公共服务的成本作为公共服务过程中各种资源的损耗和资金的付出，贯穿于公共服务供给的始终。公共服务的成本分担主要涉及两大主体，即政府和公众。政府能不能拿出足够的财政资金投到基本公共服务中去，是政府能否公平、有效地供给公共服务的基础。公众之间（群体之间、区域之间）是否公平地分担了成本也是一个关键的问题。对于非基本公共服务而言，成本的分担主要在于享有该项服务的接受者的投入。因而，公共服务成本在公众和政府之间、公众之间分担的公平与否，直接关系到公共服务公平性的实现。公共服务成本分担的公平是实现公共服务公平的前提和基础。供给公平是政府提供公共服务的公平。公共服务供给公平的前提是不同区域、不同地区的政府公共服务供给能力的公平或均等。公共服务供给主要包括投入、产出、效果三个主要的流程。政府间公共服务投入能力或者说财政能力的公平是重中之重。政府需要建立合理的财政体制，特别是中央和地方政府间建立起有效的转移支付制度是实现公共服务供给公平的重要保障。中央根据特定的衡量标准，对财政能力低的省份进行转移支付，能够弥补地区间公共服务供给的差距。基本公共服务供给的公平重在考量公共服务的投入、产出和效果是否符合民众的需求。具体来说，基本公共服务供给的公平主要包括三层意思：第一层意思是公平地分配公共服务的支出（投入），包括在城乡之间、地区之间、阶层之间合理分配支出。第二层意思是指在城乡之间、地区之间、阶层之间提供的公共服务质量和数量产出上的公平。第三层意思是指在城乡之间、地区之间、阶层之间的公共服务资源配置的公平。与基本公共服务不同，非基本公共服务的负担主要是由享受者来付费的，因而非基本公共服务供给的公平重在考量公共服务的投入与产出是否对等。具体来说，就是公共服务的质量和数量是否与服务接受者的付出相对等、相符合。享有公平是指民众对公共服务供给效果的感知的公平，主要通过对民众满意度的测量得到反映。

从具体的空间范围来说，公平总是在一定的区域范围内实现的，并以一定的空间领域作为其发挥作用的基本范围。从宏观的国际范畴来看，公平的空间可以划定在国与国之间或国际组织之间。国家间的历史、文化背景、经济基础和政治制度等方面存在巨大差异，即使处于同一历史时期，对公平的认识以及公平性原则的选择也存在着诸多差异。从中观（相对于微观和宏观而言）的范围来看，公平问题的空间范围可以划定在一国内部的区域之间以及地区之间。从更微观的领域来看，公平问题的空间可以划定在组织之间，包括私人组织之间、公共组织之间、第三部门组织之间以及三种类型的组织之间的公平问题①。

从公共财政支出的功能和目的看，公共财政支出主要是为社会提供公共产品和服务，核心价值之一在于实现基本公共服务均等化。社会经济发展过程中，一般也会积累大量的社会矛盾，主要表现为贫富差距过大等。这些问题本质上是源于资源分配以及社会活动的规则设计不公平。尤其是改革开放前期经济快速发展的中国，在经济发展主导的过程中，带来了一系列不公平和贫富差距过大的问题。随着社会公众发展需求层次的提高，人们进入由温饱转向对美好生活的向往的阶段，迫切需要解决发展不平衡带来的一系列问题，因而就需要通过公共财政手段来修正和弥补。当前的精准扶贫攻坚战

---

① 严明明，尹华．理解公共服务公平性的六个维度［J］．长春师范大学学报，2015，34（1）：7－10.

等，就是利用公共财政支出作为政府调控经济、收入再分配的重要手段，其目的是改变过去重效益轻公平、重速度轻质量的思想，在一定程度上解决这种不公平问题。也就是说，不同时期，人们关注的公平性的内容和需求程度存在较大差异，当经济社会发展水平高度发达、有能力向理想目标冲刺时，我们便可以用理想的公共服务公平性目标来衡量此阶段的公共服务公平性。对基本公共服务公平来说，实现负担公平、供给公平和享有公平的复合公平在一定程度上便不再是一种理想。也就是社会发展阶段越高，人们对公平性的诉求越高。从这个意义上讲，未来绩效评价和绩效审计需要越来越多地考虑公平性，以应对社会公众需求。

3. 企业视角的公平性

就企业而言，其公平性主要体现在预算资源配置的公平性、责任与权力的对等性，绩效评价体系以及薪酬分配本身设计的公平性等问题。

公平性审计评价，在实务操作方面，和“3E”原则相比，由于考察方式和衡量标准相对难以明确，公平性的评价存在着以定性观察为主、难以量化的问题，因而易导致评价结果主观化，影响绩效评价结果的科学性、合理性。

五、环保性

（一）内涵

环保性就是追求对自然资源的有效利用和生态环境的有效保护，主要关注环境污染和环境保护问题。环保性目标的实现，主要是通过事先设定经济活动要实现的环保性（Environment）目标和要求，使经济活动中对产生环境污染的相关因素和环节得到有效的管控，事后对环保目标实现情况进行评价报告，包括环保性绩效实现情况的第三方后评价。

（二）环保审计的一般内容

1995 年，最高审计机关国际组织所属的环境审计工作小组着手起草《从环境视角进行审计活动的指南》（以下简称《指南》），旨在为各国最高审计机关开展环境审计提供指导，促进他们更好地履行环境审计义务。经过 5 年的努力，2000 年才向各成员国印发了该《指南》，《指南》认为，从环境视角进行的绩效审计通常可以分为以下五类：

1. 对政府监督的环境法规合规情况进行审计。
2. 对政府环境项目的效益进行审计。
3. 对其他政府项目的环境影响进行审计。
4. 对环境管理系统的审计。
5. 对计划的环境政策项目目标进行评估。

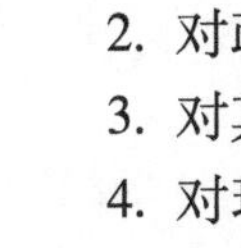

思考与练习

1. 阐述绩效审计目的与绩效审计目标的概念及两者间的异同。

2. 简述绩效审计的总目标与具体目标之间的关系。
3. 绩效审计总目标的分类及相互间存在的差异。
4. 阐述绩效审计“5E”目标之间的关系。
5. 阐述“5E”审计目标各自关注的内容及注意事项?

第四章　绩效审计方法

【导读】绩效审计方法是由一系列相互联系、相互制约的审计方法组成的有机整体。根据方法的用途和性质特征不同，可以将绩效审计采用的技术方法分为传统审计技术方法和绩效审计特殊技术方法，主要是绩效评价分析的数量技术方法。绩效审计方法和技术多种多样，并且对这些方法和技术的使用也少有限制，所以将它们都概括出来是不现实的。本章将在方法概述基础上，按照收集信息的方法和分析评价信息的方法分类，简要说明最经常使用的绩效审计方法和技术。

【关键词】审计方法体系、绩效评价方法、数量技术方法

第一节　绩效审计方法概述

一、绩效审计方法涵义

审计方法是审计人员在开展审计活动过程中所运用的各种手段的总称。审计方法是人们在审计工作的长期实践中总结创立的。这些方法并不是固定不变的。随着社会经济的发展和科学技术的进步，审计方法也不断得到改进和发展，并逐步完善和提高，形成一个比较完整的科学方法体系。关于审计方法的概念表达，归纳起来大致有两种不同的观点：一是狭义的审计方法，即认为审计方法是审计人员为取得充分、有效审计证据而采取的一切技术手段；另一种是广义的审计方法，即认为审计方法不应只是用来收集审计证据的技术，而应将整个审计过程中所运用的各种方式、方法、手段、技术都包括在审计方法的范畴之内。

就绩效审计而言，绩效审计方法是指审计人员未达到绩效审计的目标，在进行审计时收集和分析证据所采用的手段和措施①。绩效审计的方法同样有广义和狭义两方面涵义。广义的绩效审计方法包括制订审计方案、获取审计证据、撰写审计工作底稿、编写审计报告、组织审计人员队伍以及组织审计工作等为达到审计目标所采用的一切手段和措施。狭义的审计方法指审计人员为获

① 也称之为“绩效审计方法体系”。

得审计证据、分析绩效状况，挖掘绩效改进的潜力和取得绩效审计数据所采用的各种手段和措施。

二、绩效审计方法种类

审计工作不是毫无规律可言的，审计方法有自己的体系，绩效审计也不例外。其方法体系分类存在一定的差异性，主要包括以下三种分类观点：

（一）分为规划、实施和管理方法[①]

这一分类方法将整个绩效审计过程中使用的方法分为审计规划方法、审计实施方法和审计管理方法三大类。

1. 绩效审计规划方法

审计规划方法，是指对全部审计活动或具体审计项目进行合理组织和安排时所采用的各种措施和手段。其目的在于确定审计目标，合理分配各种审计资源，以保证审计工作经济而有效地进行。其主要内容包括计划制订方法、程序确定方法、方案设计方法等。计划制订方法，涉及如何设计审计总体目标以及对审计活动长、短期安排；程序确定方法，主要指对一般审计步骤的设计问题，包括对审计准备、实施与结束工作的具体安排；方案设计方法，涉及对具体审计项目进行审计的要点、审计顺序、审计时间、人员分工等部署问题。

2. 绩效审计实施方法

审计实施方法，是指对被审计单位或被审计项目进行具体审计时所采用的各种程式、措施和手段。其目的在于证实审计目标，搜集充分、有效的证据，以保证审计结论和决定有可靠的依据。审计实施方法是审计最基本的方法，既包括一定的程式，又包括各种技术手段，主要内容包括审核稽查方法、审计记录方法、审计评价方法和审计报告方法。

（1）审核稽查方法，是指搜集审计证据时所采取的各种方式和技术。其主要目的在于查明事实真相，证实被审计问题。它又可以分为系统检查法和审计技术两大类。系统检查法是根据系统的观点，以确定对被审计资料或被审计活动进行审查的顺序和审查的范围。如顺查、逆查、直查等顺序检查法和详查、抽查、重记等范围检查法。如果把系统检查法理解为是确定搜集审计证据的顺序和范围，那么审计技术方法就是为了搜集审计证据而采取的具体措施和手段。审计技术又可以根据审计工具技术手段的不同，分为手工审计技术和电脑审计技术。手工审计技术，也称“一般审计技术”，系指采用手工审计或适用于手工操作信息系统的各种技术；根据其适用范围的大小，又可以分为“基本审计技术”和“辅助审计技术”。基本审计技术是指用来搜集直接审计证据的技术，如审阅、核对、盘存等技术；辅助审计技术是指用来搜集审计线索或间接证据的技术，如询问、分析、推理等技术。电脑审计技术，有的称“特种审计技术”，主要是指采用电脑审计或适用于电算化信息系统的各种审

① 李凤鸣主编. 审计学原理［M］. 北京：中国审计出版社，2000.

计技术，如模拟数据、重新处理和程序检查等技术。

(2) 审计记录方法，是指对审计记录文件的设计、填制与审阅的各种方法。审计记录，有益于全面而系统地反映审计的过程和结果，为形成审计的结论和决定提供充分依据，为编写审计报告提供完整的资料，同时也有利于确定审计人员审计行为的恰当性和应负的责任范围。审计记录文件，有审计人员日记和审计工作底稿之分。

(3) 审计评价方法，是指根据查明的事实，对照审计标准以判定是非良莠的方法。通过审计评价，可以确定被审计资料是否真实、正确和可信，以及确定被审计经济业务和经济活动是否合法、合理和有效。审计评价方法根据其适用范围的大小可分为一般评价方法和特定评价方法：一般评价方法是指适用于对各种被审计项目进行评价的程式和技术；特定评价方法是指只适用于对某些具体对象的评价要点与要求。

(4) 审计报告方法，是指对审计报告进行设计、编写与审定的方法。审计报告方法，有益于对每次审计活动的过程和结果进行综合而有重点的反映，以便于审计委托单位或审计机关对被审计单位或被审计项目做出正确的结论和处理决定，还便于被审计单位及有关部门了解审计结果以及明确各自的责任范围。

3. 绩效审计管理方法

审计管理方法，是指对审计主体活动及审计过程进行控制和调节的各种措施和手段，其目的在于提高审计质量和审计效率，保证各种审计资源得到有效的使用。由于审计范围可变性大，其管理内容、手段多种多样，最主要的有审计主体、审计质量和审计信息等方面的管理。审计主体管理方法，主要是指对审计机构和审计人员的管理方法，如机构设置、人员编制、岗位责任、人员培训考核等管理方法。审计质量管理方法，主要是指质量标准制定、质量控制与考核等管理方法，如质量目标管理、审计过程监控等，其目的在于制约影响质量的各种消极因素，以力求提高审计质量，避免或减少审计风险。审计信息管理方法，是指对审计信息收集、处理、存贮与应用的各种措施和手段，如信息管理的一般方法、审计统计方法、审计档案管理方法等，其目的在于保证审计信息资源得到有效的开发和使用，以利于沟通审计情况，更好地发挥审计在宏观管理方面的作用。

(二) 分为方法的理论基础、一般方法和具体方法①

赵保卿（2007）在其主编的《绩效审计理论与实务》中，将审计方法体系分为绩效审计方法的理论基础、绩效审计的一般方法和绩效审计的技术方法三类（竹德操等，1997）。

1. 绩效审计方法的理论基础

绩效审计方法的理论包括辩证唯物主义方法论和系统论、信息论、控

---

① 赵保卿主编. 绩效审计理论与实务［M］. 上海：复旦大学出版社，2007.

制论。

坚持辩证唯物主义方法论，也就要求审计人员在进行绩效审计时，要以事实为基础，以国家方针、政策为导向，坚持实践的观点、全面和全局的观点、发展的观点、群众的观点以及联系的观点。只有以这些观点为指导，审计人员才能在工作中坚持正确的原则，把握正确的方向，得以更好地发现问题和分析问题，才能客观地评价被审计单位的经济效益情况。

系统论。系统论是20世纪初在现代自然科学的基础上产生的新型理论。系统论认为，世界上的各种事物、事件、过程都是由一定部分组成的整体，而这一整体的各个部分又是由许多个较小的子系统构成，子系统又由更小的系统构成。系统具有层次性、全局性、相关性和目的性特点。根据系统论的观点，被审计单位是由若干个子系统构成的系统，而被审计项目也可看成是一个系统，同时，审计人员所开展的审计活动又是一个系统。因而，审计人员在进行绩效审计时，应以系统论为指导，具体表现在以下几个方面：一是在进行绩效审计时，要把被审计项目看成是整个系统的一部分，并找出其子系统和次子系统，同时发现被审计项目与被审计单位其他经济事项之间的联系，以及各子系统和各次子系统之间内在的联系。二是根据系统论观点，系统是动态平衡的，各因素、各系统是同步发展的。进行绩效审计时，要看供产销、人财物等各相关子系统能否跟上发展的要求，审计人员要努力发现限制因子，着重抓住“最弱子系统”，并找出制约企业发展的因素，以便采取相应措施。三是系统论认为，系统的稳定性是系统存在的根本条件，这是通过负反馈达到限制的。因此，在进行绩效审计时，要注意被审计单位是否具有良好的自我调控系统；自我调控系统不稳定的单位，往往存在较多的问题。

信息论。在进行绩效审计时，也要运用信息论的原理。进行绩效审计的过程，也是对被审计单位信息的获取、传递、处理和储存的过程。因而在开展绩效审计时，要按照经济信息的客观性、可识别性、可加工储存性、可传递性、时效性以及共享性的特点，收集、加工和整理审计证据，最终形成传递被审计单位绩效信息的审计报告。根据信息论，绩效审计方法可分为：信息收集技术和信息分析评价技术。信息收集技术沿用了一部分传统财务审计的方法，比如审阅法、核对法、函询法、观察法、盘点法，抽样法等，但也有自身独特的方法。信息分析评价技术包括比较分析法、因素分析法、座谈会，调查问卷和审阅法。

控制论。控制论是研究系统各个部分如何进行组织、调节和控制，以便实现系统的稳定和有效。将控制论运用于绩效审计，不仅要把被审计的经济活动看作控制过程，研究经济活动各部分的耦合状态是否良好，发现耦合不良或失控状态时需提出改进意见，也要把审计过程看成一个特殊的控制过程。审计中审计机构起控制器作用，审计小组则是受控制的子系统。在审计小组中，审计组长、主审人员是控制器，其余审计人员是受控制者，在这个系统和工作过程中，通过建立控制和反馈机制，保证审计工作质量。同时，在后续审计阶段，运用控制论的观点，检查调节、控制命令的执行情况，将审计建议的执行情况反馈给审计机构和有关上级部门，以促使被审计单位执行审计建议，提高经济效益。

2. 绩效审计的一般方法

绩效审计的一般方法，是各种绩效审计、任何项目的绩效审计都适用的方法，即搜集审计证据，依据审计标准，作出审计评价，提出审计意见和建议。为达到绩效审计的目的，必须对被审计单位的经济活动和经营状况进行综合的检查分析，搜集有效的证据，将审计证据和审计标准相比较，以判断被审计单位的绩效状况，作出审计评价，提出审计意见和建议，以有助于被审计单位改善经营管理，提高经济效益。

3. 绩效审计的技术方法

绩效审计所采用的技术方法很多，在审计过程中采用哪种方法，需要依据绩效审计的具体内容来定。绩效审计除了采取财务审计所运用的审阅法、核对法，盘存法、调整法等一般审计方法外，还要采用管理会计、信息论、控制论、概率论、规划论、对策论、网络技术、统计学、计量经济学等科学中的一些专门方法。这些方法构成了绩效审计的技术方法体系。这些方法可归结为经济活动分析方法、数量分析方法和技术经济论证方法等三类。

（三）分为数据收集方法和数据分析方法①

曲明（2016）在研究了各种绩效审计方法体系的分类观点之后，提出了自己对于绩效审计方法的分类观点：政府绩效审计方法体系主要包括对数据收集的审计方法和对数据分析的审计方法两大类。

数据收集方法，主要使用的是传统的获取审计证据的方法，比如，常用的审阅法、调查法、走访观察法等。

数据分析方法，是对所获取的数据进行再加工，以便于进行绩效分析评价而采用的数量技术方法，比如，对比分析法、比率分析法、成本—收益分析法（或者成本—效益分析法、成本—有效性分析法等）、因果分析法、目标—手段分析法、过程分析法、数据包络分析等。而祁敦芳（2009）在其编著的《政府绩效审计》中，将其分为数学评价方法、经济分析方法和技术论证方法等。

三、绩效审计方法的特征②

绩效审计方法与其他审计方法相比较，有其自身明显的特点。

（一）从方法的组成来看——多样性

绩效审计在一般审计方法的基础上，更具有广泛多样性，实现了一般性和多样性的统一。财务审计是针对被审计单位的账务而设计的。由于账务处理有一定的规范标准，财务审计方法对不同的单位是相对固定的，具有通用性，如账表核对法、盘存法、调节法、函证法及顺查法和逆查法等。但是，绩效审计的对象是多种多样的，因此，在具体审计项目中，审计人员可以依据不同的情

① 曲明著. 政府绩效审计——沿革、框架与展望［M］. 辽宁：东北财经大学出版社，2016.

② 赵保卿主编. 绩效审计理论与实务［M］. 上海：复旦大学出版社，2007.

况而有所选择，既可以选择简单的审阅和计算方法，也可以选择技术复杂的数学论证方法和技术论证方法。绩效审计项目的目的和要求因对象各异而不同，因而一般不能用一套固定的方法来完成不同的审计项目。因此，对于绩效审计项目和目标，应设计与之相适应的取证和分析方法。在设计绩效审计方法时，不仅要运用审计人员的知识和经验，必要时还需请教专家进行咨询，广泛运用其他学科的技术方法，由此组成一个多种学科方法相互渗透、相互结合、多样化、复合的方法体系，从而体现绩效审计方法的多样性。政府绩效审计方法也是多种多样的。

（二）从方法的总体来看——数量化

采用现代定量分析和计算的方法，与其他学科相融合，是绩效审计方法的最突出特点。从审计的地位和作用上看，审计自始至终都是依附在其他项目和学科上的，表现出很强的从属性。绩效审计属于现代学科，具有一切现代学科所共有的“数量化”特点，它把其他学科固有的方法引入审计工作，用于评价分析。从某种程度上说，绩效审计是“技术经济再论证”，因而它能够最大程度上采用原来技术经济所采用的定量分析法，甚至现代数量经济学方法。绩效审计方法的选择越来越外向化，越来越不局限于传统的文件检查和访谈等方法。

（三）从方法的运用来看——灵活性

各种绩效审计方法相互结合起来，具有综合性、灵活性、重复性的特点。绩效审计方法是一般审计方法和各种技术方法的综合运用。具体选用哪一种方法，审计人员需根据不同对象、内容、目的和要求灵活选用。比如，对“文件查阅”时不可避免地要进行“文件审阅”，同时也要收集“二手资料”，也可能同时在进行“财务审计”和“管理分析”；填写“调查”表时，必然要进行“访谈”“现场走访”“观察”或“比较”。与绩效审计相比，财务审计的方法虽然也具有综合性特点，但没有绩效审计的综合程度高、范围广、涉及学科多。

本章侧重介绍的绩效审计方法主要是绩效审计实施方法中，有别于传统财务审计所使用的技术方法之外的，绩效审计所使用的特殊技术方法，尤其是数量技术分析评价方法。本章主要介绍的绩效审计评价分析方法，又可进一步细分为经济活动分析方法、数量分析评价方法和技术经济论证方法等三类（陈思维，2002；邢俊芳，2005；赵保卿，2007；祁敦芳，2009）。

绩效审计工作不同于其他业务工作，其任务不是对被审计对象绩效的筹划、预测、决策、控制、分析，而是对这些工作的结果进行复查和评价，并指明前进方向。因此，进行绩效审计，不仅要了解和掌握各种业务所应用的方法，而且应站到更高的位置上检查这些方法的运用是否正确。因此，有必要学习并掌握这些方法。绩效审计所采用的技术方法很多，在审计实践中采用哪种技术方法，这要根据绩效审计的目标和内容来决定，有时候方法的适用还要受制于审计人员是否有熟练应用该方法的能力。

数据资料是进行绩效分析评价的基础，因此，本书采用数据收集和分析方法的分类，主要介绍取得绩效数据资料的方法和分析评价数据资料的方法，以得出审计发现、结论和建议的方法。结合以上不同的绩效审计方法分类的对比分析。希望能选定那些在绩效审计实务中居于特殊价值，传统审计业务中不常用的，需要使用更多量化分析技术手段的方法做一介绍，利用适当的量化技术手段更精确地支持对绩效分析的结论。

第二节 绩效数据收集方法

数据可以一次收集完成，或者通过持续不断的过程来收集获取（时间序列设计，纵向分析）。信息的获取可以基于实物证据、文件证据（包括书面声明）、口头证据（访谈），或其他基于审计目标的方式。通常，审计人员需要收集既能定性又能定量的资料。这种所获得的资料应该能够解释和支持证据的充分性、有效性、可靠性、相关性和合理性。借助于发放问卷、进行调查和直接观察，绩效审计可以获得主要的第一手资料。然而，审计人员也会运用大量的二手资料，如摘录和处理过的官方统计数据、被审计单位的统计数据（假如该统计数据被认为是相关可靠的）等。

绩效审计应用的信息和数据既有定性的也有定量的，还有两者相结合的。定量的数据是可以计量的或可以数字化的，用于说明或支撑有关论点。定性的信息和数据，一般涉及审计意见、态度，或者总的观察情况，而且都是比较深刻的理解。当然，为了使绩效审计的分析具有一定的深度和广度，常常也需要收集一些定性的信息。

常用的收集数据的方法如下：

一、文件检查

文件资料是一种有效的资料收集渠道，而文件检查可以成为众多绩效审计项目的基础。文件资料包含各种各样的证据，诸如政府官员的决定、项目受益人的“案例记录”以及政府项目的记录等。为有效地进行文件检查，在启动绩效审计时就必须确定所检查文件的性质、存放地点和可获得性。

二、文献检索

绩效审计中需要获取与被审计主题有关的一般性研究报告、书籍和论文，或者更加具体的研究资料和有关该领域的统计数据（包括历史材料和现行出版物）。对来自被审计单位、过去的审计项目、最高审计机关或其他相关部门所做的分析评价所形成的文档资料进行检查是非常重要的，因为这种检查可以更新和扩大审计人员对具体项目主题的了解。对文件的检查可以使绩效审计人员获取有用的材料，但是，审计人员应对文件内容的可靠性进行评价，即：文件所包含的信息是否客观、全面，是否综合反映了实际情况。

三、调查或者问卷①

调查是一种从确定的总体中收集信息的综合方法，一般通过从总体中抽取一定数量的样本进行访谈或以发放调查问卷的方式进行。调查的目的是从一组人员或机构中获取详细而具体的信息。这种方法特别适用于需要通过从大量人员中获取关于某一具体问题或主题的量化信息。调查问卷主要用于收集那些用其他方式不易获得并且对于证实观点具有重要参考价值的信息。案例研究和其他深入分析方法通常用作调查问卷的补充。审计人员可以使用众多的调查技术。最经常使用的是信函、互联网、电话和访谈。调查问卷通常需要电脑处理，并且需要对所涉及的问题有比较好的了解。尽管设计问卷问题和处理问卷的答复是一项艰苦而耗时的工作，但如果应用得当，调查问卷技术的效果就非常明显。在应用该技术时，经常需要邀请专家参与。

四、访谈

访谈基本上是一个为获取具体信息而进行的“问”与“答”的过程。绩效审计的大量工作是以访谈为基础，在绩效审计的不同阶段，需要开展不同类型的访谈。在审计工作的不同阶段，审计人员可以应用以了解事实为目的的对话和讨论，或自由讨论式的访谈（也就是，所提问题可以自由回答），或限定于一系列特定问题的正式访谈。访谈分为以下几种：一是有准备性的访谈和列清单式的访谈；二是为收集材料和信息而开展的访谈；三是为了解对有关问题的态度和意见而开展的访谈；四是为形成意见和建议而开展的访谈。

访谈，既可以在审计计划阶段运用，也可以在审计检查阶段中运用，目的

---

① 除了一般的调查方法外，还有特殊的案例研究调查和准实验调查法。案例研究可以用于证明所假设的问题是否确实存在，这些问题不仅仅是边缘问题；案例研究也可用来进行深入分析和比较；但是，很难根据案例研究的结果就问题发生的频率和涉及的范围做出判断，即使所选案例旨在说明一般性问题并具有代表性。如果与其他方法结合，案例研究则可以得出一些一般性结论。由于这种案例研究优越于大型调查，所以在绩效审计中经常使用该方法。案例研究主要用于：对复杂问题进行综合性深入分析；获取讨论和检查其他信息的解释性范例；与一般统计相结合，用于解释和确认更广泛研究项目所获得的结果。在选择众多的需要研究的案例时，审计人员必须在检查的广度和深度之间达成一种平衡。案例研究既可以选择有一定难度的案例，也可以选择成功的范例，这样审计人员才可能进行比较，确认其中的决定因素。另一种类型的案例研究则通过对个案的深入检查，来对更多的一般性信息进行补充。一旦案例研究已经完成，审计人员可以将审计发现传递给所涉及的被审计单位，以便获取被审计单位的反馈意见（这些研究在多大程度上反映了问题）。在研讨会和其他场合，审计人员也可以就案例研究的结果与科学家、专家展开讨论。通过将一般统计数据与深入的案例研究相结合，并对他们进行验证，审计人员可以获取充分支持审计发现的证明信息，从而形成推断的基础。准试验调查。真正意义上的试验的主要特点是将目标随机分成试验组和控制组，并将控制组与实验组进行比较。控制组是一群未经处理的目标的集合，而试验组是一组受到干预的目标的集合，两者在结果方面形成了鲜明的对比。准试验是一种研究设计，在该研究设计中，试验组和控制组不是随机形成的。在现实和政治问题上对纯试验方法的使用促使对准试验方法的使用也随之提高。准试验方法试图尽可能排除外来因素的影响，但不可能像纯试验方法那样全面、科学地剔除外来因素的影响。准试验设计的两种类型都试图建立接近随机分组的控制或比较组合。方法是将参加试验和不参加试验的对象进行匹配，或对参加对象和未参加对象进行统计调整，以便他们尽量在相关特点上保持平衡。

是获取文件以及与审计目标有关的意见，核对事实，证实来自其他渠道的资料，或探究可能的建议。审计人员可以运用不同的访谈技术：可以与一人访谈，也可以同时与多人进行访谈；可以通过电话的形式，也可以采取审计人员亲自登门拜访的形式。在核对信息时，访谈可以以深入（或泛泛）的方式进行。

为形成更广泛反映现实情况的意见，审计人员与不同职位的人员、具有不同看法的人员进行访谈是极为重要的，这些人员包括中央部门和地方部门的人员，来自不同利益集团的人员，来自不同领域的专家，等等。

访谈是一种了解事实、获取信息和支撑不同意见的有效方式，但是审计人员不能将访谈作为证据的唯一来源。虽然访谈的许多细节和说明都必须在运用之前进行核对，但是，在多数情况下，访谈仍然是了解事实的一种有效方式。为便于分析和提供质量保证，访谈的结果必须在某种程度上加以汇总处理，形成证据，如：将单个的事实性材料归总为一类，将问题及其前因后果归为另一类，将有关建议归总为第三类。

五、研讨会和听证会

研讨会经常运用于绩效审计的不同阶段，尤其在审计准备和结束阶段。研讨会可能会应用于：

1. 获取专业知识。
2. 讨论存在的问题、观察到的现象和可能应用的衡量方法。
3. 公开辩论各自的意见和看法。

研讨会很容易将具有不同知识背景和持不同意见的人员集合在一起，这就使审计人员能够较好地了解所涉及的问题。

听证会与研讨会相似。但听证会的目的主要是邀请或召集有关的当事人或专家就被审计的问题发表意见。

六、中心组，专门工作组（focal groups），顾问咨询组和专家

中心组，是指将适当的人员召集在一起，请他们就具体的主题和议题展开讨论。小组的主要目的是收集定性数据——该信息可以为评价被审计单位人员的绩效提供依据。

专门工作组，有助于审计人员从项目受益方和其他所有者的角度了解有关政府项目的履行情况和实施效果。该模式可以用利益相关者模型来表示。利益相关者模型可以运用在审计计划阶段，用来确定对政府所开展的特定活动感兴趣的主要群体。

顾问咨询组，可以由最高审计机关的内部和外部人员组成，其成员经常是专家和专业人员。在审计开始阶段和审计实施过程中，顾问咨询组可以为审计提供参考。一些专家作为顾问和临时雇员。这些专家包括最高审计机关直接聘用的专家、被审计单位聘用的顾问或者以独立身份开展工作的专家（如学术机构的研究人员）。通过专家的参与，审计组能够获得对实现审计目标具有重

要意义的技术知识或技能。专家的协助有助于审计人员迅速获得相关信息。不足的是，审计人员可能很难评价专家的能力，从而据以选择适当的专家意见，也很难拥有足够的能力核实专家的工作或评价专家的工作成果。

七、直接观察

直接观察在绩效审计中并不常见。这种方法主要用于：增进对运作方式的了解；获取被审计单位工作人员的意见，并对这些意见进行讨论和测试；补充或比较其他信息。

表 4－1 列举了一些上文所提到的在审计/评价过程中收集资料方法的适用范围、优点和缺点。

表 4－1　　收集资料的方法适用范围、优缺点分析

方法	适用范围	优点	缺点
调查表调查	需要迅速而比较容易地以非强迫的方式获取大量信息	(1) 可以以不具名的方式进行； (2) 执行成本较低； (3) 容易比较、分析； (4) 可以获取大量的资料； (5) 许多抽样调查问卷是现成的	(1) 或许得不到认真的反馈； (2) 措词可能偏离客户的回答； (3) 是非人性化的； (4) 调查过程中，需要精通抽样的行家； (5) 不能全面概括问题
访谈	想全面了解某人，或得到更多关于调查问卷的答复信息	(1) 获取全面、深入的信息； (2) 与客户建立联系； (3) 与客户沟通的方式具有灵活性	(1) 费时； (2) 很难进行分析、比较； (3) 费力； (4) 访问对象可能隐藏其事实的真相
审阅文件	想获得项目是如何运行的，又不必妨碍项目运作时；审阅项目的运用、资金来源、备忘录、会议记录等	(1) 可获得全面的、历史的信息； (2) 不会妨碍项目运作或客户的日常事务； (3) 信息已经存在； (4) 信息更加客观	(1) 经常要花费比较多的时间； (2) 信息可能是不完整的； (3) 需要明确的目的性； (4) 获取资料的方式不灵活；资料限定于已经存在的情况
观察	准确获取关于项目如何运行的信息，特别是程序的信息	(1) 可现场观察项目运行； (2) 能适合正在发生的事项	(1) 解释项目运作过程是困难的； (2) 将观察进行分类是比较复杂的； (3) 可能影响项目参与者的行为； (4) 比较昂贵
中心组	通过分组讨论，深入地探究某一主题（比如，对建议的反映，理解通常的投诉等），这在评价过程中很有用处	(1) 可迅速、可靠地获得普遍的看法； (2) 是在短时间里获得全面、深入信息的有效方式； (3) 可以传递有关项目的关键信息	(1) 很难分析客户的反应； (2) 需要一个很好的协调者来引导和结束讨论； (3) 很难为 6～8 人安排共同的日程计划

资料来源：最高审计机关国际组织发布的《绩效审计指南》（Carter McNamara，1998）。

第三节 绩效数据分析评价法

获取数据资料以后，就可以对数据进行分析，通过数据信息的再加工，形成新的证据或得出结论。信息分析是一个需要使用智力的、富有创造性的和不重复的过程，包括理性的和非理性的因素。信息分析总是涉及反映、讨论和发表独立性意见的过程，并且经常应用量化以及非量化分析法。这些常用的数据分析评价方法可分为经济活动分析方法、数量分析方法和技术经济论证方法三类。

一、经济活动分析法

绩效审计要审查被审计对象绩效的实现程度，检查、研究影响绩效的因素，所以经常使用经济活动分析方法。经济活动分析方法，是指利用会计、统计等经济资料对一定时期的经济活动及其绩效进行比较、分析、评价，借以发现问题，查明原因，改善管理，提高绩效的一种方法。此方法，有时因指标本身可比性差而得出不正确的结论。因此，在应用这些方法时，应特别注意指标的可比性，包括计算口径、计价基础、时间、单位等。

比较常用的经济活动分析方法有比较分析法、动态分析法、平衡分析法、因素分析法和“TQC”分析法等。

（一）比较分析法

比较分析法是通过相同经济内容的相关经济指标的对比分析，从中发现和查证问题的一种方法。采用这种方法时，应先将价值反映的综合指标分解为各种具体因素，然后将这些具体因素及因素的不同指标进行对比，以观察各种变动的有利因素与不利因素，再查明各变动因素的变动情况及变动的原因。在绩效审计方法中，比较分析法是最常用的一种方法。

这种方法，按其指标表现形式不同，可以分为绝对数比较法和相对数比较法。

1. 绝对数比较法，是指通过经济指标绝对数的直接对比分析来衡量经济活动的成果和差异的方法。

2. 相对数比较法，亦称“比率分析法”或“百分数比较法”，是指利用比率对比分析来说明相关项目之间的关系，测定财务状况及经济效益的一种方法。采用这种方法时，应先将需要对比的数值换算成比率，再从相关比率对比分析中，发现和分析存在的问题。比率分析主要包括相关比率、动态比率和构成比率。

（1）相关比率。相关比率是指把被审计单位在运营管理活动中客观存在的相互依存、相互联系的两个性质不同但又相互联系的指标，换算成某种相对指标，以便研究和认识相关运营管理活动的结果状况，更好地指导和改进运营管理绩效。

（2）构成比率。通过计算出某项绩效指标的各个组成部分占总体的比重，分析其构成内容的变化，从而掌握该项绩效指标的特点和变化趋势。比如，计算成本费用构成要素各自在总成本费用中的比重，用于分析费用的增长情况。

（3）动态比率对比。动态比率对比是将被审计对象不同时期的同类指标的数值进行对比，求出变动比率，分析该项指标的发展方向和增减速度。对比一般包括定基和环比两种比对方式。

当然就比较分析法中对比的标准而言，可以有以下几种情况选择：一是和计划比，将实际指标和计划指标相比较，检查计划的完成情况；二是和先进比，将被审计单位的指标与其他先进单位的指标进行对比，以便找出差距，分析原因，挖掘潜力；三是和平均数比，将被审计单位的指标和一定范围内同样性质的平均数进行比较，以检查被审计单位的生产经营及经济效益与平均数的偏离程度，从而总结经验，采取措施；四是和上期或历史比，将审计期间与上期或更早期指标进行比较，将本月数与上月数或以前各月数相比较，以了解被审计单位生产经营和经济效益的增长变化情况。

（二）动态分析法

动态分析法是以客观现象所显现出来的数量特征为标准，判断被研究现象是否符合正常发展趋势的要求，探求其偏离正常发展趋势的原因并对未来的发展趋势进行预测的一种统计分析方法。动态分析法主要包括两个方面：一是编制时间数列，观察客观现象发展变化的过程、趋势及其规律，计算相应的动态指标用以描述现象发展变化的特征；二是编制较长时期的时间数列，在对现象变动规律性判断的基础上，测定其长期趋势、季节变动的规律，并据此进行统计预测，为决策提供依据。

对被审计单位绩效状况的审查，不仅要从静态上分析被审计单位生产经营规模、水平及其相互关系，也要从动态上研究被审计单位的发展和变动趋势。动态分析法是绩效审计常用的方法。通过不同时期的动态数列，反映被审计单位生产经营活动的变化速度和发展趋势，从而了解被审计单位绩效变动的规律性。

（三）平衡分析法

平衡就是各个互相联系的因素之间，在数量上保持一定的、合理的对应关系。因而，平衡分析法是分析事物之间相互关系的一种方法，它通过分析事物之间发展是否平衡，揭示出事物间出现的不平衡状态、性质和原因，指引人们去研究积极平衡的方法，以促进事物的发展。

平衡分析要通过有联系指标数值的对等关系来表现经济现象之间的联系；要通过任务的完成与时间进度之间的正比关系来表现经济先行的发展速度；要通过各有关指标的联系表现出全局平衡与局部平衡之间的联系。

运用平衡分析法时，首先，要计算出需要数量和供应数量；其次，查明不平衡的程度，差多少，再研究供需平衡的原因，挖掘潜力；最后，拟订相关的措施，制订解决问题的方案。审计人员在检查企业生产和销售的协调情况、财务状况时，多采用这种方法。

平衡分析法在实际运用中较为简便、易行，但局限性较大。因此，在对被审对象运营管理绩效进行具体的审计分析过程中，审计人员应结合其他各种分析方法，灵活运用，只有这样，才能使分析的结果准确，结论无误。

（四）因素分析法

因素分析法，又称为“连环替代法”，它是通过先把综合经济指标分解为相互联系的若干因素，然后分析这些因素对综合指标的影响程度，再查明其原因和责任的一种方法。运用这种方法，便于对综合指标进行分析，从多种方法的因素中，找出最关键、最本质的因素，为进一步详查提供审计依据。此法对于查明影响绩效的原因非常有效。因素分析法主要包括因素分摊法和因素替代法。

因素替代法，亦称“连锁替代法”，它是从数量上确定一个综合指标所包含的各个因素的变动对该综合指标影响程度的一种方法。这种方法既可以用于综合经济效益的评价和分析，也可用于某项具体指标的评价与分析。

采用这种方法时，应首先把综合指标分解为相互联系的若干因素，然后按照一定的顺序，确定各个因素变动对指标变动的影响程度。在应用因素替代法时，必须正确进行指标分解，并确定替代顺序。替代顺序的确定，要从经济指标组成要素之间的相互关系出发，选定适当的条件，使分析结果具有客观性、有效性，能够明确区分经济责任，有利于加强计划管理和经济核算。

另外，在运用此方法时还需注意以下几点：一是要有目的地进行分析。分析是为了增收节支，提高经济效益。从被审计单位的实际出发，将影响经济指标的因素进行划分，以利于分清责任，改进管理。二是对于因素的排列，要注意它们的因果性。排列替代次序，应根据经济指标中各因素的相互依存关系和内在联系而定。三是因素替代法有它的假定性、替代性，每次只变动一个因素，并假定其他因素不变。四是各影响因素、影响程度之和应与分析对象吻合。

（五）“TQC”分析法

“TQC”的全称是“全面质量管理”（Total Quality Control）或“综合质量管理”。它原来是企业生产经营中的一项新的管理科学技术。对于绩效审计而言，TQC 方法可以得到不同程度的采用，因为这里所讲的“质量”，并非仅指某种产品的质量，而是指“全面质量”，即政府机关或一般盈利组织的整体工作质量。质量是判断政府机关（或其他被审计单位）提供公共产品和服务绩效的一个重要维度。只有在政府进行的公共管理活动中全程关注“质量”问题，才能保证最终达成高质量公共服务的结果。

所以，做好 TQC 的科学方法之一，就是实行 PDCA 四阶段管理。即按 TQC 的四个阶段进行工作，也称为“品管圈”。第一阶段是计划（Plan），即确定质量目标和方针，规定具体的质量改进质保和实现这些指标的措施；第二阶段是实施（Do），即对计划规定的项目和要求组织具体实施；第三阶段是检查（Check），即对比计划与实际实施情况，检查分析计划的可靠性和可行性以及计划执行情况；第四阶段是处理（Action），即对计划执行过程中出现的偏差，加以集体分析处理，肯定成绩，找出不足，分析原因，提出改进措施，作为下一次计划目标的依据之一。

根据TQC的原理和PDCA循环的方式，TQC分析的主要技术方法包括ABC分析法和因果分析法两种。

1. ABC分析法

ABC分析法又称为“主次因素排列法”“帕累托分析法”“巴雷特分析法”“柏拉图分析法”“主次因素分析法”。ABC分类控制法、分类管理法、重点管理法、ABC管理法，平常我们也称之为“80对20”规则。它是根据事物在技术或经济方面的主要特征，进行分类排队，分清重点和一般，从而有区别地确定管理方式的一种分析方法。由于它把被分析的对象分成A、B、C三类，所以通常被称为“ABC分析法”。比如，运用雷特曲线图法①分析时，就需要将影响指标分解为若干因素，并根据每个因素占总体指标的比重，对总体指标的影响频数、影响频率绘制曲线图，然后根据图示中各因素所处的A、B、C区域的帕累托分析法位置（A、B、C区域分别代表有重要影响、中等影响、一般影响），确定其影响程度。

这种管理方法的基本原理是：处理任何事情都要分清主次、轻重，从错综复杂、名目繁多的事物中找出主要矛盾，抓住重点，照顾一般，区别关键的少数和次要的多数，根据不同的情况进行分类管理，帮助人们正确观察问题并做出决策。这种方法后来被管理学家应用于质量管理和存货管理中，在管理倡导以人为本的今天，进一步被应用于工商企业的人力资源管理中，达到了事半功倍的绩效改进效果。

在经济工作中，做每一件事都要受到多种因素的影响，而这些因素所处的地位有主次、轻重之分。比如，一个企业需要的原材料有成千上万种，但它总有个规律：经常使用的贵重的原材料可能只有几种或几十种；企业生产的产品品种很多，但销售量大、盈利多的产品可能只有少数几种；产品质量不合格或造成废品，原因是多方面，但主要原因可能就是一两个。再比如，影响政府机关工作质量或服务质量好坏的原因是多种多样的，在众多原因中有主次和轻重之分。主次因素排列图就是政府机关全面质量分析中，将全部因素按主次分为A、B、C三大类（区），并用矩阵图式直观表现出来。这样有利于政府机关及

---

① 1879年，意大利经济学家巴雷特在研究社会人口与财富的占有规律时，发现占整个社会人口比例小的少数人，却占有社会财富的大部分；而占整个社会总人口比例很大的多数人，却占有社会总财富的极小量，呈现出不均匀分配的规律。他把这种现象所反映的人口和财富之间的关系概括为“重要的少数和次要的多数”，并依据统计数据把这种关系画成直观的排列图，从而得到一条曲线，人们称之为“巴雷特曲线”，把这种统计方法又称为“巴雷特曲线图法”。后来，巴雷特法被不断应用于管理的各个方面。1951年管理学家戴克将其应用于库存管理，命名为ABC法。1951～1956年，美国质量管理学家约瑟夫·朱兰把巴氏原理用于质量管理学中，成为找出影响产品质量主要问题的有效方法。1963年彼得·德鲁克将这一方法推广到全部社会现象，使ABC法成为企业提高效益的普遍应用的管理方法。经济活动中有许多数据关系均符合巴雷特曲线，人们常用该方法对经济活动进行分析。

有关部门抓住政府机关在公共管理活动中的关键性问题，集中全部精力解决主要矛盾。

运用该方法时，需要注意两个问题：一是确定的主要因素不要太多，最好1～2个，至多不要超过3个，否则，抓不住主要矛盾，解决不了影响质量的主要问题。二是不太重要的因素很多时，在绘制巴雷特曲线图用于直观分析时，应将这些不太重要的较多因素，合并列入“其他”栏目，一并进行统计分析。

2. 因果分析法

因果分析法，又叫“特性因素分析法”。它是一种定性或定量分析某一绩效影响因素的有效方法。这种方法在分析各影响因素时，除用数理统计的各种数据进行量化统计分析（这在下一步方法中介绍）外，还可以通过分析会议的形式（头脑风暴法），集思广益，从政府机关使用的物资资源、人力资源、管理方法以及环境和管理水平等各个方面，层层解剖，深挖原因，将其相互关联的各种复杂关系，以箭头表示出来。在图中标示各种原因的分支线条成树枝状或鱼骨形状，因而人们又形象地称之为“树枝图分析法”或“鱼骨图分析法”。

使用该法：首先，要分清因果地位。其次，要注意因果对应，任何结果由一定的原因引起，一定的原因产生一定的结果。因果常是一一对应的，不能混淆。最后，要循因导果，执果索因，从不同的方向用不同的思维方式去进行因果分析，这也有利于发展多向性思维。

另外，因果关系中的“因”的性质、表现和作用方式也各不相同，在运用因果分析法的时候，必须先搞清楚“因”的不同表现和作用方式。首先，影响结果的“因”，可以分为必要原因和充分原因。如果诸多因素的综合作用（X_1-X_n）一定会引起Y的发生，这个综合就是“充分原因”。当缺乏某因素X_1，即不会引起Y的发生，也就是说现象Y的发生（变化）一定以现象X_1的发生（变化）为前提，这个因素就被称为“必要原因”，因此X_1被认为是Y的必要原因。换言之，如果X_1不存在，那么Y必定不会存在。每个充分原因的综合中必然包含有必要原因和非必要原因。尽管有些原因可以既构成充分条件，也构成必要条件，但在许多情况下，充分原因并不构成必要原因，反之亦然。其次，按照原因作用的条件方式，可以分为直接原因和间接原因。直接原因是不经过其他因素而直接会导致结果发生的原因，而间接原因是直接原因的原因。换言之，如果X是Y的直接原因，而Z是导致X的原因，那么Z就是Y的间接原因。最后，按照因果的影响方向，分为单项因果关系和双向因果关系。X影响Y，但Y不能反过来影响X的因果关系，我们称之为“单向因果关系”。现实中除了单项因果关系外，还存在大量的双向因果关系。在一定时期、条件下，X是Y的原因。随着时间、条件的改变，Y成为X的原因。例如，经济政策和经济危机的关系、经济增长和收入分配的关系、工资上升和物价上涨的关系，等等。对这些大量的因果关系可采用定性和定量两种方法进行分析，常用的定性分析方法包括鱼骨图法（树枝图法）、米尔分析法①，过程追踪法②；常用的定量分析方法包括相关性分析法、回归分析法、实验分析法③，计算经济模型和投入—产出分析等方法也较为常用等。本节重点介绍鱼骨图法。

比如，因果分析法（技术）运用于项目管理中，就是以结果作为特性，以原因作为因素，逐步深入研究和讨论项目目前存在问题的方法。因果分析法的可交付成果就是因果分析图，其常见的表现形式是鱼骨图或树枝图。一旦确定了因果分析图，项目团队就应该对之进行解释说明，通过数据统计分析、测试、收集有关问题的更多数据或与客户沟通来确认最基本的原因。确认了基本原因之后，项目团队就可以开始制订解决方案并进行改进了。

问题的特性总是受到一些因素的影响，我们通过头脑风暴④找出这些因素，并将它们与特性值一起，按相互关联性整理而成的层次分明、条理清楚，并标出重要因素的图形就叫“特性要因图”。因其形状如鱼骨，所以又叫“鱼骨图”（以下称“鱼骨图”），它是一种透过现象看本质的分析方法。同时，鱼骨图也用在生产中，来形象地表示生产车间的流程。

常见的鱼骨图有三种类型：一是整理问题型鱼骨图（各要素与特性值间不存在原因关系，而是结构构成关系，对问题进行结构化整理）；二是原因型鱼骨图（鱼头在右，特性值通常以“为什么……”来写）；三是对策型鱼骨图（鱼头在左，特性值通常以“如何提高/改善……”来写）。

制作鱼骨图一般分两个步骤：

第一步，分析问题原因/结构。具体流程包括：（1）针对问题点，选择层别方法（如人机料法环测量等）；（2）按头脑风暴分别对各层别类别找出所有可能原因（因素）；（3）将找出的各要素进行归类、整理，明确其从属关系；（4）分析选取重要因素；（5）检查各要素的描述方法，确保语法简明、意思明确。在分析问题原因/结构时，其应关注的分析要点是：（1）确定大要因（大骨）时，现场作业一般从“人机料法环”着手，管理类问题一般从“人事时地物”层别着手，应视具体情况决定；（2）大要因必须用中性词描述（不说明好坏），中、小要因必须使用价值判断（如……不良）；（3）脑力激荡时，

---

① 米尔分析法被广泛用来分析在小样本条件下确定性的必要/充分原因是否存在。

② 过程追踪法一般被用于对一个或几个案例进行因果分析。但这种分析不是对某一试点特殊状态的分析，而是对一个连续性过程进行解剖，试图通过对历史发展轨迹前后顺序的解读来找出因果关系。不仅如此，这一方法还试图明确因果作用机制是怎样具体运作的，换言之，它希望回答 X 究竟通过什么样的具体作用方式和渠道导致了 Y（X→Z→Y）。

③ 实验分析法是从 20 世纪六七十年代开始逐步被应用在社会科学研究中的，近年来更是被广泛应用到经济学、政治学和心理学等领域。在公共物品投资、政治参与、收入分配、激励机制、行为主体的心理感受、认知能力对行为影响等各个方面，实验方法所带来的冲击和效果都是非常显著的。实验方法的基本思路是通过实验设计者人直接控制、操纵实验参与者所面临的约束和激励条件（解释变量 X），并观察他们在接受刺激前、后的状态（解释变量 Y）的变化，从而得到 X 对 Y 的因果效应。

④ 头脑风暴法（Brain Storming，BS）：一种通过集思广益、发挥团体智慧，从各种不同角度找出问题的所有原因或构成要素的会议方法。BS 有四大原则：严禁批评、自由奔放、多多益善、搭便车。

应尽可能多而全地找出所有可能原因，而不仅限于自己能完全掌控或正在执行的内容，对人的原因，宜从行动而非思想态度方面着手分析；（4）中要因跟特性值、小要因跟中要因间有直接的原因—问题关系，小要因应分析至可以直接下对策；（5）如果某种原因可同时归属于两种或两种以上因素，请以关联性最强者为准（必要时考虑三现主义：即现时到现场看现物，通过相对条件的比较，找出相关性最强的要因归类）；（6）选取重要原因时，不要超过7项，且应标识在最末端原因。

第二步，绘制鱼骨图。鱼骨图绘图过程：（1）填写鱼头（按为什么不好的方式描述），画出主骨；（2）画出大骨，填写大要因；（3）画出中骨、小骨，填写中小要因；（4）用特殊符号标识重要因素。绘制鱼骨图时应保证大骨与主骨成60度夹角，中骨与主骨平行。

【鱼骨图案例分析】

鱼骨图分析法特点是简洁、实用，比较直观。现以单位用水量大为案例展示其原因分析并绘制鱼骨图的过程。鱼头表示需要解决的问题，即单位消耗用水存在“用水量大”的问题。根据调查分析，可以把单位用水量大问题的原因概括为3类，即人、机（设施）和法（规章制度）。在每一类中包括若干造成这些原因的可能因素，如清洗池设计过大、水龙头节水性能差、故障水龙头维修不及时等。将3类原因及其相关因素分别以鱼骨分布态势展开，形成鱼骨分析图4－1。

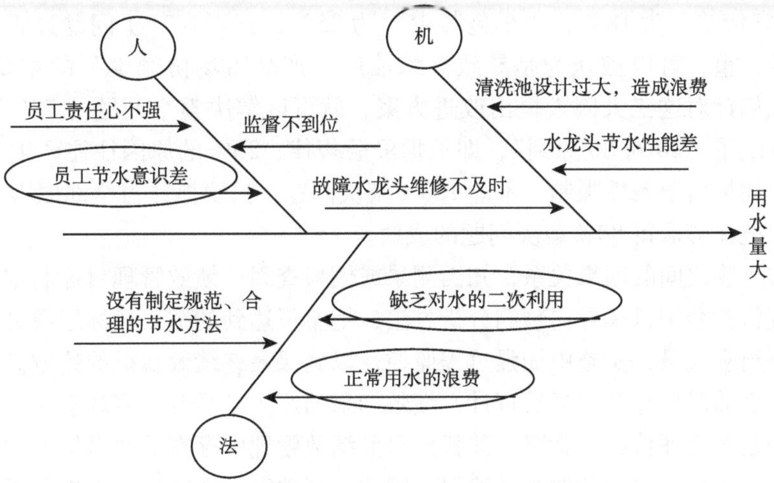

图4－1　用水量大的原因分析鱼骨图

再比如，以某炼油厂情况作为实例，采用鱼骨图分析法对其市场营销问题进行解析，具体如图4－2所示。

图4－2中的“鱼头”表示需要解决的问题，即“炼油厂产品在市场中所占份额少”。根据现场调查，可以把产生该炼油厂市场营销问题的原因概括为5类：人员、渠道、广告、竞争和其他。在每一类中包括若干造成这些原因的可能因素，如营销人员数量少、销售点少、缺少宣传策略、进口油广告攻势

等。将5类原因及其相关因素分别以鱼骨分布态势展开，形成鱼骨分析图。

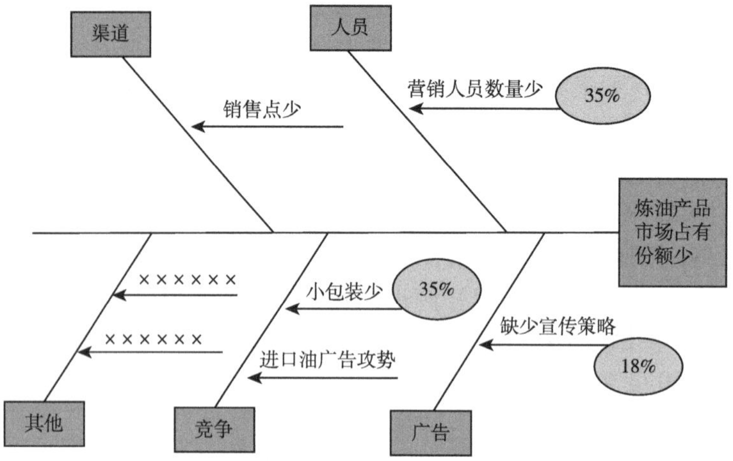

图4-2　炼油产品市场份额占有少鱼骨图

下一步的工作是找出产生问题的主要原因，为此可以根据数据报表、现场调查的统计数据，通过结构分析（找工作/问题重点）计算出每种原因或相关因素在产生问题过程中所占的比重（以百分数表示）。结构指标（%）=（总体中某一部分/总体总量）×100%。

通过计算发现，“营销人员数量少”，在产生问题过程中所占比重为35%，“广告宣传差”为18%，“小包装少”为25%，三者在产生问题过程中共占78%的比重，可以被认为是导致该炼油厂“产品市场份额少”的主要原因。如果我们针对这三大因素提出改进方案，就可以解决整个问题的78%。该案例也反映了“20对80原则”，即根据经验规律，20%的原因往往产生80%的问题。如果由于条件限制，不能100%解决问题，只要抓住占全部原因20%的因素，就能够取得80%解决问题的成效。

按事物之间的因果关系，知因测果或倒果查因。绩效管理目标制定及分解的过程常常会用目标导向预测分析方法，把希望达到的绩效目标层层分解到部门、班组和人员，实施中加强过程监控，以确保最终绩效目标的达成。而绩效审计更多的时候是开展事后审计，绩效结果的好坏已经变成客观事实，审计需要做的是客观评价这一状况，并找出目前绩效管理中存在的效率低下的问题改进空间，提出相应的绩效改进建议。因此，绩效审计中的运用因果分析法，更多的时候不是用因果分析法的预测分析功能，而是用它来分清主次影响因素，以确定审计方案中主要调查的内容事项，确认并找出影响绩效低下的关键因素，定量或定性分析其带来的影响和后果，提出相应的改进建议。也就是说，更多使用的是“倒果查因”的思路。当然，在提出改进建议的时候，也可以用量化的因果关系预测这些改进建议可能带来的绩效改进大小或程度，也就是“以因测果”的功能。由此可见，因果分析法与绩效审计的思路比较契合，可以作为开展绩效审计时应用的重要评价分析方法。

TQC分析，除了上述两种常见方法外，还有直方图法（质量差异分布图法）、分层图法、散步图法、检查表法等。

二、数量分析方法

（一）描述性统计分析

数据分布经常可以用标明变量的所有数值的图表（柱状图和曲线）来表示。描述数据分布的统计分析可以成为审计分析和报告的有力工具。

数据分布的以下三个方面对于审计人员的工作具有重要意义：一是数据分布的集中趋势（众数、中位数、平均数、四分位数，等等）；二是数据分布的离中趋势（最小值、最大值，等等）；三是数据的形状（标准偏差、正态分布、平坦分布、双峰式分布，等等）。

数据分布可以用来：一是确定数据的等级、分布和形状（当偏离超过平均值时尤其重要）；二是说明概率分布，以便评价审计风险；三是评价样本数据是否能代表总体。

（二）回归分析法

回归分析法是定量预测方法之一。它依据事物内部因素变化的因果关系来预测事物未来的发展趋势。它依据的是事物内部的发展规律，因此这种方法比较精确。这种方法是通过建议变量之间的回归方程式，再用自变量数值的变化去预测因变量的数值。在审计中，常用于市场预测的审查。在回归分析中，可选用一个自变量，也可选用两个以上的自变量。因此回归分析依据其考查的经济变量自变量因素的多少，可分为一元回归分析、二元回归分析和多元回归分析。测报工作中常用的是一元线性回归和多元线性回归模型。回归分析依据所配回归线的形式，又可分为线性回归分析和非线性回归分析。

（三）投入—产出法

投入—产出法，是运用现代数学方法和电子计算机，综合分析一个经济系统内部各基本构成单位之间，以及这个经济系统与其他经济系统之间的技术经济联系和数量依存关系，进行经济分析、综合平衡和经济预测的一种数量经济学理论和方法。这种方法是进行各种经济活动分析，加强综合平衡，改进计划编制技术的有效工具。其特点是：在考察部门间错综复杂的投入、产出关系时，能够发现任何局部的最初变化对经济体系各个部分的影响。一个生产经营过程，既是投入过程，又是产出过程。在一定的生产技术和管理水平之下，某一生产经营过程的投入和产出之间，有着较为稳定的数量依存关系。

投入—产出法主要适用于产品相对较为单一的工业企业。由于测算、分析侧重的内容和角度不同，不同的行业适用的投入、产出测算指标和模型不同。另外，投入、产出表现形式的不同，分析的方法也不尽相同。如：按其表现形式可分为投入产出比，单位产品定耗的分析；按其侧重面的不同可分为原材料技入产品比、废料的产出及再利用率、单位产品辅助材料（包装物）耗用定额的分析等。实际应用中，该模型的分析重点是：根据已确定的行业或产品的投入产出比及企业评估期原材料的耗用数量，测算出产品生产数量，与企业账面记载产品产量相比对，同时结合产品库存数量及销售单价等信息进行关联测算，并与企业实际申报的应税销售收入对比，查找企业可能存在的问题。

投入—产出法能全面、系统地确定各生产环节之间的物资消耗定额，促进企业实行定额管理；能够准确地核定各生产环节的比例关系，从而编制出以销定产的生产计划：能够经济、合理地确定物资需求量，从而提高物资采购计划的科学性；能够及时地修改、调整计划，从而强化企业适应市场变化的能力。在绩效审计中运用此方法，就是为了以最少的投入取得最多的产出。

（四）线性规划法

线性规划法是一种求极值的数学方法，主要研究资源的最优分配方案问题。它主要解决两类问题：一是任务一定，用最少的资源去完成；二是资源一定，怎样完成最多的任务。可以用图解法和单纯形法来解线性规划问题，图解法比较简单，但应用面较窄；单纯形法较为复杂，但应用面较广。

图解法只适用于目标函数中只有两个变量的情况，因为超过两个变量就无法作图。它的基本要点在于：①确定线性规划模型的可行解区域：②就可行解区域中求得最优解。

单纯形法。在多个因素影响情况下，一般直接用图解法比较困难，这时需要用单纯形法求解。其基本原理是，首先确定一个基础解，然后通过数学迭代过程逐步求出最优解，而每次迭代结果都应比前次更优。

（五）网络计划法

网络计划法又称“统筹法”。它是以网络图反映、表达计划安排，据以选择最优工作方案，组织协调和控制生产（项目）的进度（时间）和费用（成本），使其达到预定目标，获得更佳经济效益的一种优化决策方法。网络计划技术最适用于规模工程较大的项目。工程越大，不但人们的经验越难以胜任，就是用以往的某些管理方法来进行计划控制也比较困难，因此，在项目繁多、复杂的情况下，网络计划的作用可以凸显出来。

审计人员利用网络计划进行审计时，应依照下列步骤来进行：

第一步，确定目标，准备计划工作。

第二步，把工作任务进行细化，制定出全部工作的明细表。

第三步，确定各项工作的顺序及相互关系。

第四步，绘制网络图。

第五步，计划网络所需时间。

第六步，确定关键路线。

第七步，进行综合分析，选出最优方案，等等。

（六）数据包络分析

如果存在着多项投入要素和多项产出要素，又不可能将它们转化成一个总计的投入值或产出值进行计算分析时，这时候就得使用数据包络分析法来测量（其投入转化为产出的）效率了。

数据包络分析（Data envelopment analysis，DEA）是运筹学研究经济生产边界的一种方法，该方法一般被用来测量一些决策部门的生产效率。从工程学角度看，衡量组织的生产力和衡量系统的效率相似。它可以表述为产出和投入的比率，尤其是对存在多种投入（即资源）的运用和多种产出（即服务）的产生情况进行决策效率分析，它能够用来比较提供相似服务的多个服务单位之间的效率，这项技术被称为数据包络分析（DEA）。DEA 是一个线性规划模型，表示为产出对投入的比率。通过对一个特定单位的效率和一组提供相同服务的类似单位的绩效的比较，它试图使服务单位的效率最大化。在这个过程中，获得 100% 效率的一些单位被称为“相对有效率单位”，而另外的效率评分低于 100% 的单位被称为“无效率单位”。

在数据包络分析中，决策单位的比较效率被定义为所有的加权产出值与所有的加权投入值的比率。问题在于，分散的投入要素和产出要素衡量单位各不相同，如何能相互加权呢？这正是数据包络分析技术的优点所在。运用数据包络分析技术可以找到最合适的加权集合，使每一个决策单位的效率值实现最大化。在确定加权集合时，关键是要遵循这样一个限制条件，即如果在分析过程中对其他的决策单位也采取同样的加权数进行运算时，任何一个决策单位的效率值都不能大于 1。计算机程序是可以执行具体的运算过程的。分析人员需要做的，就是确定进行比较的决策单位，选择投入要素和产出要素，并最终输入投入要素和产出要素的数值。通过数据包络分析技术的运用，计算出决策单位的效率值来。

数据包络分析的结果所包含的信息在管理上有着很重要的作用。数据包络分析所测量的效率，是相对于集合中所有其他决策单位的效率。通过这样的方法，就可以找出效率不高的决策单位，而且还能够得到“如何提高其效率”的数据资料。如果某个决策单位的效率不够理想，数据包络分析可以选取一个决策单位作为实践标准，提出一些战略性的建议，帮助该单位提高效率。运用这些数据资料，管理者可以做出各类评价，包括一个效率不高的单位是在何种程度上没有充分利用或是过度使用了某种投入要素，根据哪项产出要素来判断某个单位的效率低下到了何种程度，以及改善现状需要做的工作，等等。

越来越多的研究资料表明，在公共部门领域内应用数据包络分析技术取得了成功。以下就是成功应用数据包络分析技术的一个例子：

甘雷和库宾对英国的 33 个地方监狱和拘留所在 1984/1985 财政年度的比较效率进行了审查①。在效率分析中所考虑的因素包括：①人力成本（拘留项目）；②人力成本（非拘留项目）；③非人力成本（拘留项目）；④非人力成本（非拘留项目）；⑤人员超额（指定人数减去实际人数）；⑥犯人服刑期（拘留项目）；⑦犯人服刑期（非拘留项目）；⑧被同监牢的犯人虐待的次数。

在该案例中，计算出全部效率值（在规模假定回归不变之下的定义）和技术效率值（在规模假定回归可变之下的定义）之后，所得结果表明在样本中共有 13 个机构的技术效率不够理想。低效率的监狱都能够降低经营成本，

---

① （意）J. A. 甘雷，（意）J. S. 库宾著. 公共部门的效率测量［M］. 阿姆斯特丹：艾尔斯维尔科学出版社，1992.

降幅约为12%。在所有项目中，可节省的部分达到总成本的13.1%。如果以绝对值来看，这意味着其成本超额达3110万美元。只有11所监狱达到最佳实践标准（即全部效率值为1.0），其规模回归不变值占总效率值的37.4%（全部效率值计为29.4，其中最佳实践标准值为11）。最佳实践的目标包括由于规模低效而导致的账户资金额减少。这表明规模低效占到全部成本的将近2/3（即64%）。有17所监狱为规模回归上升，5所监狱为规模回归下降。可变回归占据优势，表明调整规模经营的政策措施可以从整体上为监狱的日常运作带来实质上的成本削减。

在效率分析中，数据包络分析是一项主要的技术。最高审计机关对这一技术手段的理解和应用，会为绩效审计取得较为客观、确定的量化分析结果带来积极的影响。因而，最高审计机关应努力推进数据包络分析技术的发展。正是出于这一目的，土耳其最高审计机关编制了一本《数据包络分析技术手册》，已于2001年出版。

三、技术经济论证方法

（一）盈亏平衡分析

盈亏平衡分析法，也称“量本利分析法”，是根据产量、成本，利润三者之间的相互关系，通过计算盈亏平衡点分析项目成本与收益的平衡关系，预测利润，控制成本的一种数学分析方法。利用量本利分析法，可以算出组织的盈亏平衡点，又称为“保本点”“盈亏临界点”等。各种不确定因素（如投资、成本、销售量、产品价格等）的变化会影响各投资方案的经济效果。当这些因素的变化达到某一临界值时，则会影响方案的取舍。盈亏平衡分析的目的就是找出这个临界值，即盈亏平衡点（BEP），以判断投资方案对不确定因素变化的承受能力，并为决策提供依据。

盈亏平衡点的表达形式有多种，既可以用实物量、单位产品售价、单位产品可变成本以及固定成本总量表示，也可以用生产能力利用率（盈亏平衡点率）等相对量表示。其中，产量和生产能力利用率，是进行项目不确定性分析中应用较广的。

盈亏平衡点的计算公式如下：

$$\text{盈亏平衡点销售量}=\frac{\text{固定成本}}{\text{单位售价}-\text{单位变动成本}}=\frac{\text{固定成本}}{\text{单位边际贡献本}}$$

$$\text{盈亏平衡点销售收入}=\frac{\text{固定成本}}{\text{单位边际贡献率}}\times 100\%$$

$$\text{边际贡献率}=\frac{\text{固定成本}}{\text{单位售价}-\text{单位变动成本}}\times 100\%=\frac{\text{固定成本}}{\text{单位边际贡献本}}$$

盈亏平衡点越低，说明投资项目盈利的可能性越大，亏损的可能性越小，因而项目有较大的抵抗经营风险的能力。运用盈亏平衡分析法，可以用来评价被审计单位的盈利状况和经营成果，并为企业的投资决策选择最佳方案，提供决策建议。

（二）价值工程法①

价值工程（ValueEngineering，简称 VE）又称为“价值分析”（Value Analysis，简称 VA），它把一个产品看作系统，以提高产品价值为目标，从系统功能和成本等方面进行综合定量分析。其目的是通过定量分析，正确处理产品功能与成本之间的关系，选择达到系统整体最优化、取得最佳经济效益的途径。价值分析是一门新兴的管理技术，也是降低成本提高经济效益的有效方法。它是指通过集体智慧和有组织的活动对产品或服务进行功能分析，以最低的总成本，可靠地实现产品或劳务的必要功能，从而提高产品或服务的价值。其主要思想是通过对选定研究对象的功能费用进行分析，提高对象的价值。

价值工程的主要特点在于：①以价值提高为目的；②以功能分析为核心；③以有组织的活动为基础；④以科学的技术方法为工具。价值的表达式为：

$$价值=\frac{功能}{成本}$$

这里所讲的价值是指功能与成本的对比值，也就是某种产品（劳务或工程）的功能与成本（或费用）的相对关系。衡量价值的大小主要看功能与成本的比值。功能是指产品的用途和作用，成本是指产品周期成本。因此，提高价值的基本途径有以下五种：①提高功能，降低成本；②大幅度提高功能，适当提高成本；③功能有所提高，成本不变；④功能不变，降低成本；⑤功能略有下降，成本大幅度降低。

价值分析的工作步骤包括选择对象、收集情报、功能分析、提出方案、选择方案，验证方案和效果评价。

在选择对象时，一般选择价值低的产品或零、部件，即质量低、成本高的产品或零、部件。选择对象的方法有以下几种：①重点控制法，即 ABC 法。就是对构成产品或部件的零件的成本逐一进行分析，并按其成本高低顺序排列，再按其累计成本在总成本中所占比重分为 A 类零件、B 类零件和 C 类零件，以 A 类零件作为重点分析对象。②强制确定法。就是将产品或部件中各个零件进行一对一的重要性对比，重要的零件得 1 分，不重要的零件得 0 分，求得每个零件的合计分数。用每个零件所得分数除以全部零件总分数，求得每个零件的评价系数。同时，用每个零件成本除以全部零件总成本，求得每个零件的成本系数。然后用零件的评价系数与成本系数对比，求得每个零件的价值系数。如果价值系数等于 1，则表示某零件的功能与成本相适应；如果价值系数大于 1 或小于 1，则表示某零件的功能与成本不相适应。此时，就应找出价值系数大于 1 或小于 1，特别是小于 1 的主要零件作为重点分析对象。

在收集情报时，凡与产品的功能和成本有关的情报都应收集，包括生产、流通和消费诸方面的情况。具体地讲，包括科研设计、工艺制造、生产协作、原材料和能源消耗、“三废”处理、市场动态、产品销售、产品使用和维修、

① 邢俊芳主编. 效益审计中国模式探索（上卷）[M]. 北京：中国财政经济出版社，2005.

国内外同类型产品的有关情报等。

在对产品功能进行分析时，就是分析怎样用最少的成本达到某项功能，并对功能进行评价。功能评价的一般方法是：先将产品或零件的实际成本分摊到它的各项功能上，再估算各项功能的最低成本，即目标成本。然后，用实现该功能的目标成本除以实现该功能的实际成本，求得该功能的价值，并以其实际成本减去目标成本，求得成本降低目标。最后，找出成本高、价值低的功能，进行技术改进，达到目标成本。

提出方案。在功能分析的基础上，应对现行设计、工艺、材料等提出改造意见，并提出改进某一功能的各种方案。

选择最优方案。选择方案的方法主要有以下几种：①粗略筛选法。就是将众多方案在技术和经济上与原来方案现有产品或分析对象进行类比类推，筛选出最优方案。②优缺点列举法。就是将各种方案的优点和缺点详细列明，并进行比较，选出最优方案。③定量评价法。就是先评定各方案所能满足各功能的程度以“功能满足系数”表示，再按各功能的重要性评定分数，然后用各功能得分乘以相应的功能满足系数，并将其乘积相加，求得评价分，最后根据各方案的评价总分和预计成本进行比较，选择最优方案。

验证方案。就是对选择的最优方案进行技术经济验证，验证通过后，便可作为正式方案提出，报请有关部门审批，并组织实施。对实施后的经济效果进行评价。评价指标及其计算公式如下：

全年节约额 =（改进前产品单位成本 − 改进后产品单位成本）× 全年产品产量 − 价值分析活动费用成本降低百分比

$$= \frac{\text{改进前产品单位成本} - \text{改进后产品单位成本}}{\text{改进前产品单位成本}} \times 100\%$$

$$\text{价值分析活动单位时间节约额} = \frac{\text{全年节约额}}{\text{价值分析活动延续时间}}$$

价值工程的作用主要在于对产品或劳务的功能和成本进行分析。在审计实践中，它的应用范围越来越广泛，可用于老产品的改进、新产品的研制、新技术的采用等的审查，审计人员利用这一方法可以帮助被审计单位找出投入少、产出多以及消耗低、质量好、效益高的途径。

（三）投资回收期法

投资回收期，是指以投资项目经营净现金流量抵偿原始总投资所需要的全部时间。

采用投资回收期进行方案评价时，应把技术方案的投资回收期与国家或部门规定的标准投资期相比较，才能确定技术方案经济效果的大小及其取舍。如果方案的投资回收期小于国家（或部门）规定的标准投资期，则方案不可取。投资回收期是一个非折现绝对数反指标，即在进行长期投资决策分析时，应当选择投资回收期短的项目。回收期短的投资项目，其风险相对投资回收期长的项目风险小。

当每年的现金流量相等时，可按下列公式计算投资回收期：

$$投资回收期=\frac{原始投资金额}{平衡每年的现金流量}$$

当每年的现金流量不等时，回收期就应根据各年末的累计现金净流量来计算。其计算公式为：

$$投资回收期=\frac{第\ M\ 年尚未回收额}{第（M+1）年的现金净流量}$$

由于投资回收期法没有考虑货币的时间价值，不能确切地反映投资项目的未获得收益，因此，审计人员在审计实践中，还需结合净现值法或内含报酬率来审查投资方法及其经济效益。

（四）净现值法

净现值法，是指特定方案中未来现金流入的现值与未来现金流出的现值之间的差额。其基本原理是将不同时期的收益与支出全部转换为同一个时点上的货币价值，再进行两者比较，得出结论。如净现值为正数，即贴现后现金流入大于贴现后现金流出，该投资项目的报酬率大于预定的贴现率，方案可行；如果有多个互斥的投资项目，则选取净现值最大的投资项目。

净现值法考虑了货币的时间价值，较合理地反映了投资项目真正的经济价值，但也有一定的局限性，特别是在几个方案的原始投资额不相等的情况下，仅依据净现值绝对数的大小，不能对投资项目获利水平的高低作出正确评价，审计人员在利用此法时还需结合其他方法进行审查。

（五）内含报酬率法

内含报酬率是指投资收益与其初始投资额相等时的收益率，即净现值为零时的贴现率。内含报酬率法的基本原则是：如果投资项目的内含报酬率大于资金成本，接受该项目；否则，放弃该项目；如果存在多个互斥的投资项目，选择内含报酬率最大的项目。

在评价方案时就注意到，如果两个方案是互斥的，应使用净现值指标，选择净现值较大的方案。如果两个指标是相互独立的，应使用内含报酬率指标，优先安排内含报酬率较高的方案。

思考与练习

1. 什么是绩效审计方法？其与其他审计方法比较，有哪些特征？

2. 绩效数据收集的方法有哪些？通常运用于审计的哪些阶段及各自的适用范围和优缺点是什么？

3. 比较常用的经济活动分析法有哪几种，数量分析方法有哪几种，技术经济论证方法有哪些？

4. 简述如何使用鱼骨图进行绩效数据分析。

5. 如何进行价值分析？

第五章　绩效审计证据

【导读】绩效审计报告中的结论要有充分、适当的审计证据来全面支持。绩效审计证据的搜集与分析是绩效审计人员的例行工作内容。整个绩效审计工作的核心就是从如何规划取证开始，到实施阶段利用各种审计程序获取证据，最后到评价证据，得出结论并出具报告。因而本章将主要介绍审计证据的类型，以及如何搜集、记录和评价这些证据。

【关键词】绩效审计证据、审计证据类型、获取和记录方式、证据评价

第一节　绩效审计证据的重要性

审计证据是审计人员收集的、用以支持审计发现的信息。审计报告得出的结论和提出的建议都以审计证据为依据。因此，绩效审计人员必须慎重考虑所收集审计证据的质量和数量。审计人员必须从获取审计证据以支持最终绩效审计报告中的审计发现与结论的角度来计划其所有的现场审计工作。一个绩效审计项目中，审计人员的大部分工作都与获取和评价证据有关，这些证据为有关审计目标的判断和结论提供最终的支持。

如同生产加工有形产品的一般制造企业一样，审计组织也属于“特殊”的加工行业，只不过其采用“系统性”的加工方法，对相关经济活动产生的财务和非财务信息进行核实和开发①，生产提供无形的信息产品②。因此，绩效审计人员从事的是信息处理工作，主要是处理和报告新的信息，具有开发信息的职能。这些信息涉及财务和项目绩效的每个方面，涵盖被审计对象的每项工作。他们既要报告好的绩效，也要报告差的绩效，当然，多数情况下是报告差的绩效。必要时，审计报告中还会具体指出在哪些方面可以改进、改进的方法，以及这个改进可能造成的影响。

人们之所以相信审计，是由于审计人员只采用他们认为可靠和相关的证据，并在审计报告的撰写过程中恰当、正确、客观地使用这些证据。获取充

---

① 审计的基本分类包括两种：核实信息和开发信息。见陈华，李丹．绩效审计——一个计量的过程和方法［M］．北京：中国时代经济出版社，2014．

② 审计报告是审计意见、结论或建议的载体，真正的产品是这些意见、结论和建议信息。

分、适当的审计证据，以合理保证审计发现、结论的客观性、公正性，是审计职业的一项基本要求，也是这一职业赖于存在的基础。这足以见得，审计证据在审计工作中的地位和重要性。因而，无论是国际组织，还是各个国家的审计组织，都会在审计准则中，对如何获取和评价证据作出明确的规定。比如，最高审计机关国际组织在其发布的审计准则中指出："审计人员应该获取具有证明力的、相关的和合理的证据来支持关于被审计单位/项目/活动/职能的判断和结论。"再比如，美国审计署政府审计准则（GAGAS）现场工作准则中，对实施绩效审计获取证据的要求是：收集充分、可靠和相关的证据，以便为审计结果和结论提供合理的基础。

第二节 绩效审计证据的类型、获取和记录

审计人员在为撰写绩效审计报告搜集信息的过程中，所使用的审计证据来源范围广，数量多。审计人员使用的审计证据的来源和类型，因其审计目标和审计风险的不同而不同。每一种类型的审计证据都有自身的优势和劣势。关于审计证据的类型，各国观点存在一定的差异性。比如，最高审计机关国际组织在其发布的《绩效审计指南》中，将审计证据分为实物证据、口头证据、文件/文档/书面证据和分析性证据。再比如，我国的《内部审计准则第 2103 号——审计证据》，依据审计证据性质和形态不同，将审计证据分为书面证据、实物证据、视听证据、电子证据、口头证据和环境证据六种。《美国政府审计准则》（2018 版本）中将审计证据分为实物证据、文档证据和证词性证据（Testimonial evidence①）三大类。而陈华、李丹（2014）在《绩效审计——一种计量的过程和方法》书中认为，除了美国审计署政府审计准则中对绩效审计证据的分类方式外，还有其他的分类方式，比如分析性证据、事实和观点证据，定量和定性证据，以及专家意见、结论性证据和环境证据等。因此，本节主要介绍通用分类模式的审计证据类型。

一、实物证据

（一）概念与特征

实物证据是指审计人员通过对人们的活动、事件、金融资产、实物资产和自然现象的亲临现场观察来获得的证据。以自然形式存在的实物证据遍布于我们的周围，比如生产管理的流程环节，项目的实际运作状况，江河湖海、山体土壤和植被覆盖情况等。它们代表我们能看到、听到、闻到、尝到和感觉到的任何事物。地球本身就是证明自己存在的证据，爆米花的味道和打雷的声音也

① 见：美国政府审计准则（2018 年版）。

是如此。审计人员见到桥梁就知道其确实存在。常用的实物证据形式有自然资源、各种类型的生物、人造的实物资源、人类活动和事件。

（二）获取方式

一般而言，取得实物证据的常用方式包括：

1. 观察——通过直接检查或观察人们的活动、房产、事件和自然存在的有形实物。

2. 人的感觉——通过听觉、触觉、嗅觉和味觉。

3. 搜集样本并予以分析，如搜集井水样本并分析其杂质。

4. 使用计量装置（如仪器仪表）记录物理现象，如温度、声级、历程、风速及有毒气体、辐射、水和大气污染物的存在与强度。

（三）记录方式

一般而言，可以通过以下方式对实物证据进行记录和归档：

1. 书面说明。这是记录实务证据观察情况的最通用的方法。

2. 采用工作表清点或记录。例如，在观察存货盘点时用这种方式记录存货的数量。

3. 绘制流程图。例如，用流程图表示工作如何实施、由谁实施、实施的步骤和顺序及花费的时间。

4. 照片、草图和录像带。这些都是书面报告和口头表述时描述某种状况非常有效的方法。例如，用一张仓储设施的清晰照片来显示不恰当的或低效率的仓储情况，比文字描述更有表现力；一幅反映危险状况的照片会比单纯的文字描述更有证明力。

二、文档证据

（一）概念与特征

文档证据由一系列数据组成，这些数据由审计人员以外的人员（被审计单位或第三方）搜集和编制。通常的文档证据来源有法律、规章、手册、目录、信函、合同、订购单、发票、验收单、付款单据、申请表、会计记录、档案、管理信息系统。文档证据是审计工作中最常用的一种证据类型。

（二）来源和记录方式

文件证据可以来自被审计单位外部或内部。外部的文件证据可能包括信件、备忘录、供货商开具的发票、租赁契约、合同、内/外部审计报告、其他报告和第三方的函证回复，等等。内部的文件证据则包括会计记录、对外信函的复印件、工作说明、计划、预算、内部报告、备忘录、业绩总结的统计数据、内部政策和程序。

文档证据可以以纸制、电子和胶片的形式存在，其中以纸制或电子形式表示的文件证据，是审计证据最常见的形式。

除了需要辨别其真伪之外，有些形式的书面证据具有实物证据的特点，即其可靠性不需要进一步确认和验证。例如：

1. 金融工具——股票、债券、抵押、短期债券、期货合同。
2. 法律、规章、手册、目录。
3. 法律商务文件——合同许可证、租赁合同、法律遗嘱和保险单。

另外，书写的证词，也可以看作是文档证据。

三、口头/证词性证据

（一）概念与特征

审计人员可以请他人以书面或口头陈述的形式对调查的问题给出答复，以此获得证词性证据①。也就是人们平常所说的口头证据或言词证据。

证词可以是事实（个人知识）的形式，也可以是观点或看法的形式。作为事实的证词性证据有一个问题，即提供此证据者可能不诚实、信息有限、信息不全、有偏见、健忘或者表达错误。证词可以代表个人对现实的理解。因此，从必要性和价值的角度看，证词通常是事实性证据中可靠性最差的证据形式。但由于证词性证据的重要性，审计人员必须使用这种证据；审计人员的工作离不开证词性证据，因为，证词性证据可以作为对其他类型证据的适当补充。审计人员可以从两个地点取得有关被审计单位工作程序的实物证据，然后从其他地点取得某种形式的证词性证据，从而得到有关被审计单位实际做法的确认性证据。而且，如果有其他类型证据的印证，证词就会变得更有意义、更有帮助。

有关绩效定量指标，如及时性、质量、产量、成本、利润和生产效率等的证词性证据，通常价值较小或根本就没有什么价值。例如，被审计单位负责人的成本报告，如果没有以会计系统和财务报表为基础就不可信。同样，有关绩效的可靠证据，一般来讲都必须来自系统化的计量和报告系统。但有一些例外情况，例如，可通过与客户谈话取得关于客户满意度的可靠证据；如果能让客户来填写调查问卷的话，得到的证据将会更加可靠。

从本质上讲，审计人员应尽可能采取措施保证所使用证词性证据的准确性。审计人员有义务仅使用他们认为真实的证词，或者使用保留语气的表述以表明他们对证词性证据没有把握或怀疑证词的有效性。

（二）搜集与记录

证词性证据可通过以下方式取得：当面访谈、电话访谈、问卷调查和对调查问题的书面陈述或表述。不同情况下记录的方法如表 5－1 所示。搜集与记录书面形式证词性证据的方式与文档证据相同。

如果当面访谈所取得的证词是以手写笔记的形式记录的，最好将其整理成备忘录的形式并由被访谈者签字。审计人员必须取得当事人许可，才可以将谈话进行电子录音或录像。除了谈话内容外，谈话备忘录应包括所有被访谈者级别、职位和姓名，并提供证明被访谈者有资格讨论此主题所需要的任何附加信息。

---

① 注：以书面形式存在的证词性证据通常被视作“文档证据”。

表 5-1　　证词性证据搜集和记录方法

搜集方法	记录方法
当面访谈	手写笔记
	电子/磁带录音
	录像带
电话访谈	手写笔记
	电子/磁带录音
问卷调查	本身就是记录
书面陈述/表述	本身就是记录

谈话可采用结构化形式或非结构化形式。结构化形式的谈话使用数据搜集式的文档，其中包括以系统化和高度精练的方式准备好问题。这种谈话方式的目的在于使审计人员能够取得可比较、可汇总，且格式统一的数据。非结构化的谈话，主要是通过提出开放式问题来完成，也可以“追问”一些有明确目的的问题。这些问题可以成系统，也可以不成系统。“追问”的目的是取得明确的信息，把泛泛而谈引向具体。

谈话，可以采用小组集中讨论的方式进行，以获取证词性证据。小组集中讨论，是通过面对面谈话获取口头证据的一种系统性方法。应用这种方法时，要根据事先设计好的提纲进行小组讨论，以取得相关人员对具体问题的理解和看法。讨论采取非正式的方式，由一名工作人员主持，鼓励参会人员自由地交流思想和经验。主持人可以使用预先准备好的提纲保证所有问题都能得到讨论。讨论可用磁带记录。这个方法的主要优点在于能以较低的成本较快地取得结果。

采用问卷方式搜集证据，需要事先设计一套周密、系统的问题，其目的在于使审计人员能够取得可比较和可汇总的数据。如果是定量数据，则还可以在此基础上进行统计分析。这种搜集证据的方法用于从不同的人、记录或案例中取得相同或一致的信息。问卷可以通过邮寄或 E - mail、当面访谈、电话访谈三种渠道搜集证词性数据。其中，德尔菲法也是特殊的问卷方法，是通过问卷形式，系统地搜集证词性证据的方法之一。这种方法是通过有计划的多人次方式对设计的问题进行回答，以取得与个人意见相关的信息。德尔菲法的基本特点是：用问卷或其他方法以匿名的形式搜集证据，从而避免将各项回答与具体个人相联系；以可控制的反馈方式多次重复取得个人意见。每要求一次额外的答复，都应将前一次提问的结构以摘要的形式反馈给被调查者；个人最终意见的统计平均值作为小组的意见，这样就减少了与他人保持一致的压力，也能反映每个小组成员的意见并将其作为小组意见的一部分。德尔菲法的优势在于尽量避免小组集中讨论的偏见效应，如个别操纵讨论的人员的影响、不相关或偏离主题的交流和小组一致性所造成的压力。

就确认事实而言，证词通常是一种最弱的证据形式，但专家意见可能是例外。专家意见指的是具备专门知识的人士针对事实给出的证词，专家们通过其接受的教育和（或）经验而被认可。审计人员在某些情况下可能将专家意见作为有效事实来对待。当然，这要求：①意见所针对的主题必须是与普通外行难以理解的某些科学、专业、业务或职业有关；②专家必须具有此领域的技能、知识和经验，且要求意见能为审计人员和审计报告使用者所认可；③专家不得有已知或潜在的偏见，在审计人员处理的具体问题上，专家不能是某种意见的倡导者，也不得有任何利益关系。

四、分析性证据

（一）概念与特征

审计人员对取得的数据进行分析和逻辑推理得到的证据，就叫“分析性证据”。例如，比较、计算、重新比较计算、推理和数据分解。分析性证据来源于对资料的分析和核对。分析可以指对从被审计单位或其他渠道获得的资料进行计算、比率分析、趋势和模式分析，也可以指根据规定的标准或行业标准进行对照比较。分析通常以数字形式进行，比如，可以考虑投入产出比，或预算支出比。分析也可以采取非数字的形式，如观察针对被审计单位的投诉所表现的连续变化趋势。

（二）搜集与记录

比较，可产生最有说服力的分析性证据。比较，是知识的一种来源，某种意义上，审计工作应视作进行比较的实践。审计发现的核心概念就是比较。计算方法包括诸如回归与相关性分析、成本效益与成本效果分析、单位成本计算、生产率指数以及所有类型的绩效计量指标及相关比率。

审计人员进行的重新比较会产生一种新形式的分析性证据。例如，对计算机程序是否正确审计时，可以用计算机对测试数据进行可控运算，从而得出关于计算机程序是否正确的证据。重新比较计算对验证数据的可靠性非常有用。

合理性论证是对其他类型证据中逻辑关系的运用。人们对事实的了解会联想出合乎逻辑的想法，而且这种推测看起来应该像是真的。例如，对于被审计单位提供的产量数据的可靠性进行验证时，依据产量和消耗动能的关系，可以通过设备的耗电量数据来反向验证产量数据的合理性，类似于 GDP 与货运量的关系，也就是所谓的“克强指数”。再比如，审计人员可能接受以下事实并作为合理的证据：一家吉普车商订购的发动机订单应与某一时段内的吉普车的生产数量一致。其推理的依据是：在一辆吉普车中装两台发动机是几乎不可能的，企业不曾、当然也不可能生产和出售没有发动机的吉普车。推理是一种常见的证据形式，能够帮助审计人员得出结论。

分析性证据是一种用途广泛且很有说服力的证据形式。审计人员用这些证据可以得出有关审计发现的状况、影响和原因方面的要素。其说服力主要取决于审计方法、分析的可靠性（审计报告）及读者对审计人员的信任。但它确实可能包含审计人员的个人偏见。

审计人员的分析是在纸上或以电子形式完成的，这本身就形成了记录。逻辑论证需要以书面形式写出，以便满足证据和审计文档的标准。

用电子表格进行分析。电子表格是审计人员使用多年的一种预定格式的现代工具，可用于从文件、记录和其他来源中搜集标准格式的数据。表格中没有问答题，这一点明显有别于问卷类型的数据搜集方法。电子表可用于分析和记录数据，因此，它可用于搜集三种基本类型的证据——实物的、文档的和证词性的证据——并能够编制分析性证据和记录分析过程。电子表格可进行一般的数学、财务、统计和逻辑函数运算，在审计人员可用的软件中是最有用的软件之一。与手工工作表相比，电子表格有以下优点：①可将数据从一处复制或移动到另一处；从一个单元格移动到另一个单元格。②可在一列中修改一个公式，然后复制此公式，使复制到电子表格中其他位置的公式同样正确。③可更改某个单元格中的数值以影响该数据表中的许多计算，如利率，受该利率影响的每个值都会自动更改。这一功能可用于回答“若是……会怎样”的问题。如果电子表格文档编制适当，其他人就能够以同样的方法完成文档中所描述的工作，而无须口头解释文档的制作方式。

用电子数据库进行分析。电子数据库软件是一种既可用于记录数据，也可用于分析数据的分析工具，可对数据进行分层、排序（如按金额、类别排序）。各种类型的证据都可以在数据库分析中使用。数据库由行和列组成；一行记录称为一条记录，一列称为一个字段，用于描述一种特征。数据库管理系统是对多个数据库有组织地分类，有时需要多个数据库存储大量的数据。数据库可处理数量巨大的数据，唯一的限制就是计算机的存储能力。而关于存储能力的问题，随着大数据技术和云计算方法的出现，从而运算速度和存储能力问题能得到有效解决。

当然，就审计中使用的不同种类数据类型而言，其划分的最基本的方式是将其分为事实数据和观点（或态度）数据两类。在确定证据需要时，审计人员首先要搞清楚的问题是：“我们需要的是事实还是观点?”这也就决定了其存在形式和获取方式的不同。

第三节　绩效审计证据特征与评价

一、绩效审计证据特征

审计证据是审计人员收集的、用以支持审计发现的信息。审计报告所得出的结论和提出的建议都以审计证据为依据。因此，绩效审计人员必须慎重考虑所收集审计证据的性质和数量。审计人员必须从获取审计证据以支持最终报告中审计发现和结论的角度来计划其所有的现场审计工作。一般认为，审计证据应该具有的基本特征是：数量上的充分性和质量上的适当性，而适当性又可具体化为相关性、有效性和可靠性。只有相关、可靠的证据才是高质量的证据，绩效审计证据也不例外。最高审计机关国际组织的审计准则指出："审计人员应该获取具有证明力的、相关的和合理的证据来支持关于被审计单位/项目/活动/职能的判断和结论。"美国政府审计准则（2017 年版）中有关绩效审计证据的规定指出："审计人员应取得充分、适当的证据，为审计发现和结论提供合理的基础。""适当"的含义包括证据的相关性、有效性和可靠性。国际内部审计师协会（IA）对证据的规定略有不同。在《国际内部审计专业实务框架》中关于绩效审计的标准规定，内部审计人员必须识别充分、可靠、相关且有用的信息，从而实现业务目标。这些标准中的关键区别在于"有用性"这一说法。"有用性"与"相关性"有重叠之处。要具备相关性，证据必然具备有用性。相反，如果数据对提出的发现有用但不相关，那么，这种情况是很难想象的。总体上讲，尽管措辞有所不同，但本质是一样的；证据必须为审计人员的发现、意见、判断，为审计结论和任何建议提供良好而合理的基础。按照审计证据的质量要求，审计人员必须获取具有说服力的证据。

（一）可靠性

如果审计证据实际上能够代表或说明了被审计对象的客观状况，那么，证据就是具有证明力的，或者叫真实、可靠的。审计证据的可靠性受其来源和性质的影响，并取决于审计证据的具体环境。如果证据是有效的和可信的，并且符合事实，那么证据是可靠的。在评价证据的可靠性时，审计师应该考虑证据是否确凿、是否有说服力，是否有时效、是否真实等因素。必要时，审计师可以利用统计方法获得可靠的证据。

（二）相关性

相关性要求证据与审计目标和审计标准之间有清晰的逻辑对应关系。计划收集资料的一种方法是为每个问题和每种标准列出所需审计证据的性质和存放地点，以及所需要实施的审计程序。

（三）充分性

用来支持审计结果的证据必须是充分的。在确定证据的充分性时，审计师应该保证存在足够的证据说服有一定知识的人相信审计结果的有效性。适当时，可以利用统计方法确立证据的充分性。审计人员应该获取充分、恰当的审计证据，以便得出合理的审计结论，为审计报告奠定基础。充分性是对审计证据数量方面的衡量。而恰当性是对审计证据质量方面的衡量，与特定的审计标准和证据的可靠性相关。当有充分、相关、可靠的证据来合理支持绩效审计发现、结论和建议时，审计证据就是充分的。

绩效审计中获得的证据可能以定性的证据为主，因此需要审计人员广泛运用专业判断。相应地，在开展审计评价和形成结论时，审计人员通常通过来源于不同渠道或具有不同性质的审计证据对有关审计证据加以佐证。

在审计计划阶段，审计人员应该确认所需审计证据可能具有的性质、来源和可获得性。审计人员还应该考虑诸如其他审计报告或调查报告的可用性和获取审计证据的成本等因素。

二、绩效审计证据的测试与评价

审计人员必须以具有说服力的证据支持其发现和结论，而符合证据特征标准的证据最有说服力。但是审计不是严格意义上的科学。因此，与科学不同的是，审计人员以合理的（而不是绝对的、完美的）知识处理问题，采用具有说服力的证据，而不是决定的证据。审计人员仅使用其所知的相关和可靠的证据，准确地在报告中以适当的方式描述该证据。为了使审计发现、结论和建议有坚实的基础，审计准则规定了必须对获取的审计证据进行评价测试。

（一）有效性和可靠性的测试与评价

有效性和可靠性（后文都称为“可靠性”）与证据的质量有关。只有准确、基于严格推理的并于事实一致的证据才是可靠的（换而言之，有根据的证据才是可靠的证据）。本书中将可靠性证据定义为“完整、良好而可信的证据”。可靠性指一种状态，即数据足够完整且不存在错误，针对特定目的和背景情况而言具有较强的说服力。

审计证据可靠性主要与其来源和性质有关。绩效审计证据的来源方式包括：

1. 政策说明和立法。审计人员应该收集政策文件、操作指南、手册、部门规章、授权决定等，并检查其实施背景。审计人员还要考虑立法的变动，引起立法变动的文件痕迹，诸如，呈文，剪报，投诉，案例来历和会议发言。

2. 公布的项目绩效数据。公布的被审计单位预算报表反映了被审计单位的目标和绩效情况，其中包括被审计单位概览，并提供一些有关财务和绩效方面的信息。

3. 访谈。访谈可能非常有用，但必须找到合适的人员来提供信息，同时需要对口头证据进行确证。对访谈的话题进行充分准备是非常必要的。事实上，事先列好所谈问题的清单非常有用处。在某些场合，提前将列好的清单提交给访谈对象可能非常奏效。

4. 文件检查。从文件获得的信息为支持审计建议提供了强有力的证据。文件的清单来源于被审计单位的登记系统。此外，与某一具体工作领域相关的文件信息可以从另外的工作领域获取。审计访谈也可能为审计人员提供关于应该寻找哪些文件进行审查的线索。可能对审查有用的文件包括：战略和实施计划、管理控制、行政会议纪要、投诉与纠纷、评价与审计。文件证据可能为审计发现提供强有力的支持。文件检查需要集中时间进行，一般不可能检查所有的文件。审计人员必须判断是对随机选择的内容进行检查，还是对依据特定的调查目的所选择的内容进行检查。审计人员一般会选择后一种方法，但如果时间允许，审计人员也应该检查从其他文件随机选择的样本。

5. 管理报告和评论。被审计单位通常会产生一系列的内部报告或评价文件，对当时的问题进行总结或建议采取有关行动，用以向高级管理人员报告。审计人员应该索取这些报告并进行分析。审核报告的方式包括访谈和检查管理部门会议记录。

6. 数据库。大多数被审计单位都会建立某种形式的管理信息系统，以收集有关操作实施的信息资料。这种系统可以成为证据的重要来源，在量化各种问题时尤其如此。

7. 外部信息来源。较大的被审计单位可能会拥有现代化的专业图书馆。审计人员可以利用这些图书馆就相关主题和关键文字进行查询，这种查询对获取有助于了解该单位职责的专业信息特别有用。

8. 最高审计机关信息来源。审计人员不应忽视以前审计所收集证据的作用，也不能忽视为了支持针对被审计单位的战略计划而收集的信息。

9. 审计观察。直接观察的作用不应忽视。对工作人员的行为进行总体观察可以提供关于其工作压力、士气或工作欠缺的信息，如有必要，审计人员可以进一步进行跟踪观察。然而，审计人员需要精心考虑选择实地察看的活动或设施。这些选择的活动或设施应该具有代表性。审计人员也应该清楚，在人们处于观察的状态时，其行为会发生变化。假如不能得到确证，这种类型的证据可以被看作“无力”证据。照片和录像都会提高直接观察的价值。建议审计人员以书面形式对观察结果进行详细描述。

数据可靠性的基本标准是：能够合理地确信我们提供的数据所描绘的事项与现实情况之间不存在显著的差异。对数据质量标准的问题不应这样问：你能够保证我们的数据精确无误吗？判断数据质量的标准应更注重在识别现实过程中所保持的一致性。

审计职业要遵循的一个关键要求就是保证证据的可靠性，然后才能将其用于审计报告和随后的决策。因此，审计人员通过合理的审计方法获取可能得到的最佳证据。审计人员仅使用他们认为可靠的相关证据，并在报告中准确而客观地以适当方式说明该证据。因此，就支持审计人员的发现和结论而言，必须保证证据的质量，包括从证据到结论、从原因到建议的逻辑推理验证。美国政府审计准则和最高审计机关国际组织的审计准则中都列举了若干有用的测试方法来判断审计证据的可靠性。比如：

1. 从可靠的第三方取得的证据，其可靠性高于从被审计单位获取的证据。

2. 从有效的管理控制系统中取得的证据，其可靠性高于控制较弱或根本没有控制的情况下产生的证据。

3. 通过审计人员直接进行实物检查、观察、计算和审查取得的证据，其可靠性高于间接取得的证据。

4. 文件原件比复印件更可靠。从原件取得的证据，其可靠性高于从复印件取得的证据。

5. 有些人没有偏见并且拥有相应领域的直接知识，另一些人带有偏见或对相应的领域知识不全。从前者取得的证据的可靠性高于后者。

6. 有些人能畅所欲言，有些人可能处于某种压抑状态。从前者取得的证据的可靠性要高于后者。

7. 对证据进行证明是提高证据可靠性的强有力技术，这意味着审计人员必须通过不同渠道寻找不同类型的证据。

8. 来自被审计单位外部的证据（无论是正确的还是错误的）通常被认为比来自被审计单位内部的证据更加可靠。

9. 一般认为，文件证据比口头证据更为可靠。

10. 内部的证据的可靠性在很大程度上取决于被审计单位内部控制制度是否健全。

11. 得到文件证据佐证的口头证据比未得到佐证的口头证据更可靠。

上述假设对于判断审计证据的可靠性是有用的。但是，不能认为这些假设本身足以确定证据的可靠性。用来支持审计结论的证据的数量和种类需要审计师运用专业判断来确定。

当实地观察实物状况对实现审计目标具有重要意义时，实物状况就应该得到确证。要做到这一点，可以让两名以上的审计人员一道进行实地观察，如有可能，可让被审计单位派人陪同观察（可靠性）。内部证据的可靠性和相关性需要结合审计目标进行评价。比如，程序手册的存在并不是证明手册得到实施的证据。至于口头证据，审计人员需要对提供者或批准提供的主管人员的职位、知识、专业进行评价。管理控制系统（如会计系统）形成的文件需要根据在系统内运行的内部控制进行评价。倾向依赖这样审计证据的审计人员应该评价系统的内部控制。

口头证据的表现形式通常是对询问或访谈所提问题的答复。这些答复可以提供其他审计工作方式不太可能提供的重要线索。被审计单位的职工、所审计项目的受益人和客户、有关部门的专家和顾问，以及一般的公众都可以做出此类答复。如果口头证据不仅仅提供背景信息，而是作为证据使用，那就需要对它们进行核实。口头证据可以通过以下方式进行核实：①访谈对象提供的文件证据；②对揭示同样事实的多个不同来源进行权衡；③后期复查书面记录。

在评价口头证据的可靠性和相关性时，审计人员需要考虑访谈对象的可信程度，即访谈对象的职位、知识、专业和品德等。

（二）相关性测试与评价

如果证据与说明的问题逻辑相关，并且对于该事项具有重要意义，那么证据是相关的。相关性，是指证据与其应用的关系。只有“证据”与“发现”存在重要的逻辑关系，才能说用于支持相应发现的证据具备相关性。如为不相关的证据，就不应包括在证据中。换而言之，只有证据能回答审计目标中的问题，才具备有用性。

为了保证仅使用相关的证据，通过制定标准来判断证据的相关性是一种行之有效的方法。如果证据与以下方面有重要的逻辑关系，则称证据具备相关性：首先是审计总体目标；其次是审计主题、所要审查的各项绩效指标、证据适用的发现要素、被审计问题的时间。确定哪些证据是回答审计目标中问题的相关证据，通常是显而易见的；前提是目标具体且以问题形式用书面写出，或用确定的句式来表述。

对证据必须及时进行相关性测试。及时性，指证据的日期或“年龄”。这是以另一种方式说明，证据必须与被考查问题或时间相关。由于情况通常会随着时间的推移而发生变化，审计人员一般应关注当前的情况并取得最新的证据。如果完成审计和发布审计报告发生延误，良好的审计工作可能会失去价值，因为证据会过时，会失去其相关性。

关于“效果”[①]的证据，因审计目标的不同而不同。如果审计目标是为了确定良好或较差绩效的实际或潜在影响，有关“效果”的数据必须能够代表由“状况”要素所导致的后果，并且该后果必须与被检查的总体切实相关。如果审计目标是为了确定所在适当的“状况”下，项目所导致的有利变化的程度，效果证据就必须代表“实施项目的状况”与“未实施项目的状况”间的差异。

关于“原因”的证据必须与“状况”之间存在因果关系。如果审计目标包括解释审计中确定的良好或较差绩效的原因，则这些“原因”的相关数据必须与“状况”要素之间存在因果关系。审计人员需要展示并解释证据，在良好和较差绩效与确定为原因的事实之间建立推理关系。

（三）充分性测试与评价

根据审计准则的要求，如果有足够的证据支持审计人员的发现，则表明证据是充分的。充足的可靠相关证据，可回答审计目标中的问题并支持审计人员的发现、结论和建议。充分性意味着作为审计发现的基础，不存在不适当地归纳或夸大可用证据的情况。与相关性一样，判断充分性必须与整体发现和证据所适用发现要素联系起来。确定证据的充分性时需要运用职业判断。

充分性和审计工作的范围有着密切的关系。审计范围划定了审计工作要涉及的一个整体中的哪些部分及相应的时间期限。对于充分性而言，审计对象总体是非常重要的；时间期限对相关性非常重要，这一点已在前文中作了说明。总体通常以地点、个人（可能情况下）和事项等产出结果表示。为了保证充分性，审计人员有三种可选择的做法：①获取整个总体的数据；②对总体进行抽样；③将审计发现限定在被审计单位总体的某个局部。

例如，如果经营业务分布在 50 个地点，但只审查了其中 3 个地点，则获取的证据不足以代表总体——全部 50 个地点，审计发现就必须限于这 3 个地点。如果拓展审查范围，还要考虑对全部 50 个地点进行审计所带来的审计费用问题，可以先对着 3 个地点进行详细审计，然后向其他 47 个地点发出问卷，以确认是否存在与这 3 个地点的审计发现相同的问题。

要搜集证据就必然付出较高的审计成本。因此，在选择审计工作总体时，我们希望是将范围限制在足以提供充分而相关的审计范围，只要求足以回答审计目标中的问题并支持我们提出的发现要素。我们一方面要尽量多地获取该审计范围内所必需的数据，另一方面也要保证审计的工作效率。

就“状况”要素而言，审计人员需要充分的证据为审计事项的有关绩效

① 审计结果通常包括标准、情况和效果，在发现问题的情况下还包括原因要素。但是，审计结果中包括哪些要素，则完全取决于审计目标。因此，就实现审计目标和在报告中明确地把目标和结果要素联系起来方面来说，一项结果或一系列结果都是完整的。

指标完整地构造出当时所面临的情况。他们需要全局性的数据，要求其能代表审计涉及的问题的“状况”。例如，如果问题涉及一个地点的绩效，他们就需要关于该地点的数据；如果问题针对所有地点，他们就需要能代表所有地点的数据。

如果涉及绩效实现情况，审计人员就需要足以确定所关注审计事项的绩效指标特点的数据。例如，如果问题涉及服务的及时性，他们很可能需要排队的时间或账龄分析表，再加上时间范围分析，该分析能显示工作过程和服务配送过程中实际的工作时间和延误情况。

当审计师对资料进行的测试表明资料存在错误，或者无法取得充分、可靠和相关的证据证明资料的有效性和可靠性时，审计师有必要：①从其他来源寻找证据；②重新确定审计目标，消除使用这些资料的需求；③运用这些资料，但在审计报告中明确指出该资料的局限性，并且不要做出没有把握的结论和建议。

思考与练习

1. 绩效审计证据在绩效审计项目中有着怎样的地位，为什么？
2. 绩效审计证据的类型有哪些，分别是如何获取和记录的？
3. 绩效审计证据的特征有哪些，简述其含义。
4. 绩效审计证据的来源有哪些，怎样判断这些审计证据的可靠性？
5. 审计人员应该如何保证绩效审计证据的充分性？

第六章　绩效审计评价标准和指标

【导读】经济效益审计的标准是用来衡量、考核、评价审计对象绩效高低、优劣的尺度，是提出审计意见、作出审计结论的依据。绩效审计评价指标是评价标准的具体化。本章介绍选择确定绩效审计标准和评价指标的原则、责任及应关注的问题。

【关键词】绩效审计评价标准、绩效审计评价指标

第一节　绩效审计评价标准

一、绩效审计评价标准概念

什么是标准？所谓“标准”，就是表述“约束”的文件。凡是对人类活动和事物发展提出某种约束性要求的文件都属于标准的范畴。标准是自然规律、实践经验和科学知识相结合的产物。根据 GB3935. 1－83《标准化基本术语第一部分》的规定，“标准是对重复性事物和概念所做的统一规定。它以科学、技术和实践经验的综合成果为基础，经有关方面协调一致，由主管机构批准。以特定形式发布，作为共同遵守的准则和依据。”国际标准化组织于 1983 年 7 月发布的 ISO 第二号指南（第四版）对标准的定义为：“由有关各方根据科学技术成就与先进经验，共同合作起草，一致或基本上同意的技术规范或其他公开文件，其目的在于促进最佳的公共利益，并由标准化团体批准。”

在绩效审计工作中必须有一个衡量被审计事实、鉴定经济效益的标准，这就是绩效审计评价标准，也称之为“绩效审计标准”。在充分理解标准的内涵的基础上，我们可以更深刻地理解审计标准。从“约束”这一标准的本质特征来讲，审计标准是理性的人对被审计事项的理想预期或认识，或者说是一种规范化的模式。它表达的是对组织或活动“应该怎样”的一个“约束”。具体来讲，绩效审计标准是指在绩效审计过程中审计人员用以指导审计活动、界定被审事实、界定绩效质和量的标准，为审计人员对被审计单位经济活动的客观事实进行调查取证，对所把握的审计证据进行鉴别、分析和判断并为推导出审

计结论等审计活动提供根据。所以，政府绩效审计评价标准是形成政府绩效审计意见和报告的判定基准，它体现的是被审计项目所应该达到的一种绩效程度，其本质是对被审计项目的一种理想预期①。

最高审计机关国际组织在《绩效审计指南》中指出：审计标准是一种用来评价项目经济性、效率性和效果性的合理的、可实现的绩效标准。这些标准反映了一种标准化的模式（也就是理想化的模式），代表了最佳或良好的实务，是一个知悉情况的理性人对“事情应该是什么样”的期望。当我们将审计标准与实际存在的情形相比较时，就产生了审计发现。达到或超越标准意味着“最佳实务”；反之，则意味着需改进工作。

绩效审计评价标准是衡量、考核、评价审计对象效益高低、优劣的判断尺度，是与审计判断直接相关的，是提出审计意见、作出审计结论的依据，是绩效审计项目中不可或缺的因素。

绩效审计的评价标准有下列几个方面的作用：①评价标准是审计人员进行评价，判断被审计事项是非、优劣的准绳。没有评价标准，就没有审计的意见或结论。②评价标准是连接审计目标和审计方法的纽带。根据目标，可以在政府绩效审计中确定评价标准；根据目标和标准，可以确定收集数据和进行评价的具体方法。没有评价的标准，就无从设计和选择审计的方法。③评价标准是审计机关与审计报告使用者（人大、公众、一级政府或主管部门等）、被审计单位之间沟通的桥梁和基础。评价标准的确定有利于绩效审计报告的使用者理解绩效审计的性质，增强审计报告的价值和可信性。同时，评价标准为审计机关和被审计单位之间建立起沟通的基础。因为只有双方对评价标准达成一致，才能接受依据标准进行评价之后得出的结论。

最高审计机关国际组织在《绩效审计指南》中也指出：审计标准在协助审计人员实施绩效审计方面具有多种重要作用，包括：①为审计组和最高审计机关管理层之间就审计的性质进行沟通、交流提供了基础；②为与被审计单位管理当局的交流沟通提供了基础；③形成审计资料收集阶段的基础，为确定审计证据收集的步骤提供依据；④提供审计发现的依据，并有助于改变审计结论的形式和结构。

二、绩效审计评价标准的特征

绩效审计评价标准的特征依附于绩效的属性特征。从绩效的内涵上来讲，它具有层次性、多维性、可控性、动态性、地域性和指导性等特征。

（一）层次性

绩效审计标准的层次性由经济活动效益的层次性决定。经济活动效益按照经济活动范围可分为宏观经济效益、中观经济效益以及微观经济效益，那么绩效审计标准随之也分为宏观、中观和微观标准。在微观中又可以具体到公司、

① 曲明．我国政府绩效审计评价标准体系框架构建［J］．财经问题研究，2016（5）：89－94．

分公司，甚至是某一部门的标准。一般来说，经济活动范围越大，层次越高，其审计标准的范围也越宽。在不同层次的绩效审计项目中，绩效审计标准不是统一的。

（二）多维性

绩效审计的多维性，又可称之为绩效审计评价标准的多角度、多元化的特点。经济效益评价标准的多维性特征是由绩效的多维属性特征决定的。绩效目标诉求具有多元性特征，以政府实施的重大项目为例，其绩效诉求的多元性特征尤为突出。比如，按照绩效内容类型不同，可以分为经济绩效、社会绩效和环境绩效；按照绩效计量属性差异，可以分为直接绩效（可直接进行货币计量的）和间接绩效（无法直接用货币计量的），还可以分为软性评价标准和硬性评价标准。比如：美国政府绩效审计评价标准体系包括软性标准和硬性标准两部分。其中，软性评价标准通常是指一些难以量化的指标，包括领导目标管理、基础设施管理、财政管理、信息管理和人事管理等五大类，软性评价标准可以用于社会公众对政府进行评价。而硬性评价标准通常则是一些容易量化的指标，包括投入指标、产出指标、结构指标和能力指标等四大类①。按照绩效目标定位时间的不同，可分为当前/短期效益和长期效益；按照绩效的层级不同，可以分为微观经济效益、中观经济效益和宏观经济效益。绩效目标诉求的多元性，决定了绩效审计评价标准的多维性特征。比如，一个政府的扶贫项目，既有微观方面对扶贫对象的家庭财力改进状况的绩效诉求，也有辐射带动地方经济发展的经济、社会发展的绩效诉求，更有国家宏观整体方面的扶贫事业发展绩效，当然也包括环保和政治绩效诉求等。再比如，一个企业的绩效，可以体现为财务绩效（利润、资本保值增值等）、经营绩效（产值、产量、成本、资金周转、存货周转等）、管理绩效（战略规划制定、组织架构、基础规章制度建立等）和技术经济绩效（新技术新产品的研发，性质功能指标等）。一个组织单位的绩效目标诉求涉及组织运营管理活动的方方面面，如运营管理流程中的技术研发、计划制定、采购供应、库存管理、生产组织、营销销售、物流运输等，这些多维性的评价标准体系显然比会计制度、会计法规、会计准则等单一的财务评价的标准复杂，也比一般的法律法规、内部控制制度等遵循性审计评价的标准复杂。

（三）可控性

绩效审计评价标准的可控性，是指绩效审计仅仅是对被审计经济活动可以控制的因素（指标）进行评价，对控制不了的因素可以认清它的评价其影响，但当时的政治、经济和技术环境下，从组织自身而言，无法采取相应的绩效改变措施，从而无法实现绩效改进，对这些内容进行绩效审计评价就失去了其价值意义。绩效评价的目的是调动人的积极性，采取适当的绩效考核标准，引导员工、管理者、部门实现预期的目标，并兑现相应的奖惩承诺，实施问责。因

① 曲明．我国政府绩效审计评价标准体系框架构建［J］．财经问题研究，2016（5）：89－94．

此，对于被考核评价对象而言，只有对其可掌控、可通过努力改变的绩效进行评价考核、问责才是符合客观行为规律的绩效评价行为。因此，绩效审计评价标准来源于绩效评价标准，同样应具有可控性的基本属性特质。当然，绩效审计标准的可控性主要是针对绩效审计标准的指标体系而言，绩效审计只能对被审计经济活动有能力控制的因素和指标进行评价，而对无法控制的因素的评价是无法完成的或者是徒劳无功的行为，其本身就不符合开展绩效审计项目的选择要求，也无法达成实现价值增值目的。

（四）动态性

绩效审计标准的动态性，也称为绩效审计评价标准的时效性，指绩效审计标准的适用性、有效性随着时间、环境条件以及被审计单位经营管理水平的变化而变化。绩效审计评价标准涉及较多的技术性标准，具有明显的管理技术手段发展阶段性特征，具有自然属性。随着审计时间、环境、审计主体和客体等条件的变化，随着生产技术和管理水平的提高，衡量和评价绩效的标准的内容和形式，也必然不断充实、完善和提高。就财务审计标准而言，其体现为较多的社会性特征，也就是说它的动态性在一定程度上不明显。新会计制度、会计法规等的出台有一定的时间间隔，使得有些标准呈平稳的趋势发展，每一年的变化幅度不会太大，从而表现出一定的稳定性特征。而绩效审计标准则会随宏观经济发展速度不断变化，其变化速度会更快。经济发展、企业经济效益的高低是以经济活动有效性为基础的，而经济活动的有效和技术发展水平的变化呈现出正相关关系，随着技术水平的变化会有极大的改观和变化。技术水平发展的动态性、快速变化性决定了衡量经济活动效益的技术效率标准不是固定不变的。但这两类指标因为有客观、可比的资料作评价基础，即使有大幅度的变化，评价标准也只是形式上的数值增减，其评价实质不变。

绩效审计评价标准的动态发展性决定了绩效审计评价标准所具有的时效性属性特征。绩效审计标准的时效性是要求绩效审计标准的选择制定一定要以特定的时间、环境、条件及被审计单位的业务经营和管理水平为基础的，该标准要能发现影响被审计单位绩效的主要或关键因素，了解和确定其绩效增减变化的原因和规则，客观分析运营管理的绩效。由于经济、技术在不断发展，经济绩效会逐步提高，各年评价经济绩效的审计标准也就不同。因此，审计人员作审计判断、审计结论时，要注意审计标准的时效性，不要用已过时的指标来评价今天的经济效益。绩效审计的目的是促进被审计对象提高绩效，挖掘绩效改进的空间，因此，绩效审计的标准应该具有先进性，在实践中依据绩效发展水平应不断地得到修正和完善。

（五）地域性

地域通常是指一定的地域空间，也叫区域。其内涵主要有：①地域具有一定的界限；②地域内部表现出明显的相似性和连续性，地域之间则具有明显的差异性；③地域具有一定的优势、特色和功能；④地域之间是相互联系的，一个地域的变化会影响到周边地区。总体而言，地域是反映时空特点，经济、社会、文化特征的一个概念。

地域性概念是相对于全国性，全球性概念而言的，指某类事物局限于某一地理区域的情况，具有明显的地域特色、地域差异性或者称之为“地域不平衡性”。比如，我国东、中、西部地区，历史传统、文化教育、生活消费习惯、地理环境气候等差异性，导致了各地区间经济发展的不均衡性，经济发展的结构、速度存在较大差异。从而同样的经济活动在不同的地域也表现出不平衡性。经济活动效益的地区不平衡性决定了不同地区的组织存在不同地域活动的绩效特征和水平，而绩效的改进和评价都受组织所在地区发展因素的制约和影响，绩效的改进只能是在现有客观基础上的循序渐进，不可能实现跳跃式发展。因此绩效评价的标准一定要因地制宜，选择适合于本地区发展水平的标准，才是符合绩效管理、绩效评价客观实际，遵行经济绩效发展规律的行为。受制于地区绩效发展的差异性和不平衡性，决定了绩效审计评价标准也不能像财务审计标准一样，具有全国范围内的同一性，而是体现出较多的地区差异性。因此，绩效审计评价标准要考虑根据地方经济活动绩效的实际情况来确定衡量水平。

各地区的经济发展是不平衡的。因此，评价各地经济效益时就不能用同一个标准。审计人员选用审计标准要注意选择和被审计单位发展水平类似地区的水平作为标准。当然，也不排斥选择其他地区的最佳实践活动作为审计评价标准。

（六）指导性

绩效审计标准的指导性是指绩效审计标准的非强制性。财务审计和合法合规审计的评价标准具有明显的强制性，尤其是我国政府审计机关开展的财政财务收支审计和财经法纪审计，是以政府的法令、法规、财经制度和财经纪律为标准，这些标准具有公认性和权威性，要求被审计单位必须不折不扣地、严格遵守，不能违反。而绩效审计评价标准的来源和内容较为特殊和复杂，标准的形式和水平呈现层次多样性，绩效审计标准与被审计单位所处的特定社会经济环境、内部经营管理水平、管理人员的素质密切相关，被审计单位实际绩效是否达到绩效审计标准的水平，取决于主客观、内外部多方面因素的影响，所以在运用绩效审计标准对被审计单位绩效实现程度和开发利用途径进行定性、定量评价的时候，必须综合考虑各种因素，灵活掌握标准分寸和水准，并根据具体审计目标和审计环境不同，开发不同的定量分析与定性分析方法，并在实际工作操作中予以补充和完善。同时，经济效益审计标准本身也应根据具体审计环境去不断充实和完善。比如，如果选择计划标准评价 IT 企业运营绩效，假设在年度经济运行中，出现了经济低迷情况，整个 IT 行业的业务市场都在萎缩。对此，审计人员就不能机械套用计划销售业绩目标来考核评价绩效，而是应该扣除客观因素，修订调整销售业绩预期水平，用调整后的标准作为衡量被审计 IT 企业销售绩效的尺度，只有这样才能比较合理、正确地评价被审计单位的销售部门的努力程度和努力结果绩效。可见，绩效审计评价标准不具有强制性，而是很大程度上呈现指导性和参考性特征，在审计过程中对标准的掌握和运用还具有一定的弹性。

三、绩效审计评价标准选择确定原则

选择和确定政府绩效审计评价标准，必须从审计实际出发，围绕审计目标，紧扣审计主题，力求做到全面、客观、科学、适用，既要考虑政府绩效审计评价的一般要求，又要考虑被审计单位的特殊方面；既要考虑审计期间通用的考核标准及水平，又要考虑针对不同部门、不同行业的具体标准和规定；既要考虑理论的必要性，又要考虑实际的可行性。为此，选择和确定政府绩效审计评价标准必须遵循以下原则。

（一）全面性和完整性原则

政府活动涉及的范围十分广泛，而且不同活动又有不同的管理目标和管理程序，所以，审计评价标准要涵盖所有审计评价活动。同时，为了做到对被审计对象评价的公正性，必须全面考虑被评价活动所涉及的相关领域或因素。这就是“全面性和完整性”的基本含义。全面性和完整性既要求评价标准要涵盖所有审计项目，也要求针对具体的评价对象，每一评价指标要有对应的评价标准。实践中要根据被审计对象的特点，从实际需要出发，了解和确定被审计对象评价的目的是什么，应建立哪些考核评价标准，已建立和使用了哪些标准，并进行归类、整理、充实和完善，以便形成一个完整的评价标准体系，最大限度地覆盖被审计对象的各个方面和各环节，使之无遗漏、无空白、无相互矛盾，以保证对被审计对象的绩效做出全面、完整的衡量和评价。审计评价标准应当涵盖特定条件下绩效的所有重要事项和方面。要注意眼前利益和长远利益相结合，国家利益、集体利益和个人利益相结合，经济效益和社会效益相结合，预算和实际业绩相结合，能全面、辩证地考虑分析问题。

从另一角度来说，对某一事物的评价不可能只从单一的角度进行，而必须从不同角度、不同侧面进行评价。究竟从哪些方面来评价是审计工作中的难点和重点，评价不能面面俱到，也不能缺乏全面性，这就涉及评价标准的确定。即使已经确定了评价的角度，各个角度的侧重点如何确定也是一个现实问题。所有这些都离不开人的主观判断，因此，政府绩效审计评价标准不仅仅是具体的数值和优良中差等评级，还包括一些模糊性的评价因素。

（二）科学性和严谨性原则

审计评价标准的科学性是指审计评价标准的内容、数值的计算方法以及标准的确定依据等是符合一般的科学逻辑思维的，是有理论依据的，并且可以用理论加以证明。即审计评价标准不受任何单位和个人的主观意志左右，在相同的环境下，不同的评价人可使用该审计评价标准得出相同的结论。

审计评价标准的严谨性是指审计评价指标中各具体因素的内涵和外延是明确的。如在“财务差错率”这一指标中，在确定评价标准时必须清楚地定义“差错”、具体“差错”的归类以及“差错”金额的统计汇总方法等；同时，也要保证计算口径的一致性。

科学性和严谨性原则的另一层含义是指审计评价标准的确定过程是科学的、严谨的，即在确定标准之前综合考虑各种相关因素，在制定过程中要以科学理论为依据，确保制定程序合理、无漏洞。此外，作为“参考依据”的审计评价标准的形式必须简明易懂、易操作，适合实际应用，以便在对被审计对象进行衡量和评价时，能比较准确地反映出被审计对象的真实情况，能接近或达到审计目的的要求，保证正确使用审计标准不致于得出有误的结论。

（三）计划性和可比性原则

政府绩效审计十分关注相关“预算”的执行情况，因为作为宏观调控部门，“预算”的作用是非常重大的。“预算”不但能事先规划资金、项目活动的收支限额，而且能对国民经济各部门作出总体协调，使之符合国家的宏观发展方向和进度。同时，对于那些没有参考对象的被审计项目，计划无疑成为审计评价标准的重要依据。

市场经济条件下，国家有关部门可以通过计划指导各部门、各企业单位的生产经营活动，并考核其生产经营成果；被审计单位自己也订有各种计划。绩效审计应以国家有关计划作为绩效审计评价标准之一，并力求使审计标准与有关计划标准相互适应，使有关指标内容、计划标准、时间和计算方法相互统一；同时还应注意在使用计量方法时，尽量将不可比因素转为可比因素，尽量使用货币表示的价值指标来综合反映全部使用的价值指标，使之便于汇总、比较、分析，具有综合性和可比性，以满足多方面的要求。比如，既可以进行历史的纵向比较，也可以与国内外及先进水平进行横向比较。

（四）责任性和可控性原则

绩效审计评价标准应准确考核被审计单位及内部各部门和员工必须履行的工作和义务，即所衡量评价的经济活动及其结果应是被审计对象的职责范围，是其应当全部或部分负责，是可以控制或调节的，是其通过主观努力可以改变的结果和过程。审计标准中应排除被审计对象绩效获取中其无法掌控和改变的因素，避免以之衡量和考评被审计对象。如评价企业单位产品材料、人工成本控制目标完成情况时，应选择其可控因素节约情况进行考核，比如，一般选择材料单耗、材料利用率、单位产品工时消耗、单位工时产出效率等指标进行评价，而一般不用单位材料成本或单位人工成本来评价。因为，单位人工成本和材料成本，很大一部分受到小时工资率和单位原材料价格的影响，对于生产车间而言，小时工资率和原材料采购价格都是由一定时期的原材料供应市场和社会劳动用工供给行情决定的，是生产车间无法掌控的要素。绩效审计的目的在于，通过评价、鉴证绩效，发现绩效改进空间，提出绩效改进的建议，以实现价值增值，因此只有对被审计对象可控的、可实现的绩效进行审计评价，兑现奖惩问责，才是符合绩效审计客观规律的行为。

（五）先进合理性与相关性原则

评价标准的水平只有建立在相对先进、合理的基础上，才能起到促进作用。所谓“先进”，是指标准水平不能定得太低，以免使之丧失考核的意义。也就是说，绩效审计评价标准还必须保持一定的灵活性和动态性，能够对绩效环境的变化做出及时的调整。确定标准时必须充分反映被审计单位现有的生产技术和生产组织条件，反映现有的操作方法和工作经验，并考虑增长提高因素和潜力。绩效审计评价不但要考核具体项目的完成情况，而且还要对政府活动以评价的方式加以引导。引导原则：一方面要以评价内容、方向、范围的形式使被审计项目向某一方向倾斜，另一方面也要以先进、合理的标准激励被审计对象。所谓“合理”，是指标准水平不宜定得太高、脱离实际，或标准水平变成可望而不可即，而使被审计对象丧失完成标准的信心和积极性。最佳的标准水平是经过努力多数可以达到，部分超额，少数接近。凭主观意志确定超出现实能力状况的评价标准不是实事求是的科学态度。在进行绩效审计评价时，除了要按上述原则选择适当的审计标准外，还要注意正确处理好宏观效益与微观效益间的关系，处理好直接效益与间接效益的关系，处理好目前效益与长远效益的关系。

评价标准的选择要与确定的审计目标和审计对象核心效用高度相关。所谓的“相关性”，也就是逻辑关联性，包括以下两点含义：

其一，是指审计评价标准的选择应与确定的绩效审计目标相匹配，要依据不同的审计目标选择与之相应的高度相关的审计评价标准。比如，在评价被审计企业或部门成本控制目标实现情况的时候，如果绩效审计的目标是想了解单位或部门自我成本控制的改进情况，就可以用被审计单位或部门的历史成本数据作为审计评价标准；如果想了解其预期目标的实现程度，则应选用预算或计划成本定额作为审计评价标准；如果想了解自己在行业成本控制中的地位，或在行业部门竞争中的位置，则选择行业平均成本水平作为审计评价标准就是比较好的选择；如果想要获得自身和行业内最好成本控制管理水平的差距，则用其他单位或部门成本控制最佳实践作为审计评价标准，是较为恰当的选择。由此可见，如何选择绩效审计评价标准，取决于希望通过绩效审计获得哪些方面的绩效信息。希望得到的绩效信息不同，也就意味着绩效审计的目标定位不同，就需要选择与之对应的个性化的评价标准。因此，绩效审计的评价标准与绩效审计目标高度相关，审计人员应根据不同的绩效审计目标定位，选择确定与之相匹配的评价标准。

其二，是指审计评价标准应与被审计对象的核心效用紧密相关。审计评价标准要能对具体审计目标的实现程度进行评价，并且保证绩效审计提供的信息有助于做出正确决策。随着审计的深入，审计目标会层层细化。审计人员应针对各具体目标选择相应的评价标准，必须为每一项审计项目量体裁衣，根据审计项目的具体特点和审计目标形成绩效审计评价标准①。

我国《内部审计准则第 2202 号——绩效审计准则》中明确规定：选择确定恰当的绩效审计评价标准是审计机构和审计人员的责任。

最高审计机关国际组织在其发布的《绩效审计指南》中也指出，绩效审计应选择适当的标准来作为评价被审计对象绩效高低好坏的尺度，这些适当的标准应具有以下特点：

---

① 周勇．我国政府绩效审计评价标准的构建［J］．经济纵横，2008（1）：89－90.

1. 可靠性：如果标准可靠，那么，在同样的条件下，不同的审计人员应用同样的审计标准就可以得出同样的结论。

2. 客观性：标准不受审计人员或管理人员的好恶而改变。

3. 有用性：通过应用该标准，可以产生满足用户所需要信息的审计发现和审计结论。

4. 可理解性：标准内容清晰，不会产生歧义。

5. 可比性：是指与其他类似的机构或活动开展绩效审计所应用的标准相一致，与以前开展绩效审计应用的标准相一致。

6. 完整性：指开发了所有适合于评价被审计单位绩效的重要标准。

7. 可接受性：指该领域的独立专家、被审计单位、立法机关、媒体和一般公众人员一般都认可的标准。

2007 年版《美国政府审计准则——绩效审计现场作业准则》部分明确规定：审计师在选择绩效审计的评价标准时，应选择可达到的、适当的、与被审计事项相关的标准。这些都是对绩效审计评价标准应具有的质量特征的要求，也是审计人员选择确定绩效审计评价标准、衡量绩效审计评价标准取舍的重要原则和依据。

挪威审计公署规定，绩效审计的审计报告必须描述审计标准及其来源，并且对选用的审计标准作了质量规定：相关性、可理解性、可操作性、可靠性、恰当性、连续性和完整性①。

四、绩效审计评价标准的来源及类型

政府绩效审计评价标准体系既包括宏观的产业和行业标准，也包括微观的技术和专业标准，但总括起来，政府绩效审计评价标准体系主要包括以下内容：法规政策性标准、历史行业资料标准、理论及科学计算数据以及被审计单位具体的自制标准。

绩效审计评价标准的来源依据主要分为以下几类②：

（一）国家的法律、法规、方针、政策

国家的法律、法规、方针、政策是绩效审计的首要评价标准。绩效审计首先必须以国家的法律、法规、方针、政策作为评价标准，来评价和衡量被审计单位的绩效是否符合的法律、法规、方针、政策要求，是否有利于国民经济的持续稳定发展。遵循国家的经济发展方针、政策前提下取得的绩效，才是真正的绩效。审计人员在作审计评价时，要结合国家相关的政策和指令性计划等，并以之为依据。法律法规和国家政策是审计评价的根本依据，被审计单位以国家的相关法律政策为指导，所进行的收支必须符合国家的经济计划和产业计划。如：国家对于企业改制的政策规定（如上市公司必须达到哪些效益要求），国家环保总局出台的有关河流治理指标的规定（如污染物指数、水质应

① 邢俊芳等编．最新国外效益审计（上卷）［M］．北京：中国时代经济出版社，2004.

② 赵保卿主编．绩效审计理论与实务［M］．上海：复旦大学出版社，2007.

达到怎样的要求），国家经贸委出台的产业政策规定（如对于资金周转速度快、营运效益高的行业重点发展，而资金周转速度慢、营运效益差的限制发展）等。国家的产业政策是呈动态性的，它随着外部经济环境的变化而调整，如随着我国加入 WTO 前后形势的不同，国家对汽车行业、纺织品、印刷行业等采取了前后不同的产业政策。国家计划具有强制性特点，如果被审计事项违背了产业政策，即使它的微观效益可能是好的，但它可能影响了宏观效益的提高，所以应给予低评价。

（二）地方人大和行政机构制定的地方性法规

这些地方性法规也是绩效审计中要遵循的重要标准，只是要注意它们之间的层次性：要首先执行国家的法律、法规，再执行地方性法规。地方性法规一般是在国家法律法规的约束之下，是在如何执行和操作中的细化，是结合地区差异，因地制宜地确定、执行相应法律法规要达到的目标和要求。当然，在制定下位法时不能与上位法相抵触和矛盾。在发生矛盾时，要坚决按照国家的规定办事。

（三）各种计划、指标、预算、定额

在开展绩效审计时，将被审计单位的各种实际指标值与计划、预算、定额相比较，并进行分析、评价，以此来寻找提高经济效益的途径，这是绩效审计的重要内容之一。计划、指标、预算、定额是绩效审计中采用最多的一类审计标准。这类标准是针对被审计单位的实际情况指定的，具有较强的可比性，也较能反映被审计单位的实际水平。这类标准的内容繁多，既包括国家下达的指标、计划，主管部门制定的计划、指标、预算、定额，也包括本单位制定的各种详细的技术、指标和定额等。

审计人员在作政府绩效审计评价时，要综合利用部门和单位自行制定的目标（计划）、预算、定额、合同等作为评价标准。这里的计划与国家宏观的计划意义不同，它不是指令性和强制性的，而是部门或单位努力的目标。

政府行政事业单位和部门以及各项投资，都有事前的预算，预算经过审批后就可以成为绩效评价的标准。偏离预算，其目标即未完全达到，评价时就不能评价为高水平。定额也是一种事前评价标准，但该标准侧重于单位目标的控制，如单位成本等，从成本降低或经济性角度来讲，单位成本只有不断降低才能被评价为高水平。同时定额还涉及定额的制定是否合理，审计评价要以科学、适当的定额为评价标准。合同是具有法律约束力的评价标准，以合同为评价标准，一方面可以评价被审计单位的信誉度和管理的规范化水平，另一方面也可以间接引导被审计项目目标的实现。

（四）本单位或国内外同行业的历史先进水平与平均水平

这类指标也是用来考核被审计单位经济效益高低的标准之一。它们是对计划、指标、预算、定额等标准的补充，从而使绩效审计的标准体系更加完整、全面。如：某企业虽然完成了预定的计划和定额，但却大大低于国内先进水平，则说明企业的经济效益不是很高，尚有潜力可以挖掘。由于这类标准的时间跨度较大，在运用时，应考虑各种客观因素的变化，如物价变动等。

审计人员评价被审计经济活动时，用历史标准可以评价其绩效的改进程度，用行业标准可以评价其绩效的优劣程度，用计划标准可以评价其绩效的完成程度，用国际标准可以评价其绩效与国际的差距，评价其竞争程度。这些标准的合理运用，有利于主管部门获得适当信息，进行宏观比较。

鉴于政府绩效审计范围的特殊性，其审计对象有一部分在国内是没有历史和行业资料的，如三峡工程、天然林保护工程等，这些被审计项目的评价标准应该以国际标准和国际惯例为依据，并根据我国的具体国情进行适当修正，再以修正后的标准对被审计项目进行评价。政府绩效审计中也有一部分被审计项目存在历史和行业资料，如国有企业绩效评价、对领导人经济责任的评价等，国有企业与其他性质的企业共同参与市场竞争，其提供的产品有可供参考的价格，因此，对国有企业绩效的评价标准可以以行业标准为依据。但是，目前我国的大型国有企业都承担着特定的任务，有的关系国计民生，有的属于半垄断性质，所以对国有企业的评价标准并不完全与一般企业的相同，往往要增加相应的标准，并以国家的宏观政策为准绳适当调整，剔除各种偶然因素，以历史资料为基础。

（五）理论依据及科学测定的经济技术数据

政府绩效审计与财务审计在审计方法等方面有一些共同之处，除了可以采用财务审计中常用的函证、盘点、计算、分析性复核等审计方法外，还可借用工具学科和相关学科的知识，包括理论依据和方法。例如，在绩效的管理审计中，就可以以管理理论为依据，评价其内部控制设置的合理性，测试内部控制制度的健全有效性。科学的管理理论是支撑企业或政府高效率运转的管理制度设计的理论来源，因此在进行管理控制制度绩效审计的时候，其基本的判断标准是，是否符合科学管理理论的要义和精神。比如，开展管理审计，评价管理控制制度在实现高效率运营管理的有效性时，就可以用科学的管理理论作为绩效审计评价的标准。

除了科学的管理理论依据之外，绩效审计评价标准还可以来自科学测定的经济技术数据，或者称之为科学计算的数据。例如，绩效审计中要取得的趋势证据是一种预测数据，不具备真实发生性，它必须是经过科学计算得出的可预期的绩效目标数据，因而可以作为设定绩效目标的依据，也可以作为绩效评价标准的来源。比如，评价新产品及新工艺所带来的经济绩效时，由于新产品、新工艺的绩效没有相应的历史资料可以比较，同时，同行业又无同类的指标可以参考，要评审它们的经济绩效，就得借助于科学技术来测定。类似的科学计算的数据还包括：存货采购存储管理中的经济采购批量，质量成本管理中的最优合格率等。

不同国家对绩效审计评价标准的来源依据有的有明确规定，有的没有明确规定。就准则中有相应规定的国家而言，其确定的来源依据也存在一定的差异。比如，美国2017年版《政府审计准则》中，绩效审计现场作业准则明确规定：绩效审计的评价标准来源具体包括：①被审计单位官员确定，或者法律、规范确定的目标或目的；②合同或者协议条款；③技术标准；④同行业的绩效；⑤被审计单位建立的政策和程序；⑥以前年度的绩效；⑦专家意见；⑧先进组织的最佳实务。英国国家审计署认为，政府绩效审计评价标准应该尽量建立在类似绩效目标与目的、法律、专业标准、合同要求、政府规章和指南，以及管理实践等被广泛接受的目标、规范和准则等既定标准基础之上，以消除评价标准的模糊性。澳大利亚审计署编制的《绩效审计手册》中，认为绩效审计评价标准来源于：①国家或行业标准；②各级审计机关的标准；③政府政策；④其他相关的效益审计规程或行业标准；⑤政府其他机构发布的专业信息；⑥以前年度的审计成果或建议；⑦审计人员的判断标准；⑧其他国家的标准和经验等。①

挪威审计公署规定，在实际工作中，通常按照如下顺序考虑和选择审计标准：①议会的决定和意图；②相关的法律、法规和规章制度；③被审计单位或项目的业务目标；④已被社会广泛接受的专业标准；⑤领导和管理的原则。②

五、选择确定绩效审计评价标准难点与应注意的问题

（一）绩效审计评价标准选择确定难点

在世界各国的绩效审计实践中，如何选择确定恰当的绩效审计评价标准，是审计人员面临的共性难题。绩效审计人员总是感到难以轻松地识别、选择确定一套清楚、明确的绩效审计标准，直接应用于绩效审计实践中。有的绩效产出结果是可视的，可以利用市场规则定价；有的则不存在竞争的市场，无法用直观的价值指标来评价。因此，它们评价标准也是不同的，而确定不存在竞争市场的公共活动的绩效评价标准存在一定的难度。此外，有的审计评价还要涉及项目收益群体对项目绩效的评价，其评价标准因人的个体需求、学识差异而存在极大的不一致性。而这些主要是绩效目标评价本身的模糊性属性特质所决定的。再就是绩效审计评价的对象是被审计单位承担的受托绩效责任。虽然受托责任具有可计量性特征，但除了法定明确的绩效合约约定的评价标准之外，还有一些则在受托绩效责任契约中未能明确，或者是基于目前的认知局限性而无法准确计量描述。这些未明确的受托绩效责任目标约定，给绩效审计评价标准的确定带来了极大的困难。

绩效评价标准的模糊性，是指在对事物进行判断时所体现的“亦是亦非”“似是而非”的不明确判断。它是事物所固有的客观属性，使得人们在评价、认识事物时难于甚至不能作出准确、清晰、唯一的判断。绩效审计评价标准的模型性源自被审计对象绩效所具有的模糊性特征，尤其对于提供公共服务和公共产品的政府经济活动而言。政府宏观和微观经济管理活动的主要目的是弥补市场缺陷，优化资源配置，通过再次分配促进社会的公平性和公正性。我国从20世纪70年代末改革开放以后，与世界在各个领域逐步融合、接轨，在经济管理方面，逐步加大宏观经济调控的力度，表现在政府财政支出方面，就是公

---

① 曲明著．政府绩效审计——沿革、框架与展望［M］．辽宁：东北财经大学出版社，2016.

② 邢俊芳等编．最新国外效益审计（上卷）［M］．北京：中国时代经济出版社，2004.

共的基本建设和公益性支出逐年增加。对政府绩效进行审计就是要评价这些支出的效益。公共支出的目的是满足公众的需求，其产出物往往属于公共物品，具有非排他性和不可分割性。公共物品的支出绩效要由具体的使用人来评价，评价的关键是人们的“满意度”，而这一标准是以人的主观判断为基础的，涉及人的主观感受。人们对某一公共产品的价值评价受客观条件的限制，同时与个人的受教育程度、生活背景等有密切的关系，如对公园里公共运动设施的评价，有的人或许因受益多、使用频率多、运动项目多等因素，认为现有设施基本能满足要求，并有增加投入的要求；相反，有的人可能会因为利用机会少等，认为现在的投入有部分是无用的。可见，不同的人对同一项目会有不同的评价，其评价标准因人们需求和认知能力不同而具有差异性，这也将导致审计评价标准不统一。

政府绩效审计评价标准中的难点是确定一些难以用价值和实物指标衡量的项目，也就是上述中的“模糊性”评价。这类评价标准具有高度的动态性，特别是随着社会环境的变化，人们生活条件的改善，人们对公共物品的需求会越来越多，其要求也会越来越严格。仍以上面的公园为例，开始公园内的运动设施主要为晨练的中老年人所使用，他们主要以中度的运动强度为目的，所以设施不会特别全。当健康成为现代人们追求的重点时，原来不愿意运动的青年人逐渐成为运动设施使用的主体，而青年人的运动强度远远大于中老年人，其运动项目也多，因此，原来的设施对青年人来说已经不能满足要求，从评价的整体性来说，该项支出的“满意度”就会下降。也就是说，对该项目的评价标准必须随多数人的标准而改变。纵向比较，不同时期对同一项目人们仍会有不同的评价标准，这是社会发展的必然结果，所以，评价标准不是一成不变的，它会随环境的变化而变化。

（二）选择政府绩效审计评价标准的基本思路

绩效审计评价标准的确定是绩效审计的关键工作，绩效审计的审计评价标准决定绩效审计意见和结论是否正确、适当和有说服力。对财务收支审计来说，审计评价的标准具有法定性，是由财经法规、会计准则和会计制度等强制性的法定标准来规定，审计评价标准的选择具有法定性，选择审计评价标准具有刚性。与财务收支审计不同，绩效审计的标准很多并不是在法律、法规中事先确定，而是需要审计人员根据被审计单位实际情况、被审计单位所处的社会环境等多种因素，与被审计单位不断协商加以选择、制定。

绩效审计的目标是评价受托者绩效责任的履行情况，因此，绩效审计评价标准的形成依据是特定审计对象的受托责任应该达到的绩效目标，受托人所承担的责任可依据法规、合约和惯例等来加以规范①，通过法规规范的受托绩效责任具有法定性的特征，属于强制性标准，其形成的依据比较明确，法律是怎么规定的就要执行什么样的绩效审计评价标准。但通过合约或惯例来加以规范

① 王光远著. 管理审计理论［M］. 北京：中国人民大学出版社，1996.

和约束的受托责任，由于合约的不完全性，难以将受托责任履行中所有情形涵盖其中，很多情况下对受托责任的界定只是原则性的规定，或者按照惯例，依据社会通行的习惯性规定约定俗成地履行受托责任，该标准就不具有强制性。

理论上讲，所有受托责任的内容必须加以计量，受托责任的目标也应该是可计量的。但对于公共受托责任而言，公共产品和公共服务自身在很多情况下难以用经济的手段精确加以计量，公共委托人对受托人的预期期望水平也会出现一个难以衡量的无止境的理想境界，在这种情况下，只能根据实际情况选择适当的绩效审计评价标准。

同时，选择和确定审计评价标准，必须要联系具体的审计目标，不同的审计目标定位，需要选择与之相匹配的评价标准。

（三）选择确定绩效审计评价标准应关注的问题

对于任何一个审计机构和人员而言，构建一个系统的、能够适应各种对象的绩效审计评价标准都绝非易事。人们在选择确定绩效审计评价标准时都要根据具体环境和具体的被审计项目特征等综合权衡评价标准的选择，并应注意以下问题：

第一，应该动态地应用评价标准。评价标准来源于客观实际，当外部环境变化时，评价标准也应该随之变化。“动态地应用”既包含时间范围的动态性，也包括空间范围的动态性。从时间维度来说，不同时期人们所处的环境不同，因此，不论在宏观方面还是在微观方面，社会发展要求不同，政府所承担的责任亦有所差别，针对具体问题其衡量标准也应该不同。从空间范围来看，不同地域有其不同的地方特色，因此不能以同样的标准来衡量。以自然环境为例，我国西部和东部在气候类型上有很大的不同，衡量西部的环境质量可以以当地的人均绿地面积、年均降雨量等为准，而东部重工业城市则应以空气质量为准。因此，在应用政府绩效审计评价标准时应根据具体情况来定。再则，绩效审计着眼于对未来活动的改进和规范，具有前瞻性和建设性特征，因此，这一属性特征决定了，在选择确定绩效审计评价标准时，审计人员更应考虑到该标准未来的适用性、先进性和变动性，以保障选择确定的绩效审计评价标准的科学性和合理性。

第二，应注意评价标准的一贯性和可比性。不同时间不同项目的比较，可以发现被审计对象的管理成效，但是比较的前提是要有统一的比较基础，对评价标准来讲，就是评价标准的选择应该有时间上的一贯性和空间上的可比性。“一贯性”要求在合理的范围内尽量使用相同或相近的评价标准，在进行评价结果比较时也应该剔除不可比因素；“可比性”是指相近的评价对象选取的评价标准也应该相近，以国内或国外的先进标准为参考。

在挪威审计公署，审计标准是贯穿其开展的绩效审计项目始终的一个很重要概念。审计标准是衡量、评价被审计单位效益高低的标准、尺度。不论是在可行性研究阶段还是在主要分析阶段，都要用相同的模式选用审计标准。对于同一个审计项目，两阶段使用的审计标准通常是一致甚至相同的；也有很多项目需要随着获取信息的增多而对审计标准进一步具体化。相比较而言，主要分析阶段运用的审计标准应该更严谨、更具说服力。①

第三，注重对被审计对象运营管理过程的实地调查和考评。选择确定绩效审计评价标准是一个不断完善与修正的过程，只有对被审计对象进行了充分的实地调查考评，才能选择确定出恰当的绩效审计评价标准。要根据被审计单位的业务特点和管理要求，了解、选择确定被审计单位应建立哪些绩效评价标准，已经建立和使用了哪些绩效评价标准，并对这些标准进行分析，评价其是否能准确评价绩效目标，标准制定的是否科学、合理，是否存在不恰当之处，是否缺乏衡量评价受托核心绩效责任的标准，以便选择和确定审计所需要的"合适的"受托绩效责任评价标准。但无论属于哪种类型的标准，其最终是为了评价受托绩效责任的履行情况，评价标准的选定必须依托特定受托绩效责任的特定目标。因此，选择和确定审计评价标准，必须从被审计单位（对象）的实际出发，充分重视对被审计单位（对象）的实地调查。要符合被审单位（对象）的行业特点和管理要求。

实地调查的核心内容之一，就是充分了解、关注被审计对象的管理控制活动。许多被审计对象的管理控制活动有严格的管理控制标准和要求，只有熟悉了这些活动的职责属性特征，才能充分把握绩效审计关注的核心内容，比如技术、工艺质量和成本控制目标要求等，绩效审计的细节评价标准才能被审计人员识别出来。在政府绩效审计的评价标准中，除了关于经济性、效率性和效果性的综合评价指标之外，审计人员经常采用的是细化的最佳管理实践标准。最高审计机关国际组织在其发布的《绩效审计指南》中也认为，"最佳管理实践"是指完善的管理原则、管理政策和管理实务，而这些内容，不经过现场实地调查跟进，难以建立直观立体的感受，从而无助于选择、确定出恰当的绩效审计评价标准体系。

美国、英国、瑞典和澳大利亚等国家在绩效审计过程中，审计人员通常要与被审计对象所属机构进行交流，绩效评价标准往往借鉴了被审计单位自我考核的绩效标准②。但绩效审计评价标准一定不是对被审计对象现行自我评价标准的全套照搬用之，而一定是建立在自己对标准恰当与否的专业判断基础之上，选择确定，甚至重新补充设计一些评价标准以形成审计人员认为的恰当的评价标准体系。

第四，开展专业性的绩效审计评价标准论证。由于绩效审计评价标准既要满足审计人员发表意见的需要，又要结合被审计单位实践，还要具有一定的先进性，这是一个"三难"的问题，往往在选择过程中会导致审计人员和被审计单位存在较大争议。即便是依据一个公认的标准，这种分歧仍不可避免。为了能够在"三难"之中找到一个平衡点，选择和确定评价标准的时候，需要审计人员认真、细致地开展专业论证，甚至要借助外部专家的力量。特别是在调整绩效评价标准的过程中，可能存在没有可以借鉴的基准，开展专业论证更

① 邢俊芳等编．最新国外效益审计（上卷）[M]．北京：中国时代经济出版社，2004.

② 曲明著．政府绩效审计——沿革、框架与展望 [M]．辽宁：东北财经大学出版社，2016.

加显得迫切和必要。①

比如，最高审计机关国际组织在《绩效审计指南》中指出：立法部门或行政部门所确立的目标有时是模糊的或相互冲突的。在这样的情况下，审计人员就得解析目标，以使目标更具有可操作性或可衡量性。一种可能的选择是让该领域的专家和利益相关者回答下列问题：怎样才能使目标得到最好的解析和衡量？在给定的条件下，所期望的结果是什么？什么是最广为人知的可比实务？如果目标之间是相互冲突的，一种选择（假如没有其他更合适的选择方法）是将审计分为几个连续的分项目来研究，每个分项目只包含一个目标。在目标模糊不清或具有长远性的情况下，有时可能需要在某种程度上缩小审计范围，寻找短期的或直接的标准（当然还有其他的选择）。

第五，与被审计单位就选择确定评价标准进行充分的协商沟通。在绩效审计过程中，审计人员通常要就选择确定哪些绩效评价标准和指标问题，与被审计单位进行讨论与沟通，被审计单位衡量或评价自身工作成果的绩效标准是绩效审计评价标准的主要来源。选择绩效审计评价标准的过程，就是审计人员不断深入调查了解，讨论、论证并和被审计单位不断协商沟通，达成一致认可的动态调整过程。例如，美国和澳大利亚在绩效审计中都要充分考虑被审计单位的经营标准；英国主张在绩效审计中审计人员要与被审计单位保持良好的合作关系，合理地利用被审计单位内部审计部门的工作成果。《世界审计组织效益审计指南》认为，审计师一般应该在主要绩效审计工作开始时将审计评价标准告知被审计单位，以便发现、讨论并及早解决他们和被审计单位管理人员发生意见分歧的审计评价标准。最高审计机关国际组织（INTOSAI）指出，在开发效益审计评价标准时争取被审计单位的投入是非常重要的。如果被审计单位管理部门能介入标准的开发，那么，就可以发现对于标准的分歧，继而可以进行讨论，或许就可以在早期阶段得到解决。当然，被审计单位提交的事实和论据必须与其他相关的事实和论据（其他来源，如专家）匹配。尤其是当审计人员经过专业分析论证后，认为被审计单位确定的绩效评价标准和指标不合适，需要进行完善、补充时，审计人员应就新设计补充的评价标准和指标和被审计单位甚至是被审计单位的主管部门达成一致意见，并就其绩效考核评价的缺陷问题提出改进意见。只有双方就评价标准问题达成了共识，被审计单位才能更好地接受审计评价结论和建议，更积极地投入相关绩效问题的改进。

第六，绩效评价标准选择确定的过程就是不断运用审计判断的过程。审计的过程就是一个不断进行职业判断的过程。评价标准的选取最终是为审计评价服务的，政府绩效的审计评价是从审计的角度进行的，在审计活动的全过程中，审计判断贯穿始终。审计判断可以确定被审计对象的审计评价重点，从而注重选取最有利于揭示被评价对象成效的评价指标和评价标准，这将有利于审计工作的开展和审计结论的形成；审计判断还可以在一定程度上修正审计评价

---

① 祁敦芳等编著．政府绩效审计［M］．北京：中国时代经济出版社，2009.

标准，例如，按照常规标准来看，某项工程已经达到既定的标准，但经过研究，发现以原来的投资额度和政策支持力度，该项目应该达到更高的水平和质量，那么在选择评价标准时就应该在原有基础上进行修正。

最高审计机关国际组织在其《绩效审计指南》中明确提出：审计标准的确立必须客观，确立绩效审计评价标准的过程需要理性的考虑和合理的判断。例如，审计人员必须：①对审计领域有着全面的了解，熟悉相关的法律和其他文件，掌握该领域最新的研究，了解最近该领域的有关审计情况；②对审计的主要委托方的期望有着合理、良好的了解，掌握基本的专业知识；③对其他相关或相似的政府项目或活动所产生的审计实务和经验有着全面的了解。

审计标准的详细程度及其形式通常决定其在实际应用中的成功程度。期望被审计单位的活动、制度和绩效水平在经济、效率和效果方面完全符合标准是不现实的。审计人员必须理解的是，令人满意的绩效并不意味着最佳绩效，而是基于理性人在考虑了被审计单位实际情况的前提下所做的合理期望①。

总之，绩效审计评价标准的恰当与否，决定了绩效审计工作的成败。选择确定评价标准是绩效审计的关键环节，其恰当与否直接关系到审计结论的正确性。在选择确定绩效审计评价标准时，应结合审计目标、审计实践，并与评价指标和评价方法有机结合起来，确保选择确定的绩效评价标准的适当性，促进审计工作的顺利开展，合理保证绩效审计结论的正确性，降低审计风险。

第二节　绩效审计评价指标

一、绩效评价指标涵义

（一）绩效审计评价指标的概念界定

1. 绩效审计评价指标

绩效审计评价指标是绩效进行评价的维度，也就是指对评价对象的哪些方面进行评价，或称之为“绩效审计评价的具体内容”，比如产品的数量、质量、成本等。绩效指标是对绩效目标及核心价值理念的反映，是对绩效目标和核心价值理念的分解。指标是一种工具体系，用来落实和传递目标，赋值后就成为可操作的目标。目标是“落实”与“传递”，因为目标是整体的概念，不能简单分拆到部门；指标是“分解”，因为指标是分块、分角度选择的，可以按部门分解。

2. 绩效审计评价指标体系

运用评价指标可以对被审计对象某一时期、某一方面的绩效水平进行分析

---

① 最高审计机关国际组织《绩效审计指南》。

评价，但是一个指标很难对被审计对象的绩效作出全面评价，而必须由若干指标构成的绩效审计指标体系才行。所谓的“绩效审计评价指标体系”，是指由相互联系、相互制约的若干个衡量评价被审计对象绩效的指标构成的有机整体①，这一各种关联评价指标构成的有机整体，我们称之为“绩效评价指标体系”。用这个评价指标体系，可以从不同角度评价被审计单位的绩效，从而作出全面的评价②。

（二）绩效审计评价指标和评价标准关系

绩效评价指标强调的是从哪些方面对工作产出进行评价，也就是评价的维度，评价的内容细节。不论组织绩效评价还是员工绩效评价，绩效评价系统关心的是评价对象对公司战略目标有明显相关的行为因素，即所谓的“关键成功要素”。常见的关键成功要素可能包括生产环节、销售环节、员工素质、产品声誉等方面，这些要素进一步又可以体现为“财务指标”或“非财务指标”。评价标准注重的是在各项指标上分别应该达到什么样的水平，是一种期望得到的绩效结果水平。

评价指标解决的是“评估什么”的问题，评价标准解决的是“要求被评估者做到什么水平、完成多少以及达到什么程度”的问题。

绩效审计评价指标是绩效审计评价标准的基本单位和具体表现形式（陈思维，2002）。如果说，评价指标指明了评价的方向，而评价标准则是对评价指标的进一步明确，评价标准可有不同的程度要求，一般分为基本标准与卓越标准。

评价指标和标准共同构成绩效目标中的主要内容③。在绩效审计中也存在同样的逻辑关系，审计实践本身就包含有比较的成分，而比较的核心要素是事实和标准的比较。绩效评价指标是对被审计对象绩效进行的分类的、格式化的描述方法，通过绩效审计实施过程中获得实际的绩效数据资料，整理计算形成了绩效评价指标的客观实际状况，也就是绩效的事实，并与确定的绩效审计评价标准（应该或期望达到的绩效程度状况）进行对比，从而得出审计的发现：绩效的实现程度。所以绩效审计评价指标和评价标准共同构成了绩效审计的核心组成要素。

绩效审计评价标准和评价指标是相互依存的。无论是对企业主要经营项目的绩效评价、对企业资源利用情况评价，还是对政府管理的公共资源进行评价，都需要建立一系列的评价指标和评价标准。从绩效评价指标的设置也可以看出评价标准的多层次性。对于某一特定的评价对象，其评价指标有宏观、中观和微观的，也有抽象的价值指标和具体的技术指标，同时评价指标也是定性指标和定量指标的综合体。不同的评价指标必须有不同的评价标准与之相对应，每一层次的评价指标也要有具体的评价标准。进一步地说，评价指标体系

① 陈思维，王会金，王晓震编著．经济效益审计［M］．北京：中国时代经济出版社，2002．
② 邢俊芳主编．效益审计中国模式探索（上卷）［M］．北京：中国财政经济出版社，2005．
③ 李咏新．绩效评价指标与标准［J］．企业导报，2010（10）：66－67．

中每一个评价指标都要有评价标准，没有评价标准的指标是没有意义的。政府绩效审计评价指标的复杂性将直接影响评价标准的构成。

当然，对于绩效评价指标体系和评价标准体系的隶属关系，存在截然不同的两种观点：有人认为，绩效审计评价标准体系包括绩效标准和与之相适应的评价指标体系两部分；有人认为，绩效评价指标体系是整个绩效评价的核心，绩效评价指标体系本身就应该包括评价指标和指标应该达到的程度，也就是评价标准两大部分。

二、绩效审计评价指标类型

（一）定性指标和定量指标

绩效审计评价指标体系分为定性指标和定量指标两部分（瞿新生、沈翠玲，2004）。定性指标和定量指标是统计中的两个概念，定性就是用好坏或其他文字来定义的指标，而定量指标是可以用数字来量化的指标。

1. 定性指标

是指不能直接量化而需通过其他途径实现量化的评价指标。如对难以作出定量评估的满意度、领导者素质、基础管理水平等，一般可先进行模糊等级评价，然后再进行量化。其缺点是易带进评估者的主观因素，且指标的区分度和信度较差，难免会影响评估的客观性。定性指标无法像定量指标那样精确地加以衡量和考核，容易导致评价结果出现偏差，不能真实反映被审计对象的实际业绩情况，从而影响绩效审计的价值实现和功能作用的有效发挥。

2. 定量指标

是指可以用准确数量定义、精确衡量并能设定绩效目标的考核指标。定量指标的五要素包括：①指标定义；②评价方法；③信息来源；④绩效评价者；⑤绩效目标。指标定义就是对指标的详细解释及如何计算的说明。评价方法是如何计算绩效评价指标得分的详细条款。信息来源指绩效考核信息来自何处。绩效评价者是指由谁负责制定绩效目标并实施评价。绩效目标是在考核期间应该达到的指标数值。

定量指标是比较客观、有效的考核指标，其中绝对量指标可以是产能、质量、时间以及其他数量，相对量指标可以是任何同单位数量的比值。一个数量结果指标是否合理、有效，指标的五个要素都是非常关键的，尤其是评价标准和绩效目标是相互关联的，设计指标时要格外注意。此外，选择绩效方法也很关键，要选择合适的评价方法，以使考核结果公正、公平，实现有效激励。常用的定量指标有发展能力状况、资产营运状况和财产效益状况等。

一般情况下，定性指标是对组织运营管理活动的价值取向定位。通过定性指标，可以表达出组织的使命，设定运营管理的目的。而定量指标则是对实现组织使命、达到运营管理目的的手段的设定。通过定量指标，可以使组织使命变为能够操作的具体措施。因而，从本质上来说，定量指标必须在实现定性指标的前提下才有意义。如果背离了定性指标，定量就失去其价值所在。但是，在实际工作中，存在着一个不可解决的难题，即定性指标缺乏可操作性的问题。任何定性指标，不管说得多么冠冕堂皇，一旦没有可操作性支撑，就变成一纸空文，充其量只能作为鼓舞人心的口号。所以，没有定量化的衡量尺度，定性指标会难以实现。如果只有定性没有定量，定性指标又会失去其实现的路径。

因此，一般绩效评价或绩效审计都是选择定量和定性评价指标相结合，以保障评价的客观、全面和公正性。

（二）软指标和硬指标

绩效评价指标，根据指标本身的属性，可以分为两大类——软指标和硬指标。硬指标指的是那些可以统计数据为基础，把统计数据作为主要评价信息，建立评价数学模型，以数学手段求得评价结果，并以数量表示评价结果的评价指标。软指标指的是主要通过人的主观评价方能得出评价结果的评价指标。软指标的优势在于，这类指标不受统计数据的限制，可以充分发挥人的智慧和经验。在这个主观评价过程中往往能够综合更多的因素，把问题考虑得更加全面，避免或减少统计数据可能产生的片面性和局限性。

这两类指标的区分标准，在于硬指标可以定量，而软指标只能定性。在定量和定性的关系上，常常存在着隐含的冲突，即目的和手段的冲突，从更深层次看，其实质是工具理性和价值理性的冲突。在实际评价工作中，往往不是单纯使用硬指标或软指标进行评价，而是将这两种方法的长处加以综合应用，以弥补各自的不足。

仅仅有软指标，无法保证其落实；仅仅有硬指标，则无法保证其价值。所以在绩效评价或绩效审计中一般都要使用定性和定量指标相结合的绩效评价方法。例如，在大学和科研单位的管理审计中，其管理的目标定位是提高教学质量，提高科研水平，这是最基本的绩效要求。但是实际上，这种基本要求很难衡量，对于什么才是高质量、高水平，见仁见智，难以形成共识，更难以达成统一尺度。

问题在于，在实际的管理活动中，本来符合软指标价值定位的“硬指标”，甚至是为了实现软指标而设计出来的“硬指标”，一旦投入实施，就会产生出背离软指标的异化。比如，即使是好量化的科研水平指标，也会出现负导向的问题：为了论文和课题，抛弃了保障课堂教学质量的基本价值定位，导致完成了较好的自我科研成果，却忽视课堂教学。也就是出现了科研是“自留地”，干好了都是自己的，教学是“公家田”，“上好上坏”一个样的“公地”悲剧。

因此，要求在绩效审计评价指标运用过程中，在关注量化指标数据的同时，一定要分析数据背后的具体行为是否符合或背离了绩效目标的价值定位，防止就数据论数据带来的简单武断评价，从而造成评价有失客观、公正性的情形。这也要求审计人员充分认识价值理性和工具理性的关系。从哲学意义上讲，在工具理性和价值理性之间，工具理性具有优先性。但是，作为绩效审计人员，要时刻牢记，工具理性是为价值理性的实现服务的。离开了价值理性，工具理性就什么也不是。当代管理学大师德鲁克，在他的管理学论述中特别强调软指标，即企业的使命和目的。在一定程度上，德鲁克试图把软、硬指标有机结合为一体。他在倡导的目标管理中，特别强调目标总汇。所谓“目标总汇”，其实质意义就在于使具体的硬指标必须服从抽象的软指标，而抽象的软指标必须分解为具体可操作的硬指标，在目标的上下协调中，尽可能减少指标体系的软硬冲突。归纳起来，就是价值理性通过工具理性得以实现，而工具理性必须受价值理性的约束。从这一意义上看，在现实管理活动中，包括绩效审计行为自身，对硬指标的过于热衷以至于忘记软指标，或者对硬指标的弊端深恶痛绝而必欲除之而后快，都是不足取的。

（三）共性指标和个性指标

共性指标是适用于所有部门的指标，主要包括预算执行情况，财务管理状况，资产配置、使用、处置及其收益管理情况，以及社会效益、经济效益等衡量绩效目标完成程度的指标。

1. 共性指标

共性指标一般指在整个企业范围内或某个部门范围内，对所有被考核人设置的具有导向作用的指标，如企业的销售额、回款额指标等财务类目标，责任心等行为类指标。共性指标也指对所有不同地区、不同部门审计时都适用的评价考核指标。共性指标体系的建立，可以提高绩效评价的客观性和准确性。在全国实践应用的基础上，对于不同地区的同类项目，可以通过关键指标的横向比较，找出绩效的差距；通过数据分析，不仅可以更深层次发现项目的存在问题和提出更切合实际的整改意见，同时还可以建立分类、分地区的各指标的标准体系，有利于开展同类项目绩效的比较并建立行业标准，从而真正推进预算绩效管理科学化。

2. 个性指标

个性指标，一般指根据通常的数据来源，如企业经营目标分解、职责提取、工作计划、临时性重点工作提取的，与某个具体行业、部门或个人工作个性特征密切相关的指标。个性指标及标准设计是衡量项目绩效的核心，也是当前影响预算绩效管理质量的核心。在预算绩效管理者看来，个性指标体系及标准值设定的科学性在很大程度上决定了预算绩效评价的客观性、准确性及评价结果的可应用性。这是当前预算绩效评价技术环节中的重点，也是难点。

设计个性指标，对于提高评价的针对性和有效性至关重要。梁素萍认为，要针对受评价对象的行业特点、实施情况以及管理部门的评价重点和关注问题等来开发个性指标，力求评价指标贴合评价对象的实际，直指关键绩效，有助于发现成效问题。

（四）财务指标和非财务指标

财务指标可以用财务数据计算出来，而非财务指标无法用财务数据计算。

常用的财务指标包括以下几类：

1. 变现能力比率。变现能力是企业产生现金的能力，它取决于可以在近期转变为现金的流动资产的多少。包括流动比率、速动比率等。

2. 资产管理比率。包括存货周转率、存货周转天数，应收账款周转率、应收账款周转天数、营业周期（营业周期 = 存货周转天数 + 应收账款周转天数）、流动资产周转率、总资产周转率等。

3. 负债比率。负债比率是反映债务和资产、净资产关系的比率。它反映企业偿付到期长期债务的能力。包括资产负债比率、产权比率、有形净值债务率、已获利息倍数。

4. 盈利能力比率。包括销售净利率、销售毛利率、资产净利率（总资产报酬率）、净资产收益率（权益报酬率）等。

5. 现金流量分析。其又包括：（1）流动性分析。流动分析考察的是将资产迅速转变为现金的能力，包括现金到期债务比、现金流动负债比、现金债务总额比等。（2）获取现金的能力，包括销售现金比率、每股营业现金流量、全部资产现金回收率等。（3）财务弹性分析，包括现金满足投资比率、现金股利保障倍数。（4）营运指数（营运指数 = 经营活动现金净流量/经营应得现金）等。

财务指标数据易于获得，很多数据可以从企业的财务会计报告中直接或间接获得，因而便于操作。财务指标的数据通常是以货币方式表现的，因而便于定量分析，而且，财务评价指标可以反映企业财务方面的实力，可以对企业的财务状况进行较好的评价。但是财务指标评价体系也有明显的缺陷，比如，财务指标评价体系会导致管理者作出一些有利于短期利益却对公司长远发展不利的决定，管理者为获取短期利益往往以牺牲对长期发展所需研究的投入等为代价。现代公司绩效评价理论指出：对知识经济时期的公司进行绩效评价必须引进全面业绩评价方程，在传统的财务指标的基础上增加各类非财务指标。

常见的非财务指标，主要有三类：经营管理、顾客和员工。目前经常使用的非财务指标主要包括：①顾客满意度；②产品和服务的质量；③战略目标，如完成一项并购或项目的关键部分，公司重组和管理层交接；④公司潜在发展能力，如员工满意度和保持力、员工培训、团队精神，管理有效性或公共责任；⑤创新能力，如研发投资及其结果、新产品开发能力；⑥技术目标；⑦市场份额。

许多公司在业绩评价中引进非财务指标，是因为财务指标存在一个很大的缺陷：面向过去。财务指标反映的只是上一年的绩效，并不能提供创造未来价值的动因。非财务指标则相反，它们往往是面向未来的，比如，开发和研制新产品投入市场，用一定的时间建立市场份额，提高对关键顾客的保持力等。这些指标的改善往往需要管理层付出多年的努力，同时一旦上述指标顺利完成，将明显改善公司财务业绩。瓦顿（Wharton）在 1995 年出版的《年度红利契约中业绩评价标杆的选择》中指出，非财务指标是体现管理层绩效和公司发展前景的更好指示器。对中下级管理层使用激励计划同样推动了非财务指标的应用。中层管理者，一线生产管理者甚至专业技术人员都成为激励计划的应用对象，而他们并不能控制财务结果。于是，他们发现财务指标如每股收益对他们的激励作用简直与“国内总产值”指标相差无几。与此同时，这些雇员对经营效率、成本管理、技术创新以及产品质量等影响公司效益重要变量的控制甚至超过了公司高级管理层。因此在中、下级管理层激励计划中应用非财务指标是顺理成章的。

必须指出；对于上市公司而言，非财务指标的使用并不会与上市公司治理目标——股东长期价值最大相冲突，相反，这些指标能促进管理者注重公司全面绩效的提高。最近《财富》50 家上榜公司的资料显示，非财务指标应用正是大势所趋。52% 的公司已经将非财务指标并入经理激励计划；在这些公司中，有 31% 的公司，积极使用了非财务指标，其余 69% 的公司，则将非财务指标放在菜单中，供每年董事会制定激励计划时选用。

因此，在进行绩效审计评价指标选择确定的过程中，应充分考虑财务和非财务指标的有效结合。对于政府而言，其提供的是公共服务、公共产品，承担着社会事业发展责任和公平、正义的职责，其主要的目标不是盈利，且公共服务和公共产品缺乏市场比价，难以用财务指标衡量，因而需要更多地采用非财务指标来衡量、评价其绩效。

（五）总体评价指标和具体指标

1. 绩效审计总体评价指标

是带有根本性和指导性的原则指标，是被审计单位运营管理绩效的基本制约，也是对被审计单位处理有关绩效方方面面关系的原则和一般性要求。总体评价指标，重点衡量、评价被审计对象绩效的“质”的方面，审查其经营思想、服务质量、职工培训、环境保护、社会责任，执行国家经济方针、政策等，考察评价被审计单位绩效取得方式和内容的性质。

2. 绩效审计具体指标

亦称为“技术经济指标”，是全面、具体、详尽地执行要求，是从不同层次、不同角度、不同方面对被审计对象绩效的衡量。绩效审计的具体指标是总体指标的补充、深入和具体化，它是由以财务指标和技术经济指标为主体的指标体系构成。绩效审计过程中大量的、经常性的工作是具体指标的计算、比较分析和评价。

绩效审计的具体指标是对被审计单位绩效“量”的方面的要求和限定，这些具体指标由反映不同层次经济活动、不同方面的指标构成。这些指标的来源、内容、表现形式非常复杂，比如总资产报酬率、劳动生产率、资金周转率、投资回收期等。

绩效是质和量两个方面的有机统一，只有将反映质的指标和反映量的指标结合起来才是科学、全面的绩效观。

当然根据绩效评价的内容角度不同，又有多种不同的评价指标分类方法。常印怀（2005）将审计内容分为管理经营行为与管理经营效果两方面，管理经营行为又细分为资金筹集、资金使用、财务管理、投资决策、项目建设及项目运营六个方面；管理经营效果则细分为经济效益、环境效益及社会效益三个方面，在这九个方面的基础上构建绩效审计评价指标体系。按照绩效内容性质，可分为数量指标（产品产量、销售额、利润等），质量指标（破损率、准确性、一次验收合格率等），成本指标（单位产品的成本、投资回报率等）和时限指标（供货周期、设计周期等）。

三、绩效评价指标应具有的特征

一般来说，有效的绩效审计评价指标应该具备以下几个主要特征：

（一）与组织战略绩效目标相一致

企业要求什么，员工就会追求什么产品。绩效评价指标就是这样的“指挥棒”。企业要求生产数量，员工就会很努力地追求数量；企业要求产品质量，员工就会追求质量。如果公司追求质量，它的绩效评估就要引入产品质量指标，以及控制产品质量的过程指标；如果公司追求顾客满意度，就要考核顾客满意指标，考核影响顾客满意的过程指标。绩效评价指标与企业战略相一致，强调的是绩效评价指标对企业所有员工的引导作用，从而使员工能够为企业的成功做出贡献。当企业的战略发生转移的时候，绩效评价指标应该及时调整，体现出战略转移之后对员工新的要求。

国内大多数企业的绩效评价指标并没有与企业战略结合在一起，还停留在传统人事管理的水平。即使从企业战略角度设计绩效评价指标的企业，其绩效评价指标也往往在相当长的时间内保持不变，尽管企业的经营重点和经营策略都发生了较大的转移。这两种倾向导致企业对员工的要求与企业发展战略脱节，很大程度上影响了绩效管理的有效性。

（二）可操作性

所选择的绩效评价指标，要有可操作性，能够被衡量。绩效评价指标是否可以被衡量，有两个评判标准：一是可以用数量表示；二是可以用行为描述。两者只要符合其一，就可以衡量。不能用数量表示也无法用行为描述的指标，就没有可操作性，不可被衡量，应当舍弃；否则，管理者对下属进行评价，如没有数量或者行为事件作为依据，只能做主观臆测。

（三）高效度

绩效评价指标包括的内容应该反映所要求绩效的所有方面，避免出现缺失或者污染。“缺失”，是指绩效评价指标没有完全反映工作绩效的所有方面，指标的选择不全面。“污染”，则是指绩效评价指标要求考核与工作无关的方面。比如某国有企业，对销售员的绩效主要根据销售量或者销售额进行评价，忽略了货款回收，导致大量货款长期收不回来，企业资金周转困难。同样是这家企业，领导喜欢组织政治学习，把参与政治学习次数作为考核员工的一项重要指标。众所周知，参加政治学习次数与工作绩效并没有关系，政治学习花掉员工大量时间，甚至影响了正常工作。绩效评价指标的效度越高，缺失和污染就越少。绩效评价指标的设计和组合，要尽量减少缺失和污染，提高效度。

（四）高信度

信度，是指绩效评价指标的一致性或稳定性程度。如果让两个评价者对同一员工的绩效进行评估，两个评估者均了解评估对象的工作特点、工作表现，而且严格按照要求进行评价，评价出的结果一样或者近似，则反映绩效评价指标的一致性高，即信度高。一般来说，数量化指标的一致性很好，行为指标的一致性就相对差一些。绩效评价指标在时间上的稳定性，是指在不同的时间点对绩效进行评价，评价结果应该相同或者接近。实际上，在所有的绩效评价指标中，类似产品生产数量这样稳定不变的绩效评价指标只占一小部分，大部分绩效评价指标的时间稳定性并不好。绩效评价指标不稳定的原因在于，影响工作绩效的因素是持续变化的，员工对变化无能为力。以销售工作为例，每种产品的销售都有淡季和旺季，因此以淡季销售额或者旺季销售额作为全年销售业绩，都不合适。在绩效评价指标的表现随时间波动的情况下，要选择多个时间点进行评价。评价时间点的选择，要有代表性，能够代表绩效评价指标在所有时间的表现水平。

（五）可接受度

绩效评价指标的选择，在保证其效用的前提下，要力求简洁，便于操作和管理，容易被管理者接受。许多公司把绩效评价指标设计得很复杂，有长期的和短期的，有财务性的与非财务性的，有战略性的和运营性的，有个人的和组织的等，无所不包。为了应付各种挑战，采用不同指标引导员工行为，这种做法可以理解。需要设法保持绩效评价指标的简明性，限制指标的数量，防止面面俱到。保持绩效评价指标简明性的基本思路是抓住关键价值驱动因素，设计关键绩效指标，这个绩效评价指标还应当被员工接受。员工是否接受绩效评价指标受两个方面影响：一是绩效评价指标的效度；二是绩效评价指标是否公平。绩效考核指标的效度不高，出现“污染”或者“缺失”的情况，员工会有不满情绪。当考核指标出现严重“污染”时，员工认为他们被迫做很多无用功，尤其会表现出不满情绪。绩效评价指标的公平性，是不同岗位员工比较后的主观评价。如果员工认为自己的考核指标比他人多，要比别人付出更多努力，而制造这个不平等的责任者是企业，则容易滋生抱怨。

四、选择确定绩效审计评价指标原则

正确运用评价被审计单位绩效的指标体系，对于真实反映、合理评价绩效状况至关重要。由于各单位的具体情况不同，所以，在审查不同单位的绩效时，运用的考核指标也不同。就某一项具体的指标而言，其运用过程和要求也是有区别的。在审查被审计对象绩效时，应注意将上述指标作为一个完整的指标体系来运用，防止片面地、僵化地运用这些指标。否则，便不能得出正确的结论①。

政府绩效审计的审计内容十分广泛，在设计评价指标时应该遵循一定的原则，从而使各评价指标相互独立、相互联系、相互制约，形成完整、适当、少而精的绩效审计评价指标体系。

（一）可靠性

可靠性是指在相同的环境和条件下，不同的审计人员用同样的评价指标进

① 周云平主编．转型期政府绩效审计模式研究［M］．山东：山东人民出版社，2008．

行评价时，能够得出同样的结论。

（二）相关性

相关性是指选择确定的评价指标体系应能够反映信息使用者的需求，评价结论应与使用者的需求密切相关。也就是说，绩效审计评价指标必须是与审计目标相关的（Relevant），且必须与公司的战略目标、部门的任务及职位职责相联系，能够反映公司战略、部门的核心职责和义务的绩效维度特质。首先，预算绩效评价指标体系的设置应当确保与申报的绩效目标的联系性，以进一步充分反映绩效目标的实现程度。其次，绩评指标体系的设置必须充分考虑并结合项目本身的特点，从而确保指标反映的成绩、问题具有客观性、针对性。

（三）代表性

代表性是指选择确定的评价指标体系能够涵盖被审计单位或项目的整体特征、目的和宗旨，尤其是在特定的环境和条件下，要涵盖绩效的所有重要事项和方面，能够反映绩效目标的核心诉求。

（四）可比性

可比性是指在相同或类似的被评价事项之间，在不同的审计年度或期间，应用的评价指标数据来源口径应该是一致的，具有可比性。

（五）可获得性/经济性

可获得性是指在选择确定绩效评价指标时，要考虑成本效益原则，要求绩效评价指标能够以可接受的成本获得。选择确定绩效评价指标体系时，必须充分考虑取得数据的经济性，不能为了评价而评价，应是为了绩效而评价。

（六）可操作性/细化性

可操作性主要是指选择确定的绩效评价指标必须简明、具体（Specific），不能设置得过于笼统、抽象，即不便于理解和操作，而应该方便审计人员准确理解和实际操作使用。

（七）灵活性

灵活性是指选择确定的评价指标要与绩效审计目标和审计环境相适应，不能生搬硬套。绩效审计评价指标的确定取决于所审计项目的职能、目标定位、内容范围等情况。绩效评价指标的设计、选择与组合，既要符合组织运营管理的要求，又要满足测量学要求①。

（八）量化性

在同等条件下，定量描述相较于定性描述而言，一般更加科学、形象，可比性较强，更有利于绩效评价工作实效的充分实现。在设置绩效评价指标体系时，在遵循定量描述与定性描述相结合基本原则基础上，应尽量做到，能够定量描述的内容应尽可能定量描述，不能定量描述的采用定性描述。绩效评价指标体系的设计原则应遵循“定量为主、定性为辅”的原则。

（九）少而精原则

绩效审计和绩效评价不同，不会对一个组织机构或一个项目的所有方面和

---

① 李咏新．绩效评价指标与标准［J］．企业导报，2010（10）：66－67．

全过程进行评价，不需要设计一套复杂、全面、系统的绩效评价指标体系，赋予权重，并进行综合打分。依据确定的绩效审计目标和内容范围侧重，选择确定的绩效审计评价指标，一般会聚焦到关键绩效目标和绩效影响事项、因素或者问题上。因而，绩效审计在选择确定绩效评价指标时，依据绩效审计确定的审计目标和内容范围，选择少量、关键绩效指标来反映其绩效状态，也就是要本着少而精的原则，选择关键或实质性绩效指标即可。防止选用太多重复的、相关性低的、非重要的指标，增加审计的工作量，造成绩效信息的过载。在绩效审计评价指标选取确定的过程中，绩效审计目标是第一位的，目标决定了指标的选用，指标服务于绩效审计目标的实现，指标是实现目标的跳板和手段。

五、选择构建绩效审计评价指标的思路

（一）责任界定与构建思路

选择恰当的绩效审计评价指标，以准确反映评价被审计对象的绩效是审计人员的责任。

设计恰当的绩效评价指标体系，并保证其在绩效管理中得到使用和执行，不断完善和动态修订以保证其适当性，是被审计单位的职责。

审计的责任不能减免、替代被审计单位的建立、健全绩效评价指标体系并保证其得到有效执行的责任。

审计人员可以对被审计单位绩效评价指标体系的适当性、合理性开展单独立项的绩效审计项目，以发现现行指标体系中存在的缺陷与问题，提出完善现行绩效评级指标体系的建议。

当然，审计人员也可以在常规绩效审计中，充分研究评价现行绩效指标设计体系的不合理之处，并提出改进建议。在接下来的绩效审计实施中，设计、补充反映核心绩效诉求评价缺位的指标，完善现行评价指标并和被审计单位进行充分的协商和沟通，在双方沟通一致认可新修订评价指标的基础上，采用修订完善后的绩效评价指标作为本次绩效审计中，评价其绩效目标、得出审计结论的依据。

也就是说，在绩效审计评价指标和标准的选择确定中，即使被审计单位或对象有现成的评价指标体系和标准，也不能直接全部照搬被审计单位的全套绩效评价指标用于审计人员开展绩效审计中使用。而是有选择地选取部分核心绩效评价指标，用于开展绩效审计项目中使用。

审计人员在优选指标决策时：首先，要考虑的因素是绩效审计项目目标定位或希望通过绩效审计提供哪方面的绩效信息；其次，要考虑的是被审计单位的战略规划、主要职责、任务特点等个性化的东西，在此基础之上，分析评价被审计单位现行评价指标体系设计的适当性和合理性。最后，如果确认现行指标是适当的、可行的，这时候要做的是，基于绩效审计的目标及确定的重点审计内容范围，选择对应的关键绩效考核指标以便在绩效审计评价中使用，而不是直接全盘照搬被审计对象全部的绩效评价指标体系。当然，如果经过对现行绩效评价指标体系的分析评价后，发现其指标设计不合理，存在重大缺陷，也

就是缺乏衡量核心绩效维度的指标，则需要和被审计单位一起讨论现行指标的问题和缺陷，提出建议，并得到双方确认后，形成新的完善后的绩效评价指标并在现行绩效审计评价中使用。更为不理想的状况是，被审计领域还未建立绩效评价指标体系，这就需要审计人员花费较大的时间和精力来设计、选择确定恰当的定性和定量评价指标，并和被审计单位充分沟通，取得其理解和认可，以保障绩效审计项目的顺利开展。

（二）设计选择绩效审计评价指标常用工具及路径

也就是说，在选择构建绩效审计评价指标时，其主要来源依据是被审计单位现有的共性和个性绩效评价指标体系。但需要再次评价被审计单位使用的评价指标的适当性，需要分析评价其是否符合审计目标的需求、是否能与被审计单位绩效目标、主要任务、职责相关，并能够准确反映、衡量其绩效的实质性内容。因此，绩效管理中用于指导绩效评价指标体系设计的原理和工具，也同样适用于绩效审计评价指标的选择和设计。对于绩效管理而言，目标管理理论（Management by Objectives，MBO）①、关键绩效指标（Key Performance Indicator，KPI）和平衡计分卡（Balanced Score Card，BSC）② 是指导组织绩效评价指标体系设计的重要理论工具。以下介绍如何应用这些理论工具设计绩效评价指标体系③。

1. 基于 MBO 的绩效评价指标设计原理与路径

目标管理的概念最早由德鲁克在 1954 年出版的《管理的实践》一书中正式提出。目标管理思想对管理实践的影响是多方面的，但就组织绩效评价指标体系设计而言，目标管理重要贡献可以分为两个方面：一是它对有效的绩效评价体系应当满足的标准的设定；二是对有助于满足上述标准的设计方法和原则的阐述。

（1）基于 MBO 的绩效指标体系有效性标准。德鲁克明确表示，实施目标管理的根本出发点是：企业绩效管理，要求每一项工作都必须以达到企业整体目标为目标，“任何企业都必须建立起真正的团队，并且把每个人的努力融合为共同的力量。企业中的每一分子都有不同的贡献，但所有的贡献都必须是为着一个共同的目标”。但是由于组织中多重干扰因素的存在——包括管理中的

---

① 目标管理（Management by Objectives）源于美国管理学家彼得·德鲁克。他在 1954 年出版的《管理的实践》一书中，首先提出了“目标管理和自我控制的主张”，认为“企业的目的和任务必须转化为目标。企业如果无总目标及与总目标相一致的分目标，来指导职工的生产和管理活动，则企业规模越大，人员越多，发生内耗和浪费的可能性越大”。概括来说，目标管理也是让企业的管理人员和员工亲自参加工作目标的制订，在工作中实行“自我控制”，并努力完成工作目标的一种管理制度。

② 平衡计分卡（Careersmart Balanced Score Card），源自哈佛大学教授 Robert Kaplan 与诺朗顿研究院（Nolan Norton Institute）的执行长 David Norton 于 20 世纪 90 年代初所从事的“未来组织绩效衡量方法”的研究计划，当时该研究计划的目的，在于找出超越传统以财务度量为主的绩效评价模式，以使组织的“策略”能够转变为“行动”，由此创立了一种全新的绩效衡量方法。经过将近 20 年的发展，平衡计分卡已经发展为集团战略管理的工具，在集团战略规划与执行管理方面发挥着非常重要的作用。

③ 王艳艳. MBO、KPI、BSC 绩效指标体系设计思想比较研究［J］. 现代管理科学，2011（3）：96－98.

专业分工、层级结构，以及愿景和工作上的差异等，组织中的成员并不会自发地使自己的工作融合到对整体成功的追求中。因此，企业必须借助于一套特殊的管理实践——即目标管理，才能将组织成员，特别是管理者的愿景和努力导入一致的方向。换言之，在德鲁克看来，目标管理是为了满足一定要求而采取的管理实践，这种要求的核心便是保证组织不同层次绩效间的一致性。就组织绩效指标体系设计而言，目标管理思想所提出的首要要求是：组织绩效指标体系应当有助于将组织成员的贡献融合到对组织整体目标的追求中，避免个人、部门和组织绩效之间可能存在的脱节或者背离。简言之，即符合战略一致性标准。

（2）基于 MBO 的绩效指标体系设计方法。德鲁克认为，要能够使企业成员的工作统一到对企业整体目标的追求中来，就必须在管理中遵循一定的原则。具体而言，这意味着要满足三个条件：①个人的绩效评价指标应该来自其工作目标；②个人的“工作目标必须根据他对上级单位的成功所做的贡献来决定”；③单位的目标应该根据企业的整体目标来制定。这三个条件的同时满足就在个人、部门和企业三个层次的绩效之间建立了一致性，使得个人工作绩效通过部门或单位目标的实现最终促进组织整体目标的实现。一般来说，对于目标管理的上述观念并不存在争议。只是在德鲁克看来，这种一致性的取得应该以内部控制而非外部控制为基础。在他看来，内部控制与强制的区别就在于：工作的动机是因为别人命令或说服他去做某件事情、是“听命行事”，还是因为工作任务本身必须达到这样的目标，是“自己决定必须这么做”。而这就意味着个人“必须以积极的态度，认同企业的目标”；意味着在上一级管理者仍然保留对目标的同意权的前提下，应当由个人自行发展和设定工作目标；也意味着个人应当“负责任地参与，协助发展出更高层级的目标”。之所以要采取上述做法，在德鲁克看来也是因为，战略一致性的达成不仅要确定共同的方向而且要排除错误的方向。而“共同的理解从来不可能通过‘向下沟通’而取得，只能产生于‘向上沟通’，它既需要上司有听取下属意见的诚意，也需要有一种专门设计的手段使下属管理人员的意见能得到反映”。

2. 基于 KPI 的绩效评价指标设计原理与路径

（1）关键绩效指标原理。KPI 考核是通过对工作绩效特征的分析，提炼出的最能代表绩效的若干关键指标体系，并以此为基础进行绩效考核的模式。KPI 必须是衡量企业战略实施效果的关键指标，其目的是建立一种机制，将企业战略转化为企业的内部过程和活动，以不断增强企业的核心竞争力和持续地取得高效益。

KPI 考核的一个重要的管理假设，也是一句管理名言：“你不能度量它，就不能管理它。”所以，KPI 一定要抓住那些能有效量化的指标或者将之有效量化。而且，在实践中，可以“要什么，考什么”，应抓住那些亟须改进的指标，提高绩效考核的灵活性。KPI 一定要抓住关键指标。当然，KPI 的关键指标并不是越少越好，而是应抓住绩效特征的根本。

（2）关键绩效指标设计思路。KPI 是指衡量企业战略实施效果的关键指标，它是企业战略目标经过层层分解产生的可操作性的指标体系（方振邦，2007）。其目的是建立一种机制，将企业战略转化为内部过程和活动，不断增强企业的核心竞争力。KPI 是指基于组织宏观战略目标导向、客户价值关键驱动因素及核心业务流程系统整合而形成的一套绩效考核评估指标体系。它是对组织运作过程中关键成功因素的提炼和归纳，是对组织成员个人、团队或部门起战略导向作用的绩效衡量指标体系（李宝元，2009）。尽管如此，从绩效评价指标体系设计的角度来看，KPI 的指导意义非常明确：

①基于 KPI 的绩效指标体系有效性标准。KPI 对有效的组织绩效指标体系所应具备的特点提出了新的标准。概而言之，这包括：一是绩效指标体系应体现战略关键性标准。具体而言，KPI 绩效指标体系应能衡量企业战略实施效果，并且对组织成员个人、团队或部门起战略导向作用。而要更好地发挥绩效指标体系的引导作用，使管理者将精力集中在能对绩效产生最大驱动力的行为上，包含在 KPI 中的指标应是最能影响企业价值创造的具有关键性作用的少数因素。二是形式有效性。指 KPI 体系中的每个指标应当在形式上满足一定要求，这种要求通常被表述为 SMART 原则①。

②基于 KPI 的绩效指标体系设计方法。从实践上看，如何在企业总体层面上保证指标选择具有“关键性”，显然是构建 KPI 体系的关键所在。对此，研究者们总结了两种方法：一是历史经验法。即基于历史经验教训对导致组织运营获得巨大成功或失利的关键要素进行剖析，从中提炼出若干关键成功要素（Key Success Factors，KSF），由此确定和选择 KPI。二是标杆管理法。即组织可以将自身的关键绩效维度与标杆对象的相应绩效维度进行比较，选择差距和潜力最大、最需要赶超的绩效维度及指标作为一定时期最需要重点关注的 KPI，并在此基础上制定关键绩效标准和最优策略。此外，在总体绩效指标的分解上，KPI 也分为两种思路：组织功能分解法（Function analysis system technique，FAST）和工作流程分解法（Process analysis system technique，PAST）。其中，前者将实现企业战略目标所需完成的关键任务或成果，按照各职能部门的职责划分状况进行分解和落实；后者则主要是通过对组织内部工作流程各环节对客户最终价值的贡献份额提炼出导致成功的关键绩效模块，将总目标按照业务单元、工序环节或业务流程等层层分解。

（3）关键绩效指标特征。从绩效考核模式上看，KPI 模式强调抓住企业运营中能够有效量化的指标，提高了绩效考核的可操作性与客观性。关键绩效指标（KPI）是对公司及组织运作过程中关键成功要素的提炼和归纳。因此，关键绩效指标具有以下特征：

①将员工的工作与公司远景、战略与部门相连接，层层分解，层层支持，

① 对 SMART 原则的具体含义有一些不同的表述。这里列举其中之一：S 代表 Specific，指指标必须是具体的、可以理解的；M 代表 Measurable，指指标是可以衡量的；A 代表 Attain - able，指指标信息是可以获得的；R 代表 Relevant，指指标是与工作目标和职责相关的；T 代表 Time - bound，指指标测量需明确时间；最后作为整体的 Smart，代表指标是灵敏的，能区分绩效优劣。

使每一员工的个人绩效与部门绩效、公司的整体效益直接挂钩。

②保证员工的绩效与内、外部客户的价值相连接，共同为实现客户的价值服务。

③员工绩效考核指标的设计是基于公司的发展战略与流程，而非岗位的功能。

关键绩效指标与一般绩效指标相比，把个人和部门的目标与公司整个的成败联系起来，就更具有长远的战略意义。因为关键绩效指标体系集中测量我们需要的行为，而且，由于其简单明了，少而精，就变得可控与可管理。对于员工而言，关键绩效指标体系使得员工按照绩效的测量标准和奖励标准去做，真正发挥绩效考核指标的牵引和导向作用。

（4）关键绩效审计指标的建立。可以借用“鱼骨图”分析法以清晰地展示关键指标的分析，选择和确定的过程，其主要步骤包括：

①确定个人或部门业务重点，确定哪些个体因素或组织因素与公司相互影响。

②确定每一职位的业务标准，定义成功的关键因素，即满足业务重点所需要的策略手段。

③确定关键绩效指标，判断一项绩效标准是否达到的实际因素。

（5）案例分析。以营销部门绩效考核为例，要确定其关键绩效，首先必须根据公司的战略目标，确定营销部门实现公司战略目标的职责和关键成功要素，然后通过层层分解，确定营销部门内部各职能部门和业务部门及相关流程的关键绩效指标。

例如，如果将公司的战略目标定位于世界领先企业，那么，市场营销部的关键绩效目标必须定位于市场领先，而要实现这一目标，必须在以下方面处于世界领先地位：市场形象、营销网络和市场份额。而营销人员的职责决定了其关键绩效指标应围绕着“市场份额”展开。

由此我们可以确定，市场营销人员某一考核周期的关键绩效考核指标体系为：①客户满意度（如客户满意度提高率或客户投诉量）；②销售订货额（如销售订货额或销售订货额增长率）；③货款回收（如货款回收额或货款回收目标完成率）；④销售费用（如直接销售费用率或直接销售费用降低率）；⑤合同错误率降低率。

此外，依据市场营销人员的业务现状，还可加入团队合作、市场分析、客户关系等定性关键绩效指标。

需要补充说明的是，在以上市场营销人员的关键绩效指标体系的基础上，加入“营销系统人均毛利”指标，就可以将个人关键绩效指标体系扩展为组织的关键绩效指标体系，即可以形成面向营销部门的组织绩效考核的关键绩效指标体系。

对于关键绩效指标难以量化的员工，如人力资源管理者、行政事务人员、财务人员，其关键绩效指标的确定难度相对大一些，但也并不是无法实现的。这类人员的关键绩效考核指标体系来源于：

第一，职位职责中的关键责任。

第二，对上级绩效目标的贡献（通过对公司目标或部门目标自上而下分解确定）。

第三，对相关部门绩效目标的贡献（从横向流程分析，确定其对相关流程的输出）。

依据这一原则，这类人员的关键绩效指标可以通过对其考核周期内的工作任务或工作要求的界定来实现，至于其衡量指标，可以通过时间来界定，从实质上讲，被时间所界定的工作任务或工作目标也是定量指标。只要我们能够对员工的工作任务或工作目标做出明确的说明，同时提出明确的时间要求，这些关键绩效考核指标就具备了可操作性。

3. BSC 评价指标设计原理与思路

卡普兰和诺顿的最突出贡献首先在于他们提出了复杂竞争环境下有效的绩效评价指标体系所应满足的新标准，然后才是作为探索结果的 BSC 框架本身。

（1）基于 BSC 的绩效指标体系有效性标准。卡普兰和诺顿认为，企业正在进入一个竞争更加激烈的年代。在复杂竞争环境下，企业不但应关注已经发生的事情、已经取得的财务成果，而且必须培养长期竞争力，引导企业在今天乃至未来的激烈竞争环境中取胜。在这种环境下，绩效指标体系应该不仅是一个战略实施效果的衡量系统，还必须能发挥新的、更高的功能，即战略沟通和战略检验功能。而这也对绩效指标体系提出了更高的有效性要求。

首先，激烈的竞争环境使得高效的战略执行更加重要。要使战略能够得到有效执行，就要求组织成员更加准确地了解企业的目标及实现目标的方法，因此，高层管理者更加需要一种传播使命和战略的框架和语言，来向员工阐述企业渴望获得的结果和这些结果的驱动因素，借此凝聚企业员工的精力、能力和知识来实现长期目标。而组织成员也日益需要一种框架来消除由企业的基本价值观和信念与自身日常行动之间的距离，使自身的工作行为能够与组织的整体发展方向保持一致。有效的绩效指标体系应该能够充当这种沟通的框架和语言。但要做到这一点，就要求绩效指标体系必须超越传统的衡量战略执行之结果的财务指标，并涵盖战略执行之各个关键领域，以便能把企业目标和战略具体化；同时具有因果关系的绩效指标体系则更是“通过为企业引入动态的系统思维，促使不同部门的员工都能了解企业的全貌，以及他们的角色如何相互影响并最终影响大局”。

其次，在复杂竞争环境中，能够保证既有战略有效执行固然重要，但能够及时发现既有战略的缺陷并调整战略本身同样关键。“在瞬息万变的环境中，新的战略在利用机遇和应对威胁中产生，而这种机遇和威胁是最初制定战略计划时没有料到的”，因此“管理者需要单环流程来帮助他们了解战略实施是否按计划进行，但更重要的是，他们需要双环学习流程来帮助他们了解战略实施是不是可行的、成功的战略”。要检验战略制定之初的假设是否依然成立，管理者就必须获得相关的信息。但在当今企业中，没有固定模式帮助管理层获得战略反馈和检验战略所依据的假设。因此，新的竞争环境要求，有效的组织绩效指标体系应当为战略假设的检验提供基础，帮助组织建立双环学习能力。这就意味着，要能够发挥战略检验的功能，绩效评价指标体系应该是全面的和理论驱动的，体系中的指标之间应具有因果关系性。因为只有管理系统把“各个层面目标之间的关系阐述得一清二楚，如此才能被管理和证实”。只有这样，“定期研讨和业绩监督才能采取假设检验的形式”，使管理者能监督和调整自身战略的实施，并在必要时对战略本身进行根本性的改变。

（2）基于BSC的绩效指标体系设计框架。基于对新的竞争环境下，组织对绩效评价指标的新功能的需求，卡普兰和诺顿在综合管理学各领域的研究进展的基础上，提出了平衡记分卡的基本框架，认为组织应该从财务、客户、内部流程、学习与发展等四个层面出发建立起平衡长期和短期、前置和驱动指标、有形和无形领域的绩效评价指标体系。

基于BSC的绩效指标体系设计框架，充分体现了指标体系的平衡性和因果性的要求。关于BSC的四个层面的内容及其逻辑关系的介绍汗牛充栋，不再赘述。而平衡记分卡自产生以来，也不断有学者对平衡记分卡的框架进行拓展和反思。这说明，尽管BSC可能是迄今为止最为良好的确定企业关键领域的框架，这个框架本身应当是开放的，随着对组织运作和管理了解得更加深入，这个框架本身也应当并且会发生改进。但是，推动平衡记分卡产生的理念，即卡普兰和诺顿关于复杂竞争环境下企业管理对有效的绩效指标体系所应发挥的功能的思考却对绩效评价体系的设计实践具有恒久启示。

绩效审计评价指标的选择确定思路和绩效评价指标设计思路相同，完全可以套用相关设计绩效评价指标体系的方法、思路工具用于绩效审计评价指标的选择和设计，包括对现有评价指标体系优缺点的再评价分析，在此基础上选择、设计相应的指标体系。从某种层面来讲，绩效审计评价指标体系的选择确定会比组织、部门或项目绩效评价体系的设计更为简单，因为绩效审计选择的审计内容范围一般小于完整的绩效评价项目，聚焦于几个影响绩效的关键影响因素或者环节进行深入的调查取证，所以不需要设计全流程或者一整套的绩效评价指标体系，也不需要赋予各指标权重并进行综合打分。绩效审计评价指标的选择确定，一般是由审计人员依据审计目标和调查的重点事项，并基于确定的将要审计的关键事项的自身绩效特征，从现有的评价指标体系中选择更为精华的、几个关键绩效评价指标，或者在完善这些指标的基础上，形成审计人员实施绩效审计所采用的评价指标，所以绩效审计评价指标要么优选于原有绩效评价体系，要么是在分析评价现有绩效指标体系基础之上，补充、改良后形成开展绩效审计项目评价所需要的、适当的绩效审计评价指标，当然也可以是在被审计事项没有相应的绩效评价指标情况下，重新设计的、适合于特定审计目标和审计事项的绩效指标。但需要注意的是，设计恰当的绩效评价体系并保障其有效运行是被审计单位管理层的责任，审计机构和人员一般不会帮助被审计单位设计一整套评价体系，但可以就发现的绩效评价体系中存在的问题，提出改进建议。当然，审计人员必须就重新设计、修订的这些绩效评价指标，和被审计单位进行充分的协商、沟通，达成一致的认可和理解。

思考与练习

1. 什么是绩效审计评价标准，其具有哪些特征？来源依据是什么？

2. 在选择和确定政府绩效审计评价标准时要遵循哪些原则？

3. 为什么在进行绩效审计评价指标选择确定的过程中，要充分考虑财务和非财务指标的有效结合？

4. 绩效审计评价指标应该具备哪些特征，为什么？

5. 绩效管理中用于指导绩效评价指标体系设计的原理和工具有哪些，如何在选择和设计绩效审计评价指标的过程中使用这些工具？

6. 面对被审计单位有无现有绩效评价指标体系的情况，审计人员分别该如何确定绩效审计评价体系？

第七章　绩效审计准则与质量控制

【导读】 绩效审计准则是审计人员执行绩效审计业务的专业技术标准、行动指南和纲领，是评价绩效审计质量的重要依据。因此，建立健全的绩效审计准则，是绩效审计实现专业化、规范化发展的必由之路，加强绩效审计质量控制，是绩效审计的生命线。然而，我国政府审计领域还未建立专业的绩效审计准则和绩效审计质量控制制度，这将直接影响到我国绩效审计实践的深入推进和发展。因而，本章在重点介绍INTOSAI绩效审计准则和美国、英国、加拿大等国家绩效审计准则、绩效审计质量控制及督导要求的基础上，进一步探讨我国政府绩效审计准则的建设路径。

【关键词】 绩效审计准则、质量控制、督导

第一节　绩效审计准则

近年来国家审计署十分重视绩效审计工作，并取得了一定成绩，但与国际上发达国家相比，在绩效审计力度、审计节约资金等方面存在不小差距，效果并不理想，致使目前仍难以全面开展国外那种绩效审计（刘家义，2004；杨锡春，2006）。缺少一部政府绩效审计准则是当前困扰审计界的核心问题（蔡春、刘学华，2006）。鉴于绩效审计准则的重要性，我国应从理论上开展绩效审计的准则研究（刘力云，2001）。

一、绩效审计准则涵义与价值

绩效审计准则是审计师执行绩效审计业务的依据，是确保审计人员在制订计划、实施审计和报告审计结果的绩效审计过程中有胜任能力，保持诚实、正直、客观、公正和独立性的全面框架。绩效审计准则体系的科学、合理性，对于客观、公正地评价政府绩效，实现绩效审计目标都具有重要的现实意义。

第一，科学、系统的绩效审计准则有助于客观、公正地评价政府绩效。理论的研究来源于实践需要。我国现在还没有一套科学、系统的绩效审计准则，

审计师在执行绩效审计时无法可依、无章可循。因此，研究政府绩效审计准则具有重大的理论意义。

第二，科学、合理的绩效审计准则体系有助于实现审计目标。绩效审计侧重于对绩效优劣进行评估以及对被审计单位绩效管理薄弱环节的辨别，并且在此基础上提出被审计单位如何改进的建议。绩效审计准则就是贯穿这些活动始终的一根链条，绩效审计准则的制定能有效地实现审计目标。

二、世界各国绩效审计准则模式

最高审计机关国际组织（International Organization Of Supreme Audit Institutions，以下简称 INTOSAl）重视绩效审计立法。1977 年 INTOSAI 第 9 次会议第一次正式定义“绩效审计”，1986 年悉尼会议公布《关于绩效审计、公营企业审计和审计质量的总声明》，1992 第 14 届会议提出应对公营企业开展绩效审计，2004 年 7 月颁布《INTOSAI 绩效审计指南》，详细界定绩效审计原理、前提、程序与技术方法。1997 年亚洲政府审计机关组织（简称“ASOSAI”）通过了《雅加达宣言——关于通过绩效审计促进效率和有效果的公共管理的指导原则》。这些措施有力地促进了绩效审计在全世界的推广与发展。

（一）INTOSAI 制定的审计准则和指南

INTOSAI 为了更好地指导各国审计准则的制定，于 1992 年制定了审计准则（Auditing Standards）并于 1995 年进行了修订。下面我们简单地介绍一下 INTOSAl 审计准则的相关方面内容。

1. INTOSAI 审计准则框架体系

INTOSAI 构建了一个审计准则框架（Auditing Standards Framework），框架包括四个层次：第一个层次是利马宣言（The Lima Declaration），是对公共部门审计的综合认识的基础；第二个层次是道德守则（The Code of Ethics），是指导审计人员日常工作的价值和原则的说明；第三个层次是审计准则（Auditing Standards），是进行审计工作的前提和原则；第四个层次是指南资料（Guidance Material），是帮助最高审计机关在各项工作中运用审计准则。上述四个层次依次由抽象走向具体，由综合过渡到可操作，形成了一个完整的框架体系。①

2. 审计准则体系与法律效力

INTOSAl 的审计准则体系对各国的政府审计机关不具有强制的约束力，只起到一个指导和建议的作用，该审计准则体系包括两个层次：审计准则和指南资料。

3. 审计准则的内容结构

INTOSAl 审计准则主要包括四个部分：①政府审计的基本前提；②政府审计的一般准则；③政府审计的外勤准则；④政府审计的报告准则。

---

① 张继勋．INTOSAI 审计准则与我国审计准则的比较研究［J］．审计与经济研究，2001（1）．

4. 一般准则、外勤准则和报告准则

（1）INTOSAI 审计准则中的一般准则包括：

第一，仅适用于最高审计机关的准则。这些准则主要是基于最高审计机关所采用的政策和程序来制定的：制定关于审计人员行为的指导手册和其他书面指南；规定审计人员和其他职员晋升的基础，培养和训练最高审计机关的雇员；招进符合适当资格的新人员；拥有充足的审计人员数量和妥善的技术手段完成审计任务；应该保持应有的职业谨慎和关注，有适当的审计计划和监督保证审计目标的实现；最高审计机关有识别欠缺的技术、获得可用的技术和经验的能力。

第二，同时适用于最高审计机关和审计人员的准则。即最高审计机关和审计人员的独立性要求，最高审计机关和审计人员专业胜任能力的要求，最高审计机关和审计人员在职业谨慎和关注方面的要求。

在 INTOSAl 审计准则中，一般准则一共有 79 条，INTOSAl 对每一条准则都进行了比较详细的说明和解释。

（2）INTOSAl 审计准则中的外勤准则包括：

第一，审计人员在审计期间的文件工作要由资深人员进行检查，对其每个审计阶段还必须加以适当的监督。

第二，审计人员为了高质量地完成审计工作，必须认真地进行审计计划工作。

第三，审计人员要想准确地确定审计的程序和范围，就应对内部控制的可靠性进行好好研究和评价。

第四，审计人员若想得出相应的判断和结论，必须取得充分和适当的审计证据。

第五，审计人员在开展合规性（财务）审计时，应该设计提供合理保证的审计步骤和程序，来测试是否存在违反法律和规章的行为以及是否还存在有间接影响的非法行为等。

第六，审计人员在适用的情况下，就要对合规性审计或其他类型审计进行财务报表分析，以评价财务报告和披露是否真实、可靠。

在 INTOSAl 审计准则中，外勤准则一共有 34 条，INTOSAl 对每一条准则都进行了比较详细的说明和解释。

（3）INTOSAI 审计准则中的报告准则包括：

第一，对于最高审计机关来说，审计人员对在执业过程中发现的严重违现行为和款诈活动的最终判定即为审计意见和审计报告。

第二，审计人员应该在结束每项审计业务时出具书面的意见或报告。审计意见或报告的内容不应该是含糊和模棱两可的，而应该是容易理解的；审计意见或报告的出具需要有充分、适当的审计证据作为支撑；审计意见或报告的形式应该是特定以及合适的；同时它还应该是独立的、客观的和肯定的。

在 INTOSA 审计准则中，报告准则一共有 29 条，INTOSI 仅对运用和理解两项内容进行了详细的说明。

（二）美国政府绩效审计准则模式

绩效审计在美国开展得比较早，世界上最早的国家绩效审计准则就是美国1972年颁布的《政府的机构、计划项目、活动和职责的审计准则》，其后七次修订（1981年、1988年、1994年、2003年、2007年，2010年，2017年），美国绩效审计准则在世界范围内产生了广泛影响，而后又历经几次修订，目前其政府绩效审计准则的建设已经相当成熟，这又有力地促进了美国政府绩效审计的进一步发展。

1. 美国政府绩效审计准则的基本情况

在美国的政府审计准则中，它们将绩效审计单独列示出来，又专门针对其制定了准则。美国的政府绩效审计准则借鉴了一般公认审计准则的体系，内容包括绩效审计现场准则和绩效审计报告准则部分。

（1）绩效审计现场准则。该准则主要是针对绩效审计的外勤流程来设计的，在绩效审计的外勤实施阶段需要经历审计计划的制订、员工的指导与监督、获取审计证据以及审计记录的编制四个主要阶段。同时，在风险导向绩效审计模式下，该准则还考虑了合理保证、审计风险和重要性等相关因素。

针对审计计划，绩效审计现场准则又将其分为两个阶段：审计目标的确定和审计计划的制订。在第一阶段，绩效审计人员需要通过了解法律和规章要求、项目的性质和概况、内部控制、信息系统控制和以前审计与鉴证业务来评估审计风险和重要性水平以确定审计目标；在第二阶段，绩效审计人员需要通过确认审计评价标准、与管理层及其他相关人员的沟通、考虑其他人员的工作、分配人员和其他资源以及确认所需审计证据的数量和质量来进行审计计划的编制，同时还要说明在审计计划的编制过程中所要注意的一些事项。

（2）绩效审计报告准则。该准则主要是针对绩效审计最终的报告环节来设计的，具体涉及审计报告的形式、内容以及报告的出具三方面内容：

首先，绩效审计人员介绍了审计报告的形式和目的，明确了审计报告的种类以及意见类型，同时还增加了类似于财务审计期后事项的说明。

其次，绩效审计人员要明确审计报告所包含的内容，这包括：目标、范围和方法；绩效审计人员是否遵循了政府审计准则；内部控制的缺陷；违反合同条款或协议的舞弊及滥用行为；结论以及建议。此外还要明确该结论将直接向被审计单位以外的机构报告。

最后，绩效审计人员介绍了绩效审计报告分发的原则及具体做法。

2. 美国政府绩效审计准则的借鉴分析

（1）绩效审计准则的制定也采用了借鉴、合作的模式。美国政府责任署在政府绩效审计准则制定的过程中，与内部审计组织（IIA）和民间审计组织（AICPA）进行了积极的合作，政府绩效审计准则的框架体系就借鉴了公认民间审计准则的框架体系，将审计准则也分为“一般准则”“现场工作准则”“报告准则”三部分，而且无论政府绩效审计准则如何修订，这个框架始终不变！

（2）审计目标及评价体系的明确设立。审计目标是审计工作的基石，没有目标，审计就无从开展，政府绩效审计同样如此。对于绩效审计人员来说，在评价项目的实际情况时，需要将其与事先作为评估项目绩效标准的既定目标来进行比较，或者将其与另外设定的标准或最佳实物标准进行比较，以此来确定被审计项目的真实状况。美国在其政府绩效审计准则中详细阐述了审计目标的来源，并明确设立了其评价体系。

(3) 审计结果的合理性及审计建议的可行性。美国的绩效审计人员根据绩效审计准则的要求，如果要出具审计结果或提出审计建议，必须体现出标准、效果以及情况等要素，同时还要结合审计目标。因为基于审计目标的不同，同一个要素可能会被定义为不同的情形。比如当审计目标是评价一个项目引起自然、社会或经济状况的改变程度时，“效果”是对一个项目实现影响的衡量；而当审计目标是确认有关事项的后果或可能的结果与在审计中确定的标准之间的偏差时，“效果”则是对事项后果的一种衡量。

(4) 体现了风险导向审计的理念。风险导向审计的理念强调了审计风险和重要性的概念，认为审计风险贯穿于政府绩效审计的全部流程，在实施审计的过程中，需要将有限的资源进行合理的分配。例如，审计人员在执行抽样审计的过程中要对重要性水平高、审计风险大的领域重点抽查，相应的审计资源也要向这样的领域多投入和分配，这既解决了审计抽样随意性的问题，又保证了审计工作质量。美国在制定绩效审计现场准则时，明确提出了风向导向审计的理念，将当前的主流审计理念融入政府绩效审计之中。

澳大利亚《绩效审计手册》、英国（2003）、孟加拉国（2000）、加拿大（2000）、荷兰（1997）等国的绩效审计准则较好地推动了绩效审计发展。司法型或独立型审计体制的一些国家在绩效审计开展与准则制定方面存在一些不足，如法国绩效审计处于探索阶段，没有制订绩效审计准则；意大利、德国、西班牙、日本等也未制订专门的准则。可见，与司法型及独立型国家相比，议会型国家更多、更早地为绩效审计立法或制订准则；与不发达国家相比，经济发达及绩效审计开展较好国家较多，并较早地为绩效审计立法或制订绩效审计准则。同时，INTOSAI 的努力也有力地推动了世界各国制订绩效审计准则的发展。①

三、我国现行国家审计准则及国际比较

（一）我国现行国家审计准则体系

现阶段我国还没有一部专门针对政府绩效审计的准则或制度，《国家审计准则》适用于所有类型的政府审计，其对政府绩效审计还是具有一定的指导意义的。所以本书目前只能将《国家审计准则》当作有关政府绩效审计的准则来加以介绍和比较。

我国的《国家审计准则》于 1996 年首次发布，2000 年进行过一次修订，2010 年又再次进行了修订，新审计准则框架体系的设计合理、层次明确。《国

① 陈宋生，杨培培，黄大新．中外绩效审计准则比较及启示［J］．企业经济，2012（9）：173－177.

家审计准则》全文共分为七部分，包括总则、审计机关和审计人员、审计计划、审计实施、审计报告、审计质量控制和责任和附则，共计200条。新审计准则具有如下特征：首先，新国家审计准则将道德规范、技术准则和质量控制准则融为一体；其次，新国家审计准则将原有审计的基本准则和通用准则的内容进行了整合，形成了单一的准则，同时制定若干审计指南用以指导准则；最后，将原有的国家准则和规定废止了28项，对未废止的相关规定也进行了全面修订。

新的国家审计准则统一了原有的各种国家审计规范，突出强调了国家审计准则的主导地位，同时也兼顾了国家审计与其他审计主体审计规范的衔接，使之能够更好地指导审计实践。新的国家审计准则在修订的过程中既借鉴了国外相关准则的成熟经验，又充分地考虑了我国的国情以及政府绩效审计在我国开展的现状，使其在坚持审计准则国际化的趋势下，还不失国家审计的中国特征。新准则的颁布是我国审计制度建设的一个里程碑，具有重要的历史意义和现实意义！

（二）中外政府审计准则比较

审计准则是审计人员的行为规范，既是防范审计风险的“防护衣”，也是指导审计作业的“路线图”。现将我国2010年修订后的国家审计准则与美国政府绩效审计准则和INTOSAI审计准则进行一个比较分析。

1. 准则编写的体例不同

《美国政府审计准则》和《INTOSAI审计准则》采取了“块块式”的编写模式，即首先将审计分为工作要求、类型和职责三大块，然后再按模块分别编写准则。比如：关于审计工作要求方面，明确了道德准则规定、审计准则的适用范围和一般准则规定；关于审计类型方面，明确了绩效审计和财务审计的现场工作准则以及报告准则规定。此外，为了进一步对审计准则的内容做补充说明，同时还不增加各章的篇幅，美国政府审计准则又制定了附录：补充指南。

2010年版的中国《国家审计准则》采取了总括性的“条条式”编写模式，总体上是按照审计作业流程的顺序来进行编写的。改变了原有国家审计准则“基本准则+通用准则+专用准则”的编写体例，而是将基本准则和通用准则内容进行了整合，形成了单一的准则。具体来说，除了总则（第1章）、审计机关和审计人员（第2章）、审计质量控制和责任（第3章）、附则（第7章）以外，新准则“不分审计类型”，分别对审计计划（第3章）、审计实施（第4章）、审计报告（第5章）等相关概念和主要工作程序一并作了具体规定。

2. 准则内容的繁简不同

《美国政府审计准则》和《INTOSAl审计准则》都很重视审计职业道德和独立性的作用。美国审计机关要求审计人员必须遵守“客观公正、诚实正直、公众利益至上、勤勉尽责、正当使用政府信息、资源和权力”的职业道德准则，并在美版审计准则第3章中对每一个道德准则都做了详尽解释和说明。美国审计机关要求审计机构和审计人员关注独立性的相关问题：包括“独立性”

的影响问题，损害“独立性”的情形（个人损害、外部损害和组织的损害）以及如何保障“独立性”。在美版审计准则第 4 章一般准则里对独立性原则的相关问题作了详尽解释和说明。与美版审计准则类似，INTOSAl 审计准则对审计职业道德和独立性也做了详细规定。相对于美国政府审计准则和 INTOSAl 审计准则而言，虽然我国的国家审计准则审计将职业道德和独立性在第 2 章审计机关和审计人员部分也作出基本规定，但是对于国家审计整体而言其所占比重太小：国家审计准则一共 200 条，其中有关审计程序方面的准则有 146 条，有关审计质量控制方面的准则有 25 条，而且基于我国的实际情况，考虑到重大违法违规行为在一些特定单位和领域时有发生，针对专案审计（即重大违法行为检查）也制定了相关专门的准则。由此可见，国家审计准则的着重点在于审计程序和审计质量控制的规定和要求，对于职业道德和独立性虽有提及，但是其所占“笔墨”并不多。

3. 准则涵盖的范围不同

在美国的政府审计准则中，将绩效审计单独列示出来，又专门针对其制定了准则。美国的政府绩效审计准则借鉴了一般公认审计准则的体系，包括绩效审计现场准则（第 7 章）和绩效审计报告准则（第 8 章）两部分。其中，绩效审计现场准则主要是针对绩效审计的外勤流程来设计的，在绩效审计的外勤实施阶段需要经历审计计划的制订，员工的指导与监督，获取审计证据以及审计记录的编制四个主要阶段；而绩效审计报告准则主要是针对绩效审计最终的报告环节来设计的，具体涉及审计报告的形式、内容以及报告的出具三方面内容。INTOSAl 审计准则的情况与美国政府审计准则类似。

我国国家审计准则的适用范围未作明确说明。但我国审计机关自 1983 年恢复建立后，很长时期内，各级审计机关开展的审计类型主要是财政财务收支审计。虽然 20 世纪的 90 年代绩效审计在我国部分地区以及相关审计机关也有开展，但是其开展率并不是很高，在所有开展的审计类型中也只是处于起步阶段，所以，现阶段我国国家审计准则主要针对的仍是财政财务收支审计以及基于财政财务收支审计的领导干部经济责任审计，对于政府绩效审计虽有所提及，但其所占比重不大、针对性也不强，这是我国政府绩效审计在制度规范方面面临的一大挑战。

（三）我国现行国家审计准则体系不足

通过中外政府审计准则的比较，我们在肯定修订后审计准则具有的重要里程碑意义的同时，也要清醒地认识到现行我国的国家审计准则在体系上仍存在一些不足之处，主要体现在以下几个方面：

1. 准则适用范围不明确

我国国家审计准则的适用范围未作明确说明，其本意可能是希望这套准则能适用于所有类型的审计，初衷是好的，但是其弊端也显而易见。以绩效审计和财务审计为例：虽然它们同属审计的大范畴，遵循的一些基本原则相同，也具有一些相同的职能和方法等，但是毕竟它们审计目标不一致。审计目标的差异性决定了它们在审计内容、审计范围、审计方法以及审计报告的出具等方面都不相同，而且它们所依据的审计标准也不相同。国家审计准则对绩效审计和财务审计并没有制定差异化的准则，而是试图将它们揉为一体综合考虑，这显然是不可取的，在实务工作中也不具有可操作性，也不利于审计机关及审计人员工作的开展。所以，本书认为在进行国家审计准则制定时，要充分考虑不同类型审计的特征，分别对其制定专项审计。

2. 缺乏对绩效审计的规范

审计准则是审计基本理论和审计实务之间的桥梁和纽带，审计实务的开展需要审计基本理论的支撑。但是现阶段我国的国家审计准则体系中却没有关于绩效审计的单独规定，这就使得政府绩效审计的开展缺少理论的指导和规范。现行国家审计准则中仅有个别准则强调了要关注效益性审计，但是这并不能以点带面地涵盖绩效审计的全部内容。虽然后期制定的具体准则中增加了绩效审计的相关内容，但是对于审计机关和审计人员如何具体开展绩效审计却没有规定，总体来看仍不具有可操作性。这是我国国家审计准则急需解决的问题。

四、我国政府绩效审计准则体系构建

各国制定本国绩效审计准则的方式存在差异。绩效审计准则的制定方式有很多种，其中最具代表性的方式有两种：一是政府绩效审计准则涵盖在政府审计准则中；二是不制定绩效审计准则，而以绩效审计手册或绩效审计指南予以代替，甚至是通过颁布相关审计办法的方式取代绩效审计准则。就我国政府绩效审计准则的建设而言，选择哪一种绩效审计模式需要考虑我国国家体制和审计业务属性的个性特征，科学地加以设计。

（一）构建原则

通过前文所述，笔者认为，现阶段制定我国的政府绩效审计准则要以我国国家审计准则体系作为基础，在此基础上参考《INTOSAI 审计准则》和《美国政府审计准则》等相关规范，同时还要充分考虑政府绩效审计的自身特征及其在我国开展的现状。绩效审计不像报表审计那样“墨守成规”，它相对更加灵活，要求分析、判断的东西也更多，这其实对审计人员提出了更高的要求。因此，政府绩效审计准则的制定要尽量避免流程化的东西，而是应该倡导一种创新的模式。在构建政府绩效审计准则体系时要遵循以下原则：

1. 前瞻性原则

政府绩效审计在西方国家开展已有 30 多年，而我国的政府绩效审计工作仍处于起步阶段。虽然近年来我们也借鉴、吸收了西方国家很多成熟的经验和做法，绩效审计在我国也取得了比较快的发展，但是总体来看，我国现阶段政府绩效审计整体发展水平还是比较落后的，尚存在很多影响和制约绩效审计发展的因素，基于切合实际原则的考虑，我国政府绩效审计准则的制定要结合审计发展的实际进行。随着我国政治体制、社会经济以及社会意识形态等的不断发展，可以预见政府绩效审计在我国不远的将来会有一个迅猛的发展，所以，我们在制定政府绩效审计准则的时候，在考虑基于切合实际原则的基础上，也要具有适度的预见性，遵循前瞻性原则。

2. 可操作性原则

政府绩效审计准则是政府绩效审计基本理论和绩效审计实务之间的桥梁和纽带，同时也是政府绩效审计实践的指南，对审计机关和审计人员具有很强的指导性和规范性。而政府绩效审计又是连接政府和社会公众关系的桥梁，毫不夸张地说，政府绩效审计准则能够影响政府绩效审计在我国的开展状况，进而影响政府与社会公众之间的关系。因此，政府绩效审计准则一定要具有可操作性。

3. 切合实际原则

政府绩效审计的开展需要条件，同时它的开展也面临着诸多的挑战，如政治因素、经济因素、技术因素以及社会因素等。我国政府绩效审计准则的制定必须考虑我国的实际，这既包括了国家的政治体制、经济发展状况等因素，也包括了绩效审计在我国现阶段发展的程度等。所以说，我国的政府绩效审计准则必须切合我国审计环境的实际，在借鉴参考国外先进准则经验的同时还要考虑自身的现实状况，严格遵循切合实际原则。

4. 发展的原则

凡事都不是一成不变的，审计目标、职能等会随着环境的变化而改变，用于规范、指导其的准则、制度等规定也必然需要随之变化。政府绩效审计准则是在国家审计准则的基础上建立起来的，它必将在根源基础上又超越根源，这就是发展的原则。同时，考虑到现阶段政府绩效审计在我国面临的诸多挑战，若想其通过一部准则就走向规范显然不现实，我们需要结合实际制定切合当前的准则，同时也要为准则的发展留有空间，使其随着我国政治体制、社会经济、科学技术水平等的不断发展而不断得到修订、完善和发展。

（二）政府绩效审计准则内容框架

我国现阶段还没有专门针对政府绩效审计的法律法规，我国未来政府绩效审计准则的制定必然围绕着国家审计准则进行，所以本书在此简单介绍一下国内目前关于国家审计规范的研究，其核心内容包括国家审计规范的体系构成、国家审计准则的完善和国家审计法的修改。

我国目前的国家审计规范体系主要包括《国家审计法》和《国家审计准则》。其中新的《审计法》在2006年6月1日正式施行。2010年新修订的国家审计准则将审计道德规范、审计技术准则和审计质量控制准则融为一体，并将原有国家审计基本准则、通用准则和6号令的内容整合，形成单一的国家审计准则。准则的下一层次即制定若干审计指南。

蔡春（2001）认为，审计规范是审计行为的一种约束和引导机制，包括技术性规范和社会性规范两部分，其中技术性规范主要指审计标准（或准则），社会性规范主要指审计道德和审计法规。

张继勋、刘恩峰（2001）认为，当前国家审计准则体系和国家审计基本准则的修改思路包括：①确立完整的国家审计规范体系，明确国家审计准则的地位；②基于我国政府绩效审计经验的不足，可将目前已有国家审计准则体系改为财务审计准则体系，随着我国政府绩效审计的逐步开展，再适时构建完整的国家审计准则体系，并且可以按照《INTOSAI 审计准则》的两个层次加以构建；③可以在审计准则中增添国家审计的前提部分，这样使得准则更加科学和完善；④可以在审计准则中适度增加技术性、指导性内容的比例。

尤家荣（2002）认为，审计规范是审计主体在工作中必须遵守的业务标准和行为准则。审计规范体系的构成内容包括审计职业道德、审计法规、审计准则、审计质量控制和其他的审计规范。

项俊波（2002）认为，《国家审计准则》是由国家审计机关制定的，用来规范国家审计人员所应具有的素质和专业资格，用以规范和指导其执业行为，对其工作质量加以衡量和评价的权威性标准。国家审计准则应该包括国家审计基本准则、具体审计准则和专业审计操作指南。现阶段，我国国家审计准则的不足主要有：①规范的内容过于单一；②基本准则中没有明确具体的审计目标；③审计取证方式尚未确立，审计方法体系还很落后；④审计指南的制定相对滞后。

张龙平（2003）认为，我国国家审计准则体系的结构内容应当包括：①引言（包含准则目的、适用性、公共责任、作用和职责）；②政府审计和鉴证业务的种类；③一般准则；④财务审计外勤准则；⑤财务审计报告准则；⑥鉴证业务的一般、外勤和报告准则；⑦绩效审计外勤准则；⑧绩效审计报告准则。应根据以上结构，重新整合制定我国的国家审计准则，使之更加科学、合理，提高审计工作的效率和效果。随着绩效审计在我国的逐步推广，有必要针对政府绩效审计业务，制定出一套专门的准则，以指导绩效审计业务的开展。

陈宋生等（2012）认为，我国仅在《审计法》中加进“绩效审计”业务，难以真正推动绩效审计的发展，须有专门的立法与准则支持，因而应做到：①绩效审计立法与准则制订同步展开。②构建中国国家审计准则框架体系：第一层是强制性的法规。第二层是《基本准则》和《报告准则》，其中，《基本准则》又包括总则、定义及内容、绩效审计目标及权限、审计质量控制、对审计人员及审计组织的要求、审计实施、审计报告阶段、后续跟踪检查、引进同业复查。《报告准则》可分为简式和详式两种。第三个层是具体准则与操作指南。具体准则可制定行业准则；同时，有必要单列绩效审计评价准则。③准则制订时，要充分考虑中外准则的差异。若我国国家审计准则中没有，但国际相关审计准则上有且内容较为科学、合理的，可以采用“拿来”主义，如独立性、职业判断、同业复查、对报告形式及使用者的重视。考虑我国现实情况，要注意绩效审计的“本土化”特征。符合中国国情的特殊情况少量保留，如审计处罚，并争取成为国际准则组成部分；不符合技术规范的部分，应予以剔除，如计划阶段与审前准备的划分、独立型与结合型审计报告的区分等。

前文所述，国外相关的政府绩效审计准则的内容通常包括三大部分：一般准则、现场作业准则和报告准则，这三部分分别规定了对审计人员的职业道德准则、审计工作质量保证和审计报告要求。但是考虑到我国在 2010 年刚刚修订过的《国家审计准则》改变了前两版“基本准则 + 通用准则 + 专用准则”

的编写体例，而是采取了总括性的“条条式”模式，遵循总体上按照审计作业流程的顺序进行编写。为了保证政府绩效审计准则与国家审计准则在体例上的一致性，笔者认为政府绩效审计准则的内容可以包括六大部分：总则、审计机关和审计人员、审计计划、审计实施、审计报告和附则，其中审计机关和审计人员、审计计划、审计实施和审计报告这四部分分别对应外国政府绩效审计准则的一般准则、现场作业准则和报告准则三部分，规定了对审计人员的职业道德准则、审计工作质量保证和审计报告要求。总则和附则的存在主要是由我国政府绩效审计准则属于政府审计行业法规的性质所决定的，我国发布的法律习惯以总则开头，以附则结尾。下文所介绍的准则内容也只包括审计机关和审计人员、审计计划、审计实施和审计报告这四部分。

五、我国内部绩效审计准则建设

（一）经济性、效率性、效果性审计准则体系

我国内部审计准则体系建设起步较晚，2000 年之后才启动我国内部审计准则的建设，并于 2003 ~ 2011 年间，先后发布了《内部审计基本准则》、《内部审计人员职业道德规范》、29 个具体准则和 5 个实务指南，初步形成了我国的内部审计准则体系。

其中，关于绩效审计方面，国际内部审计师协会制定的准则体系中，并没有单独的绩效审计准则。为了适应我国内部审计开展绩效审计的需求，2003 年中国内部审计协会对经济性、效果性、效率性准则立项以单独建立中国式的内部绩效审计准则，并且按照绩效审计“3E”的目标不同，分别建立三个具体准则。为此，中国内部审计协会分别在江苏、山东、浙江组织了三次准则研讨会，由准则委员会成员和内部审计领域的专家学者对经济性、效果性、效率性准则草案进行论证和研讨，形成了较为明确的思路和完整的框架结构。虽然当前经济性、效果性、效率性在审计理论、审计实践、评价标准等方面还存在一些无法统一的问题，但是将内部审计实践中的成功经验作为经济性、效果性、效率性三个准则的内容和依据，已经成为研究制定经济性、效果性、效率性三个准则的原则和方针。2006 年 9 月 7 日至 9 日，中国内部审计协会第十九次准则研讨会在福州顺利召开。这次会议的主旨是对经济性、效果性、效率性三个内部审计具体准则进行修改并审定。经济性、效果性、效率性准则审定会在对与会者提交的修改意见稿的基础上，重点围绕经济性、效果性、效率性三个准则历次研讨中分歧较大的问题，展开了积极的、富有建设性的讨论，充分听取了与会者的意见和建议，使经济性、效果性、效率性三个准则的修改和审定取得了显著的进展，明确了包括定义，适用范围、内容方法、评价标准和审计报告中的侧重点以及内在关联关系。最终确定准则统一划分为六章，分别是：总则、一般原则、审计的内容与方法、评价标准、审计报告和附则。

1. 总则中包括：①准则制定的目的；②经济性、效率性和效果性及审计的定义；③适用范围。

2. 一般准则中包括：①审计目的；②审计对象；③机构和人员素质要求；

④利用外部专家服务；⑤保持职业谨慎性；⑥避免利益冲突；⑦经济性与效果性、效率性有密切关系及审计中应关注其联系。

3. 审计的内容与方法部分包括：①审查评价的主要内容；②常用的审计方法。

4. 审计评价标准部分包括：①选择适当的评价标准责任；②选择评价标准的原则；③评价准则的特征。具体内容包括：内部审计机构和人员应当选择适当的经济性审计评价标准。内部审计人员首先应确定组织管理层已建立标准的适当性。如果此标准是适当的，内部审计人员在经营活动的经济性评价中就应使用这些标准。如果标准不适当，应该向适当管理层报告；如果管理层没有制定标准，内部审计人员应会同管理层选择适当的评价标准。内部审计机构和人员应当根据不同的审计对象及目标，选择定性或定量的经济性评价标准，或将两者适当结合。定量的评价标准主要包括计划、预算、定额、目标值、评价标准值等。定性的评价标准主要包括：国家法律、法规、方针和政策，主管部门的有关规定，组织的规章制度，职业组织推荐的最佳实务等。审计评价标准应具备适当性、先进性和动态性。评价标准可以是组织内部的，也可以是组织外部的；可以是本年度的，也可以是以前年度的。

5. 审计报告部分包括：①形成审计结论出具审计报告；②报告的内容要素；③提交报告和后续追踪检查。具体包括：内部审计机构和人员在经济性审计结束后，应当及时形成恰当的审计结论和建议，并出具审计报告。对组织特定业务或项目进行专门的经济性、效率性或效果审计，应当出具专项审计报告；对组织特定业务或项目同时进行经济性、效果性和效率性审计，可以根据实际情况，将两项或三项审计内容相结合出具管理审计报告；对组织经营活动和内部控制进行审计时涉及经济性审查和评价，可以一并纳入常规审计报告。内部审计机构和人员应当按照《内部审计具体准则第 7 号——审计报告》的要求出具经济性、效率性或效果审计报告。审计报告的正文应当主要包括以下内容：①被审计单位经营活动的基本情况；②立项依据；③审计的目的；④评价标准及评价意见或结论；⑤审计中发现的主要问题，包括在资源的取得、使用和管理中的损失、浪费等事实，导致上述结果的原因及产生的影响；⑥对进一步优化组织资源管理、节约资源使用所提出的建议。内部审计机构和人员应当及时将审计报告提交给组织适当管理层，并在必要时实施后续审计，持续追踪问题是否得到解决，以促进组织经营活动投入资源的节约。

6. 附则部分包括：解释权归属和生效日期两条内容。

（二）2013 年发布的绩效审计具体准则

2006 年发布的“3E”审计准则，填补了我国绩效审计准则的空白，在国际中都具有一定的领先地方。然而，“3E”审计准则也存在诸多未能解决的问题：首先，审计实务中发现经济性、效率性和效果性之间很难单独区分开来，尤其是经济性和效率性审计；其次，以前准则中强调“3E”审计属于管理审计的范畴，显然这和我们平时理解的管理审计和绩效审计的区别与联系有一定的出入，绩效审计可以涵盖管理审计和经营审计，但一般不用管理审计来涵盖绩效审计；最后，按照3E审计目标不同分三种业务类型制定准则，造成了大量内容的重复。

随着我国社会经济的发展，各类组织对内部审计的重视程度日益提高，内部审计迎来了新的发展机遇和挑战，对内部审计准则也提出了新的更为专业化的要求。为此，中国内部审计协会于2012年开始，启动了对原准则进行全面、系统修订的工作，于2013年8月20日发布了新修订的《中国内部审计准则》，并于2014年1月1日起施行。新准则的发布，标志着我国内部审计准则体系进一步完善和成熟，并逐步与国家惯例接轨。和旧准则相比，新准则具有以下特点：一是提升了准则体系结构的科学性和合理性。新准则将具体准则分为作业类、业务类和管理类，在分类的基础上，对准则体系采用四位数编码进行编号。内部审计基本准则和内部审计人员职业道德规范为第一层次，编码为1000；具体准则为第二层次，编码为2000；实务指南为第三层次，编码为3000。新的编号方式借鉴了国际内部审计准则的经验，体现了准则体系的系统性和准则之间的逻辑关系，也为准则未来发展预留了空间。同时针对部分准则存在的内容交叉、重复，个别准则不适应内部审计最新发展等问题，对准则体系结构和内容进行了调整。修订后的准则体系由内部审计基本准则、内部审计人员职业道德规范、20个具体准则和5个实务指南构成。二是反映了内部审计的最新发展理念。结合国际、国内内部审计理念和实务的最新发展变化，新准则将内部审计定义为“一种独立、客观的确认和咨询活动，它通过运用系统、规范的方法，审查和评价组织的业务活动、内部控制和风险管理的适当性和有效性，以促进组织完善治理、增加价值和实现目标”，基本上实现了与国际内部审计师协会（IIA）定义的接轨。如将“监督和评价”职能改为“确认和咨询”职能，拓展了内部审计的职能范围，突出了内部审计的价值增值功能；明确了内部审计在提升组织治理水平，促进价值增值以及实现组织目标中的重要作用；将风险导向审计理念全面贯彻于整个准则体系中，强调内部审计机构和人员应当全面关注组织风险，以风险为基础组织实施内部审计业务等。三是增强了准则的适用性和可操作性。新准则立足于内部审计实践的发展，对部分准则的内容进行了调整、充实和完善，进一步增强了适用性和可操作性。如将经济性、效率性和效果性三个具体准则合并修订为绩效审计准则；将遵循性审计、风险管理审计、内部审计的控制自我评估法三个准则进行调整和补充，形成修订后的内部控制审计准则，并与《企业内部控制基本规范》及其配套指引相衔接，进一步增强了准则的适用性。再如进一步细化了内部审计人员职业道德中有关诚信正直、客观性、专业胜任能力和保密等具体要求，删除了关于舞弊的预防、协助董事会或最高管理工作等不易操作的内容。

新准则将内部审计准则第25号经济性审计准则、26号效果性审计准则和27号效率性准则整合为统一的一个绩效审计准则，包括总则、一般原则、绩效审计的内容、绩效审计方法、绩效审计评价标准、绩效审计报告、附则等七章内容。

（1）总则部分包括：制定目的，“3E”定义，适用范围三条内容。

（2）一般原则包括：人员素质和资源配置要求，双方责任界定，审计对象选择范围三条内容。

（3）绩效审计内容部分包括：一是“3E”审计目标的选择；二是审查评价的主要内容。具体内容如下：根据实际情况和需要，绩效审计可以同时对组织经营管理活动的经济性、效率性和效果性进行审查和评价，也可以只侧重某一方面进行审查和评价。绩效审计主要审查和评价下列内容：①有关经营管理活动经济性、效率性和效果性的信息是否真实、可靠；②相关经营管理活动的人、财、物、信息、技术等资源取得、配置和使用的合法性、合理性、恰当性和节约性；③经营管理活动既定目标的适当性、相关性、可行性和实现程度，以及未能实现既定目标的情况及其原因；④研发、财务、采购、生产、销售等主要业务活动的效率；⑤计划、决策、指挥、控制及协调等主要管理活动的效率；⑥经营管理活动预期的经济效益和社会效益等的实现情况；⑦组织为评价、报告和监督特定业务或者项目的经济性、效率性和效果性所建立的内部控制及风险管理体系的健全性及其运行的有效性；⑧其他有关事项。

（4）绩效审计的方法部分包括方法选择原则和可用的方法两条内容。

（5）绩效审计的评价准则包括：选择适当评价标准的责任及标准特征，评价标准的来源，评价标准的沟通三条内容。具体内容如下：内部审计机构和内部审计人员应当选择适当的绩效审计评价标准，绩效审计评价标准应当具有可靠性、客观性和可比性。绩效审计评价标准的来源主要包括：①有关法律法规、方针、政策、规章制度等的规定；②国家部门、行业组织公布的行业指标；③组织制定的目标、计划、预算、定额等；④同类指标的历史数据和国际数据；⑤同行业的实践标准、经验和做法。内部审计机构和内部审计人员在确定绩效审计评价标准时，应当与组织管理层进行沟通，在双方认可的基础上确定绩效审计评价标准。

（6）绩效审计报告包括：报告需要介绍的基本信息，出具评价结论的要求，问题反映的方式，原因分析深度等四条内容。具体如下：绩效审计报告应当反映绩效审计评价标准的选择、确定及沟通过程等重要信息，包括必要的局限性分析；绩效审计报告中的绩效评价应当根据审计目标和审计证据作出总体评价和分项评价，当审计风险较大，难以做出总体评价时，可以只做分项评价；绩效审计报告中反映的合法、合规性问题，除进行相应的审计处理外，还应当侧重从绩效的角度对问题进行定性，描述问题对绩效造成的影响、后果及严重程度；绩效审计报告应当注重从体制、机制、制度上分析问题产生的根源，兼顾短期目标和长期目标、个体利益和组织整体利益，提出切实可行的建议。

（7）附则部分包括解释权归属和生效日期两条内容。

新发布的绩效审计准则实现了一定程度上的科学性，比如，增加了管理层和审计人员的职责界定，如何依据绩效审计业务特征选择项目和审计内容、审计报告撰写的特殊要求，并将内容和方法分拆成两章进行撰写。但由于条款篇幅有限（共十九条内容），加上绩效审计业务的灵活性，为了使审计实务操作中能帮助审计机构和审计人员更准确地理解和运用新绩效审计准则，还需要进一步出台更细化的指南或者手册对审计实务工作加以详细指导。因此，未来我国内部审计关于绩效审计准则建设方面的任务是，在充分吸收、借鉴国际政府绩效审计和IIA的准则体系先进内容的基础上，研究制定有中国特色的绩效审计指南，为我国内部审计开展绩效审计业务提供更多实质性的指导。

第二节　督导与质量控制

一、督导①

督导是一门通过指挥他人工作来完成任务的艺术。恰当的审计督导（从编制审计计划到现场审计，以及撰写和签发审计报告）能有效地保证审计质量，提高工作效率。督导者在一系列的事务中充当着各种各样的角色，如领导者、倾听者、老师、啦啦队队长、教练、施工监理等。审计督导的职能体现在两个方面：对人员的督导和对工作的督导。督导者的工作就是使员工明白对他们的期望，提供指导方针和发展路径，监控绩效水平，提供反馈，并对取得成就的员工给予适当的奖励。当对多项审计工作进行督导时，简要汇报是监控审计过程、制定决策的有效方法，它针对解决审计计划和人员配备变化等问题的作用则更加明显。

（一）督导的主要任务

《美国政府审计准则》关于绩效审计的第二条现场工作准则中规定“应对审计人员进行适当的督导”。国际内部审计师协会的《国际内部审计专业实务框架》对此进行了补充，“必须对业务实施加以适当的督导，以确保目标得以实现，质量得到保证，职员得到发展”。

审计督导包括两大方面的责任：对人员的督导和对工作的督导。具体包括：参与审计计划的编制，确定审计人力需求，给审计人员分配任务，提供日常指导，审核检查审计人员、外部咨询师和专家的工作，为审计人员提供在职培训，评估现场作业的充分性，并保证审计目标得以实现。审计督导能对缺少经验的审计人员所执行的工作进行合理的判断，并为他们提供必要的培训。目标是对所有级别的人员和所有审计阶段（从编制审计计划到现场作业、报告以及后续审计阶段）进行监督。

在完成这些任务时，督导者的主要工作就是与执行任务的审计人员通力合作，准确、及时、高效地完成审计任务，使所有审计人员以团队精神工作。这还意味着随着审计组织规模的不同，与审计组织中的管理高层及其他相关部门

---

① （美）罗奈尔·B. 罗姆，（美）斯蒂芬·L. 摩根著．绩效审计——一个计量的过程和方法[M]．陈华，李丹主译．第2版．北京：中国时代经济出版社，2014.

进行合作，同时使被审计单位了解相关的信息，以满足客户的需要和期望。

如果督导者具备胜任、诚信、敬业、机智的素质，并抱着助人为乐和建设性的态度，督导工作将达到最佳效果。督导者还应全面考虑下属的观点并及时发现其存在的问题，这样可以保证督导的质量。最后，督导者应支持并帮助下属使其工作尽量优化，即效益最大化。这也部分体现了督导者“技术指导”和“人际关系领导”的双重角色。

1. 编制审计计划

要实现有效的审计督导，应首先编制一个能体现审计目标的计划，这是绩效审计的第一步，也是关键的一步（在财务报表审计中，审计目标是预先确定的）。第二步是在审计计划中确定审计范围和审计方法，以及人员配备和任务要求，以满足审计目标。当下属撰写完审计计划之后，督导的主要任务就是提出指导意见并审核通过计划。

无论审计计划由谁撰写，督导者的任务就是保证审计计划已恰当地列出所有应当完成的任务，主要包括：

（1）为审前调查阶段提供指导以搜集相关情况，制定目标。

（2）设定明确的审计目标，审计目标应说明审计需要取得的成果。

（3）在适当的时候，协调与其他审计人员的工作，包括计划内的工作和已完成的工作。

（4）为实现审计目标和获取足够的数据选择可靠、有效的审计范围和审计方法，不要因为获取无用数据而造成审计资源的浪费。

（5）确定审计资源、人员专业技能及知识的类型和数量，并考虑聘用外部顾问和专家。

（6）如有必要，将审计工作合理切分，使审计人员明确各自的责任。

（7）确定审计工作中可能用到的审计评价标准。

（8）选择一种能够及时、有效地与审计报告使用者就审计结果进行沟通的策略和方法。

（9）制定审计质量保证环节，确保已遵守适用的审计准则，包括那些支持审计发现的证据方面的准则。

一份完整的审计计划为督导者提供了指导工作的框架，其目标是保证及时、有效、高质量地完成工作。

2. 确定对审计人员的需求

《美国政府审计准则》在关于“胜任能力”的一般准则中规定：“从事审计业务的人员应该从整体上具备完成任务所需要的足够的专业胜任能力。”

该准则规定，审计机构有责任保证从事审计业务的人员整体上具备完成审计业务所需的知识和技能，这并不要求每个人都具备所有的知识和技能，而是要求每个审计团队作为一个整体要具备所需的知识和技能。为了遵守该准则，有时需要聘请专家、学者为审计提供建议和帮助。

确定参与审计业务所需的知识、技能以及审计人员的数量是督导者的责任。有时根据审计机构的规模，可能需要更高级别或不同级别的人负责具体的人员配备，他们是对整个机构管理负责的人，而不是仅负责某项审计业务的人。充分的审计计划要考虑参与审计业务的内部人员的知识和技能，以及外部咨询顾问、专家和专业技术人员的使用。

3. 确定人员需求的标准

表 7－1 所示为确定绩效审计人员需求时可能用到的一些标准，这些标准在一些审计文献以及项目管理方面的书籍中可以找到。

表 7－1　　　　确定审计人员需求的选样标准

标准	子问题
需要多少名审计人员	· 需要几个审计组 · 每个审计组包括多少名审计人员 · 在确定审计人员时是效率更重要（人员较少）还是速度更重要（人员较多，工作能更快完成）
需要哪些技能和知识经验	· 审计人员需要具备多少审计经验 · 在完成某些特殊审计任务时是需要特别的审计经验，还是具备一般的审计经验即可 · 需要掌握哪些特殊的分析技术 · 需要掌握哪些特殊的计算机技术 · 是否需要掌握一些特殊的交流和人际沟通技巧，如良好的写作能力和口头表达能力、外交和谈判技术 · 是否需要良好的团队合作精神

4. 对审计人员的督导

将工作分派给审计人员后，应继续进行有效的督导。督导者应尽可能将任务委派给具备相应技能和知识的人员，关键是要考虑人员的长处，而不是短处。对技能和知识的掌握程度因人而异，应根据个人能力分配任务。如果条件允许，督导者应考虑审计人员的发展需要和目标，并通过分配任务帮助他们实现这些目标。

在理想状态下，审计人员的知识和技能应与完成审计工作所需要的知识和技能相匹配，而在实际工作中并不一定能达到完美状态。督导者为保证工作的顺利完成有时需要根据情况进行权衡。对于经验不足的审计人员，督导者不仅要告诉他们分析数据方面的技术，还要告诉他们如何搜集信息。当审计机构中缺少具备某种特定技能的审计人员时，督导者应格外重视此类需求，可以采取以下措施：①从外部聘用具备此类技能的咨询顾问或专家；②考虑其他的方法；③调整审计目标、范围或方法。

分配审计任务时，督导者应提供必要的指导，保证审计人员清楚地了解其任务。审计人员不但需要了解需要做哪些工作，如何完成这些工作，还应当明白工作的目的。督导者和审计人员应共同努力，保证理解有关任务要求并在必要时能解释清楚。

5. 督导者在人际关系中的作用

督导者通过指导他人来完成工作，这就要求督导者不但能管理工作，还能照顾到员工个人发展和职业发展的需求。人员管理的关键是发挥其长处。针对人力管理方面的督导包括：①设定期望值；②建立针对期望值的绩效评价系统；③提供对其绩效的认定和指导；④提供辅导和在职培训；⑤回顾人员发展情况，确定其发展需求；⑥给予建设性的反馈；⑦处理工作中的冲突和矛盾。这些工作并不容易，在所有这些工作中，督导者需要牢记员工付出了努力就应得到回报。下面的例子能够说明督导者面临的挑战：

> 督导者安排一个经验丰富的高级审计人员和两个审计经验不足的审计人员共同完成一项复杂程度中等的审计任务，限定的审计报告报送时间比较宽松。这个高级审计人员深受管理层、下属以及同事的尊敬，但是，他不喜欢撰写审计报告，对报告的撰写不以为然。他认为既然所有的审计报告都须经过多次修改，就没有必要浪费大量时间来写那些被修改的报告。
>
> 督导者确信高级审计人员和审计小组能按时、圆满地完成审计任务，但他担心高级审计人员不能写出高质量的审计报告。尽管其他两位经验较少的审计人员撰写审计报告的机会不多，但是他们都承诺能圆满完成撰写审计报告的工作。督导者怎么办？有以下方案可供选择：①由督导者亲自撰写审计报告；②向高级审计人员强调“高质量”审计报告的重要性；③建议高级审计人员参加一个写作培训班；④通过谈话，使高级审计人员明白向年轻审计人员传授撰写经验的重要性；⑤三个审计人员合作，沟通信息，共同拟订出详细的审计报告大纲；⑥每个审计人员各写一部分，然后由高级审计人员归口汇总形成审计报告；⑦在审计报告撰写过程中，单独抽出时间对可能影响报告的因素进行说明。
>
> 答案：除了第一种办法外，上述各种方法结合使用，是比较恰当的督导方法。

督导是一项困难但有成就感的工作。督导者必须放弃为避免冲突而亲自完成工作的想法。他们还必须避免“由于自己做比向别人解释怎样做更容易，而且节省时间，干脆自己做”的想法。督导的工作目标就是使审计人员通力合作，大家尽可能地把工作完成得更好。但是，事实上督导者有时不得不参与某些审计工作。

当出现问题时，督导者应避免寻找替罪羊。不应责备员工，而应使员工认识到错误，并能主动承认错误。非常重要的一点是督导者应记住“吃一堑，长一智”的道理：一味地谴责无济于事，表扬和认可才能促使员工进步。

6. 对审计业务的督导

除规模很小的审计机构外，督导是所有审计机构保证审计质量以及及时、高效地执行审计任务的第一关。督导者所承担的保证审计工作质量和按时完成任务的责任大小，随他们的职位高低（例如，一线审计人员、高级审计人员或审计经理）和审计机构的规模大小而不同。

1988 年版《美国政府审计准则》中规定：对审计工作和报告的督导审查

应及时，并确定：①是否符合审计标准；②是否遵循审计方案，除非审计方案确有偏差，同时修改方案得到了批准；③审计实施过程中是否具备应有的职业敏感；④工作底稿是否对审计发现和审计结论给予足够的支持，是否为撰写有分量的审计报告提供了充分的数据；⑤是否达到了审计目标。

督导者对审计现场作业进行日常督导，通常负责撰写审计报告以及其他形式的外部沟通（如管理意见书以及口头交换意见）。除了制订审计计划外，督导者的责任通常包括：①评价搜集到的数据的可靠性和相关性。②评价证据的充分性。③快速查阅审计人员编制的工作底稿。④参加重要的外部和内部会议，如进点会、总结会、业务会以及报告会。⑤向员工提供必要的建议和帮助。⑥向上级管理部门汇报工作进度和存在的主要问题，听取上级指示并请求帮助。⑦为实现审计目标，必要时需要对审计工作进行评估并给予指导。⑧向审计人员提供发展机会和在职培训。⑨保证审计报告及其他形式的信息符合审计机构和公认政府审计准则的质量标准。

众所周知，工作底稿中应当包含对已完成工作进行督导审核的证据。这并非需要对所有工作底稿进行审查。这句话的意思是督导者应当在工作底稿上作出标记。国际内部审计师协会的标准中列举了一些关于督导审核证据的方法，包括填写一份工作底稿检查表和撰写一份能详细说明审核性质、程度和结果的备忘录。在实践中，督导者应详细审核工作底稿，保证数据的完整性、准确性和可信性，督导者应保证工作底稿中的证据能支持审计报告，无论审计组织是否计某一个独立人员“复核”审计报告，都应保证这一点。将工作底稿作为复核审计报告的依据是一种有效的做法，但是审计准则对此没有做出硬性要求。部分审计业内人士认为，复核审计报告是督导者的任务。复核包括检查工作底稿中的所有用作支持审计结论的数据或事实。

督导者通常负责撰写或审核审计报告以及各种形式的外部沟通，如管理意见书和口头沟通工作。这包括保证审计报告和其他沟通方式满足审计组织和审计准则对质量的要求。对其他人撰写的审计报告督导者应及时进行审核，以确定是否达到审计目标，是否支持审计发现，审计准则中关于审计报告内容和表述的要求是否得到满足。

（二）对多个审计项目的督导

有时，督导者要负责同时管理两项或多项正在进行的审计任务。在这种情况下，督导者如能将主要关注点放在“要做些什么”，而不是“要怎样做”，督导工作将会非常有效。“要做些什么”应当在每个审计任务的目标中详细列出。由于绩效审计目标的作用非常关键，督导者应亲自制订审计目标。

如果条件允许，多项审计任务的督导者应与决定“怎样”完成审计工作的审计人员合作。合作能充分利用团队的集体智慧和经验。如果关于“怎样”的方案大部分是由审计人员来完成的，督导者应审核并批准该方案，或者保证审计目标准确无误，并能通过审计工作实现该目标。

（三）简要汇报审计管理法

要对审计目标、范围和方法非常清楚，对审计过程中的工作细节非常了解，以便能正确地提出问题，根据变化的情况作出正确的决策，根据目标随时把握审计的进度，同时在审计实施过程中给予督导者和审计人员充分的自由。要做到这些，确实比较困难。但好在有一种直接、有效的方法可以做到这一点，我们称之为“通过审计目标和正式的简要汇报进行督导”。这需要两种工具：一是需要以项目为基础的核算体系，该体系能根据审计目标跟踪人/天或人/小时的支出，并根据日程表追踪审计进度。该系统最好还能跟踪有预算控制的成本或现金支出。这个系统对督导控制是最基本的要求。人/小时和资金（用于差旅费和其他费用）是有限的，日历一天一天地很快翻过去，所以一切都应认真管理。关于项目核算有许多论述，我们不在这里深入讨论。二是需要具备简要讲解的能力并记好备忘录。大白纸是一种很好的备忘录工具。另一种记录工具就是计算机——配合投影仪使用。在审计过程中，这两种工具都能随着审计人员的简述和讨论及时更新。我们把它们称为“站立式简要汇报”审计管理法。

站立式简要汇报法的工作程序如下：假定负责多项审计任务的督导者通常参与审计目标的设定，并委派审计人员负责编制审计方案，确定审计范围和审计方法。又假设审计经理要求审计组每两个星期报告一次每个人的工作进度。

任务一：经理和审计小组一起研究设定审计目标。审计组在大白纸上或用电脑记录这些目标。

任务二：审计组坐在一起选择能够实现审计目标的审计范围和审计方法。这个过程还应区分出子目标以确定对数据的需求。可能会用到设计矩阵。审计组用大白纸将与这些目标相关的详细计划内容记录下来。记录应该做备份并在电脑中记录。

任务三：在站立式简要汇报过程中，审计组向审计经理和其他督导者简要汇报待批准的审计计划。任何对计划的修改都应在大白纸上标出。如果变化较大，审计组应重新编制计划，并写在大白纸上。

任务四：以两个星期为阶段，审计组用大白纸记录与每个审计目标（如有必要，还应包括子目标）相关联的审计结果，并向审计经理作站立式简报。在简要汇报过程中作出的任何改变（审计目标或需要完成的工作）都应在大白纸上用不同的颜色标出。使用不同的颜色，可以醒目提示涉及的人员在哪里作过更改。

对每次简要汇报审计进展时，督导者和审计小组应该；①在大白纸上记录迄今为止获得的有关每个审计目标的证据材料。根据新获得的证据材料数量，审计组可以在以前的图表中增加新的信息，或者直接制作新的图表。为区分新、旧证据，可用不同的颜色将新证据标出。②在进行简要汇报之前，应对审计目标以及相关的审计范围和审计方法进行回顾。③讨论到目前为止取得的有关每个审计目标、审计发现和审计结论的证据材料。④在简要汇报过程中应允许提出问题，并进行公开讨论，但审计组应负责选择性地回答问题。

再次强调，在进行简要汇报的过程中，关于审计目标或审计方案的任何改变都应在图表上用不同的颜色标出，并保存以备下一次简要汇报之用。随着现场作业接近尾声，简要汇报除了提供所得的证据材料之外，还应包括审计发现和审计结论，如果需要还应包括审计建议。

督导是审计机构高质量、及时、有效地实施审计工作的基本保证。从编制审计计划之初到审计工作完成以及撰写审计报告的全过程，都应进行适当的督导，这是保证审计质量和尽快完成审计项目的有效方法。

督导的功能之一是对审计人员的管理。这包括确定审计人员数量和知识需求，根据审计人员的技能分配任务，向审计人员提供适当的指导和帮助，对审计人员的工作进行检查，向审计人员提供培训和发展的机会。督导通常包括监督和评价审计人员的绩效，提供反馈和建议。督导者的角色已经从发号施令者转变成为老师、帮手和教练。

督导的另一个职责是对审计工作进行管理，包括审核审计计划，确保实际工作与计划相符，随时告知上级管理部门工作进展情况和有无必要调整审计计划、修改审计方案，通过与审计人员的定期沟通和对工作底稿的审核密切关注审计进度。所有这些都是有效完成审计工作的保障。

各个级别的督导者都可以通过听取简要汇报的方式批准审计方案，并使上级管理部门定期了解审计的情况。简要汇报的过程允许思想的自由交流，但范围不应超出负责审计工作督导者的控制范围。尽管督导者（或进行简要汇报的人）对审计组进行了较多控制，但是这也为负责多个审计项目的督导者提供了“同时对几个不同审计项目进行监督审核”的有效方法。

正如本章和审计准则所述，督导是在审计任务实施过程中实现对审计业务和审计人员的监督和管理，而不是对审计机构的管理。但两种管理的区别也不是黑白分明的。从概念上讲，机构管理是另一种工作，它涉及不同任务和责任，如制定审计和管理政策、组织员工招聘和工资报酬管理等。

二、质量控制及责任

（一）INTOASAI 绩效审计质量保证及控制体系①

最高审计机关国际组织审计准则规定：最高审计机关应当建立适当的体系，以确认完整的质量保证程序已顺利运行，保证审计报告的质量，并确保质量得到改进和避免重复错误。质量保证主要是指最高审计机关为保持高标准的审计活动而制定的政策、体系和处理程序，也指为保证完成审计业务的日常管理工作的各种要求。而质量控制则是指为评估质量保证体系和审计项目执行情况进行的复核。

1. 最高审计机关的质量保证活动

作为最高审计机关专业职责的一个组成部分，最高审计机关必须建立和支持充分的质量保证体系。构成这一体系的结构、政策和执行程序都是为了给最高审计机关工作能够达到应有的专业要求和标准提供必要的保证。

① 最高审计机关绩效审计指南——附表4：沟通与质量保证。

质量保证活动包括以下内容：①保证计划工作的质量，即对所选任务的计划工作进行审核以保证对所有实质性的要素都进行了充分的考虑；②保证正实施的工作的质量，即正在实施的工作应该得到持续的检查，这种检查对于保证审计质量、增进了解和得到反馈信息是非常必要的；③保证终审质量，即在签署任何报告以前，所有已完成的工作必须经过复核。

应当设计适当的质量保证活动以保证所有的审计工作都遵循相关的审计准则。质量保证活动的目标应该包括下列方面：①职业胜任能力和职业操守；②人员的分派和督导；③指导和协助；④客户评价；⑤行政和技术职责的分工。

最高审计机关应采取措施使审计人员了解一般质量保证政策和执行程序，以合理地保证这些政策和执行程序能够得到理解和贯彻执行。下面列出了一些审计项目负责人和最高审计机关管理人员在审计工作中需要特别注意的事件和要素。

（1）计划、预算和对咨询人员的使用。在对审计工作进行计划的时候，审计项目负责人需要考虑很多因素，如质量、资源和时间。预算则由员工报酬、咨询费用、专家费用以及其他直接成本构成。如果最高审计机关寻求外部专家的帮助，可执行有关合理的职业谨慎和信息保密方面的准则。

（2）审计工作的监督和执行。审计项目负责人应当保证审计工作按照既定的预算和时间完成，如有必要，还应适当放宽预算。审计项目负责人应该明确意识到按时完成审计工作的风险，保证审计工作与既定的目标和范围相关。数据收集和分析工作的开展必须得到监控。审计项目负责人必须确保审计组能够与被审计单位及其他利益相关方保持良好、适当的关系。

（3）项目进展报告及报告的程序。审计项目负责人应该向最高审计机关管理层报告审计的进展状况，如有必要，还应当报告对纠正措施的建议。审计项目负责人还必须保证审计报告符合报告准则。

2. 质量保证检查程序——内部复核和外部复核

质量保证检查程序是由最高审计机关采取的一系列内部和外部的复核活动，是从不同的角度和内容对整体工作质量进行的评估。因此，质量保证检查程序在实际工作中可灵活运用。该检查程序的结果至少应当按年度向最高审计机关管理层报告（视绩效审计的工作量而定）。质量保证检查程序应当检查对政策和工作程序的遵守情况，指出现行政策和工作程序中有待改进之处，以及评估工作执行的质量是否符合特定目标或特殊关联方的需要。质量保证检查程序一般应该着眼于对特别的工作程序的遵守和工作的质量。质量保证检查程序的报告应当简要地指出所有检查工作结果，包括被选择的工作项目（数量和类型），检查中的任何发现和建议。

3. 质量保证和质量改进

审计人员实施的质量保证或质量控制活动应具有合法依据，并且程序和体系不要太复杂，这两点对于质量保证和质量改进是非常重要的。除质量保证和控制活动外，提高审计工作质量的最有效的方法或许是招募胜任的员工和创造适当的工作条件，以便：①促进审计工作质量的提高；②促进公开、明晰和相互信任的组织体系的建立；③激发审计人员的责任感。

对于诸如绩效审计这种基于信息化和专业化的工作，同传统概念上对审计组的监督相比，支持审计组努力获得完成高质量的审计工作通常显得更为重要。

（二）我国政府审计质量控制要求

我国2010年发布的《国家审计准则》中要求，审计机关应当建立审计质量控制制度，以保证实现下列目标：①遵守法律法规和本准则；②作出恰当的审计结论。

我国《国家审计准则》中要求，审计机关应当针对下列要素建立审计质量控制制度：①审计质量责任；②审计职业道德；③审计人力资源；④审计业务执行；⑤审计质量监控。也就是明确规定了国家审计质量控制的五要素。

审计机关实行审计组成员、审计组主审、审计组组长、审计机关业务部门、审理机构、总审计师和审计机关负责人对审计业务的分级质量控制。

审计组成员的工作职责包括：①遵守本准则，保持审计独立性；②按照分工完成审计任务，获取审计证据；③如实记录实施的审计工作并报告工作结果；④完成分配的其他工作。审计组成员应当对下列事项承担责任：①未按审计实施方案实施审计导致重大问题未被发现的；②未按照本准则的要求获取审计证据导致审计证据不适当、不充分的；③审计记录不真实、不完整的；④对发现的重要问题隐瞒不报或者不如实报告的。

审计组组长的工作职责包括：①编制或者审定审计实施方案；②组织实施审计工作；③督导审计组成员的工作；④审核审计工作底稿和审计证据；⑤组织编制并审核审计组起草的审计报告、审计决定书、审计移送处理书、专题报告、审计信息；⑥配置和管理审计组的资源；⑦审计机关规定的其他职责。

审计组组长应当从下列方面督导审计组成员的工作：①将具体审计事项和审计措施等信息告知审计组成员，并与其讨论；②检查审计组成员的工作进展，评估审计组成员的工作质量，并解决工作中存在的问题；③给予审计组成员必要的培训和指导。

审计组组长应当对审计项目的总体质量负责，并对下列事项承担责任：①审计实施方案编制或者组织实施不当，造成审计目标未实现或者重要问题未被发现的；②审核未发现或者未纠正审计证据不适当、不充分问题的；③审核未发现或者未纠正审计工作底稿不真实、不完整问题的；④得出的审计结论不正确的；⑤审计组起草的审计文书和审计信息反映的问题严重失实的；⑥提出的审计处理处罚意见或者移送处理意见不正确的；⑦对审计组发现的重要问题隐瞒不报或者不如实报告的；⑧违反法定审计程序的。

根据工作需要，审计组可以设立主审。主审根据审计分工和审计组组长的委托，主要履行下列职责：①起草审计实施方案、审计文书和审计信息；②对主要审计事项进行审计查证；③协助组织实施审计；④督导审计组成员的工作；⑤审核审计工作底稿和审计证据；⑥组织审计项目归档工作；⑦完成审计组组长委托的其他工作。

审计组组长将其工作职责委托给主审或者审计组其他成员的，仍应当对委托事项承担责任。受委托的成员在受托范围内承担相应责任。

审计机关业务部门的工作职责包括：①提出审计组组长人选；②确定聘请外部人员事宜；③指导、监督审计组的审计工作；④复核审计报告、审计决定书等审计项目材料；⑤审计机关规定的其他职责。

业务部门统一组织审计项目的，应当承担编制审计工作方案，组织、协调审计实施和汇总审计结果的职责。

审计机关业务部门应当及时发现和纠正审计组工作中存在的重要问题，并对下列事项承担责任：①对审计组请示的问题未及时采取适当措施导致严重后果的；②复核未发现审计报告、审计决定书等审计项目材料中存在的重要问题的；③复核意见不正确的；④要求审计组不在审计文书和审计信息中反映重要问题的。

业务部门对统一组织审计项目的汇总审计结果出现重大错误、造成严重不良影响的事项承担责任。

审计机关审理机构的工作职责包括：①审查修改审计报告、审计决定书；②提出审理意见；③审计机关规定的其他职责。审计机关审理机构对下列事项承担责任：①审理意见不正确的；②对审计报告、审计决定书作出的修改不正确的；③审理时应当发现而未发现重要问题的。

审计机关负责人的工作职责包括：①审定审计项目目标、范围和审计资源的配置；②指导和监督检查审计工作；③审定审计文书和审计信息；④审计管理中的其他重要事项。审计机关负责人对审计项目实施结果承担最终责任。

审计机关对审计人员违反法律法规和本准则的行为，应当按照相关规定追究其责任。

审计机关应当按照国家有关规定，建立健全审计项目档案管理制度，明确审计项目归档要求、保存期限、保存措施、档案利用审批程序等。

审计项目归档工作实行审计组组长负责制，审计组组长应当确定立卷责任人。立卷责任人应当收集审计项目的文件材料，并在审计项目终结后及时立卷归档，由审计组组长审查验收。

审计机关实行审计业务质量检查制度，对其业务部门、派出机构和下级审计机关的审计业务质量进行检查。

审计机关可以通过查阅有关文件和审计档案、询问相关人员等方式、方法，检查下列事项：①建立和执行审计质量控制制度的情况；②审计工作中遵守法律法规和本准则的情况；③与审计业务质量有关的其他事项。

审计业务质量检查应当重点关注审计结论的恰当性、审计处理处罚意见的合法性和适当性。审计机关开展审计业务质量检查，应当向被检查单位通报检查结果。审计机关在审计业务质量检查中，发现被检查的派出机构或者下级审计机关应当作出审计决定而未作出的，可以依法直接或者责成其在规定期限内作出审计决定；发现其作出的审计决定违反国家有关规定的，可以依法直接或者责成其在规定期限内变更、撤销审计决定。审计机关应当对其业务部门、派出机构实行审计业务年度考核制度，考核审计质量控制目标的实现情况。

审计机关可以定期组织优秀审计项目评选，对被评为优秀审计项目的予以表彰。审计机关应当对审计质量控制制度及其执行情况进行持续评估，及时发现审计质量控制制度及其执行中存在的问题，并采取措施加以纠正或者改进。

审计机关可以结合日常管理工作或者通过开展审计业务质量检查、考核和优秀审计项目评选等方式，对审计质量控制制度及其执行情况进行持续评估。

由此可见，我国的质量控制制度，更多是针对传统合法、合规审计的业务类型的审理和质量控制，而缺乏相应的针对绩效审计质量控制个性化的审理及质量控制要求。

思考与练习

1. 简述绩效审计准则的涵义、价值。
2. 简述世界各国绩效审计准则模式。
3. 中外政府审计准则的区别有哪些？简要评价我国现行国家审计准则体系。
4. 分别阐述我国政府绩效审计准则、内部绩效审计准则的建设，并提出建议。
5. 督导的主要任务有哪些？督导的主要作用是什么？
6. 我国国家控制质量包括哪些要素？如何做好质量控制工作？

第八章　绩效审计报告

【导读】绩效审计报告，是整个绩效审计工作中的最终产品。绩效审计报告是对外沟通审计结果的正式文书，是审计方与有关各方沟通的重要媒介。审计报告的质量如何，直接影响着绩效审计作用效果的发挥。随着我国绩效审计逐步得以重视并不断开展，应该建立怎样的绩效审计报告的框架，怎样撰写高质量的绩效审计报告，已成为广大审计机构和审计人员最为关心的问题之一，这也是审计人员应该具有的基本素质。本章主要介绍绩效审计报告的作用、特点、内容框架、撰写要求、格式及技巧等内容。

【关键词】绩效审计报告、概要、目标导向、可视化工具

第一节　绩效审计报告及其作用

绩效审计报告是绩效审计的结论性文件，除了应具备一般审计报告的价值意义之外，还应具备反映绩效特征及要求的特殊价值和作用。

一、绩效审计报告定义

绩效审计报告是审计人员在绩效审计工作结束时发表审计意见，作出审计评价和提出审计建议的一种书面文件，是绩效审计项目成果的体现，是审计方与有关各方沟通的重要媒介。这种报告客观地对被审计对象的绩效情况进行评价，肯定优点和长处，指出存在的损失浪费现象和运营管控上的漏洞和潜力，对影响绩效提高的各方面原因进行分析，对如何提高绩效提出建议。

最高审计机关国际组织发布的《绩效审计指南》中指出，大多数长期从事绩效审计的审计机关都出具单个绩效审计报告，即每个绩效审计项目分别出具审计报告。其他一些没有被要求实施绩效审计或被限制公开所有绩效审计结果的审计机关，可能只在他们的年度报告中汇总反映其审计发现的事实和结论。而本章主要介绍需要出具单个绩效审计报告的情形。

二、绩效审计报告意义

编写审计报告，在整个绩效审计工作程序中是重要的步骤，是总结性的工作，其重要意义表现在以下几个方面。

（一）审计工作完成后的书面汇报

审计人员按照绩效审计年度项目计划，或者接受有关主管部门、单位的委托，对被审计单位进行绩效审计，在绩效审计实施过程完成后应向其所属审计机构或委托授权单位用书面形式汇报绩效审计项目开展的情况和结果。绩效审计报告是在对绩效审计记录和审计工作底稿进行整理、归纳、综合、分析并听取有关各方面的意见后写成的，它具有系统性、准确性，便于阅读、研究和归档保存。

（二）审计人员表达意见的一种方式

在绩效审计过程中，审计人员对被审计单位的经济活动、绩效情况和问题及其原因有了一定了解，在绩效审计过程结束后，审计人员用书面形式正式表达意见，如对提高绩效、改进绩效的分析和建议，是十分必要的。通过这种形式可以把这些信息传达给绩效审计报告信息的预期使用者。

（三）审计结果沟通的重要载体

绩效审计结束后，凡审计机关/机构按照年度项目计划由审计人员进行审计的，一般都要由审计机关/机构对被审计单位给出审计结论，出具审计报告。而审计结论主要是依据审计实施过程中获取的事实材料，汇总整理、分析评价后对被审计单位绩效作出的客观、公正的评价，同时也要在绩效审计报告中针对发现的问题提出相应的绩效改进意见。

（四）审计档案的重要组成部分

审计档案是国家重要的经济档案，要长期乃至永久保存。在审计档案中，绩效审计报告占有重要地位。绩效审计计划、审计方案的完成情况集中反映在绩效审计报告中，绩效审计档案中搜集整理的各种审计证据、工作底稿、附表附件等也都与绩效审计报告的内容密切相关，审计结论也以绩效审计报告为基础，因此，绩效审计报告是审计档案中不可缺少的重要内容。

三、绩效审计报告的作用

根据最高审计机关审计准则，审计人员需要出具书面审计报告。通过书面审计报告把审计结果传递给政府各个层面，可以减少对审计结果的误解，使公众能够对审计结果加以检查，以便跟踪、确定是否已采取了纠正措施。绩效审计报告是审计的最终产品，它是政府、立法机关和公众评估审计机关绩效审计职能作用发挥状况的依据。概括起来说，审计报告有以下四个方面的作用。

（一）说明审计结果和审计结论

审计组织对被审计单位进行审计之后，应该形成审计结果或者审计结论。审计报告就是表达审计工作结果的主要形式。而这些评价结论就是对被审计对象绩效如何的一个鉴证结论，鉴证被审计对象经济活动的经济性、效率性、效果性，包括对公平性和环保性，具有多方面反映被审计对象绩效的功能和作用。其核心价值特征：一是独立性和可靠性。由于审计报告是由独立的审计机构和审计人员提出的，其反映的业绩及绩效管理中存在的问题，不是被审计者自己的报告，而是经过独立审计人员按照审计准则、质量控制和职业道德的要求，在实施审计程序的基础上，依据获得的充分、适当的审计证据得出的评价意见，因此更加可靠。二是科学性和可比性。由于绩效审计报告的评价结论是审计人员运用系统的科学的方法获得绩效状况的相关数据信息，并经过科学的分析论证后提出的，在评价和评估的过程中参照了适当的审计标准，进行分析对比后得出的结论，因此更能反映被审计单位绩效的特征诉求及相对水平状况。

（二）说明审计的性质和范围

早在 1978 年，科恩委员会就提出，因为审计报告使用者不熟悉审计工作的局限性，以及审计者与被审计者之间责任的区别，审计报告需要增加一些解释性内容，比如：审计的范围、期间；审计是依据审计准则进行的；审计是以测试为基础的，而不是检查所有的数据资料，等等。只有在审计报告充分描述绩效审计的性质、时间、范围等信息，才便于审计报告预期使用者充分理解审计工作方式、结论及其局限性，防止误解、误用审计报告信息。

（三）作为进行后续跟踪检查的依据

绩效审计报告的内容不仅要对被审计对象的绩效状况进行客观评价，还需要指出查出的影响绩效得到目标状况的主要问题，同时深入分析问题产生的根源，诊断其症结之所在，并提出相应的建议。为预期报告审计使用者了解被审计方受托绩效责任履行情况提供重要依据。因此，审计报告中提出的审计结果和建议，审计组织可以据此对审计结果和建议的落实情况进行跟踪检查，最终达到促进被审计单位对有效解决存在于相关绩效管理中的问题，将绩效审计的诊断、促进作用落到实处。

（四）方便相关监管方监督检查

就审计机关而言，绩效审计报告是对绩效审计完成情况及其结果所做的总结，它揭示的问题，提出的建议，下的审计决定，本身就是具有监督作用的法律文件。审计机关将审计结果向社会公告，客观上将审计机关的审计工作及结果置于社会公众的监督之下。审计报告的读者可以根据审计报告评判审计工作的质量，是否实施了必要的审计程序，发表的审计意见是否与被审计单位实际情况相一致等。同时以审计报告为媒介，了解并监督公共资源的使用和管理情况。对于内部审计机构而言，审计结果在单位内部的公开和沟通，也便于内部相关各方了解本单位内部绩效管理状况的相关信息以及审计过程及结果的恰当性，并对内部审计机构工作质量作出评价。

第二节　绩效审计报告特点及内容框架

一、绩效审计报告特点

绩效审计的目的是找出被审计对象在运营管理上的薄弱环节，促进被审计单位改进运营管理、提高绩效。不同行业的绩效审计，因涉及不同的经济技术指标及审计方法，其在内容上差别很大。

绩效审计报告具有以下特点：

（一）审计结论强制性程度较低

专题的绩效审计一般不需要做出审计处理决定。审计人员通常要提出审计建议，或者各种可供选择的方案，供有关的被审计单位和主管部门采纳。由于绩效审计着眼于效率、效果和节约等方面，评价标准也较为灵活，加之影响绩效的因素很多，审计人员有时也会考虑不周。通常，审计人员以讨论、说服的语言来发表意见，供主管部门和被审计单位参考采纳。

（二）内容综合性较强

绩效审计过程中，往往会涉及一些财务审计和法纪审计方面的问题。同时，对绩效的评价往往离不开对于财务活动的评价。因此，在必要的时候，绩效审计报告也应该把财务审计的内容反映出来，并下达审计结论和审计处理决定。同时抄送被审计单位的主管部门参阅。

（三）侧重建设性

绩效审计报告通常包括成绩和问题，评价和建议。审计人员对被审计单位的绩效状况作出评价的同时，更为注重提出挖掘潜力、进一步提高绩效的建议，以帮助被审计单位改进工作，使绩效审计报告更具有建设性。

（四）一般采用详式报告

绩效审计报告用比较详细的文字来表达审计人员的意见，特别是对于存在的问题和改进的措施、建议，要更为详细阐述。在绩效审计报告中，审计人员要反映的问题往往比较多，情况也较复杂。因此，绩效审计报告大多采用详式报告模式。同时，与财务审计报告相比，绩效审计报告至今尚未形成一套规范的写法，包括的内容也各不相同。因此，如何撰写绩效审计报告，有待总结经验。

（五）体例的灵活性

绩效审计报告重在反映问题，找到问题症结之所在，并针对问题提出建议。有的绩效审计只侧重于鉴证或确定一个具体绩效状况，要素涵盖少；有的绩效审计不仅要鉴证、确认绩效状况，需要指出存在的问题；有的绩效审计在确认绩效状况、指出问题的基础上，还需要进一步找出根源，并提出对策。绩效审计报告因为涵盖的绩效审计发现要素不同，内容要素和体例上有较大的不同，灵活性较高。

二、绩效审计报告内容框架

（一）确立我国绩效审计报告框架需要考虑的因素

确立我国绩效审计报告框架需要考虑的因素包括以下几个方面：

1. 绩效审计的特点

绩效审计有双重职能，一方面，绩效审计提供了被审计方履行受托绩效管理责任方面的信息和保证；另一方面，促进被审计单位相关管理层在明确绩效责任基础上，不断提高绩效管理水平。虽然不同审计组织对上述两个职能的侧重点不同，但不可否认，绩效审计与常规的财务审计相比，有其自身的特点。比如，绩效审计运用财务和非财务数据去评价受托绩效责任履行的经济性、效率性、效果性，也包括公平性和环保性，而不是仅仅对财务状况和对规则的遵循程度发表意见；绩效审计要对政府部门是否达到了权力机关制定的目标进行评论，绩效审计要对政府部门提高经济性、效率性、效果性等提出一般建议等。

2. 我国政府审计的特点

与世界上许多国家的政府审计不同的是，我国审计机关政府内部的组成部门，是具有处理处罚权的行政机关。审计机关开展的审计监督是政府的内部行政监督。当前，被审计事项中还存在不少违法违规问题，社会对审计机关查处违法违规问题的期望还很高，在这种情况下，审计机关在开展的任何审计工作中，都不可能忽视查处违法违规问题。开展绩效审计和开展其他审计业务一样，审计人员在审计过程中要对违法违规问题始终保持应有的职业谨慎，对于发现的违法违规问题，区别情况进行处理：需要进行处理处罚的，通过下达审计决定进行处理处罚；需要移送司法机关追究法律责任的，就移送司法机关追究法律责任。

3. 我国有关审计准则对绩效审计内容框架的要求

我国审计署没有制定专门的政府绩效审计准则，因此关于我国政府绩效审计报告的最高依据来源是2010年审计署发布的《国家审计准则》，其中对政府审计报告的编审程序、内容和格式进行了明确规定。比如，第119条规定：国家审计准则审计报告包括审计机关进行审计后出具的审计报告以及专项审计调查后出具的专项审计调查报告。

第122条规定，审计机关的审计报告（审计组的审计报告）包括下列基本要素：

（1）标题；

（2）文号（审计组的审计报告不含此项）；

（3）被审计单位名称；

（4）审计项目名称；

（5）内容；

（6）审计机关名称（审计组名称及审计组组长签名）；

（7）签发日期（审计组向审计机关提交报告的日期）。

国家审计准则第123条规定，审计报告的内容主要包括：

（1）审计依据，即实施审计所依据的法律法规规定；

（2）实施审计的基本情况，一般包括审计范围、内容、方式和实施的起止时间；

（3）被审计单位基本情况；

（4）审计评价意见，即根据不同的审计目标，以适当、充分的审计证据为基础发表的评价意见；

（5）以往审计决定执行情况和审计建议采纳情况；

（6）审计发现的被审计单位违反国家规定的财政收支、财务收支行为和其他重要问题的事实、定性、处理处罚意见以及依据的法律法规和标准；

（7）审计发现的移送处理事项的事实和移送处理意见，但是涉嫌犯罪等不宜让被审计单位知悉的事项除外；

（8）针对审计发现的问题，根据需要提出的改进建议。

审计期间被审计单位对审计发现的问题已经整改的，审计报告还应当包括有关整改情况。

因2010年国家审计准则修订中，将原先的通用准则和具体准则合并为同一个准则，我国国家审计准则本质上是“一本通“，从形式上理解，其与审计报告相关的条款规定，应是适用于审计机关开展的所有审计业务类型，但依据国家审计准则对审计报告的内容框架规定的具体条款来看，这些规定主要是适用于传统的合法合规审计业务的，所以缺乏针对绩效审计报告编制的特殊性条款和要求，难以发挥对绩效审计报告撰写的实质性指导作用。

但部分地方审计机关，比如青岛审计局、徐州市审计局、江苏审计厅、浙江审计厅等，制定发布了绩效审计操作指南，对于报告内容框架会有明确的规定。以青岛市审计局出台的绩效审计指南为例：

其第六章审计报告中第49条规定：绩效审计报告分为独立型与结合型审计报告。独立型的绩效审计报告应单独出具审计报告，结合型的绩效审计报告原则上应出具一个审计报告，审计报告封面上的被审计对象和审计项目以所结合的审计项目为主，只是在审计报告中增加绩效审计的内容。

第五十一条规定，对于独立型的绩效审计报告其撰写内容一般包括以下几个方面：

（1）前言。简练写明审计依据、审计时间、审计目标、审计实施情况、审计机关和被审计对象的责任等。审计实施情况如内容较多可单独作为一部分，审计范围所受限制及原因也应予以说明。

（2）被审计对象（事项）基本情况，包括在管理体制、财政财务隶属关系或国有资产监督管理关系、财政财务收支状况、项目资金来源和使用情况、目前的状况等。

（3）审计评价结果及评价意见。针对审计目标，以审计发现的情况为基础，依据评价标准，先对审计事项进行总体评价，然后根据分目标的审计结果分别进行评价。在实施审计评价时应该保持谨慎态度，注意规避审计风险。

（4）审计发现的主要问题和处理处罚意见。在绩效审计中发现的违反国家规定的财政、财务收支行为，以及单位或个人违法违纪问题，要依照有关法律、法规和规章的规定进行处理处罚。对审计发现的绩效问题要从绩效的角度给问题定性，一般按对绩效影响程度大小的顺序排列。在此部分，如有必要可增加对问题形成的原因分析，包括审计发现的事实、分析审计结果的原因及其产生的影响。

（5）审计建议。根据审计结论和审计发现的主要问题，分析产生问题的原因提出审计建议，审计建议的内容应与报告中的其他内容相呼应。为保证审计的独立性和规避审计风险，审计建议一般采用“应当”式的语句，建议被审计对象“应该做什么”。对审计发现的虽不违法违规但不经济、低效率、无效果等绩效问题，应向被审计对象提出审计建议，促进其改善管理。对审计发现的属体制机制的问题，要从宏观的角度，采取恰当的方式向有关部门提出改进建议，发挥绩效审计建设性作用。绩效审计实务操作中，大多数审计机关出具的绩效审计报告是采用类似于青岛市审计局规定的绩效审计报告内容框架模式。

相对于政府审计机关而言，我国内部审计准则中有专门的绩效审计准则，对绩效审计报告的撰写和内容框架有明确的规定。

（二）国外绩效审计报告框架

国外一些国家的政府审计在探索绩效审计实践方面，总结了一些好的做法和经验。他们的审计准则或者绩效审计操作指南或手册中都对绩效审计报告的框架和内容提出了明确而具体的要求，这些可以为确定我国绩效审计报告的框架提供一些参考。

1. 澳大利亚审计署绩效审计的内容框架

澳大利亚审计署绩效审计手册中提出，绩效审计报告必须包括的内容有：

（1）声明审计是按照审计准则的要求做的，在实施审计过程中，实施了审计师认为必要的测试和程序；

（2）在少有的偏离了必要的原则和程序的例外情况下，报告中应指明未能遵循的原则和程序，以及不遵循的理由；

（3）对审计范围和目标的描述，以及受到的限制；

（4）审计评价标准的确定；

（5）表达审计师的意见。

绩效审计报告的结构，按照顺序依次是：标题页和呈送信→内容目录→缩写词语列表（一般一页）→摘要和建议→审计发现和结论→附录（一般包括被审计单位的反馈意见）→索引等。

2. 美国审计署绩效审计报告的内容框架

美国审计署2003年版的政府审计准则对绩效审计报告的形式、内容做出了规定。其规定审计报告的形式应该与其预期的用途相适应，但是必须是书面的或者其他可重复取得的形式。审计师在确定审计报告的形式时应该运用他们的专业判断，包括考虑使用者的需求、可能的要求以及分发的需要等。除了一些对审计结果的较为正式的表述，包括分章节的报告和文件形式报告之外，审计师也可以考虑审计报告采用简介性的幻灯片形式。审计报告也可以采用那种报告使用者和审计组织可以重复取得的电子媒体的形式，如CD或VCD形式。但不论哪种形式的审计报告，都必须遵循相应的报告准则。其规定绩效审计报告的内容应该包括：

（1）审计的目标、范围和重点；

（2）审计的结果，包括审计发现、结论和建议；

（3）对政府审计准则遵循情况的说明；

（4）负责官员的看法；

（5）特别规定的和保密信息的说明。

通过这些国家绩效审计报告的框架要求以及一些绩效审计报告的实例，我们发现，除了内容排列的顺序和详略程度不同之外，大多数国家政府审计的效益审计报告在内容上几乎没有大的差别，包括：①摘要；②审计的范围、目标；③对审计准则遵循情况的说明；④审计发现的事实、结论和建议；⑤被审计单位的反馈意见等。

（三）国际内部审计实务框架报告标准

1. 报告内容要素的一般规定

国际内部审计实务框架第 2450 条明确规定，内部审计报告要包括：

（1）审计范围，包括意见所涵盖的时间段；

（2）范围受限制的情况；

（3）对所有相关业务的考虑，包括对其他确认提供者的依赖程度；

（4）用来作为形成总体意见基础的风险或控制框架或者其他标准；

（5）用以支持审计意见的信息汇总；

（6）形成的总体意见、判断或结论；

（7）形成不利的总体意见时必须说明原因。

同时要求，在向组织外部有关方面发布业务结果时，必须告知对业务结果分发和使用的限制。

2. 报告必须包含内容要素的规定

国际内部审计实务框架第 2410 条——报告标准要求：报告内容必须包括业务目标、范围和结果。业务结果的最终报告必须包含适当的结论以及适当的建议和/或改进计划。在适用的情况下，内部审计人员应当出具审计意见。发表的审计意见必须考虑到组织的战略、目标和风险，以及高级管理层、董事会及其他利益相关方的预期，必须有充分、可靠、相关及有用的信息支持。业务层面的意见可以是评级、结论或其他对结果的表述，该业务可能与围绕特定流程、风险或业务部门的控制相关。这些意见的形成需要同时考虑业务结果及其重要性。鼓励内部审计师在业务结果报告中对令人满意的业绩予以认可。

3. 对《标准》遵循情况的报告

国际内部审计实务框架第 2430 条——对“遵循《标准》”的应用要求：只有在通过质量保证与改进程序的结果得到证实的前提下，在业务报告中声明“内部审计活动遵循了《国际内部审计专业实务标准》”才是适当的。

未遵循《职业道德规范》或《标准》的情况影响到某一特定业务时，结果报告中必须披露：

（1）未能完全遵循的《职业道德规范》或《标准》所规定的原则、行为规则；

（2）未遵循的原因；

（3）“未遵循”这一事实对于该业务及已报告结果的影响。

（四）我国内部审计绩效审计准则报告框架

1. 审计报告内容框架的一般规定

我国内部审计出具的绩效审计报告应符合《内部审计具体准则第 2106 号——审计报告》的基本要求。

在 2106 号具体准则第三章审计报告的内容中明确规定了审计报告主要包括的要素：

（1）标题；

（2）收件人；

（3）正文；

（4）附件；

（5）签章；

（6）报告日期；

（7）其他。

其中，审计报告的正文，也就是核心审计报告内容要素主要包括下列几个方面：①审计概况，包括审计目标、审计范围、审计内容及重点、审计方法、审计程序及审计时间等；②审计依据，即实施审计所依据的相关法律法规、内部审计准则等规定；③审计发现，即对被审计单位的业务活动、内部控制和风险管理实施审计过程中所发现的主要问题的事实；④审计结论，即根据已查明的事实，对被审计单位业务活动、内部控制和风险管理所作的评价；⑤审计意见，即针对审计发现的主要问题提出的处理意见；⑥审计建议，即针对审计发现的主要问题，提出的改善业务活动、内部控制和风险管理的建议。

审计报告的附件应当包括针对审计过程、审计中发现问题所作出的具体说明，以及被审计单位的反馈意见等内容。

2. 绩效审计报告内容的专门要求

第 2202 号内部审计具体准则——绩效审计，在第六章绩效审计报告中明确提出了对绩效审计报告内容的专门性要求：

（1）评价标准的选择。绩效审计报告应当反映绩效审计评价标准的选择、确定及沟通过程等重要信息，包括必要的局限性分析。

（2）评价结论。绩效审计报告中的绩效评价应当根据审计目标和审计证据做出，可以分为总体评价和分项评价。当审计风险较大，难以做出总体评价时，可以只做分项评价。

（3）发现的问题及影响。绩效审计报告中反映的合法、合规性问题，除进行相应的审计处理外，还应当侧重从绩效的角度对问题进行定性，描述问题对绩效造成的影响、后果及严重程度。

（4）原因分析。绩效审计报告应当注重从体制、机制、制度上分析问题产生的根源，兼顾短期目标和长期目标、个体利益和组织整体利益，提出切实可行的建议。

（五）我国政府绩效审计报告内容框架

由于绩效审计对象的多样性和复杂性，不可能统一规定审计报告的要素、结构及意见类型。绩效审计报告的内容，取决于具体的绩效审计的目的、内容和要求。审计人员应该根据每一项绩效审计的不同特点来确定应该反映的内容。只有从实际情况出发来撰写审计报告，才能够使审计报告发挥应有的作用。但一般的绩效审计报告包括如下内容：

1. 标题

绩效审计报告的标题根据确定的审计对象或主题自行确定。确定绩效审计报告标题的基本原则是，依据我国内部审计机构和国家审计机关的审计报告标题的撰写惯例，只要能反映被审计的对象/主题，以及审计义务性质——绩效审计/绩效审计调查即可，也即我国审计报告的标题命名形式为“审计对象+审计义务类型（绩效审计报告/经济责任审计报告）”。但通过我国的审计报告标题，看不到审计人员得出的评价结论。相比而言，通过研究美国审计署网站上发布的标题可以发现，其绩效审计报告标题命名方式最大的优势在于“直接在审计报告标题中给出了对被审计对象的评价结论”，比如“联邦政府向医疗卫生专业学生提供的贷款和奖学金未能实现预期目标”①，再比如 2018 年 9 月 14 日美国审计署向国会提交的审计报告——美国邮政服务：程序改进能改善邮件扫描（report title：“U. S. Postal Service：Enhancing Procedures Could Improve Product Scanning”）② 等，都能明确地看到对审计对象绩效状况的评价结论。这一报告标题命名方式最大的优势是用最短的时间输出审计结果信息，便于报告预期使用者在看到报告标题的那一刻即能获得审计的总体评价结论，获取、了解公共部门运营管理或资源使用绩效的客观状况这一核心信息，非常贴合绩效审计的业务本质属性特征，便于广大社会公众监督。

2. 目录

通常情况下，绩效审计报告的目录是对审计报告内容框架的总括，其作用是便于审计报告预期使用者的阅读和检索。

3. 内容摘要

内容摘要是绩效审计报告的缩影。一般来说，绩效审计报告都不会很短，考虑到审计报告预期使用者阅读审计报告关注内容详细程度及时间投入的需求不同，有必要在审计报告的前面专门编写一份报告的内容摘要，便于读者通过阅读摘要了解审计报告的主要内容，并根据需要决定是否继续仔细阅读下面的内容。因此就篇幅较长的正式报告内容先给出一个“内容摘要”是非常重要的，这一做法极大地提高了报告预期使用者了解绩效审计总体信息的效率。

4. 被审计事项的背景

包括被审计事项或单位的基本情况、资金来源和使用情况、目前的状况等，也包括要用数字和事实说明被审计单位在提高产品产量和质量、降低成本、增加利润等方面有哪些成功的经验，目的是使读者对被审计事项有一个清晰的理解。

---

① 美国审计长 1974 年 5 月 24 日向联邦议会作的报告。

② 资料来源：https：//www. gao. gov/products/GAO－18－638。

5. 审计项目实施情况

这部分主要是用于向读者说明审计的范围和性质，便于读者利用报告内容，并进行判断。这部分主要包括以下四个方面：

（1）该项审计的依据，主要包括法律法规、审计的需求，人大或政府交办的事项，或者其他选项的理由、现实价值和意义等。

（2）该项审计的目标、范围和方式、方法以及审计起始时间等，用以说明“审计组在什么时间，对什么事项进行了怎样的审计”。值得注意的是，审计工作范围有时受到某些限制，如某种客观条件可能导致审计人员无法对关键机构或系统进行审计，或无法实施必要的程序，审计人员都应在审计报告中对此予以说明。

（3）审计准则的遵循情况。在绩效审计报告中，审计人员必须明确说明审计工作是否遵循了相应的准则要求；如果没有遵循准则，应该说明理由，目的是让读者相信审计报告的质量。

（4）明确双方的责任范围。审计报告中要说明审计方和被审计方的各自责任分别是什么，以便读者了解审计的性质和局限性，同时避免审计风险。一般而言，绩效水平的高低和反映绩效水平数据资料的真实性、完整性，以及建立适当的管理控制程序并使其有效运行，以保证绩效目标的实现等，应由被审计方管理层负责。而审计方的责任是按照一定的审计标准和工作程序实施审计取证，获取充分适当的证据，以对被审计对象的绩效发表评价意见，并对意见的可靠性、建议的适当性负责。

6. 审计评价意见或结论

概括介绍被审计对象在审计期间取得的主要业绩，被审计单位的运营管理特点、所使用和消耗的主要资源情况，以及利益相关者反映的情况等，重点说明主要绩效指标的完成情况，并通过与上年水平、与历史最好水平、与计划指标，或与同行业先进水平的对比分析，对被审计单位的运营管理、经济活动等绩效情况进行实事求是的评价，得出总体评价结论。这部分是针对审计目标，以审计发现的情况为基础，总括地发表审计意见或得出审计结论。

7. 存在的问题、影响及原因

这是绩效审计报告的主要部分之一。审计人员不仅要客观评价绩效实现情况，还要找出影响被审计单位绩效提高的主要问题，要充分揭露矛盾。对于重要的问题指出其可能产生的影响（其带来的直接的或间接的损失、成本增加或者产生的绩效管理风险等），如有需要，还可以对存在的问题做深刻的分析，从体制机制和现行制度上找到原因，分析其主观原因和客观原因，外部因素和内部因素，为下一步提出切实可行的审计建议做好充分的准备。

这部分是“审计评价意见或结论”的证明，即说明审计是怎样得出上述结论的。这部分是所取得证据的汇总结果。通常针对每项具体目标，逐项说明审计发现支持审计结论的事实和作出的分析。一般来说，这种说明应该包括三个方面的要素：

（1）审计发现的事实；

（2）产生的影响；

（3）分析上述结果的原因。

应该说明的是，这部分并不说明发现的违反法律法规的具体事实，只是针对具体审计目标，说明得出“审计评价意见或结论”的根据。

8. 对发现的违法违规问题及处理处罚意见

这部分是对审计过程中发现的具体违法违规问题及处理处罚意见书的逐项列示。包括审计过程中查出的被审计单位违反国家法律、法规规定的财政收支、财务收支行为的事实，定性、处理处罚决定以及法律、法规、规章依据，有关移送处理的决定等。

9. 审计建议

针对绩效审计中发现的问题与不足，在查明其原因后，绩效审计人员就要提出如何解决这些问题的建议，以供被审计单位管理层在今后绩效管理工作时参考，帮助被审计单位提高和改进绩效。上述内容在具体的绩效审计报告中的地位、所占篇幅不尽相同，审计人员应根据实际需要来表达这些内容。

绩效审计的价值就在于其建设性，因此，绩效审计报告中提出的建议，是绩效审计项目的核心内容之一。此部分内容应该是审计结论和审计发现的情况及分析的逻辑体现，一般应该针对已经发现问题的原因提出来，在内容上与报告中的其他内容相呼应。应该注意，建议不应该太多，但应该有针对性，可操作，便于检查和衡量。

10. 被审计单位的反馈意见

这部分内容包括：被审计单位对审计报告的看法；针对被审计单位的意见，审计报告的修改情况；审计组织不同意被审计单位意见的应该将口头意见进行整理，并经过被审计单位确认表达是否准确。许多被审计单位在他们的反馈意见中还包括了针对审计发现的情况，拟采取和已经采取的改正措施，这些都应该一并纳入审计报告中。

将被审计单位的反馈意见纳入审计报告中最大的好处在于，可以将被审计单位纠正问题、改进管理的情况置于公众监督之下，便于被审计单位落实审计结论和审计建议，积极整改，从而大大提高了审计的效果。

11. 对特别规定或保密信息的报告

绩效审计过程中的有些信息是禁止公开披露的，而只允许向特定的部门或人员报告。在这种情况下，审计报告中还应该说明未披露信息的性质以及不允许披露的依据。

除上述审计报告正文部分的 9 个方面内容以外，对于审计过程中发现的好的管理方法或实践，审计报告中还应单独对其进行评论和肯定，通过公开的审计报告，将好的做法或经验进行推广。绩效审计的最终目的是促进强化管理，提高绩效，因此把好的经验和做法进行推广，可以发挥事半功倍的效果。

当然，绩效审计的报告内容框架比较灵活，具体涵盖内容要素的多少和最初确定的绩效审计项目的目标、性质有很大的关系。

第三节　绩效审计报告质量与撰写要求

一、绩效审计报告的质量衡量

（一）美国政府绩效审计报告质量要求

美国政府审计准则中，对绩效审计的报告质量有关的要求是：绩效审计报告应该及时、完整、准确、客观、有说服力、清晰，并且尽可能简练。

1. 及时性

为了使绩效审计报告得到最大程度地利用，审计报告需要及时提供相关的信息，以满足被审计单位的官员、立法官员和其他使用者的正当需要。也就是说，审计报告中包含的信息必须是最新的。所以，审计师应该对签署报告的适当时机进行计划，并且在审计过程中要一直有这样的意识。

在审计过程中，审计师应该考虑向有关官员就重大事项作期中报告。这种交流沟通可以是口头的，也可以是书面的。它虽然不能代替最终的报告，但确实可以引起官员对需要立即关注的事项的警觉，同时允许他们在最终报告完成前采取改正措施。

2. 完整性

完整性就是要求绩效审计报告中包含所有为达审计目标所需的证据，增进对报告事项的充分、正确的理解。它同时还意味着报告全面地说明了相关的信息和发现结果，包括必要的事实和说明。给报告使用者以正确和充分的理解意味着在某种程度上提供了一个角度以及赋予已报结果发现的重要意义，例如，相对于测试的情况和业务来说，事件发生的频率，这些发现结果与单位经营之间的关系等。

在大多数情况下，一个缺陷事例不足以支持广泛的结论或者有关的建议。它说明的就是一项偏差，一个错误，或者存在的一个薄弱环节。作出有说服力的表述需要充分、详细的支持性资料。

3. 准确性

准确性要求证据表述真实，结果描述正确。准确性的要求是以向报告使用者保证所报告内容可靠、值得信赖为基础的。报告中的一个不准确证据可以导致对整个报告的可靠性的怀疑，并且会转移人们对报告内容的关注。此外，对不准确证据的使用会损害开展审计的组织的信誉，降低其报告的有效性。

绩效报告中只能包括在审计记录中记载的有着充分、可靠和相关证据支持的信息资料、结果和结论。如果信息资料对于审计结果和结论关系重大，但未经审计，审计师应该在审计报告中清楚地说明资料信息的局限性，并且不要依据这些资料信息得出没有把握的结论。

审计报告中包含的证据应该表明报告事项的准确性和合理性。准确描述意味着准确地说明审计的范围和方法，并且以与审计工作范围相一致的方式表达审计结果和结论。报告在逻辑和推理上不应该存在错误。有助于审计报告达到报告准则要求的一个途径是运用质量控制程序，例如复核。复核是一个过程，在这个过程中，一个有经验的独立于审计过程之外的审计师将核实报告中的事实、数字和日期是否准确，审计结果是否有审计记录的充分支持，结论和建议的得出是否有逻辑性。

4. 客观性

客观性要求整个报告的表述在内容和语气上保持平稳、平静。如果一份报告以不偏不倚的方式说明其证据以使用事实来说服报告的使用者，那么，报告的可信性就会大大提高。报告应该公允并且不能给人误导，要以正确的观点看待审计结果。这意味着不偏不倚地、公正地表达审计结果。在描述绩效缺陷时，审计师应该将审计结果置于一定的环境背景下，例如，被审计单位可能面临非常的困难或情况。

审计报告在语气上应该鼓励决策者积极采纳审计师的发现和建议。这个语气应该平和、平稳，一方面要表明报告有完善的、富于逻辑的证据支持审计结论，同时要避免使用形容词或副词来强化证据，暗示批评或者缺乏支持的结论。

在与审计目标相关方面，报告应该承认被检查项目的积极方面。报告中包含这些积极方面会导致阅读报告的其他政府组织绩效的提高。这些信息有利于通过保持报告的平稳、平和性并更加公正地描述情况。此外，报告中包含这些信息有利于阅读报告的其他政府组织绩效的提高。

5. 说服力

说服力要求审计结果能够针对审计目标，审计发现结果以具有说服性的方式表述，结论和建议与陈述的事实要有逻辑联系。所提供的信息应该是充分的，能够使报告使用者认识到审计结果发现的有效性、结论的合理性以及执行审计建议的好处。以这种方式设计的报告能够帮助负责官员将注意力集中在值得注意的方面，并能够积极采取改正措施。

6. 清晰性

清晰性要求报告要易于阅读和理解。报告语言应尽可能地简单、明了。运用直率、非技术性的语言是保证陈述简洁的关键。如果使用了技术词汇、缩略语和首字母缩略词，必须明确界定其含义。

审计师应该考虑在报告中使用摘要来吸引报告使用者的注意力和提示全面的信息。如果使用了摘要，它一般应集中在审计目标中各个问题的具体答案上，应汇总审计的最重要的发现结果、报告的主要结论，以及使用者期望的主要建议。

逻辑地组织材料，准确或精确地陈述事实并得出结论，对于清晰性和易理解性至关重要。有效地使用文章标题、小标题和主题句可以使报告易于阅读和理解。在对复杂的材料进行适当的梳理和归纳时，应该运用视觉工具（如图片、图表）。

7. 简练

简练就是要求绩效报告不要太长，只要能够传递和说明信息即可。审计报告内容过细会有损于报告，甚至会遮盖真正的信息，使报告使用者困惑或迷茫。不必要的重复当然也是应该避免的。在决定报告内容方面虽然存在相当的判断空间，但是以事实为基础的、简练的报告更能达到效果。

（二）INTOSAI 绩效审计报告质量要求

INTOSAI 发布的《绩效审计指南》中指出：审计报告必须是可靠的，应包含审计的目标、范围、方法和采用资料的来源，以及审计发现、结论和建议①。工作范围受到的限制及其原因也应予以说明。它应让读者容易理解审计的意图，并能够恰当地解读审计结果。审计报告应该完整、准确、有说服力，并尽量做到清晰和简练（见 AS 4. 0. 8 和 4. 0. 24）。

1. 完整性

审计报告的“完整性”是指，报告应包括实现审计目标所必需的全部信息和论证，这有助于充分准确地理解报告反映的事项和情况，并满足报告内容方面的要求②。在最终审计报告中反映审计的初衷、审计采用的方法，以及重要的资料来源和结论也是至关重要的。同样必要的是，对审计目标、标准、发现问题和结论间的关系进行完整、清晰和明确的表述。如果提出了审计建议，还需要对分析或结论与建议间的联系说明清楚。审计人员应该根据审计目标报告审计过程中发现的所有重要违规情况和所有重要的滥用情况（见 AS 4. 0. 87 – 8 和 4. 0. 22）。

2. 准确性

审计报告的“准确性”是指，所提出的审计证据必须正确和全面，所有的审计发现都应该得到正确表述。对准确性的要求是基于向读者保证所有报告内容可信、可靠的需要。报告中任何一点不正确之处都会导致读者对整个报告内容可靠性的怀疑，并分散读者对报告实质内容的注意力。此外，不正确的报告可能会损害审计机关的信誉。换言之，高水平的准确性要求审计机关建立有效的质量保证体系。报告的证据应该能够证明所报告事项的正确性和合理性。正确表述是指准确地说明审计范围和方法，按照与审计工作范围相一致的方式说明审计发现和结论（见 AS 4. 0. 23 – 24）。

3. 客观性

“客观性”要求整个审计报告应该在内容和语气上都保持公正。如果审计人员能够以不偏不倚的方式来表述证据，审计报告的可信度就会大大提高。审计报告应该公正、不产生误导，并合理地提出审计结果。这就意味着要以中立

---

① 例如，报告中应包括与审计标准的比较和对审计结果与标准之间差异的分析，包括差异的原因和影响等。

② 法律规定可能禁止在报告中披露某些信息，这些信息可能会在有关需要发生时才提供给经法律授权可以接收这些信息的人员。然而，在单个报告或不对外出具的报告中可能可以包含某些秘密或敏感资料（见 AS 4. 0. 8）。

的态度提出审计结果，防止夸大或过分强调存在缺陷的工作领域。对问题的理解应该以对事实的了解和深入分析为基础。审计人员应避免片面看问题。尽管从本质上来说，审计具有更关注不足之处的特性，但如果能够对审计发现的积极方面和消极方面都有说明，这样的审计报告可能会产生更好的效果（见 AS 4.0.7 和 4.0.23）。

4. 有说服力

审计报告“有说服力”意味着审计结果应该与审计目标相呼应，审计发现以具有说服力的方式表述，而审计结论和建议则是对已提出的事实和论点所做的合乎逻辑的推断。事实应与意见分别表述。所用语言不应具有倾向性或提示性，提供的信息应足以让读者认识到审计发现的有效性、审计结论的合理性和实施审计建议带来的好处。不同的意见和论点也应在报告中说明（见 AS 4.0.7 和 4.0.24）。

5. 清晰

审计报告“清晰”是指，报告应该容易读和理解（就和叙事一样清晰）。对所使用的技术术语和人们不熟悉的缩略语，应给出明确的定义。对资料进行逻辑性组织、准确地陈述事实和得出结论，对于使报告简明、易懂至关重要。虽然对审计发现应该表述清楚，但是审计人员应该牢记他们的目标之一是具有说服力，而通过避免应用导致防卫心理和反对意见的语言，可以最好地实现这一目标（见 AS 4.0.7－8）。

6. 简练

审计报告“简练”是指，报告的篇幅不宜超过传递和支持必要信息所需要的长度。虽然在确定报告内容时审计人员有充分的判断空间，但是完整、简练的审计报告更容易产生较好的结果。需要说明的是，复杂的研究项目通常要求较长篇幅的报告。但同样应牢记在心的是，绩效审计报告不仅是写给那些有专业知识的人看的，也是写给那些需要更多信息来理解相应课题的人看的。向读者提供更为全面的审计报告可以使其更好地理解审计结论的形成，从而可使报告实现增值且提高报告的可信度。从更广泛的意义上来说，内容全面的报告有助于强化审计机关以公开、透明的方式服务于公众利益的能力（见 AS 4.0.4）。

总之，审计报告应该可信。报告内容应该丰富，应该有与审计目标和审计发现相联系的合乎逻辑和清晰的建议。审计人员应该在报告中说明审计目标、范围、方法和资料来源，以及审计发现、结论和建议。它应该使人易于理解审计的意图和解读审计的结果。报告应该完整、准确、客观、有说服力，并尽可能做到清晰、简练。

（三）IIA 关于报告质量的规定

国际内部审计实务框架第 2420 条——报告的质量规定：报告必须准确、客观、清晰、简洁、富有建设性、完整和及时，即报告质量的七要素。

1. 准确

准确的报告，是指报告没有错误和歪曲，忠于相关事实的报告。

2. 客观

客观的报告，是指公正、不偏不倚、不带偏见的报告，是公正地对所有相关事实和情况统筹评估的结果。

3. 清晰

清晰的报告，是指易于理解，符合逻辑，避免使用不必要的技术性语言，并提供所有重要的相关信息的报告。

4. 简洁

简洁的报告，是指针对性强，避免不必要的阐述、细节和冗余的报告。

5. 富有建设性

富有建设性的报告，是指可以帮助客户和整个组织，并促使其改善工作。

6. 完整

完整的报告，是指未遗漏任何重要信息的报告，包括所有支持建议和结论的重要且相关的信息和观察结果。

7. 及时

及时的报告，是指根据事项的重要程度，适时、快速地提供报告，以便于管理层采取适当的纠正措施。

二、好的、可用的绩效审计报告应具备的特征

在保证审计报告可靠性，满足六大质量要素的基础上，INTOSAI 在《绩效审计指南》中又进一步明晰了高质量绩效审计报告的另一个判断标准——好的、可用的绩效审计报告应具有的特征：

第一，好的绩效审计报告应该能为利益相关者增加价值，并符合设定的目标。它应该向政府、议会、被审计单位和其他利益相关者提供容易获取的、简明扼要的和及时更新的信息，以帮助他们用来提高公共部门的经济性、效率性和效果性，也就是说能够有助于更多的了解和更充分的改进[①]。

第二，好的绩效审计报告应该是以读者为基础的，应该具有合理的结构，不能使用含糊不清的语言，应该客观公正地表述审计发现和结论（见 AS 4.0.7），这要求：

（1）对审计发现和审计结论分别进行表述；

（2）以中立语言陈述和解释事实；

（3）提出看问题的不同角度和不同的观点；

（4）包括所有相关的审计发现、论点和证据；

（5）报告应具有建设性，并提出积极的结论。[②]

① 所有审计报告的格式和内容都应遵循以下一般原则：合适的标题和恰当署名的报告，明确说明审计的目标、范围，具有完整性，送达对象和确认被审计事项（AS4.0.7-8）。

② 绩效审计报告的一种可能结构是：a. 实施情况简介；b. 引言和审计设计（包括背景、研究初衷、目标、范围和方法）；c. 审计对象的描述；d. 审计发现和分析；e. 结论和评价；f. 建议和附录。

三、好的，可用的绩效审计报告的具体衡量标准

总体来看，绩效审计报告的质量可以用具体的标准加以衡量，这些标准包括：

（一）重要性、相关性和客观性

审计涉及的课题应该重要，所提供的信息应与课题及研究的问题相关。客观性可以定义为公正、平衡和中立。在就审计范围、审计证据、审计观察和审计结论等做出决定时，审计人员必须客观、没有成见。审计规划应该保证，对进行调查的事项和在审计报告中表述的事实进行选择，是公正和没有偏见的。对审计发现的表述只应受到所获证据的影响，并遵循相关审计准则。审计人员不能隐瞒事实，也不得夸大不足之处。必须寻求对审计发现的解释，尤其是来自被审计单位的解释，同时对这些解释进行细致的分析（见 AS 1.0.9、2.2.40、3.5.4、4.0.7 和 4.0.24 - 26）。

（二）可靠性、有效性和一致性

报告使用者应该能够相信报告结果的可靠性和有效性。数据的收集方法应该有效和可靠。审计设计应该恰当，以便审计结论成为审计发现和分析的自然结果，并以得到核实的事实和来自不同渠道的信息为依据。过程中使用的所有文件在看问题的立场上和判断上应达到恰当的平衡（见 AS 2.2.36、2.2.39、3.2.3、3.4.5、3.5.2、4.0.8 和 4.0.22 - 25）。

（三）透明度、可用性和及时性

任何个人和机构都不得强迫审计机关保留审计结果。审计机关在其法定权限范围之内，有权自由决定公布什么和如何公布。审计报告应提供容易获得的、简明扼要的和及时更新的信息，这些信息应有助于政府、议会和政府机构改善其运作方式，即提供的信息应具有增值性。审计提出的问题应得到答复。审计报告应该明确表述审计机关期望采取措施的领域和由谁来采取措施。及时性是指审计报告应该及时出具以便管理部门、政府、立法机关的官员和其他利益相关者能够及时地运用所提供的信息（见 AS 2.2.10 - 11、3.1.1、4.0.4 - 5、4.0.7 - 8 和 4.0.21 - 22）。

好的绩效审计报告应该能为利益相关者增加价值，并符合设定的目标，有助于更好地了解和强调应有的改进。好的审计报告是以读者为基础的、结构合理的，不出现含糊不清的语言。审计发现的表述是客观、公正的。审计发现和结论应该分开表述，事实应以中立的语言加以表述和解释。不同的看法和观点也应予以陈述，应包括所有的审计发现、论点和证据，报告应具有建设性，即应包括积极的结论。

四、绩效审计报告撰写要求

如何撰写绩效审计报告对于报告作用的发挥具有重要影响。政府绩效审计完成之后，一定要认真做好绩效审计报告的写作。具体要注意以下几个方面的问题：

（一）实事求是

审计人员在撰写经济效益审计报告时，不能夸大事实，也不能大事化小，要实事求是，一分为二看问题。审计人员不能只看被审计单位存在的问题，不看他们取得的成绩，或者只看到成绩，不看存在的问题。

（二）突出重点

影响被审计单位经济效益的因素往往是多方面的，审计人员在撰写审计报告时，不必罗列所有的影响经济效益的因素，也不必对所有的问题都面面俱到地加以表述。审计人员对于被审计单位的经济效益进行评价时，只要抓住主要问题进行评价、分析，找出主要原因，而对于次要问题则在撰写时可以略去。这样，经济效益审计报告就可以突出重点，使阅读报告的人易于明确问题。

（三）意见要具体

审计人员对被审计单位的经济效益状况提出审计意见时应该具体，切莫笼统和抽象。因为撰写经济效益审计报告的主要目的是帮助被审计单位提高经济效益，审计意见笼统和抽象不利于被审计单位改进工作，不能达到经济效益审计报告的目的。

（四）建议要可行

在撰写经济效益审计报告时，对于提高经济效益审计的建议应该切实可行，而不应该提出没有把握的建议。必要时，审计人员可以提出几个方案，供被审计单位采纳。

当然根据绩效审计报告的质量要素要求，在具体撰写审计报告的细节处理上，还应做到：

1. 内容完整、结构合理

绩效报告的内容必须完整，具备规定的要素，同时还应该采用合理的结构、以合适的文字撰写。报告应该考虑读者需求，表述内容应当易于理解，并做到简明扼要，只包括那些有相关有力证据支持的信息。

2. 要保证内容的相关性、准确性和客观性

在政府绩效审计报告中反映的内容必须是与绩效评价主题相关的，不相关或者关联不紧密的事项不应在报告中作过多的描述。报告反映的事实、数据要做到准确无误，并有证据支持。表明观点、进行分析要以取得的数据来支持，不搞理论探讨和逻辑推理；要恰当描述评价事项的真实、客观情况，不夸大事实，不传达不真实的信息。

3. 措辞要准确清晰

绩效审计报告要做到观点鲜明，主题突出，文字表述准确，切不可模棱两可；要以观点统帅数据，数字引用要服从观点的陈述，不搞数字堆积，并做到言简意赅。

4. 报告应具有建设性

提交的绩效审计报告不能只是数据信息的简单堆砌，而应对其进行归类、加工和整理，形成明确的结论。同时也要针对发现的问题进行分析总结，提出改进建议，这样才能发挥绩效评价的建设性作用。报告还应当提供容易获得

的、简明扼要和及时的，有助于立法机构、政府及其机构改进、提高其运营管理绩效的信息。

第四节　绩效审计报告撰写思路与技巧

一、撰写报告——一个持续的报告过程

鉴于审计过程中进行的报告工作量较大，审计人员可以通过持续的报告撰写来促进报告工作的完成。本过程在审计启动时，就应着手勾画、编制报告的提纲，然后随着审计工作的开展逐步发展成审计报告讨论稿，再进一步充实汇总为报告草稿，最后再提炼修改成最终的审计报告定稿（见 AS 3.2.4）。

绩效审计报告的撰写，是一个贯穿审计工作全程的、持续的报告过程。撰写绩效审计报告是一个从编制审计计划、确定审计对象、审计主题、审计目标、具体调查事项范围时就需要思考的问题，因此，计划编制一旦完成，审计人员就应该能勾勒出最终审计结果的报告内容及框架提纲，做到在审计实施之前就能够对完成审计工作后的最终成果/成品——审计报告，有个明确的预期，做到“胸有成竹”地实施绩效审计工作。审计实施中根据获取信息的不断增加，报告框架的内容不断清晰化并能逐个得以初步确认，或者依据审计过程审计计划的修改调整，应该同步修改或调整新的内容要素及细节，在审计工作完成时，评价分析搜集到的审计证据信息，审计组再讨论确定最终的审计报告内容要素及框架，并完成审计报告的全部撰写工作。

二、在审计目标引导下撰写绩效报告①

撰写绩效审计报告并非易事。如果没有一个把信息和材料组织起来的一致方法，会使撰写过程变得更加困难。而问题在于，审计发现和发现要素有多种组织方式，但不同的人有不同的偏好。如果缺乏一个指导原则，报告撰写者面临的就是一条扑朔迷离的道路，其间充满弯路和死胡同。解决此问题的方法之一是，在审计开始阶段就确立一整套详细、有序的审计目标，这些审计目标就形成报告的表述顺序。如果设计合理，这些审计目标就能为审计报告的撰写者和审阅者提供可遵循的审计报告组织结构。

（一）使用审计目标编写审计报告提纲

自从绩效审计准则第 101 号发布以来，审计人员就被告知，在编制审计计划时就应在心中考虑形成审计报告的需求。他们还被告知，在编制审计外勤工作计划时，就应尽量详细地设计好审计报告的提纲。这些无疑都是正确的。但

① （美）罗奈尔·B. 罗姆，（美）斯蒂芬·L. 摩根著. 绩效审计——一个计量的过程和方法[M]. 陈华，李丹主译. 第 2 版. 北京：中国时代经济出版社，2014.

问题在于“怎样做”？一种有效的方法是认真运用设定好的审计目标。如果审计目标被设定成一系列详细问题的形式，审计目标就可以为审计报告的组织和准备披露的信息及发现要素的表述顺序提供蓝图。该蓝图有助于审计人员始终把握审计工作而不脱离审计目标的轨道，并在撰写审计报告时对审计人员有所帮助。市政自来水公司抄表审计列出的设计目标如表 8－1 所示。

表 8－1　　市政自来水公司抄表审计：设定审计目标

总审计目标	确定是否可能提高市政抄表效率
具体目标	1. 确定市政自来水公司抄表效率（一名员工每天查看的水表数）与私营公用事业公司抄表效率的情况对比。 （1）市政自来水公司的抄表效率如何？该效率在过去五年中是否有变化？ （2）私营公用事业公司抄表效率如何？该效率在过去五年中是否有变化？
	2. 如果市政自来水公司的抄表效率与私营公用事业公司相比明显偏低，确定两者差异的原因。这些原因是否能被管理层控制，以便通过改革提高效率。 （1）主要的原因有哪些？ （2）生产率差异中多大部分归咎于各种不同的原因？ （3）这些原因是否能被管理层控制？
	3. 如果可以改进，确定其潜在效益（效果）。 如果市政自来水公司的抄表效率提高到与私营公用事业公司的抄表效率相当的水平，那么全市范围内，人力资源和资金有多大的节约潜力？
	4. 如果可以改进并且效果显著，管理层可以采取哪些措施提高效率，降低成本。 （1）需要在方法、程序、自动操作、激励机制、控制或监督方面进行改革吗？ （2）需要重新给员工分配工作量吗（如员工数量、时间安排和员工的能力）？ （3）之前，管理层知晓效率低下吗？如果知道，为什么没有采取措施？如果采取过措施，效果如何？如果管理层不知道，是因为管理层缺乏监管绩效的信息吗？ （4）如果管理层可能采取的行动会产生较大成本，这些潜在成本是什么？

在审计计划和审计报告中准确地阐述审计目标是至关重要的。模棱两可的审计目标对于审计报告的撰写没有任何帮助，甚至糟糕到连审计报告的内容都无法表达清楚。

设定合理、表达清楚的审计目标，可以从两方面对审计报告的撰写提供帮助。其一，目标可用于构思小标题，然后构成审计报告的提纲。其二，审计人员可通过对每个目标的回答，开始审计报告的撰写。

详细的目标不一定就会有助于审计报告的撰写。如果只是简单地将审计目标作为一系列问题列出来，通常不会对审计报告的组织起到帮助作用。例如，表 8－2 中列出的审计目标是恰当的审计问题。可以对这些问题作出回答，但是按列表顺序给出的答案却不能告诉我们一个完整的故事。事实上，我们能很明显地看出这些答案的叙述不完整。因为这些目标并不是要确定有待评价的绩效指标或有待分析的发现要素，它们可能只是引导我们搜集部分审计发现的证据。而且，这些目标不能提示审计人员在分析每个发现要素时应努力取得何种信息。

表 8-2　以系列问题的形式列出的审计目标

序号	问题形式的审计目标
1	在过去两年中，工人们送还供应部门的坏损及丢失的手工工具的数量和成本为多少？
2	在过去两年中，每种类型的手工工具各采购了多少，支出多少（支出总额和按产品分类的支出额）？
3	在过去两年中，订购、报告坏损及丢失的手工工具的数量是否过多？
4	工人们是否充分爱护领用的手工工具？如果不是，原因何在？
5	对手工工具的内部控制是否充分？
6	工人们领用的和供应部门库存的手工工具与采购的、报废的和丢失的手工工具数量是否相符？如果不是，有多大出入？

设定审计目标的关键在于考虑清楚希望从审计报告中了解的问题和希望审计报告传递的信息，然后列出具备以下特点的目标：

（1）确定有待评价的绩效内容和有待分析的发现要素；

（2）提供支持每个发现要素及撰写审计报告时需要的证据。

下一步就是仔细地表述这些审计目标，以便能够得到直接的回答，并为撰写审计报告提供一个结构性提纲。其目的是按适当的逻辑顺序把这些目标组织好，使之成为审计报告的小标题。如果这样做，等于是把审计目标再重申一遍，这是一个很好的做法，见表 8-3。

表 8-3　市政自来水公司抄表审计：审计目标被引用作为审计报告的小标题

1. 市政自来水公司的工作效率不及私营公用事业公司的效率。
2. 市政自来水公司的工作效率偏低有两个原因。
3. 如果提高工作效率，能使成本大幅度节约。
4. 为了提高工作效率，管理层应采取三项措施。

（二）在审计目标引导下撰写审计报告——案例

为了说明如何设定审计目标以帮助撰写审计报告，这里我们可以了解一下审计人员是如何对市政自来水公司抄表的工作效率进行审计的（表 8-1）。该审计有具体的审计目标和详细的子目标。

在审计报告中，具体的审计目标可以被重复引用作为小标题，如表 8-3 所示。在该审计案例中，审计目标是分析提高工作效率的可能性。

上述小标题概括了审计报告的表述顺序，从而有助于审计证据的组织。使用这些标题，审计人员可通过回答每个小标题的问题以及子目标的问题，开始撰写审计报告。支持性证据可根据报告的撰写情况酌情细化。上述步骤的简要介绍请参见表 8-4。较完整的审计报告如表 8-5 所示。

（三）保证审计目标与审计报告信息的一致性

在审计中有时会出现下面这个问题：“如果审计报告的目标与审计计划中设定的目标有差异，在审计报告中仅陈述最终确定报告的目标，是否恰当？”

有人可能希望为审计现场工作设定的目标与为审计报告设定的目标能够一致。但是，如果两者有区别，报告的目标应在审计报告中加以陈述。这是因为，

表 8-4　　市政自来水公司抄表审计：审计报告小标题

结论	市政自来水公司抄表的工作效率有很大的提升空间。
市政自来水公司的工作效率不及私营公用事业公司	市政自来水公司抄表人员的效率与该市三家提供公用事业服务的私营公司的工作效率相比，只相当于后者的 1/3 ~ 1/2。私营水公司员工每天可查看 100 个水表，而市政自来水公司的员工一天只能查看 37 个（如果考虑到重复查看，则只有 35 个）。市政自来水公司的工作标准是每人每天查看 42 个水表。
市政公司抄表的效率水平偏低，原因主要有两个	市政自来水公司抄表的效率水平偏低，原因主要有两个：一是市政公司抄表人员每天工作时间不到 8 个小时；二是这些人每小时工作时间里查看的水表数较少。说明：市政自来水公司抄表效率偏低的原因不是工作条件上的差异。
如果提高工作效率，能使成本大幅度节约	市政自来水公司工作效率偏低的财务后果相当严重。如果其工作效率提高到私营公用事业公司的效率水平，则每年可减少 95 个员工并节省 300 万美元。
为了提高工作效率，管理层应采取三项措施	（1）管理层需要加强现场监管； （2）采用新的和更高的水表抄表绩效标准用于人员调配和绩效监督； （3）需要逐步减少抄表人员的数量。

表 8-5　　市政自来水公司抄表审计：详细发现

审计目标	对市政自来水公司的一项审计调查表明，该公司的抄表工作效率偏低。审计目标是确定能否提高市政自来水公司的抄表效率。具体审计目标是确定以下三项： （1）市政自来水公司抄表效率与私营公用事业公司的抄表效率相比如何？ （2）如果市政自来水公司抄表效率明显偏低，产生差异的原因何在，改进后的效益如何？ （3）如果效益巨大，管理层应采取什么措施提高效率并实现效益？
审计范围和方法	评估是否可能作出改进，对过去五年市政自来水公司抄表的效率与本市三家提供水、气和电公用事业服务的私营公司进行了对比。在审计外勤工作的月份，对市政自来水公司下属八个办事处中的三个进行了审计现场观察。在公司总部和其他办事处进行了补充检查和调查。我们使用了公司下属所有办事处的绩效数据，证实这些数据是可靠的。
结论	市政自来水公司抄表效率有很大的提升空间。
市政自来水公司人员抄表效率低于私营公用事业公司	市政自来水公司抄表人员的绩效与该市三家提供公用事业服务的私营公司相比，只相当于后者的 1/3 ~ 1/2。根据市政自来水公司的报告，该公司抄表人员平均每天查看 37 个水表。在过去五年中，这一数字都非常稳定。该公司的标准是每人每天查看 42 个水表。据当地私营供水公司的职员称，其抄表人员平均每天查看 100 个水表。当地一家私营供气公司和一家私营供电公司报告的日平均抄表数也略高。这三家公司的职员指出，其效率提高是因为采用了多户组合的结构，即把多个家庭的水表组合在一起集中查看，从而提高了抄表速度。
市政自来水公司的工作效率偏低，有两个原因	市政自来水公司抄表效率低的原因主要有两个：一是公司抄表人员每天工作时间不到 8 个小时；二是这些人每小时工作时间里查看的水表数较少。 该公司抄表效率低的原因不是工作条件上的差异。我们（审计人员）对有数据的分析发现，市政自来水公司与私营水务公司提供服务的商业用户、单一家庭用户和多家庭用户区之间没有显著的差异。
如果提高工作效率，能使成本大幅度节省	如果抄表效率能提高 1 倍，市政自来水公司就能少雇用约 73 名抄表人员，他们可以去做其他工作，每年可以节省约 370 万美元（包括员工工资附加费用）。 如果把市政自来水公司的工作效率提高到私营公用事业公司的水平，每年可节省约 450 万美元。

续表

为提高效率，管理层应采取三项措施。管理层需要加强现场监管，采用新的和更高的抄表绩效标准用于人员调配和绩效监督，并需要有步骤地减少抄表人员的数量。 1. 制订新的绩效标准。市政自来水公司管理层可能并不知道本公司抄表效率偏低的情况。尽管按照外部标准其工作效率偏低，但管理层得到的信息却表明本公司的抄表人员工作效率合理，因为他们几乎达到了该市规定的绩效标准。 市政自来水公司的绩效标准规定平均每人每天查看42个水表。现场监管人员以此标准为原则，安排每天相应的抄表工作量。各办事处也依据此标准向公司管理层报告关于实际绩效与标准绩效的比较情况。但是目前这个绩效标准过低。而且，在商业用户、单一家庭用户和多家庭用户区，抄表所需的时间各不相同，该标准对此未予考虑。在分配工作和绩效监督中仍使用该标准，必然会导致抄表人员的工作效率持续低下。 2. 加强监管。对市政自来水公司水表抄表人员几乎没有任何现场监管。如果有严格的监管，各单位监管人员早就可以发现每小时的抄表数可以高于公司规定的绩效标准，也会发现抄表员每天的工作时间少于8小时。这点不会轻易被发现，因为在完成分配的任务后，抄表员就可以回家，省下了开车回办公室的驾车时间。加强监管并不表示要增加更多的监管人员。市政自来水公司平均每个抄表员对应的管理人员数量高于私营公用事业服务公司。而私营公用事业服务公司的监管人员对绩效的监管很严格。 3. 减少抄表人员。如果采用新的绩效标准，把抄表的绩效提高到新的标准，那么会减少对抄表员的需求。相应地，管理层需要考虑如何完成精减员工的方案。可选的一种方案是，如果有抄表员离职（辞职或解雇），则不再补充新员工，每年员工的平均离职率约为10%。管理层还可安排抄表员去填补其他市政业务的空缺岗位。管理层还可与私营公用事业公司联系，请其考虑雇用市政自水公司的抄表人员，以填补后者的空缺岗位。私营公用事业公司的职员称该公司每年员工的平均离职率为10%～15%。

目标能告诉阅读者审计报告将强调什么，这就要求目标与审计报告披露的信息之间应保持一致。审计准则并不要求在审计报告中对最初的目标和目标变动进行解释，但是对于充分披露而言，给予解释是有必要的。作为一种职业判断，审计人员应在审计报告中或在其他场合，向被审计单位的相关负责人说明目标变动等情况，并与任何关心者就这些变动进行沟通。

就确定要报告的审计目标而言，有三种可能的情况，相应的审计报告也随之有所不同。

第一种情况：目标不变。在审计计划中设定的目标一直就是整个现场工作和审计报告的目标。这种情况下，审计现场工作的目标即为审计报告中陈述的目标。

第二种情况：在审计现场工作过程中修改了目标（删除或修改一个或多个原定目标，或增加新的目标）。这种情况下，修改后的目标即为审计现场工作目标。在审计报告中陈述的是修改后的目标。客户在审计工作开始时就已经被告知了原定的审计目标，审计人员有职业义务向客户解释审计目标的修改情况，在请求审计（request audits，客户要求审计，译者注）中，审计人员有义务与请求审计者共同就目标的调整进行协商。

第三种情况：审计现场工作完成后对目标进行部分调整。在对审计报告所披露的信息进行搜集的某些阶段，最初的审计现场工作目标有可能被取消，或修改，或增加了新的审计目标。这种情况的发生有多种原因：可能是审计组在审计过程中忽视了审计计划中最初设定的目标；或遇到了一个最初审计目标中未涉及的重大发现，但在审计现场工作中没有对审计目标进行正式修改，也没有告知客户或请求审计者。所幸这类情况并不多见。在这种情况下，应在审计报告中陈述审计报告的目标。陈述审计报告的目标不仅符合审计准则的要求，而且对实现审计报告的目标与所披露的信息之间的联系也很必要。在发布审计报告之前，审计人员有义务向客户和任何请求审计者解释审计目标的变动情况。因为有可能相关客户的管理人员只知晓最初的审计目标而并不知晓审计目标的变动情况，这可能会导致这些管理人员受到不利影响。所以在审计报告中对审计目标的变动情况予以说明符合充分披露的原则。

（四）在审计报告中陈述审计目标的其他要求

在审计报告中陈述审计目标时，为了照顾到阅读者的利益，提供其他相关信息是有必要的。需要遵循以下指导原则：

第一，说明实施该项审计的原因。这是政府审计准则的要求。这种说明可以是单独的一段话，也可以是审计报告的一部分，或者与审计目标的内容结合在一起。重点说明该项审计主题的重要性，有助于说服决策者，使他们相信值得花时间阅读该审计报告。

第二，尽量采用中性词说明审计目标。带有偏见的审计目标，如“为了对本市低效率的垃圾搜集服务进行审查”，可以改为不带偏见的表述：“该市垃圾搜集服务效率如何”。带偏见的表述可能使审计报告的目标有失客观性。客观与公正是审计的特点，任何时候都不能对此有任何让步。

第三，在某些情况下，有些目标不是本次审计要达到的目标但有助于消除阅读者对审计目的的误解，在审计报告中对这些目标进行说明是有帮助的。当审计目标受到特别限制因而需要引用范围较广的审计目标时，就有必要在审计报告中陈述这些本次审计不一定要达到的相关目标。例如，如果审计目标是“确定车辆维护效率是否令人满意”，而审计人员不能只对劳动生产率进行评价，既不对劳动力价格也不对原材料进行分析。对这些限制性条件的说明有助于消除各种误解。

绩效审计报告的撰写可以是一个简单的过程，而许多审计人员并没有做到这一点。要实现这一点，首先是要有认真排序的详细的审计目标，它可以提供关于审计报告披露信息的设计框架，即审计发现的蓝图。这些审计目标可作为小标题成为撰写审计报告的大纲。审计人员可通过回答这些小标题提出的问题并提供相应的支持证据，开始审计报告的撰写工作。在审计报告中，审计目标必须明确。模棱两可的审计目标对于审计报告的撰写不会有任何帮助。

在制订审计计划和在审计报告中陈述审计目标时，还应记住以下三点：一是审计人员通常有权设定和修改审计目标。如果修改审计目标，审计人员就有义务向客户通告修改情况并与请求审计者共同就目标的调整进行协商。二是除非审计报告中另有说明，审计报告的阅读者（而不是客户）将认为审计报告中陈述的审计目标就是为审计现场工作制订的最初审计目标。在审计过程中，审计人员要向客户说明这一点。三是在撰写审计报告时，审计报告中陈述的审计目标应与审计报告中披露的信息保持一致，这是保证审计报告表述清晰和易于理解所必需的。阅读者看到审计目标就能预感到审计报告的主要内容。

三、使用概要撰写绩效审计报告

实施绩效审计的审计组织通常有许多不同的客户使用其审计报告。有些客户很少有时间阅读审计报告，而有些客户则对审计报告的具体内容有浓厚的兴趣；有些客户需要关于背景信息的说明以便理解审计发现的重要性，还有些客户对审计报告的主要内容了如指掌，因此对冗长的解释会感到乏味。满足这些客户不同的信息需求，审计人员会感到进退两难。通常的解决办法是在审计报告中使用概要。

（一）审计报告需满足众多客户的不同需求

绩效审计人员通常至少有两个客户，被审计单位的负责人和负责报告涉及的具体项目、活动或职能的人员。在政府部门，审计报告的读者可能是立法机构及其下属工作人员，也许还有董事会或其他监督机构。此外，审计报告的读者还包括感兴趣或受其影响的第三方、其他层级的政府部门、其他审计人员、媒体和纳税人。这些客户对审计报告主题的了解程度和具备的相关知识有较大差异，对审计报告具体内容的兴趣程度也不同。他们对于审计结果的关注有些是矛盾的，对接受审计报告中提出的审计建议采取何种纠正措施的权限和责任程度也不一样。审计人员应如何满足这些需要？他们是否应准备若干份不同的审计报告？或者，他们是否需要尽量针对某一类客户（也许是“知情的平民百姓”）撰写一份多用途的审计报告？在实务中，审计人员经常面临这样的两难境地。

（二）使用模块化格式的概要

如何撰写审计报告以满足绩效审计人员的不同客户对信息的不同要求？对这个老生常谈的问题，其解决办法就是给审计报告加一个“概要”。对“概要”关注的客户应该主要是指那些繁忙的决策制定者们，审计人员最希望吸引的正是决策者的注意力。概要的设计应满足以下两个条件：①快速传达审计报告的信息；②使客户不必阅读审计报告中已熟知的内容或不感兴趣的内容。建立在模块化格式基础之上的“概要”具有标准格式的标题以满足上述要求并帮助审计人员撰写概要。

模块化格式可以使读者选择从头到尾阅读概要，或把概要作为一个“自助餐”，只选择其中感兴趣的模块阅读。标准化的标题描述了每个模块中包含的信息，可使读者很容易找到并选择他们想阅读的部分。

标准模块化格式有两个好处：首先，模块化格式有助于审计报告的撰写，对不善于撰写审计报告者尤其如此。撰写者若使用标准化标题就不需要自己设计标题。定义好的小模块可以减少撰写工作量，还使撰写者不必再为他们的文章搭建一个概要框架。其次，编写严谨的格式化概要，要求审计人员对审计发现进行提炼并只阐述问题的核心，使审计报告（包括概要）更加清晰。

研究表明，审计人员的许多客户往往只阅读审计报告的概要部分。因此，“概要”必须充分地表达审计发现，并要求包含足够的信息，以便读者即使不阅读整个报告也能理解概要中的信息。

（三）六个标准模块

模块化的概要可能包含若干不同的模块。本书说明的概要有六个标准模块：①目的；②背景；③结果简介；④主要发现；⑤建议；⑥被审计单位意见。

设计的每个模块都包含不同的支持性的信息。表8－6所示是一个关于各个模块内容的实际案例。

表8－6　概要：越战老兵纪念基金的财务运营

目的	越战老兵纪念基金财务运营的合规性，受到了公众严厉的指责，这些指责包括以下问题：（1）对该基金的财务运营应报告并问责；（2）与收入相关的筹资成本存在问题。应九位国会议员的要求，美国联邦审计署对该基金的财务运营情况进行了全面审计，以便确定这些指责是否确实存在。
背景	越战老兵纪念基金是一个非营利组织，其目的是筹集资金，为越战老兵修建一座纪念碑。该基金聘请了专业的募集人员从个人和公司集资。1980年，96－297号公法授权该基金在邻近林肯纪念碑的一个2英亩场地修建此纪念碑。该基金引起了有关财务记录查看权的争议。一位主要的捐资人、一位律师和一位电视台记者被拒绝查看财务记录。此外，一份由四部分组成的电视调查报告也对该基金财务运营的合规性提出了问题。
结果简介	经证实，对越战老兵纪念基金的指责是没有根据的。该基金的财务运营正常，并以适当的形式解释和报告了其收支情况。
主要发现	（1）该基金的支出用于购买商品与服务，有文件证据给予充分的支持。这些支出与基金章程和其公布的宗旨是一致的。实际和预期的项目支出占总收入的55%。其收支比高于美国商业改善局规定的标准（50%），但低于国家慈善信息局规定的标准（60%）。 （2）虽然美国联邦审计署还不能推断其他筹集资金的方法不能以更低的成本筹集更多的资金，但是美国联邦审计署认为，根据美国商业改善局和国家慈善信息局规定的标准，该基金的筹资支出与其收入间的比例关系是合理的。 （3）该基金以前的财务审计由独立公共会计师和该基金的专门审计委员会依照公认审计标准实施。而且，美国联邦审计署未发现证据表明审计期间包括向国会报告在内的财务报表存在不准确或误导之处，也不存在任何隐瞒财务信息的企图。
建议	美国联邦审计署未给出任何建议。
被审计单位意见	越战老兵纪念基金的主管人员和董事同意美国联邦审计署的审计发现。

尽管审计报告的叙述顺序是建立在逻辑基础上的，但这种顺序并不那么神秘。只要每个模块的标题易于识别，读者就可以根据自身需要和意愿跳过某些部分。因此，模块可以以任何顺序排列，而不会破坏审计报告的逻辑性。

1. 模块1——目的

本模块表述审计人员实施审计的原因和审计报告应实现的目标。本模块应直接或间接确定将在“结果简介”模块中回答的问题。

“目的”模块可有双重意图。第一个意图是准确告诉读者审计报告要解决的问题，这对理解审计报告中披露的信息是至关重要的。第二个意图是使读者关注审计报告的重要事项，也许是一段关于为什么要实施该项审计的简要说明——促成该项审计的动机。这对抓住读者的注意力和兴趣是很重要的。还有一个潜在的目的是使繁忙的读者相信“概要”（当然还有审计报告）是值得阅读的。该模块不要太长，通常一段话最好。

因为目标有效地确定了要披露的信息并决定了“概要”中的其他内容，所以目标的选择和措辞是至关重要的。为审计设定的目标通常应在审计报告中予以说明。但有一个例外。如果审计报告的目标与最初的目标不同，在“概要”与审计报告中都应说明实际报告的审计目标是什么。这是因为，目标建立了读者对审计报告要披露的问题的期望。审计目标与审计报告披露的信息间的一致性至关重要。

2. 模块2——背景

对读者尤其是对审计报告的主题知之甚少，乃至一无所知的读者来说，本模块提供了理解“概要”其他部分所必需的背景信息。尽管在背景中应包括的信息类型因每个人的判断可能不同，但它应包括：

（1）与被审计单位和被审计事项的目的相关的信息；

（2）主管机构的职责；

（3）有助于理解审计发现重要性的说明。

可能有人会问，哪些信息非常适合在背景或其他模块中表述？对此并无固定的判断规则。但模块化设计的一个主要特点是，了解审计报告主题的人不会阅读此模块。因此，规则之一就是在该模块中应包括符合以下条件的任何背景材料：

（1）不是理解审计发现的内在组成内容；

（2）希望审计报告接收者和熟悉审计报告主题的人们了解的信息。

在决定背景材料取舍时还需考虑的其他问题有：①如果这些材料有助于解释实施该审计的原因，则最好将其放在“目的”模块中。②如果这些材料仅与一个审计发现有关，则应将其放在“主要发现”模块中。

在“概要”中一般没有必要说明具体的审计方法。如果需要，则可在“背景”模块中予以说明。但是，如果需要对审计范围和审计方法进行详细说明，以理解“主要发现”模块中的信息时，则此详细说明应包括在“主要发现”模块中而不是“背景”模块中，因为熟悉审计报告主题的读者可能会跳过“背景”模块。

3. 模块3——结果简介

此模块包括了针对“目的”模块中关于审计目标的审计结论（或“目的”模块中所提问题的答案）。同样，此模块也简要地传达了审计报告披露的主要信息的核心内容。阅读者可以把它作为确定是否继续阅读（或阅读什么内容）的“分拣机”。该模块还确立了读者预期“主要发现”模块中应表述的支持信息的类型和建议的一般性质。因此，“结果简介”模块被视为“概要”的核心所在。

由于“结果简介”很可能是读者看的第一个或是唯一模块，因此应放在容易发现的位置。本模块与其他模块的子标题都应简明扼要。

4. 模块4——主要发现

此模块是围绕审计目标对审计发现进行的简要描述。它向读者提供理解审计报告作出的审计结论所需要的信息和提出相关审计建议的理由。出于简要叙述的考虑，这里会把大量细节删去。重点在于陈述主要发现“披露信息”的细节，而不是叙述由充分、翔实的证据支持的发现要素。这方面的内容会在审计报告的正文中详细陈述。

如果不列出所有审计发现也能传达基本的披露信息，则有大量审计发现的审计报告就不需要把所有审计发现都写入概要。如果没有把所有审计发现都写入概要，则哪些审计发现被写入概要将决定哪些审计目标会被放入“目的”模块，并将确定在“结果简介”模块中披露的“核心披露信息”，因为这些内容之间必须保持一致。

为了便于读者的理解，“主要发现”模块中的信息表述顺序应与“目的”和“结果简介”模块中的信息表述顺序一致。如果在该模块中使用子标题，会为读者理解提供很大的方便。同样，审计发现应根据它们与审计报告披露信息的相对重要程度排列，重要性强的排在前，重要性弱的排在后。

5. 模块5——建议

该模块根据上面模块中的审计结论和审计发现，陈述了审计人员针对纠正措施提出的主要审计建议。即使没有提出审计建议，也可选择使用此标题。在这种情况下，应在标题下加一句话，说明没有提出审计建议，也可在该模块中说明没有提出审计建议的原因。这样可以避免在“概要”中也没有说明的情况下，读者在审计报告中搜寻不存在的建议。

与“主要发现”模块一样，决定哪些审计建议放入该模块也要受前面模块（主要是“结果简介”和“主要发现”模块）中内容的影响。例如，如果对于理解为什么要建议采取某项措施所需要的充分理由没有在“主要发现”模块中出现，则该审计建议也不能在“建议”模块中出现。

但是，审计建议提出的改进措施对理解审计报告披露的信息是极其重要的。因此，审计报告中提出但是在“概要”中没有包括进来的任何审计建议都应给出参照索引。例如，在该模块中陈述了主要审计建议后，出于法律或规章制度可能会修改的原因，可作如下声明：“我们将对本项目管理程序的改进提供进一步的建议，以保证其与法律法规的相符性（参见第××页）。”

6. 模块6——被审计单位意见

政府审计准则要求审计人员尽可能征求和吸纳被审计单位及任何受其影响的第三方机构提出的意见。该模块的目的就是陈述对审计报告（草案）的正式意见和审计人员的反馈意见（如果有的话）。

为了审计报告的一致性和信息披露的完整性，即使没有收到被审计单位的意见，也应保留此标题。此种情况下，应在该模块标题下面加入一句话，说明没有收到相关方的意见和原因。

7. 小结

本章介绍的“概要”有两个特点：标准化的格式和模块化的风格。两者结合成为一种有力的工具，可用于审计组（有许多不同的、潜在的报告读者）与审计报告读者（具有不同的信息要求和责任）之间的交流。对于审计组，

“审计披露的信息最终必须置于其标准化格式中”这条规则可不断提示审计人员：要始终明确地把审计重点放在审计目标和最终的审计报告披露的信息上。对于审计报告读者，模块化格式有助于快速找到其需要的信息。

对由于工作繁忙没有时间阅读整个审计报告，但又需要接受审计报告的建议采取有关纠正措施的读者来说，概要的这两个特点尤其重要。如果在能保证“概要”简要、清晰的同时又不歪曲审计报告的内容，这两个特点的作用就会得到加强。总之，有标准标题的模块化“概要”既便于撰写又便于阅读。

四、使用简报及时沟通审计结果

如何及时、清晰地报告审计发现，是一个值得持续关注的问题，也是审计人员面临的一个难题。如果审计建议的实施者不理解审计发现和审计建议，这些发现和建议将毫无意义。如果在向主管领导传达信息方面发生延误，则会造成纠正措施的延误。过多的延误可致使审计工作过时，其后果可能是被审计单位的经济损失、效率或效果下降，以及未知的财务状况恶化。由于这些方面的需要，审计人员需要考虑及时报告其工作的所有可能方式。一种通用的方式是口头简报。口头简报是一种积极、快速的审计结果交流方法，它可使审计人员的客户和上级在审计过程中知晓审计进展，并在审计完成时交流审计发现和审计建议。带有图表的正式简报也是在审计工作结束时的撤点会上进行总结的一个好办法。

（一）及时交流审计发现的意义

简报的形式能为审计发现的交流带来若干好处。通常，它比编写审计报告更容易。而且，人们在讲话时更倾向于使用较简单、直接的言语。通常，熟知审计主题的审计人员往往能用日常用语谈论其审计发现，但要进行清晰的书面表达就会有困难。还有一点需要考虑的是，繁忙的高管人员，包括立法人员，他们更倾向于依赖口头汇报作为自己的信息来源。

简报格式也很灵活。它可采用非正式形式，不需要书面材料；也可采用正式形式，使用标题、图片和表格等。而且，还可以根据复杂程度不同的主题随时进行修改。此外，对责任大小不一、知识各异的听众，详细程度可因人而异、量身定制。

有图片和其他可视性辅助手段的正式简报有三大优点。一是与审计人员会谈的人可以充分利用视觉和听觉等直观的手段；二是可给他们机会针对不明白的地方提出疑问；三是正式简报有标题、简图和书面提纲，如果将其包括在正式的审计报告中，则可满足审计准则对书面报告的要求。

（二）使相关方知晓初步审计结果

审计的一个基本要求是使审计人员的客户（如某机构的管理部门）知晓初步审计结果，而简报在这方面是很有用的。简报可使审计人员有机会与这些责任方讨论审计发现，并取得他们对可能的解决方案或改进措施的意见。这种意见交流在撰写最终审计报告中的审计建议时是非常必要的。

在审计过程中，把重大事件告知被审计单位适当的主管人员是一个很好的做法。这种交流可采取口头简报形式。这种临时性的简报是一种有效的途径，使被审计单位的主管人员相信审计发现的真实性。这些临时性简报可引起主管人员对需要立即关注的问题的注意，可使他们在审计人员完成最终报告之前就采取更正措施。例如，在对城市公园状况进行的审计中，审计人员将安全隐患问题简要告知公园管理部门并引起他们的关注。在审计还没结束的时候，公园管理部门就迅速采取措施纠正了这些问题。审计人员在最终审计报告中对公园管理部门的行动作了说明。

如果被审计单位的主管人员同意采纳以口头表述为依据的改进建议，通常能节省审计人员撰写审计报告的时间。审计人员可以采用信函的形式总结审计发现和双方都同意的审计建议及改进措施，而不必撰写冗长的详细审计报告。

（三）编写简报有助于审计报告的撰写

通过简报向被审计单位的主管人员告知正在进行和已完成的审计工作会督促审计人员分析并系统地组织他们的审计发现。这个过程往往能提醒审计人员注意在完成现场工作之前不要丢失任何信息。此外，在日后撰写最终审计报告时，这种分析也是很有用的。书面审计报告的目的之一是提供审计结果的记录，并为审计人员提供一个跟踪观察被审计单位管理部门采取的纠正措施是否有效的基础。

简报可以帮助审计人员及时、简要地报告其阶段性的和最终的审计发现。审计人员既要能熟练使用简报，又要能在写作中明确地表达思想。正式和非正式的简报现已得到成功的运用。由于我们的社会越来越需要快速获取信息，这两种简报的应用无疑会更加广泛。

五、召开审计报告撰写业务会

对审计报告披露的信息达成一致意见和如何对这些内容进行表述，有各种不同的方式。召集审计组和审计机构有关部门的负责人一起参加认真准备的报告会是一种有效的方式。在审计现场工作结束时，关键审计人员和管理层一起，就审计报告披露的信息、格式和陈述结构达成一致意见，然后再开始撰写审计报告。这样做有助于迅速完成高质量的审计报告初稿。报告会后的必然结果是组成一个审计报告撰写小组。最理想的做法就是报告会后形成一个审计报告大纲，大纲中包括审计报告的主要披露信息和支持性的审计证据清单、说明。审计报告撰写者如果不参加报告会，则只能按照他们自己的想法撰写审计报告而得不到决策者的帮助。那种“到时候自然知道写什么”的方法难以保证审计报告的内容和撰写的质量，很可能（而且经常会）造成复核和审批过程中的一系列修改，造成时间和审计资源的浪费。报告会不仅能使多人组成的审计组受益匪浅，两人或两人以上的审计小组也能从中受益。

（一）审计报告撰写业务讨论会[①]

“报告会”指审计报告撰写人与审计报告的复核和批准人共同举行的会

① 简称“报告会”。

议。理想的状况是，报告会应在审计现场工作结束后和审计报告撰写工作开始前举行。会议参与者一起对诸如以下各项问题进行复核并达成一致意见（或给予一定程度的肯定）：

1. 审计报告的读者和邀请谁对审计报告草案提出意见。

2. 审计报告的目标，与最初的审计目标有出入吗？目标实现了吗？

3. 审计报告披露的信息，是否围绕审计目标作出回答或结论，审计建议是否有依据和有价值、所有审计建议的用意和措辞。

4. 详细的审计报告大纲，大纲中应包括审计报告披露的主要信息和支持性事实、证据及说明。

5. 审计报告内容，审计发现和需要强调的审计发现要素、必要的审计证据。

6. 审计报告的陈述方式，例如，审计报告中对审计证据如何组织和表述。

7. 审计报告的类型和格式。

报告会通常是为了讨论和决定对审计报告内容有影响的重大问题而举行的最终会议之一。在确定审计范围和制订审计计划过程中，审计组与审计管理人员应对检查目标达成一致，确定要搜集的审计证据并选择审计范围和审计方法。在审计现场工作期间，审计组成员召开会议检查审计过程、保证审计目标的实现、评估搜集到的审计证据和对审计报告要披露的信息进行预审。在每个后续步骤中，审计组成员对他们所要报告的内容会越来越确定。

如果在现场审计工作结束前举行报告会讨论预期的而不是实际发现的审计结果，则会失去报告会的意义，报告会的作用也会大大降低。而且，经验表明，如果在报告会之前撰写审计报告的大部分工作已完成，审计组成员就不能以开放的态度去接受新的意见。当他们尚未选定一种方式来表述审计报告要披露的信息时，报告会对他们会更有价值。

（二）报告会的目标和最终成果

召开报告会的方法没有固定的模式。各个审计机构都可以选择它们需要的目标和最终成果，这些内容可能会根据每次审计任务的具体情况有所不同。

经验表明，报告会的参会者通常会在较短时间内就审计报告要披露的信息（对审计目标的回答）达成一致，但是通常很难在审计报告的表述和措辞等细节方面的处理上达成一致。虽然这方面需要花费较多的时间，但最终能节省撰写审计报告的时间。最好的选择就是延长会议，把参会者或部分参会者留下来组成一个小组撰写审计报告。撰写高质量审计报告的最快方法是在报告会后立即着手写，把撰写过程作为报告会的延续。

1. 召开审计报告撰写业务会的目标

目标之一。报告会的最佳目标是让参会者：①就审计报告要披露的信息和表述方式达成一致意见；②决定审计报告要撰写的内容；③对如何撰写审计报告提供指导；④成立审计报告撰写小组。参会者首先进行审核，并对以下问题达成一致：①审计报告的目标；②审计人员对每个审计发现目标的结论；③支持每个审计发现和相关发现要素的证据；④审计建议；⑤如何在审计报告中表述证据。在达成一致意见的基础上，与会者应准备一份详细的关于审计报告结构和陈述每个审计发现的写作大纲。审计目标能够为陈述每个审计发现提供有帮助的框架。然后，撰写任务被分派给撰写小组成员，每个人起草各自所负责的部分。负责人（或者其他被指定人员）对审计报告草稿进行审阅，必要时当场予以修改。审计组离开会议时，已完成一份审计报告草稿。审计报告的撰写可能需要耗时5～10天，具体情况取决于审计任务的复杂程度。即使是较复杂的大型审计项目，一般也能在10天内完成审计报告的撰写工作。

外部参会者的职责只限于对审计报告要披露的信息和表达方式提出意见。如果有一位写作专家参与帮助撰写报告，则该专家应参加整个会议。

让所有参会者都留下来帮助撰写审计报告可能不切实际。为了尽可能减少后续修改审计报告的工作量，审计实施部门的最高级别负责人应参与审计报告的撰写。

为了尽快完成审计报告的撰写，建议除新员工（审计组中经验最少的成员）外的所有成员都留下来参与审计报告撰写。如果有较多的人集中力量参与，撰写工作就有可能在较短的时间内完成。这也为经验较少的审计人员提供了一个尝试撰写审计报告的机会——这是绩效审计人员的一项极其重要的技能。

目标之二。第二个目标是使会议参与者：①对审计报告要披露的信息和报告表述方式达成一致；②决定审计报告撰写的内容；③对如何撰写审计报告提供指导。在会后着手撰写审计报告，而不是作为会议的延续。参会者应对以下问题达成一致：①审计报告的目标；②针对报告中每一部分的审计目标，审计人员的结论；③支持每个审计发现的审计证据和相关的发现要素；④有无任何审计建议；⑤如何在审计报告中表述审计证据。在达成一致意见的基础上，与会者应准备一份详细的关于审计报告结构和审计发现的写作大纲。会后审计报告的撰写（不是会议的延续）通常由审计组中一名或指定的多名成员完成。审计报告初稿由撰写小组负责人（如有必要也可指定其他人）审阅并进行适当修改。由于审计报告是在会议结束后撰写的，所以关于审计发现的提纲应该列得非常详细，这样撰写审计报告的人就能确保他们所撰写的内容不需要经过太多的修改就能被审批通过。会议提供的写作大纲越详细，撰写者对审计报告“如何写”和“写什么”就越有信心。

外部参会者的职责只限于对审计报告要披露的信息达成一致意见。只有那些高水平的写作专家，才能为如何撰写审计报告提供有价值的指导意见。

目标之三。报告会的最基本目标是只对审计报告要披露的信息达成一致意见，包括报告中每部分审计发现目标的审计结论。会议还可以对支持每个审计发现的审计证据和发现要素以及任何审计建议达成一致意见。审计报告如何表述就不在会上讨论了。审计报告在会后撰写，它不是会议的延续，通常是由指定的一名或几名审计小组成员撰写。审计报告初稿由撰写小组负责人（如有必要也可指定其他人）审阅，并作适当修改。

对外部参会者的预期角色就是“冷读者”和信息编发的专业顾问。这可能是只有一两个成员的审计组的会议目标，较大的审计组需要与本机构内的其他部门或其他审计组协调时，需要这些部门参会者的参与。

2. 召开审计报告撰写业务会的好处

报告会的预期好处是在用时短、用人少、麻烦也少的情况下，提高审计报告的质量。报告会的最终目标是使审计人员或审计组撰写的审计报告能得到认可并被审批通过，而不需要大量改动。当然对于具体的审计工作还取决于以下因素：审计的复杂性、参与审计的人数或小组数、审计单位的规模等。

举办必要的报告会能节省大量的审计报告撰写时间，这主要是通过以下方法实现的：

（1）确定与审计报告相关的审计目标、审计范围、审计方法和报告披露的信息。

（2）确保审计目标得到充分突出。

（3）使审计报告披露的信息、审计发现和审计证据中的漏洞和问题暴露出来并加以解决。

（4）使有关部门负责人了解审计报告撰写工作的难度，在必要情况下增派人手（如撰写人员/编辑人员）来帮助撰写审计报告。

（5）使审计报告撰写人员充分理解审计报告披露的信息，从而主动地投入审计报告各部分内容的撰写工作中。

在审计报告的撰写、审阅和修改方面节省的时间和精力，要远高出为举办审计报告撰写业务会投入的资源。

（三）成功召开报告会的要素

对于如何召开审计报告撰写业务会，存在着不同的看法。但是，一般说来，以下要素有助于成功地召开会议。

1. 提前编发相关材料，为会议做好准备。

2. 保证关键人员参会。

3. 营造良好的气氛，有助于进行互动、开放的讨论和提问。

4. 指定一位会议负责人，以保证讨论主题集中；还要指定一位记录员记录会议达成的一致意见。会议负责人最好直接担任记录员。经验表明，如果会议负责人是经验丰富的报告撰写人员，会议能达到最佳效果。

5. 保证有充分和连续的时间用于讨论审计报告披露的信息和表述问题。

对每个主要的审计发现都应进行深入分析。至关重要的一点就是要对审计发现进行足够详细的讨论，以便对审计证据是否充分和适当、审计发现与审计目标之间有无紧密联系以及对审计结论和审计建议是否达成一致意见进行评价。根据审计目标，讨论中可能包括询问和确认有关现状、原因和影响等审计发现要素的标准及支持性证据的来源。通过这些问题，可能会发现某些缺口需要进行一些补充性工作，或发现一些不应在审计报告中反映的审计发现或证据。

理想情况下，报告会应远离审计现场，以便把其他重要问题带来的影响降到最小，这可以使所有参会者把全部注意力集中到会议上。

（四）审计报告撰写业务会的参会者

报告会的参会者至少应包括撰写审计报告的审计组成员和负责审计项目的最高级别负责人。理想情况下，会议参与者应包括撰写审计报告的审计组成员、审计报告复核负责人以及将对审计报告披露信息进行评论和帮助撰写审计报告的任何其他人员。如果审计涉及法律问题，建议邀请一位法律方面的专家参加会议。如果有写作专家帮助撰写审计报告，则该专家也应参加会议。如果审计机构内部的其他部门对审计报告内容有发言权，建议邀请这些部门也派代表参加会议。

理论上，如果审计机构的负责人审批或签署审计报告，他至少也应抽空参加部分会议。如果最终审批或签署审计报告的人不能参加会议，则他应对报告会达成的一致意见作出简要指示。审计报告撰写工作开始之前，应对领导的简要指示进行落实，以便获得他对建议的审计报告内容的认可。对于只有一名成员的审计组，审计人员应邀请不受该审计影响的其他审计组或审计同事们参加会议，并请他们提供独立且专业的意见或评论。

（五）审计报告撰写业务会的准备

报告会前期准备工作的程度应视具体情况而定。但在一定程度上，会议的准备情况要受会议目标的影响。

在报告会前期准备工作的程度方面，有两种不同的观点。一种观点认为，准备工作应尽量减少，在报告会召开之前，审计组不必对审计报告要披露的信息做任何正式的发布工作。另一种观点认为，准备工作应充分，在报告会举办之前，审计组应对审计报告要披露的信息准备好一个完整的描述框架和一份汇报提纲，他们还可以起草出一个“审计报告概要”初稿。报告会的准备工作应该只是提供审计报告的第一版初稿。当然，即使准备工作应尽量减少，审计组或审计人员也应为会议提供在审计计划和现场审计阶段取得的有关审计发现和支持性证据的相关材料。

1. 最简化准备

在最简化准备方式下，报告会只是一个工作组讨论会。这里又有两层隐含的基本前提：一是审计组或审计人员熟悉审计工作和审计结果，从始至终能控制住会议；二是由于对审计报告要披露的信息的想法可能还没有成形，审计人员或审计组没有把自己的意见表达出来，从而更易于接受参会者提出的建议。

审计组对报告会的提前准备可以仅限于对审计报告目标的确认，并准备这些目标的说明以及报告要包括的审计范围和方法的描述。这些材料要在报告会召开前提供给参会者。

2. 最大化准备

在最大化准备方式下，报告会更接近于简介会而不是工作组讨论会。在这种形式下，参会者把较多的注意力放在审计报告内容上而不是表述方式上。要使会议达到最佳效果，参会者就需要把自己作为小组成员对审计结果进行评价，并决定最佳的参会者的作用是批判性地审查审计组陈述的内容，提出探究性的问题，并给出有合理根据的审计建议。如果审计目标能够达到、所有问题都能得到解决、审计证据能够支持审计发现、审计发现能够以合理的方式表述、所有审计建议都有根有据并且审计成本合理，参会者的时间就得到了最有效的利用。

审计组应为会议做好全面的准备。审计组或审计人员应尽最大可能确认达到了审计报告的目标、对披露的信息进行了梳理、复核了审计证据以确保其支持审计发现、起草了初步审计结论和审计建议并选择了审计报告的撰写格式。在正式会议前提供给参会者的详细资料可能每次会议都不相同。逻辑和经验表明，应向参会者提供关于审计报告目标的说明，包括讨论对最初审计目标的修改、对审计范围和审计方法的总结、关于审计目标的概要回答或结论、审计发现清单（包括关键的支持性证据）和审计建议的初稿。

召开报告会是为了在审计现场工作完成后和审计报告撰写工作开始前召集主要人员交流意见。通过报告会，审计组、审计管理人员和技术人员可以对审计发现和支持性证据进行复核，并对审计报告披露的信息、审计发现内容、审计报告披露信息的组织或表述方式等问题达成一致意见。在审计报告表述的细微差别上达成一致通常更加困难，一种方法是准备一份详细的审计发现及在报告中表述方式的提纲。

尽管准备这样一个提纲会花费较多的时间，但最终能节省审计报告的撰写时间。一种比较理想的做法是会后继续由撰写小组撰写审计报告。为了加快审计报告的撰写速度，除新手外所有审计组成员都应参与撰写。

成功的报告会应具备的条件是：对会议目标有明确的日程安排，邀请适当人选参加，且讨论时间充分。还有一点也很重要，就是审计组要提前做好适当的准备（准备不宜过多，也不宜过少）。

经验表明，对于提高审计报告质量和加强审计报告撰写的及时性，报告会是一种有效手段。撰写出高质量的报告初稿是审计报告阶段的一个重要目标，而报告会则有助于实现此目标。不仅人数较多的审计组从报告会中受益匪浅，而且对两人或两人以上的小审计组也非常有帮助。

■ 六、使用可视化工具撰写绩效审计报告

对涉及提高政府服务或项目的经济性、效率性或效果性的审计结果进行报告是非常复杂的。审计人员必须与既不熟悉项目和业务专业知识又不了解会计审计专业术语的人们以及绩效审计人员所熟悉的其他职业人员进行沟通。撰写用于沟通的审计报告要求具备一定的才能，更重要的是还要付出艰苦的努力。此外，对我们的审计报告，读者越来越偏好看到直观的表达方式，他们希望能迅速理解审计报告的内容。如今，各种视觉辅助工具越来越多地被用来辅助审计人员工作，使审计报告内容更加易于理解。

（一）运用可视化工具撰写审计报告意义

中国传统审计报告中，善于运用文字描述具体发现的问题和对应的审计定性及建议。但绩效审计报告不同于传统的报告篇幅。一般要想把问题论证清楚，使绩效评价意见有说服力，往往需要用大量的内部和外部数据，如果只使

用纯文本描述的方式，阅读内容信息量过大，对报告使用者来说将是一件劳心、劳力、费神的事情，不便于审计报告预期使用者的阅读。当然，纯文本表达优点是可以逐条表达分析内容，有条不紊；缺点是不能给人直观的认识，需要进一步综合思考。文本图形化优点是形象直观，能够从整体上把握全局；缺点是条理不明确。因此，在审计人员以简报和书面报告形式表示审计发现方面，如果能适当运用视觉辅助工具，辅以图表进行适时、恰当的说明，将极大地增强报告使用者的阅读兴趣和获取信息量，将能在提升审计报告的可阅读性上，提供很大的帮助。照片、图表等都能比文字更清晰、更有效地表示审计发现。这些视觉辅助工具尤其有助于突出审计发现的重点和减少审计人员需要在简报及最终审计报告中用文字详细说明的内容。视觉辅助工具能够增加审计报告读者对审计结果的理解并使书面材料更易阅读。

用视觉辅助工具表示有关资料，还可使复杂的数据以简单的形式表现，从而更易理解。此外，研究表明，以视觉方式表现数据还能增进读者对审计发现和审计结论的认可。

（二）图表的表达特性及作用

图表有着自身的表达特性，尤其对时间、空间等概念的表达和一些抽象思维的表达具有文字和言辞无法取代的传递效果。图表表达的特性归纳起来有如下几点：一是具有表达的准确性，对所示事物的内容、性质或数量等的表达应做到准确无误；二是信息表达的可读性、易于理解性，尤其是用于大众传达的图表；三是图表设计的艺术性，图表是通过视觉的传递来完成，必须考虑到人们的欣赏习惯和审美情趣，这也是区别于文字表达的艺术特性。

要使视觉手段有效地发挥作用，图表应直接切中主题并有助于确认、阐明或强调某个要点或审计发现。这些图表还应给读者以良好的感觉，并放在相关内容的附近而不是放在附录中。

在口头陈述审计报告中需要用到图表时，最好只利用图表表达简单和单一的信息，因为听众不可能详细地观看图表，也不能阅读其他补充材料。书面审计报告中相比口头陈述可以采用更复杂的图表，因为读者可以花较多的时间去理解。不论是哪种情况，这些图表都应简单、明了。

（三）表格与图形的区别

表格是定量数据的排列，强调的是实际数字。图形是定量数据的图示，反映对这些数据进行分析的结果，强调数据的整体效果而不是单个数字。表格使读者自己对数据有更大的解释空间；而图形以被解释的数据为基础，能让读者更易看清要表达的信息。

一般来说，在信息交流中，图形比表格更有效。图形对审计报告读者有较强的影响，对形成记忆有较大的帮助，并促使审计报告读者认可报告传达的信息。它们还使读者无需阅读审计报告中的长篇叙述。要记住的一点是：如果审计报告的撰写人没有用图形表达报告中的内容，读者就得自己完成这个工作。由于读者很可能没有时间这样做，从而会遗漏或略过有关内容，而审计人员最希望的却是审计报告的读者对这些内容有深刻的印象。与纯文本相比，包括与表格相比，图形、图像表达信息的最大特点是形象、直观、生动。

一般而言，表格适用于以下情况：①有大量的数据；②审计人员希望显示几乎所有数据，以帮助得出结论；③数据本身不适于图形表述；④审计人员尚未对数据进行分析以表现趋势。表 8 -7 表明了对表格的有效运用。它比用图形表述更简单，又包含了更多的信息。

表 8 -7　　表格样本：医院运营效率

	财务年度				平均变动
	2005	2006	2007	2008	
日平均检查人数	56940	54564	52111	49040	-2.633
变动百分比		-4.2%	-4.5%	-5.9%	-4.9%
每个医疗日的成本					
美元现值	$ 55	$ 273	$ 289	$ 311	+25.3
变动百分比		+7.1%	+5.9%	+14.5%	+9.2%
2004 年美元不变价格	$ 55	$ 263	$ 268	$ 293	+12.7
变动百分比		+3.1%	+1.9%	+9.3%	+4.8%
	财务年度				总计变动
	2005	2006	2007	2008	
医院全体职工人数	137954	133325	130054	125403	
变动百分比		-3.4%	-2.5%	-3.6%	-9.1%
日平均检查人数	56940	54564	52111	49040	
医院全体职工与患者人数比	2.42	2.44	2.50	2.56	+5%

图形可以发挥以下几个方面作用：①同时传达细节和总体情况；②突出揭示数据特征；③展现对比效果；④以较小的篇幅表达大量的信息。消费者对汽车的评价报告中的汽车评级图说明了以图形方式能表述大量的数据。图 8 -1 中的条形图既表明了每年的预算项目具体金额，又表明了其随时间变化的总体趋势。

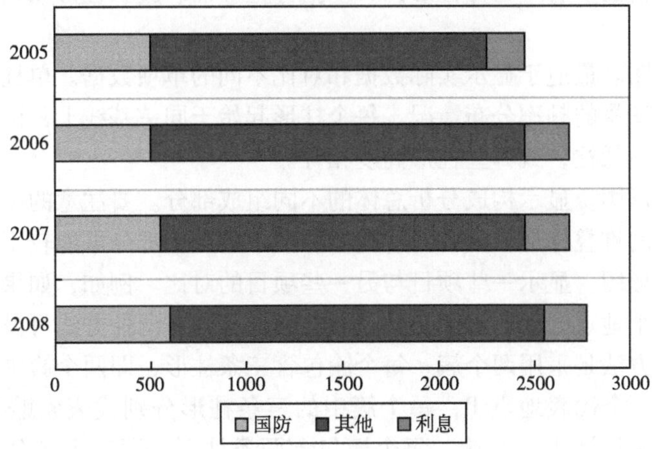

图 8 -1　条形图

（四）制作有效可视化图形

有效的图形是通过展示而不是通过语言说明问题。要制作出有效的图形，就需要考虑以下问题：

1. 目标

审计需要回答什么问题？需要显示趋势、差异还是相似之处？

2. 受众对象

审计报告的读者是什么人？读者可能怎样使用图形？他们对审计报告主题的熟悉程度如何？

3. 数据分析

你将如何分析审计数据？通常都是用对比法分析数据：绩效随时间的变化趋势、在不同地点或其他单位取得的绩效水平，或者当前绩效与预定的绩效目标之间的比较。

4. 显示内容的选择

你的观点是什么？你需要传达什么信息？你以何种不同的方式显示数据以便说明问题？用铅笔和纸画出你所要表达内容的草图。

5. 测试图形

让其他人看你的图，他们能理解你要表达的观点吗？如果能，则表示你做得很好。否则，你有三种选择：①重新考虑你要表现的内容；②改进分析问题的方式；③重新设计图形。

（五）选择适当可视化图形

1. 审计工作中常用的可视化图形

对审计工作最有用的图形是折线图、饼状图和柱形图。

柱形图用高度反映数据差异，用来展示有多少项目（频率）会落入一个具有一定特征的数据段中。比如，分析公司人员构成是否存在老龄化现象，可以通过柱形图看到25岁以下的员工有多少，25岁到35岁之间员工有多少等这种年龄的分布情况。同时，柱形图还可以用来表示含有较少数据值的趋势变化关系。分析图形有单指标柱形图、多指标柱形图、簇状柱形图以及堆叠柱形图等类型。

单柱形图。最适于显示实际数据和对比不同的单项数据。单柱形图还可用于显示单个变量的频率分布情况。每个柱形起始于同一基线上，读者可迅速看出最高柱和最低柱，或哪些柱形高度相等。

堆叠柱形图。显示构成分析总体的不同组成部分。要注意的一点是：如果有两个以上的堆叠柱形，读者对比多个柱形中的组成部分可能较困难。

簇状柱形图。显示一些项目与另一些项目的对比。例如，如果审计人员希望对比在两个地点处理三种索赔的及时性问题，则有两种方法可设计出簇状柱形图。一种方法是采用两个簇，每个簇包含三条柱形，即两个簇中，一个代表地点A，另一个代表地点B，每个簇中的三条柱形分别代表索赔Ⅰ、Ⅱ和Ⅲ。另一种方法是设计出三个簇，每个簇包含两条柱形，即三个簇分别代表索赔Ⅰ、Ⅱ和Ⅲ，每个簇中的两个柱形分别代表地点A和地点B。簇状柱形图的选择取决于审计的内容。簇状柱形图还可用于显示多个项目在不同时间的对比。

折线图。折线图最适于显示随时间的变化或趋势，如生产率或及时性（如收回应收款）的变化趋势。折线图在表述生产率变化趋势方面尤其有用。折线图可用于显示单个变量的频率分布（如某天每小时航班频率），还可用于显示多个变量的频率。

正负图。正负图包括一条中值线，折线或柱形位于中值线下方或上方。中值线可以取零值线，或者取数据信息很重要的点。中值点可以作为判断绩效适当与否的基准点。折线图和柱形图都可以用于正负图。

面积图。与折线图较为类似，面积图强调变量随时间而变化的程度，也可用于引起人们对总值趋势的注意。用填充了颜色或图案的面积来显示数据，面积片数不宜超过 5 片。

饼状图。饼状图用于显示整体中每个部分所占的比例。例如，饼状图可显示总成本中的每个资源类型所占的比例。饼状图中各个比例之和总是等于 100% 。饼状图中不同部分的比较不如柱形图方便。

雷达图。雷达图可以用来确定和描述两种情况之间的不均衡，表示从一段时期到另一段时期绩效中某些因素的变化。这些图形是由圆形与线形图组成。雷达图可以用来表现一个周期数值的变化，也可以用来表现特定对象主要参数的相对关系。雷达图多用于在财务分析中，用来分析企业负债能力、运营能力、盈利能力和发展能力等指标。

不均衡。某个大城市的审计人员希望检查该市警察局在分配人员工作量方面执行的情况。审计人员以一个月为单位，按小时检查了警察局来电话的次数和当班接电话人员匹配情况。当月平均人员分配和电话需求以雷达图的形式显示，见图 8－2。雷达图直观、迅速地说明了情况：大约有 1/3 的时间，人员是冗余的，而大约有 1/3 的时间，电话需求超过了人员配备。

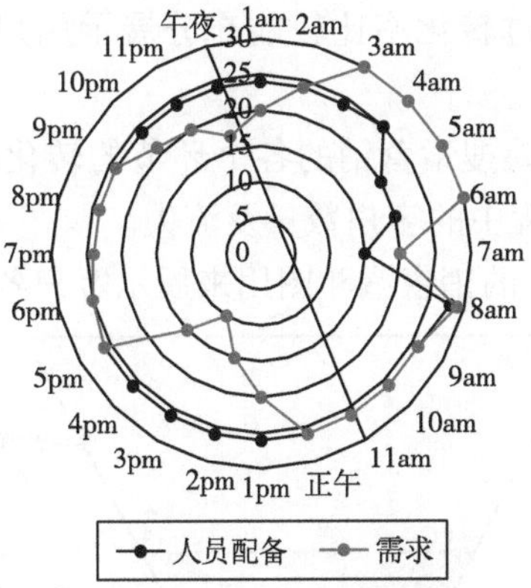

图 8－2　人员配备与需求

随时间进展的因素变化。审计人员计划对为提升公共汽车服务质量而进行的机构改革带来的乘客满意度增加情况进行一次调查。改革之前，由于收到大量投诉，公交公司管理层让乘客填写一份调查问卷，然后把填好的调查问卷投入公共汽车上的票箱里或寄到调查问卷后附的信封上的地址中。这项调查进行了2周。调查问卷中让乘客对五个方面的服务打分，五个方面包括公共汽车准时情况、驾驶员服务态度、公共汽车清洁情况、公共汽车上的温度舒适性以及行驶路线的方便程度。在实施机构改革6个月后，公交公司又开展了一项跟踪问卷调查，让乘客对同样的五个方面的服务打分。如图8-3中的雷达图所示，乘客对五个方面中的两个方面满意度有少量上升，而这两个方面在之前的调查中评分很低。

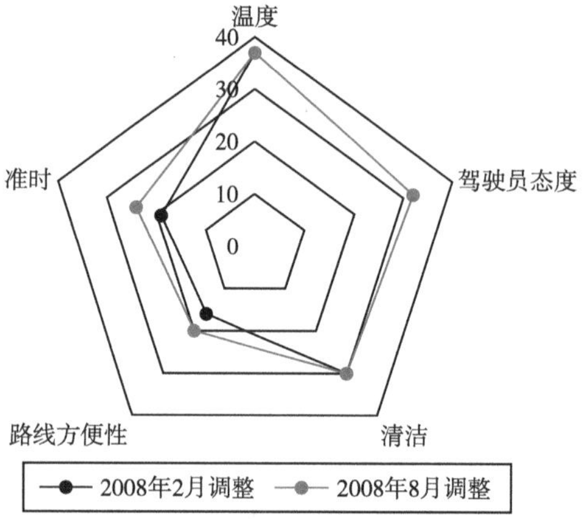

图8-3　公共汽车服务调查

漏斗图。漏斗图用来表示逐层分析的过程，从一个总值（最顶端），不断除去不关心的部分，最终得到关心的值的过程。

多用于业务流程比较规范、周期长、环节多的流程分析，通过比较各个环节宽窄大小，能够直观地发现和说明问题所在。常见应用场景有电商网站、营销推广、CRM等。

（1）电商网站：通过转化率比较能充分展示用户从进入网站到实现购买的最终转化率。

（2）营销推广：反映搜索营销的各个环节的转化，从展现、点击、访问、咨询，直到生成订单过程中的客户数量及流失。

（3）CRM：图8-4的销售漏斗图用来展示客户各个阶段转化比较。

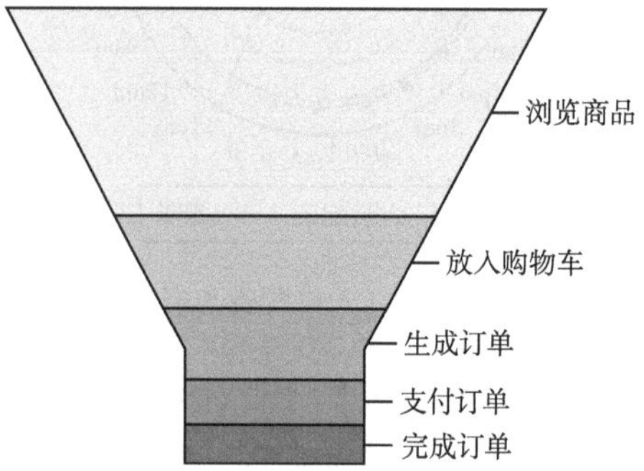

图8-4　从浏览到生产订单变化图

金字塔图。金字塔图用于展示类似金字塔的层级结构和数据量。例如，某个国家的收入分配，金字塔顶部显示高收入类别，逐渐降低到代表低收入的底部。见图 8－5。

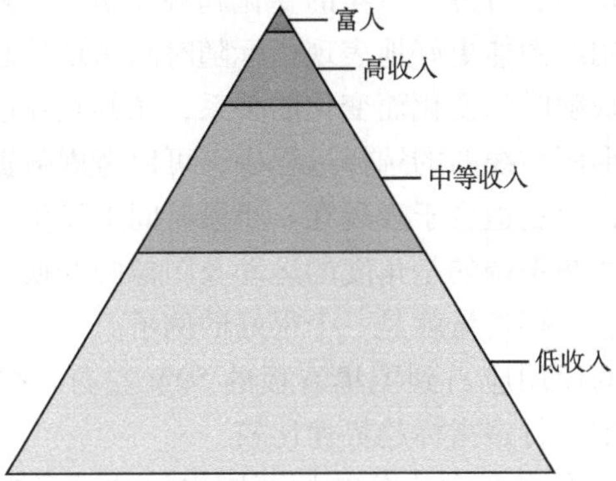

图 8－5　从浏览到生产订单变化图

2. 依据数据的五种关系选择适当的图形

审计获取的大量数据，是对我们上一步行动的反馈，但人脑消化数据的能力却是有限的——如何及时洞察数据中的涵义，就需要数据可视化工具的帮助了。然而，图表的类型非常丰富，如何做出正确的选择，达到“一图胜千言”的效果呢?

首先，我们需要了解，数据通常包含五种相关关系：构成、比较、趋势、分布及联系。

（1）构成关系。构成主要关注每个部分所占整体的百分比，如果你想表达的信息包括：“份额”“百分比”“预计将达到百分之多少”，这时候可以用到饼图。

构成比例关系时，最好使用饼图，给人一种整体的形象，可以展示每一部分所占全部的百分比，比如产品 A 预计销售额占到所有产品销售额的最大份额。为了使饼状图尽量发挥作用，在使用中不宜多于 6 种成分。人的眼睛比较习惯于按顺时针方向进行观察，所以应该将最重要的部分放在紧靠 12 点钟的位置，如果没有哪一个部分比其他部分更加重要，那么就应该考虑让它们按从大到小的顺序排列。

饼状图，除了常用的标准饼状图外，还包括中空饼状图和环形饼状图两种类型。

不适用饼状图的情况。饼状图是通过面积呈现数据的变化，当各指标所占比例接近时，无法直观地判断面积的大小，此时宜选择条形图来呈现，规律就更加清晰。饼状图在所有的陈述和报告中的使用率应少于 5%。

（2）比较关系。比较可以展示事物的排列顺序——是差不多，还是一个比另一个更多或更少呢?“大于”“小于”或者“大致相当”都是比较相对关系中的关键词，这时候会首选条形图。

条形图表达比较关系，按照强调的方式可以排列任何顺序，如在零售行业中统计畅销品的销售情况就是很好的应用。它是最通用的一种图表，在所有的图集使用中占到25%。

（3）趋势关系。趋势是最常见的一种时间序列关系，关心数据如何随着时间变化而变化，每周、每月、每年的变化趋势是增长、减少、上下波动或基本不变，这时候使用线图能更好地表现指标随时间呈现的趋势。

线图可用来反映随时间变化而变化的关系，尤其是在趋势比单个数据点更重要的场合。在柱形图与线图的选择过程中，可以考虑数据的本质。柱形图强调的是数量的级别，它更适合于表现在一小段时间里发生的事件，产量的数据很适合这个领域。线图强调的是角度的运动及图像的变换，因此展示数据的发展趋势时最好使用它，存货量就是一个很好的例子。

柱形图和线图的使用应占到图集看板的50%左右。线图类型中可以有单线图，还可以在图中进行多指标趋势性比较。

（4）分布关系。分布是关心各数值范围内包含了多少项目，典型的信息会包含“集中”“频率”“分布”等，这时候使用柱形图；同时，还可以根据地理位置数据，通过地图展示不同分布特征。

地图是信息密度最大的数据可视化方式，人们在日常生活中就使用地图，所以能直观理解地图。基于不同的数据视觉化原理，一般有三种地图类型：区域地图、散点地图和热力地图。区域地图是按照国家、省市行政区划分，用来展现地理信息，以及与地理位置有关的信息，指标的多少可以用颜色深浅区分。散点地图基于高德地图实现，通过定位经纬度，用散点来表示所在位置的信息指标。热力地图以特殊高亮的形式显示访客所在的地理区域的图示，不同颜色反映不同区域密度的分布。

（5）联系关系。联系主要查看两个变量之间是否表达出我们预期所要证明的模式关系，比如预期销售额可能随着折扣幅度的增长而增长，这时候可以用气泡图来展示，用于表达“与……有关”“随……而增长”“随……而不同”变量间的关系。

气泡图判断两个变量之间是否存在某种关系，可反映五维数据。每个气泡的不同颜色或标签，以及气泡点大小，都可以反映一个维度。一般使用率为10%。

其次，依据数据的五种关系，选择适当的可视化图形。图形的选择取决于数据的类型和要表达的信息或数据关系。此外，根据数据类型，有些图形会更清晰和引人注目。数据类型、特征与图形选择之间的关系，见表8－8。

表8－8　　数据五种关系图

数据关系	特征	适当的可视化工具
构成	占总体的百分比	首选饼状图
比较	项目的排名	柱（条）形图
趋势	如何随着时间变化	折线图、柱形图、雷达图（一个周期数值的变化）
分布	项目的频率情况	柱形图、折线图（分布频率）、地图
联系	变量之间的关系	气泡图，雷达图（特定对象主要参数的相对关系）

（六）其他类型的可视化工具

有人说，视觉辅助工具的唯一限制是审计人员的想象力。尽管此种说法略显夸张，但视觉辅助工具的种类的确非常多。例如，多年前就有一个审计报告使用过一种非常成功的组织结构图。审计人员使用了一系列不同颜色的覆盖图用于表示联邦项目的快速增加和由重叠的服务系统构成的复杂网络，这些系统建于过去多年间，目的是为部分华盛顿特区的居民提供类似的工作培训和就业机会。另一张覆盖图表示了20世纪60年代的一种项目组织方式，当时有2个机构管理着2个联邦人力资源项目，由4个当地项目工作人员向本地居民提供培训和就业服务。还有一张覆盖图显示了一个由5个联邦机构、17个项目和76个当地项目工作人员共同实施并于几年后完成的综合项目和服务系统。

1. 流程图和程序图

流程图和程序图是非常有用的分析和展示工具。它们有助于读者理清关系、识别问题和明确问题的表现形式。

有两种类型的流程图，分别称作“系统流程图”和“功能流程图”，更常用的系统流程图逐步显示程序或系统的整个进程。它通常是从上往下垂直画出，使用连接线和常规的符号如矩形、菱形等。这种流程图用于显示系统的逻辑——决策点和控制点。

功能流程图显示从一个功能到另一个功能（一个人到另一个人，或一个地点到另一个地点）的逐步进程。它通常采用水平方向，描述瓶颈问题和对实现高效率、及时性和高质量的不同程序进行比较。

流程图在对比应用中是非常有用的。在关于回收饮料容器的一份审计报告中，审计人员使用了一种流程图把不使用旧容器的单向系统与回收利用旧容器的循环系统进行对比。这种简单的表达方式可省去许多解释性的语言。

程序图与流程图相关，但通常详细程度更高。程序图的一般要素包括投入、过程、产出和结果。其他的要素还包括短期、中期和长期的行动或投入。表8－9描述了一个警察巡逻程序图。

表8－9　　　　警察巡逻程序表：随机或定点巡逻

随机或定点巡逻	
投入	为获得用于生产产出或提供服务过程的物质资源（资金、巡逻警官、车辆、设备）所需的财力资源。
过程	由一个组织的员工和管理层实施的一系列活动（随机或定点的巡逻计划、实施、报告和决策），把投入转换为产出。
产出	从实施过程产生的结果（实施拘留人数，开罚单次数，发出警告次数，回应电话次数，与市民积极配合次数，受过培训的人数，谈过话的证人人数等）。
结果	立案解决的现状或问题的最终效果（减少了犯罪和人们的恐慌，提高了市民的安全感）。

2. 照片

有些情况下，只有照片才能清楚地说明某种状况。不论语言多么精致，单凭语言都不能充分说明问题。例如，火灾损害、残疾人面临的困难、凹凸不平的路况、低劣的建筑维护和洪水灾害。

审计人员通常使用成本较低的黑白照片，但有时也需要彩色照片。在几年前的一个案例中，审计报告中利用彩色照片显示河流的污染情况。从青黑色的阴影可看出河流的污染情况，黑白照片则做不到这一点，彩色照片能充分显示水质污染的颜色与正常水质的碧蓝色之间的差异。另一份审计报告需要直观地表现在政府出租的牧场上过度放牧产生的后果，这时用彩色照片展示正常牧场上郁郁葱葱的绿色草地与过度放牧后的牧场上稀疏、被践踏后的褐色草地，可以产生强烈的视觉效果。

使用高质量的照片。个人所处的环境及其本人的灵感决定了高质量照片的取得方式。审计人员可以用自己的相机或本单位提供的相机拍摄照片。新型自动式相机为只有业余摄影水平的审计人员增加了拍摄高质量照片的机会。如有需要，聘用专业摄影师也是一种较好的做法，因为这样就能更好地保证取得高质量曝光和对比度清晰的照片。其他机构或部门也可以为审计人员提供摄影服务。

关于成功地获得高质量的照片，以下有一些较好的建议：

（1）花时间从本单位的档案中寻找照片；

（2）照片应尽量具有专业水准；

（3）如果是自己拍照，则应多拍几张（数码相片成本很低，这样可省去重拍的时间）；

（4）应尽量使用尺寸标志（如果照片中物体较小，可在照片中放一枚硬币或一根直尺）；

（5）在照片中加标题进行说明；

（6）找个证人见证照片，尤其是数码照片，以防照片是假的或是被修饰过的，因为这点在数码世界里很容易做到。

（七）从审计开始时就计划使用可视化工具

应尽早考虑使用视觉辅助工具的问题。审计人员应从审计开始实施时就考虑这些问题，尤其是在审计现场。现场审计人员可能最适合获得视觉辅助工具的支持，尤其是照片和制作流程图。随着工作的推进，审计人员需要随时注意把握一切机会运用视觉辅助工具使审计报告简洁、明了。

饼图、柱图、条图、线图、气泡图可以组成可视化报告 90% 图形，其他可视化展示可以将图表组合起来综合使用。

较多地使用视觉辅助工具有助于审计人员清楚地报告其审计成果。视觉辅助工具包括照片、图画、图表、地图和流程图。视觉辅助工具可增进审计报告读者对审计结果的理解，也可增强书面审计报告的可读性。通过视觉辅助工具表达相关材料，可使复杂的数据更加易于理解。此外，研究表明，数据的视觉表达还能增进审计报告读者对审计发现和审计结论的认可。

思考与练习

1. 如何定义绩效审计报告？绩效审计报告有哪些作用？

2. 假如让你确立绩效审计报告框架，你会考虑哪些因素？

3. 你认为好的、可用的绩效审计报告应具备哪些特征？就撰写绩效审计报告提出你的建议。

4. 绩效审计报告使用者众多，“如何满足众多客户的不同需求?”是老生常谈的问题，请你就此问题提出个人见解。

5. 召开审计报告撰写业务会的好处有哪些？如何成功召开报告会？

6. 简述可视化工具的种类及其特征。

第二部分

实务流程

第九章　绩效审计程序

【导读】绩效审计的程序包括计划、实施、报告和终结阶段。本章介绍绩效审计的工作流程步骤，主要包括如何选择审计项目，以及如何规划审计取证的计划阶段；按照计划审计目标、范围，实施审计程序，获取审计证据的实施阶段；在分析评价证据的基础上出具恰当的审计报告的报告阶段；对审计项目的相关文件、底稿进行归档，监督相关问题的整改落地情况，完成全部绩效审计工作的终结阶段。必要的情况下，还可以就已完成的绩效审计项目单独立项开展后续审计。

【关键词】绩效审计程序、计划、实施、报告、终结、后续审计

第一节　计划阶段

绩效审计的计划阶段包括两大部分工作：一是选定绩效审计项目，完成年度项目计划的编制；二是就批准立项的具体绩效审计项目，编制审计实施方案，也称为“具体项目计划”。

比如，我国《内部审计具体准则 2101 号——审计计划》规定，审计计划一般包括年度审计计划和项目审计方案。年度审计计划是对年度预期要完成的审计任务所做的工作安排，是组织年度工作计划的重要组成部分。项目审计方案是对实施具体审计项目所需要的审计内容/事项、审计程序、人员分工、审计时间等作出的安排。内部审计机构应当在本年度编制下年度审计计划，并报经董事会或者最高管理层批准，审计项目负责人应当在审计项目实施前编制项目审计方案，并报经内部审计机构负责人批准。

再比如，我国2010年发布的《中华人民共和国国家审计准则》（以下简称《国家审计准则》）规定：审计机关应当根据法定的审计职责和审计管辖范围，编制年度审计项目计划。年度审计项目计划应当按照审计机关规定的程序审定。审计机关在审定年度审计项目计划前，根据需要，可以组织专家进行论证。2000 年审计署第 1 号令——中华人民共和国国家审计基本准则（已作废）规定，审计机关应当根据年度审计项目计划，组成审计组，调查了解被审计单位的有关情况，编制审计方案。2010 年发布的《国家审计准则》中则将审计

方案又进一步细分为工作方案[①]和实施方案[②]，本书不再对工作方案和实施方案进行细分，将两者合并统称为“审计方案”。

一、选择和确定绩效审计项目，编制完成年度审计计划

对于审计组织和审计人员而言，一个最根本的问题是“我们要审计什么绩效审计项目”。绩效审计项目的选择具有灵活性和非强制性特征。绩效审计项目选择不受时间限制，不像预算执行审计、财务决算审计或上市公司年报审计一样，必须在法定的时间段完成审计工作并出具审计报告。另外，绩效审计项目一般耗时、耗力，审计成本费用较高。因此，一定年度内，在有限审计资源的约束下，任何审计组织也只能开展有限的绩效审计项目。而开展哪些绩效审计项目？就需要审计机构依据一定的判断规则进行优选，以实现审计资源的最优化配置。当然，绩效审计项目选择的基本原则是：审计机构要实施那些能够带来更多价值增值的审计项目。绩效审计的价值优势在于它能够为相关利益方开发有用的绩效管理决策信息，特别是对于被审计对象、相关监管机构等。因此，编制年度审计计划的核心工作就是选择确定年度计划中要开展的绩效审计项目。绩效审计项目的选择，有其一套可以遵循的原则、程序和方法。一般而言，选择，就意味着审计人员要从几个备选项目中挑选出需要审计的项目，其程序包括确定几个选择要考虑的要素，或者称之为“评价标准”，然后获取相关备选项目有关评价要素的原始信息，依据这些评价要素的原始数据，综合评价[③]它们的优缺点，在审计人力资源和时间资源的约束下，选出年度内可以完成的审计项目及数量，形成年度绩效审计项目计划。

（一）选择绩效审计项目概述

1. 选择绩效审计项目的重要性

确定对什么进行审计是绩效审计人员面临的一个根本性问题。

绩效的两个核心问题是“做正确的事”和“正确地做事”。审计机构在制定年度绩效审计计划，也面临着同样的问题。“选择正确的审计项目”与“正确地实施审计项目”是审计机构成功开展年度绩效审计工作的两大关键要素，

---

① 2010 年发布的《国家审计准则》规定：年度审计项目计划确定审计机关统一组织多个审计组共同实施一个审计项目或者分别实施同一类审计项目的，审计机关业务部门应当编制审计工作方案。审计机关业务部门编制审计工作方案，应当根据年度审计项目计划形成过程中调查审计需求、进行可行性研究的情况，开展进一步调查，对审计目标、范围、重点和项目组织实施和审计工作要求等进行确定。

② 2010 年发布的《国家审计准则》第五十七条规定，审计组应当调查了解被审计单位及其相关情况，评估被审计单位存在重要问题的可能性，确定审计应对措施，编制审计实施方案。对于审计机关已经下达审计工作方案的，审计组应当按照审计工作方案的要求编制审计实施方案。

③ 选择绩效审计项目的评价方法有多种，一般可以分为量化评价和定性评价两种。目前比较流行的一种量化评价方法是风险评估法。在这种方法下，首先确定几个可审计单位，再选择适当的风险因素作为评价标准，对每一个可审计单位进行风险评分，最后根据风险分数选出可审计单位作为审计对象。在评价备选项目时，审计人员依靠自身已有的知识或通过其他信息来了解每个可审计单位中存在的风险因素。

而选择正确的审计项目，显得更为重要。

审计项目选择的标准一般是被选择的审计对象或事项能够为审计报告使用者提供有用的信息。因为绩效审计比较耗时且费用较高，审计人员通常希望利用有限的审计资源获得增值效果，并使之发挥最大作用。

选择和确定绩效审计项目，是指在编制绩效审计计划时，审计机构利用所收集和掌握的证据，通过因素分析法最终选择和确定绩效审计项目的过程。在我国，政府绩效审计项目既可以来源于同级人大、政府和部门的委托，也可以来源于上级审计机关任务的向下授权或要求下级审计机关统一开展某类项目的要求，还有一部分项目是各级审计机关自行确定的。对于前两种情形审计机关并不存在选择和确定的问题，是必须执行的。所以本章所说的选择和确定审计项目仅仅适用于审计机关自行确定的情况。内部审计开展的绩效审计项目选择与确定也存在同样的情况。

2. 选择审计对象和审计主题[①]的方法

选择审计项目有许多不同的方法，审计对象的选择既可以是临时做出的决定，也可以是正式计划中确定。

例如，审计机构可能会在一个正在实施的审计项目中确定可以作为绩效审计的对象或主题，或者根据上级指示（法律法规）或要求开展绩效审计。因此，决定对什么进行审计不总是取决于审计人员的谨慎判断。

在正式的年度审计项目计划编制过程中，时间允许审计机构可以自行选择或根据上级指示和要求开展绩效审计。正式计划是指由审计机构制订的通常以一年为周期的审计计划，它不同于单个审计任务，计划周期可长于一年或短于一年，我们统称之为“年度计划”[②]。

3. 选择绩效审计项目的意图

年度计划可以有不同的意图。审计机构可以从可审计单位范围内选取审计对象或事项，其目标是通过对所选择的对象或事项进行审计，能够在审计机构的管辖权内（如城市）提供最大价值的信息。另一个潜在的目标则是提供一定程度的审计覆盖面。比如，澳大利亚国家审计署在《绩效审计指南》一书中阐述了审计项目选择的两个标准：“选择审计对象有两个标准：首先，选择那些对改善受托责任、经济性、效率性和效果性最具价值的审计项目；其次，要保证在现有审计资源允许的情况下对被审计单位实施的审计达到一定的覆盖

---

① 这里的审计对象指的是对一个组织，或一个项目，或一个项目的组成部分，或一个部门的某项职能或活动，或是政策、制度等，是开展绩效审计的指向或者叫客体对象，审计的事项是指在确定了审计对象之后，要实现对之进行审计评价得出审计结论，需要进一步优选的几个重点审计取证关注的方面，这几个调查关注的方面一般是影响被审计对象绩效的关键流程环节，或关键绩效影响因素，或是实现审计对象绩效目标的关键任务，我们称之为“审计主题”。每一个确定的审计主题，编制计划时都需要进一步确定调查的时间和空间范围，这就构成了绩效审计计划方案中的“审计内容、范围”部分。

② 年度绩效审计项目计划确定以后，也可能根据上级指示或领导要求，增加一些临时性的绩效审计项目。

面。在年度计划中选择绩效审计项目的其他理由有：一是高级管理层希望得到来自审计的“保证”服务，通过绩效审计证实他们的受托绩效责任目标实现情况；二是不同利益相关者希望通过绩效审计改善管理层的运营管理绩效、减少舞弊、浪费和滥用情况。

选择确定绩效审计项目的最终产品，就是年度审计计划中的按照优先顺序排列的绩效审计项目清单。一旦年度绩效审计计划通过正式的会议批准下来，就意味着这些绩效审计项目得以正式立项，其已经构成审计机构年度内法定的审计职责和任务，除非特殊情况，一般不得无故拖延或不开展已立项的绩效审计项目。

（二）选择和确定绩效审计项目应考虑因素

在实际工作中，审计机关应该在综合考虑各种因素的基础上对政府绩效审计项目进行选择和确定，即尽量选择那些会对社会政治经济生活产生重要影响的项目，以期提高项目的经济性、效率性和效果性，增强审计项目所属单位的责任感和使命感。与此同时，审计机关也要考虑到自身的胜任能力，是否具备相应知识的审计人员能够按时、保质地完成审计项目。比如，选择和确定政府绩效审计项目时应考虑下列因素：

1. 国家政策方针和工作重点

政府绩效审计是为社会公众服务的，主要就是评价审计项目对国家政策方针和工作重点的遵守情况，所以审计机关在选择和确定政府绩效审计项目的时候，应该考虑当前的国家政策方针和工作重点，看其是否在为这些重点工作服务。

2. 重要程度

政府绩效审计应该选择社会关注度高的项目，而审计项目的重要程度是影响公众关注度的重要因素。通常来说，审计项目的重要程度涉及资金规模和性质两方面内容：资金规模越大，资金性质越重要，审计结果就越容易被公众所关注。所以审计机关在选择和确定政府绩效审计项目的时候，应该考虑审计项目的重要程度。

3. 审计成本和可操作性

政府绩效审计虽然不以盈利为目的，但是它的开展也需要考虑成本效益原则。只有当审计机关认为其付出的审计成本小于预期，且审计结果可能引起政府决策层重视的价值时，这个审计项目才具有可操作性，也才有可能被选中。所以审计机关在选择和确定政府绩效审计项目的时候，应该考虑审计成本和可操作性。

4. 管理风险

政府绩效审计是以查处审计项目的经济性、效率性和效果性为主要目标的审计，审计机关如果认为某审计项目存在经济性、效率性和效果性方面的管理风险，那么会认为对这个审计项目进行审计后会给政府和项目本身带来很大的改进，所以该项目被选中的机会比较高。

5. 审计效果

众所周知，绩效审计是为报告使用者或利益相关者服务的。只有良好的审计效果才能达到报告使用者的心理预期，提高其满意度。审计效果具体表现为：是否促进审计项目更有效地运行，是否提高或改善被审计项目的绩效，是否有助于提高绩效信息的准确性和透明性，是否能明确审计项目的经济责任等，所以审计组织或机构在选择和确定绩效审计项目的时候，应该考虑可能产生的审计效果。

总之，在绩效审计项目的选择和确定过程中，审计组织为了确保审计工作的顺利进行，应对上述各因素进行综合考虑，不能片面关注于某一方面的因素而忽略了其他相关因素的影响。

（三）选择和确定绩效审计项目应遵循的原则

政府绩效审计的首要环节就是政府绩效审计项目的选择和确定，审计机关在进行政府绩效审计项目的选择和确定时，需要遵循一定的原则。具体来说包括以下几个方面：

1. 重要性原则

重要性，是指选择和确定的绩效审计项目的重要程度，指其在可选择的被审计单位或审计项目中的重要程度。考虑的因素有：对整个国民经济的影响程度，对企业整个经济效益的影响程度，重点行业（领域）、重点资金和重点项目，社会公共关注的热点、焦点（领域）或项目等。比如，政府绩效审计应该选择社会关注度高的项目，而审计项目的重要程度是影响公众关注度的重要因素。

通常来说，审计项目的重要程度涉及资金规模和性质两方面内容：资金规模越大，资金性质越重要，项目本身就必将是政府或组织重点关注的焦点，其审计结果也就越容易被公众或高管层所关注。所以审计组织在选择和确定绩效审计项目的时候，应该考虑重要性原则。

2. 可行性原则

可行性，是指选定的审计项目应是现有审计条件下审计机构力所能及的，审计机关具备相应的胜任能力能够完成的审计项目。通常来说，胜任能力包括业务水平和审计人员数量两个方面。审计机关在选择和确定政府绩效审计项目的时候，除了需要对被审计项目进行评价①，还需要对自身的胜任能力进行分析，以此最终确定审计项目的可行性。绩效审计是一个极具个性化的审计业务类型，评价事项千差万别，涉及的范围很广，因此要通过审前调查，进一步明确绩效审计项目的可操作性，同时深入了解被审计事项，以便配备审计资源。搞好绩效审计项目需要一定的人力、物力作保障，然而任何一个审计组织/机构的资源都是有限的，因此，其在选择绩效审计项目时，必须充分考虑自身有限的审计资源约束，尤其是完成审计项目所必需的、具备相应知识的审计人员的状况。具体包括：一是经费保障和人员数量、素质等审计资源承受能力要与

① 对被审计项目的可行性评价，主要考虑证据的可取得性、取得证据的成本投入和预期产出成果相比是否符合成本效益原则。核心任务是判断，被审计项目在现有的取证技术手段、时间成本约束下，是否能够符合成本效益地取得充分适当的审计证据，得出审计结论。

审计项目规模大小、复杂程度相匹配；二是要具备顺利实施该项审计任务的政治、法律、社会、技术等审计环境基础；三是被审计单位对评价标准的认同程度和对绩效审计的理解程度。

对被审计项目可行性的深入分析判断，其实就是从被审计项目特征和自身能力资源两个维度分析判断，审计组织及审计人员是否能将开展此项绩效审计的风险降到可接受的水平。绩效审计风险是指由于审计机关和审计人员对审计对象的经济性、效率性和效果性等有关事项做出了不恰当的绩效审计判断的可能性。不恰当的审计意见不仅会影响到被审计单位和相关部门的声誉，还会导致被审计单位和相关部门做出错误的决策，并将给审计机关和审计人员造成损失。因此，为降低审计风险，必须慎重选择审计对象，不仅要分析被审计单位所处的行业性质、社会影响力、规模大小及管理风险，仔细研究和分析审计项目潜在问题的大小和性质，评估被审计单位的配合程度，评价判断其可审性，还要衡量审计机关审计人员的数量和审计人员的专业素质，是否能够胜任该项审计工作需求，以及实施该审计项目所需的审计成本。

3. 时效性原则

时效性，是指政府绩效审计项目选择和确定的时机是否合适。我们知道，凡事都会受到环境的影响，都会随着时间的推移而产生变化，所以政府绩效审计项目时点的选择很重要。只有在恰当的时点来进行绩效审计，才能得出合理的审计结论，提出有价值的审计建议。所以审计机关在选择和确定政府绩效审计项目的时候，应该考虑时效性原则。

4. 增值性原则

增值性，是指选择的绩效审计项目本身在绩效管理等方面应具有一定的改进空间，能够通过审计达到价值增值的目标，当然，价值增值可以体现为经济效益的增值、社会效益的增值或者是环境效益的增值。开展绩效审计的目的，就是要最大限度地改进被审计对象绩效管理水平，提高被审计单位资源使用的经济性、效率性和效果性，促进经济、社会的协调发展。所以审计人员在选择和确定政府绩效审计项目的时候，应考虑增值性原则，尽量选择那些能够最大限度地增强被审计单位的责任感和使用感，提高其利用和管理资源的经济性、效率性和效果性的项目。

5. 风险性原则

风险性，是指要把被审计项目绩效目标实现风险的大小（包括固有风险和控制风险）作为选择项目的依据。

比如，我国的《内部审计准则第 2201 号——审计计划》规定：编制年度审计计划应当结合内部审计中长期规划，在对组织风险进行评估的基础上，根据组织的风险状态、管理需要和审计资源的配置情况，确定具体审计项目及时间安排。内部审计机构在编制年度计划前，应当重点调查下列情况，以评级具体审计项目的风险：

（1）组织的战略目标、年度目标及业务活动重点；

（2）对相关业务活动有重大影响的法律、法规、政策、计划和合同；

（3）相关内部控制的有效性和风险管理水平；

（4）相关业务活动的复杂性及其近期变化；

（5）相关人员的能力及其岗位的近期变动；

（6）其他与项目有关的重要情况。

再比如，《国际内部审计准则实务框架（2017 版）》在业务计划中规定：内部审计机构应制定以风险为基础的计划，为此，首席审计执行官需征询高级管理层和董事会的意见，了解组织的战略、关键经营目标、相关风险和风险管理程序。首席审计执行官必须在必要时检查和调整计划，以应对组织的业务、风险、运营、程序、系统和控制的变化。内部审计部门的业务计划必须建立在有记录的风险评估基础上，并至少每年制订一次。

6. 周期性原则。周期性，是指对所有应该审计的组织和机构，在一定的期间内都进行关注，而不是人为地确定审计项目。不应该对某些组织和机构经常进行审计，而使得另外一些组织和机构却长期得不到审计。审计立项如果是有一定的周期性的随机选择，那么就能够保证审计的覆盖面。

（四）选择和确定绩效审计项目步骤

选择就是要在几个可选项之间进行挑选，在审计中所涉及的选择也是如此。理性、客观的选择方法是确定几个可选项目并评价它们的优、缺点，在审计术语中我们称此方法为“风险评估”。评价要素方面，要素权重和打分标准是风险评估法运用中的关键要素，一般会有专门设计的“评价标准打分表”，用以直观展示风险评估的结果，这种分析工具是审计风险评估的基础。风险评估又被称为风险和重要性评估、风险和缺陷评估或基于风险的增值评估，还可被称为机会评估或审计选择分析过程。这些说法之间的区别可能只是角度的不同。而实质性上的区别，主要体现在各个审计机构采用的选择/评价因素不同。

我们以买车为例解释“评价标准打分”的应用。在买车时人们要考虑价格、公里数、车的大小、舒适度、维修记录、安全记录以及车的外观等因素。对于进入考虑范围的车辆，人们要搜集与以上这些衡量标准相关的数据，根据这些数据对每辆车打分（如以数字 1 至 5 代表评估分数），再把这些分数相加就可得出每辆车的相对排名。对于以上提到的每个评价标准可以一视同仁，也可以相互比较后区别对待。仍以车为例，如果车的外观因素比车的尺寸因素重要 3 倍，车的价格因素又比车的外观因素重要 2 倍，那么价格的评估分数就要乘以 6，同样的，外观的分数要乘以 3。最后将每一项分数相加就得出每辆车的相对选择排名。

在审计项目选择中，另一种选择方法是审计机构将审计范围内可以审计的对象确定为可选项，这些可选项通常是项目、项目的组成部分和职能。确定的可以审计的对象，也就构成了审计机构的备选绩效审计项目库。审计机构把那些在确定高风险和确定改善绩效机会方面起重要作用的关键因素作为项目选择的评价标准。一般没有固定的“通用”标准，可以套用到任何审计机构。审计机构可以自行选择哪些要素作为评判选择绩效审计项目的参考要素。在评估各个可选的绩效审计项目时，审计机构需要搜集每个可审计对象的相关项目信息，或者利用已经掌握的关于可审计组织以及该组织所管理的项目、活动、职能的信息。审计机构将新获得的信息和已有的信息结合在一起，依据打分标准和项目信息，给出每个项目在各个评价要素上的得分，就得出了每个可选项的风险分数，结合评价要素的权重即可以计算出每个可选项目的最后得分，并作出最终的选择。

通过较为复杂、正规的风险评估方法来选择审计项目，以及确定何时进行审计的典型年度项目选择的过程包括以下七个详细的步骤：

（1）确定可审计单位，组成备选绩效审计项目库。

（2）确定评价选择绩效审计项目重点考虑的要素，简称为“评价要素”。

（3）确定用于选择绩效审计项目的各评价要素的权重。

（4）确定各选择评价要素的打分标准或者叫打分尺度。

（5）搜集各个绩效设计项目评价要素的有关原始数据。

（6）对确定的备选绩效审计项目库中的各个项目进行打分，并计算综合得分。

（7）选择确定列入年度审计项目计划的项目，并排列优先顺序。

在确定信息来源和风险评估过程的复杂性时，需要考虑审计人员的数量，搜集信息所需的时间、是否存有可利用的管理层控制评估报告、采用计量方法的绩效报告，以及每个审计机构的偏好。例如，一个由 2 个人组成的审计机构可能会选择比较直接而且需要较少数据的方法，而一个州审计机构投入的审计力量有可能会听取本州公民的意见——采取重点分组或其他方式。

在简化的选择程序中，第（3）步可以省略，第（5）步、第（6）步可以合并。一般而言，运用风险评估法选择确定绩效审计项目的第一年，需要收集整理大量的零散信息进入项目库，比较耗时、耗力，一旦经过第一年利用风险评估方法选择确定绩效审计项目的项目库和项目基本信息建设之后，选择程序所耗费的时间将会大大减少。

通常情况下，简化的选择和确定绩效审计项目的步骤主要包括以下三个步骤：

（1）建立绩效审计项目库。通过以下几个步骤可以完成对政府绩效审计项目库的建立：①了解概况。审计人员需要充分了解审计项目在各个领域的概况，如主要资源、主要活动、资金状况等。②记录和整理资料。审计人员在了解概况的基础上，对收集的信息资料进行分析，并对关键性的信息资料作为重点信息及时加以记录和整理。其中关键性的信息资料通常是指对审计项目决策起重大影响作用的有关信息和资料。③建立绩效审计项目库。审计人员通过对记录和整理的资料进行汇总来建立绩效审计项目库。同时绩效审计项目库还需要逐年修订，以保证及时反映各个可审计的备选项目的最新概况。

（2）对备选项目进行比较。对绩效审计项目库中的备选项目，应当按照绩效审计项目在选择和确定时应考虑的因素进行综合的分析、梳理和量化，并进行综合打分，最后排出先后顺序。

（3）可行性分析和正式立项。经过前面两个步骤后，审计人员还需要对备选项目进行成本效益的可行性分析，根据分析结果来确定本年度绩效审计项目计划，并提交审计机关和相关主管机构或领导审定。最后，审计机关将经过审定后的政府绩效审计项目正式纳入立项程序，并依照相关管理办法纳入年度审计计划。

值得注意的是，审计机构和审计人员有自己的价值体系，并且该价值体系在审计机构和审计人员所确定的选择要素、各要素的权重以及他们对数据来源的选择中会反映出来。所以在选择审计项目的过程中很难做到完全公正。

我国2010年发布的国家审计准则规定：审计机关编制年度审计项目计划的步骤为：

（1）调查审计需求，初步选择审计项目。编制年度审计项目计划应当服务大局，围绕政府工作中心，突出审计工作重点，合理安排审计资源，防止不必要的重复审计。

审计机关从下列方面调查审计需求，初步选择审计项目：①国家和地区财政收支、财务收支以及有关经济活动情况；②政府工作中心；③本级政府行政首长和相关领导机关对审计工作的要求；④上级审计机关安排或者授权审计的事项；⑤有关部门委托或者提请审计机关审计的事项；⑥群众举报、公众关注的事项；⑦经分析相关数据认为应当列入审计的事项；⑧其他方面的需求。

（2）对初选审计项目进行可行性研究，确定备选审计项目及其优先顺序。审计机关对初选审计项目进行可行性研究，确定初选审计项目的审计目标、审计范围、审计重点和其他重要事项。进行可行性研究重点调查研究下列内容：①与确定和实施审计项目相关的法律、法规和政策；②管理体制、组织结构、主要业务及其开展情况；③财政收支、财务收支状况及结果；④相关的信息系统及其电子数据情况；⑤管理和监督机构的监督检查情况及结果；⑥以前年度审计情况；⑦其他相关内容。

审计机关在调查审计需求和可行性研究过程中，从下列方面对初选审计项目进行评估，以确定备选审计项目及其优先顺序：①项目重要程度，评估在国家经济和社会发展中的重要性、政府行政首长和相关领导机关及公众关注程度、资金和资产规模等；②项目风险水平，评估项目规模、管理和控制状况等；③审计预期效果；④审计频率和覆盖面；⑤项目对审计资源的要求。

审计机关对必选审计项目，可以不进行可行性研究。下列审计项目应当作为必选审计项目：①法律、法规规定每年应当审计的项目；②本级政府行政首长和相关领导机关要求审计的项目；③上级审计机关安排或者授权的审计项目。

（3）评估审计机关可用审计资源，确定审计项目，编制年度审计项目计划。审计机关根据项目评估结果，确定年度审计项目计划。审计机关编制年度审计项目计划可以采取文字、表格或者两者相结合的形式。审计机关年度审计项目计划的内容主要包括：①审计项目名称；②审计目标，即实施审计项目预期要完成的任务和结果；③审计范围，即审计项目涉及的具体单位、事项和所属期间；④审计重点；⑤审计项目组织和实施单位；⑥审计资源。

采取跟踪审计方式实施的审计项目，年度审计项目计划应当列明跟踪的具体方式和要求。专项审计调查项目的年度审计项目计划应当列明专项审计调查的要求。

（五）基于风险评估选择绩效审计项目案例分析①

第一步：确定可审计的项目，形成备选绩效审计项目库。

每一个审计机构都有一定的审计范围，即审计机构能够行使其审计权限的领域。审计人员所要做的是在这个领域中确定可审计单位，并对其进行风险评估。如上所述，可审计单位可以是项目、项目内容、职能，也可以是活动，或者是政策、制度等。

对于审计权限涵盖了市、州、联邦政府的审计机构而言，管辖范围是根据具体情况而变化的，因为对某些问题的关注（如财务状况）可能只出现在本级而下级却不存在（如部门或项目）。

组织可审计单位可以是各种组织，如公安部门和教育部门。但是实际情况往往是，除小规模的组织外，一般组织所处的层次都太高、太过抽象，因此审计很难得到有意义的结果。

可审计的绩效审计项目单位，通常被确定为各种项目，如固体废物处理；有时也可以是项目的组成部分，如学校午餐项目的食品质量；还可以被确定为各种职能，如结算和收费。将机构预算中的资金分配和使用情况作为可审计的项目单位是一种比较有效的选择。

确定可审计对象的工作应分为三步：①列出审计范围内所有的组织机构，包括市、州和联邦政府。②列出可审计单位如市、州、联邦政府以及这些组织开展的项目。如果是大型项目，还应列出项目的各组成部分和各职能机构。审计机构通常在这些层次上确定审计主题，也就是审计对象。③根据规模的大小对可审计单位进行划分。审计机构可以以资金、人员的多少或其他重要方面来衡量可审计单位的规模。审计人员和其他人员都希望能够了解各项目的重要性。关于组织机构及其资金状况的信息可以在预算文件中查阅。

第二步，确定项目选择的评价要素。

选择要素的确定对于审计机构确定审计范围极为重要。选择要素是确定审计范围的判断标准，从这些审计范围中有可能找到审计发现并提出审计建议，增强受托责任和改善绩效。选择要素也可作为“过滤器”，审计人员可以用选择要素对可审计单位的先后顺序进行排队，从可以考虑的众多选项中筛选出一个或几个可审计单位。

比如，某市审计局的审计人员在选择审计专题时，其考虑的评价要素往往包括以下几点：是否能节约成本、改善服务；是否符合公众和议会的利益；是否有证据证明存在错误和问题；遭受损失的风险程度有多大，以及是否有足够的审计人员来完成这个审计项目。

---

① （美）罗奈尔·B. 罗姆，（美）斯蒂芬·L. 摩根著. 绩效审计——一个计量的过程和方法［M］. 陈华，李丹主译. 第2版. 北京：中国时代经济出版社，2014：108－115.

审计人员应慎重考虑选择确定绩效审计项目的评价要素，这在整个项目选择中具有举足轻重的地位。下面列示了一些审计机构选择项目时经常采用的评价要素：

（1）财务重要性；

（2）公众意见；

（3）已知的问题或错误；

（4）成本节约和服务改善的潜力；

（5）行政机构（如市政府）、信托基金等的财务状况；

（6）项目的预期——政治上的敏感性，对国家的重要性；

（7）潜在的损失、舞弊、腐败的风险；

（8）公共福利（健康、安全等）；

（9）经营方案、制度或控制的重大变化①；

（10）管理层关心的问题；

（11）立法机关关心的问题；

（12）公众关心的问题；

（13）近期审计覆盖面；

（14）上一次审计的时间间隔或结果；

（15）审计资源配置状况和能力结构。

以上是一些例子，审计机构可根据自己的需要进行选择，不必同时使用。

在选择确定评价要素时，需要注意各要素之间尽量不要重复，以免造成对相似要素的过分强调。已选购车辆为例，车内空间和车的大小是两个相似的评价要素。同样地，改善服务的潜力和议会关心的问题，也是两个类似的评价要素。因为，一般而言，议员们一定会关注服务质量的改善。

第三步，确定各选择要素的权重。

审计机构有权决定各选择要素的权重。选择要素所占的权重作为“乘数”反映了审计人员对各要素在增值方面所具有风险和影响的判断。各选择要素所占的权重在很大程度上决定了整个选择过程的效果。因此，应该在考虑了所有参与审计人员的意见后，由集体决定各选择要素所占的权重。当各选择要素所占的权重相同时，风险得分是各自独立的，最后将所有选择要素的风险得分相加就得出风险总分。

矩阵的方式可以帮助理解下面将要讨论的内容（参见表 9－1）。将可审计的项目列在左侧，将选择的评价要素排在表格上方。一般而言，可审计的项目都比较多，因此要将其放在表格的左侧。在决定每个选择要素的权重时可以：①用数字表示，如从 1 至 5，5 代表风险最高或最重要；②用百分比表示，各选择要素的比重总和为 100％。

① 对发生重大变化的业务，有理由优先对其审计。变化过程中多会出现稳定情况下不会发生的非预期的复杂情况和风险。

表 9－1　　风险矩阵评分表

可审计项目	权重百分比								
	评价要素								总分
	要素 1（权重 20%）		要素 2（权重 10%）		要素 3（权重 30%）		要素 4（权重 40%）		
	风险等级	风险得分	风险等级	风险得分	风险等级	风险得分	风险等级	风险得分	
项目 A									
项目 B									
项目 C									

在确定了每个可审计项目的评价要素的风险等级后，将各选择要素的权重乘以风险等级就得到了各要素的最终风险分数，再将各要素的风险分数相加就可得到每个可审计项目的最终风险总分数。

第四步，确定评价要素的打分标准或打分尺度。

以何种标准或尺度来给选定的评价要素打分是由审计人员决定的。审计人员可以自由选择，但在给同一个可审计的备选项目的评价要素打分时必须使用相同的尺度。从数量上计量并表达风险和重要性的打分标准或尺度包括以下两种：

（1）数字尺度。每一个评价要素的得分都以数字来表示。通常以 1－7，1－5，或 1－3 来表示。7、5 和 3 代表风险最高或改善工作的最大潜力。1－7 的跨度较大，因此可以作出更严格的评判。

（2）描述性尺度。每一个评价要素的得分以描述性尺度来表示。例如，高、中、低，或者是非常、一般、很低。描述性尺度可以转换成数字尺度，例如，高＝3，中＝2，低＝1。

数字尺度和描述性尺度都由两部分组成：打分尺度和定义。打分尺度——所使用的数字或描述性尺度。定义——说明如何确定打分尺度的等级。例如，评价管理层所关心问题的描述性尺度可以定义为：无隐患或较小隐患＝1，存在一定的隐患＝2，严重隐患＝3。

立法机关所关心问题的描述性尺度可以被定义为：高风险＝3，低风险＝1。财务重要性可以被定义为：大于 20000 美元＝3；20000－50000 美元＝2；小于 5000 美元＝1。绩效指标（如产品质量）可以根据改善的潜力定义为：行业基准＝1，达到目标＝2，低于目标 10%＝3，低于目标 20%＝4，低于目标 20% 以上＝5。

所有要素都要使用同样的打分尺度，但各要素的风险评估可以用不同的方式定义。因此，有必要分别定义每个评价要素的具体打分尺度。将评价要素和打分标准一起醒目地展示在最终评估得分总表上，是一种比较好的选择，具体格式见表 9－2。

第五步，获取评价要素的数据。

信息的需求和来源在很大程度上取决于审计机构确定的选择要素和参考的信息来源。搜集信息所需的时间由信息来源的数量和种类决定。例如，搜集公众所关心问题的信息需要进行调查才能取得。常用的信息来源有预算、长期规划、绩效报告、控制的自我评估、内外部报告及研究成果、新闻报道以及审计报告。从管理人员、市民和利益相关人等方面也可得到信息。立法机构的信息可以通过调查获得，或者由立法机构的内部人员给出风险分数。对审计领域非常熟悉的审计机构可以依靠审计人员自身已有的知识和经验。

澳大利亚国家审计署在《绩效审计指南》一书的第五章“长期规划——风险基础增值法”中对长期规划信息的来源作了明确解释。该书指出，制订审计长期规划的过程要明确进行详细的审计调查对象或主题，并指出计划过程中需要的信息可从多处获得，一般包括：

（1）审计机构进行的专门调查；

（2）各部门或机构的报告和文件；

（3）从从事常规审计的人员那里去找；

（4）过去审计中确定的专题；

（5）议会、议会各委员会及其成员的意见；

（6）部长及各部门意见；

（7）媒体报道；

（8）预算、议会讨论记录以及概算等文件；

（9）国家审计署对绩效指标的研究和分析。

建议保留年度计划中搜集到的信息并永久存档，以便在下一年度的计划中参考使用。此外，这些信息还可以作为参考，帮助审计人员对所选的审计项目进行解释。

第六步，对可审计单位评级并计算最终得分。

这是一项很艰苦的工作。在这项工作中，审计机构和其他提供帮助的部门对每个可审计项目的评价要素给出风险分数。审计机构利用搜集到的信息和审计人员的集体智慧，再根据可审计项目存在的风险对它们进行评级。协助审计人员工作的其他人员也可利用自己的知识给出风险分数。对每个选择要素风险尺度的定义可以使审计人员的判断更加准确。评级完成后，接下来的工作就是算出每个可审计单位的总分。

评级、计算和分析都可以在电子表格上完成。传统格式是将可审计单位列在左侧，选择要素的权重、风险分数和调整过的风险分数排在表格上方。每个项目的风险总分列在表格最右侧一栏。另一种方法是将各要素的评级做在不同的电子表格上，然后再将分数转移到一张主表格上。表 9－2 展示了一张完成的评级表格。

为了保证评级工作的可靠性、客观性和连贯性，评级方法必须固定下来，统一应用于每个可审计项目的评价，并持续应用于下一个年度计划中可审项目的选择和确定。

表 9 – 2　　风险矩阵评分汇总表

可审计项目	权重百分比								
	评价要素								总分
	要素 1（权重 20%）		要素 2（权重 10%）		要素 3（权重 30%）		要素 4（权重 40%）		
	风险等级	风险得分	风险等级	风险得分	风险等级	风险得分	风险等级	风险得分	
项目 A	4	0.8	6	0.6	2	0.6	5	2.0	4.0
项目 B	3	0.6	4	0.4	4	1.2	3	1.2	3.4
项目 C	2	0.2	3	0.3	3	0.9	2	0.8	2.2

评价要素 1 = 预算资金额
评价要素 2 = 上一次审计的时间间隔
评价要素 3 = 发生潜在损失、腐败或舞弊的风险
评价要素 4 = 成本节约和服务改善

打分标准：1 ~5，5 代表最高风险。

第七步，确定审计项目的优先顺序。

要选择对什么项目进行审计通常并不简单。评价完成之后，审计人员必须运用职业判断，决定各个可审计项目的排序结果并做出最终的选择。除风险分数之外，审计人员必须考虑可行性因素（当然，这一因素也可以放到评价要素中一并考虑），如审计人员是否充足，审计的预计费用，客户或决策者的实时信息需求，以及其他未包含在选择要素内的现实考虑（如委托审计）。

第一项任务是，根据各可审计单位的风险总分按从高到低的顺序对其进行排列。排序的结果为审计人员的选择提供了初步的参考，但是风险分数并不能起到最终的决定作用。某些可审计单位的风险总分可能相同或相近。由于审计人员有限，当风险分数高的可审计单位过多时，审计人员还要再次做出选择。而一些“必须审计的项目”（例如，在某一期间内对审计范围内的所有组织进行审计）有可能得到较低的分数。因此，审计人员要做的第二项任务是必须运用职业判断做出选择。

为了避免出现过多的高分可审计单位，需要对其进行进一步排序，审计人员应该参与到选择的过程中来，并使用一种或一种以上的分析工具来达成最终的共识。分析工具包括对已筛选出的可审计项目再进行投票和成对比较分析。在筛选可审计单位时，审计人员根据筛选标准保留那些符合要求的单位（去除那些不符合标准的单位），但在委托审计的情况下可以保留某些不符合标准的单位。同时，审计人员还可根据筛选标准去除一个或几个可审计单位。例如，近期完成的审计通常被作为筛选标准，把那些正在进行的和在上一个年度或计划周期内已经完成的被审计单位排除在外。

“确定审计什么”是绩效审计人员面临的一个根本问题。选择正确的审计项目与正确地执行审计同样重要。由于绩效审计比较费时，且费用较高，不管

是已纳入正式计划还是临时决定，选择审计对象的目标都是使有限的审计资源发挥出最大的作用。

在选择审计的对象或主题时，审计人员要在几个可选项之中进行挑选。常规的方法是确定几个可选项并评价它们的优、缺点。在审计领域广泛采用的一种方法是风险评估。但一般不存在“通用的”评价要素或打分尺度，审计机构可自行选择确定。在选择确定评价要素时要考虑审计人员的数量、搜集信息所需的时间和审计机构的偏好，最重要的一点是可审计项目业务中存在的固有风险大小。

审计机构选择确定的评价要素和审计人员自身具备的知识及认知水平，决定了对可审计项目进行评级的信息种类。审计机构希望能够了解风险程度以及预期和实际收到的绩效结果。常用的信息来源有预算、审计报告、长期规划、控制评估、绩效报告以及专项研究。审计机构也可以搜集关于管理层、立法机构以及公众所关心的问题等方面的信息，并让立法机构和管理层参与到风险评估中来。根据以上信息和审计人员自身已有的知识，审计人员及其他协助人员就可以给每个可审计单位打分，计算最后的风险分数并做出最终选择。

二、编制项目审计方案

编制绩效审计具体计划的阶段是整个政府绩效审计项目的基础阶段。如果说上一步选择确定绩效审计项目是决定绩效审计项目开展成败的关键性的第一步工作，能起到事半功倍的效果，那么，绩效审计项目具体计划编制的质量好坏就是决定绩效审计成败的更为关键和重要的第二步工作。绩效审计项目具体计划质量的判断标准主要包括：一是选择确定的审计目标、内容范围、审计方法的恰当性。二是计划方案编制的指导力，也就是方案计划能否对绩效审计项目现场工作提供实质性的指导。这就要求计划编制要做到科学、适当、细化落地，而不能是缺乏实质性内容的条条款款的空洞描述。当然，要保证绩效审计项目计划的编制质量，就要遵循一定的计划编制流程和规则，满足适合绩效审计项目自身特征、符合绩效审计质量控制的要求。通常情况下，审计项目计划阶段包括以下步骤：

（一）开展审计调查

审前调查是审计项目计划的第一个阶段，是一个快速搜集信息的过程，而对搜集到的信息不需要详细核查。

审前调查开始于对事先选择确定的某个专题进行审计的提议，也许是一个点或一类事项，还有可能是潜在的目标。当审计人员搜集到足够的信息或相关知识能够满足审计计划随后两个阶段的任务时，审前调查即可宣告完成。审前调查的目的在于：一是为下一步的审计确定目标；二是选择审计范围和方式来达到目标要求。为达到上述目标，最低限度要求审前调查结果要明确对所选择的审计对象进行审计是否可行，明确表述对审计对象进行审计要达到的目标，为优先选择哪些目标提供建议，获取与审计对象相关的足够信息和相关知识。

不同的审计机构均有各自的调查目标和所期望的调查结果。对于一项调查，其结果与调查的范围和时间要求有很大关系，往往更依赖于提出审计提议时所提供信息的详略程度。审前调查过程中，没有固定或常规的方法用于确定审计的具体事项范围。不同的审计机构对审前调查有各自的方式。在常规审计工作中使用的资源和方法也能够运用到审前调查中。据此审计人员可以确定开展下一步的详细审计是否可行，还可对审计报告的内容形成一个初步的想法。

1. 审计调查的重要性

审计是一个通过获取审计证据而出具审计报告的过程。这个过程要经历审计项目选择、审计计划、现场实施审计和审计报告几个阶段，一些审计机构还将后续审计作为一个阶段。尽管各阶段间的界限比较模糊，但对审计工作做出这种概念性的划分，尤其是对于管理审计项目是很有用的。

审前调查是编制具体审计计划的基础，调查结果用于为编制审计计划和撰写报告提供指引。审计调查为下一步确定具体审计目标、选择审计范围和方式以达到审计目标要求，提供充分的项目背景信息。计划阶段或现场审计初期还要为现场审计和报告阶段确定审计工作进度、派遣审计人员，以及给审计人员分配具体的审计任务。

审计调查是一种大家熟知的计划和实施审计工作的方法。它是一种有效的工具，可以帮助审计人员决定怎样有效地利用有限的审计资源，并使之发挥最大的作用。

审计调查所获取的信息对于编制审计计划和实施下一步审计也十分有效，审计人员从调查结果中获取的信息可以节省详细审计所需要的时间。或许在审计调查过程中，审计人员还可对以后的审计报告内容形成一个初步的构思。总体来说，审计调查应该是一种快速搜集信息的过程，对信息无须详细核实。

《美国政府审计准则》（2017 年修订版）也充分肯定了审计调查的作用，其表述如下："在许多情况下，在准备现场作业的计划之前可进行审计调查。审计调查是帮助确认具体审计范围并取得计划所需信息的有效方法。调查可以提供管理财务、运营和评估、汇报绩效所需的关键系统和程序的信息。它还可以提供关于被审计单活动范围和规模的信息以及其他可能存在的内部控制弱点、不经济或低效率运营、影响目标有效实现或违反法律法规等方面的信息。"

国际内部审计师协会（IIA）2017 年发布的《国际内部审计专业实务框架》中对调查的主要目的作了如下阐述：①了解审计中涉及的活动；②确定重要的领域和审计重点；③获取实施审计时所需的信息；④决定是否有进一步实施审计的必要。

2. 审计调查的具体内容

审计调查开始于对事先选择的某个专题进行审计的提议，提议是审计项目选择阶段的一个产品。也许是一个或一类事项，还有可能是事先拟定的目标。审计调查可以有许多不同的结果，其结果部分应依赖于要进行审计的提议中提供的信息。不同的审计机构有各自的调查目标、方法和预期的调查内容要求。可能的审计调查的具体内容包括：

（1）就选定的绩效审计项目，确定需要进行详细审计的内容/事项，包括明确用于绩效评价的指标。

（2）就选定的绩效审计项目，确定其运行管理中的固有风险领域。

（3）就选定的绩效审计项目，确定因内部控制缺陷引起的薄弱环节。

（4）确定审计报告的主要使用者和利益相关者。

（5）就选定的绩效审计项目，明确审计报告的主要使用者和审计项目涉及的利益相关者主要关心的问题是什么。

（6）就选定的绩效审计项目，确定下一步审计中可能使用的评价标准（哪些标准可能会使用，是否可行）。

（7）就选定的绩效审计项目，确定下一步审计所需要的信息和资源，以及这些信息和资源的来源，可能的获取方式。

（8）就选定的绩效审计项目，获取被审计项目相关的运营管理信息，为编制审计方案和现场实施审计服务。

（9）草拟被审计项目可能的审计目标，并就优先选择哪些审计目标作为本次开展审计的具体目标定位较为合理，提出合理的意见和建议。

（10）通过审计调查获取的相关信息，判断确定所选绩效审计项目是否有实施的必要性。

3. 审计调查的范围和时间要求的多样性

审计调查的范围和时间要求具有多样性，在一定程度上取决于提议做审计调查时所能提供的信息。审计提议可能是源于以下四种理由：请求、委托、审计机构的自行决定或审计年度计划。每一种理由下的提议为随后的项目计划编制阶段提供信息的详情程度都不相同。但是，不管是哪种理由，审计提议极少对具体审计范围和方式的选择提供有用的详细信息。

（1）源于请求、委托以及审计机构自行决定的审计调查。对于这三种来源，审计提议中通常会确定：①主题/对象——项目、项目内容、职能或者活动；②主管机构；③一个或几个需要展开做详细调查的审计事项（内容）以及能确定的绩效评价指标。审计提议中可能会包括拟定的审计目标和优先选择该项目的理由。由这些来源所决定的审计项目通常针对一个特殊事项、关注点、风险或机会，因其本身关注点就已经比较明确、细化和具体，其具体的审计调查内容事项比较容易确定。如果已知审计对象或主题，也能够从中推断出潜在的审计目标。

（2）源于审计机构年度计划的审计调查。对源于这种理由进行的审计调查，通过审计提议获取的详情可能更为有限。这种情况下，审计主题（或者对象）和管理机构能够确定，但审计具体事项内容或许不能直接清楚地判断确定。然而，审计机构可以明确其固有风险，如项目预算规模、项目失败可能对公众产生的影响、产生舞弊的可能性、浪费或者舞弊的发生。但是，由于缺乏管理控制而导致的薄弱环节等详细信息，通常在详细的绩效审计计划阶段或现场实施阶段才能发现。

在下列情况下，审计机构通常无法在年度计划中明确审计事项：①在编制全面的审计计划，而没有时间去探究具体事项的时候。②在审计意图是实施一项专题审计并如实报告发现的绩效情况（好或不好），而不是考虑某一事项是否存在时。例如，某个审计机关是为了提供一段时间在审计机构管辖范围之内的审计覆盖面。当然可能有人会提出质疑：这里的“事项”应该是审计覆盖面的公平性问题。

（3）影响审计调查的范围和时间要求的其他因素。一般而言，影响实施审计调查的范围和时间要求的其他因素包括：①审计类型，比如是效率审计、效果审计，还是质量审计等。②审计对象的规模和复杂程度，一般规模和复杂程度高的项目，需要更大的调查范围和更长的时间投入。③运营管理业务的地理分布。④审计人员对选定的审计项目的了解或认知程度。比如，某一个项目，有可能是审计人员了解甚少的新领域，也有可能是以前经常审计的领域，或者是已经做过绩效审计的项目，需要对其开展后续审计等。⑤审计人员接受的培训和经验。

4. 审计调查的结果一：确定审计事项

依据选定的项目，进一步选择确定需要进一步重点调查的领域或事项，有一些可以遵循的经验原则。一般而言，绩效审计并不是全面综合性审计。绩效审计人员很少对所有管理职能、被审计单位所有的业务组成部分或项目绩效的所有方面进行全面审计。相反，绩效审计项目的具体调查事项重点往往着力于一些具体事项——问题、关注点、风险和机会。尤其会特别关注存在薄弱环节或固有风险较高的事项，还有对改进绩效起重要作用并具有潜在实质性影响的部分。

（1）确定审计具体事项的一般思路和方法。对如何确定具体审计事项，目前还没有一种现成和有效的方法，对什么是“重要性”也还没有统一的认识，审计机构都有自己的政策并做出各自的决定。以下是一些如何明确重要事项的思路，可供参考：

①寻找需要什么、想要什么、可能是什么和“是什么”之间的差异。“是什么”可能是绩效的计量结果或实际程序及做法。一个或多个绩效的重大差异（无论是正的或负的）意味着改善绩效的机会，也是对其开展详细审计的合理依据。这种确定绩效审计具体调查事项的方法，是绩效审计中使用的一个基本的识别具体调查问题的方法。

②寻找存在薄弱环节或固有风险较高，特别是存在舞弊、安全、低效的项目（项目组成部分、职能和活动）和运营活动。这类风险和薄弱的环节是详细审计中可能会发现的审计事项。

③寻找管理层在绩效监管过程中的薄弱环节。比如，目标设定、绩效计量、绩效计量结果与目标之间差异的比较，判断重大差异（正的或负的）产生的原因和采取恰当的措施。当一个项目出现监管缺失或有缺陷时，就存在对此事项进行详细审计的可能性。这种方法的假设前提是高水平的绩效离不开管理部门的有效监管。

④在不同地点选择同样的职能或活动包括办公室清洁、工资支付和离职员工投诉处理等，以其中最高的绩效水平为标杆比较它们的绩效情况。经验告诉

我们，不同地点之间的绩效差异相当大。这种差异意味着改善绩效的机会和对此事项进行详细审计的可能性。

⑤寻找重要的新项目，如重大开支的使用效果。这笔开支使用得如何？是否值得花这么大一笔支出？这种方法的前提是继续以浪费的方式实施项目是低效的。这种潜在的浪费意味着改善绩效的机会和对此事项进行详细审计的可能性。

（2）依据绩效审计项目的提议来源确定审计事项的思路和方法。如果是根据审计提议确定的绩效审计项目，审计机构可向各种审计提议来源征询意见以便确定重要审计事项。以下给出了此种情况下确定具体事项的一些参考范例：

①征询审计提议方的意见。首先需要征询的是提出审计提议的机构或个人。如前所述，审计提议通常能够指出风险或不良绩效的迹象。比如，《国际内部审计实务框架》（2017 版）规定：在计划制订过程中，必须考虑高级管理层和董事会的意见。首席审计执行官必须识别和考虑高级管理层、董事会对于内部审计意见或其他结论的预期。

②评估报告使用者的需求。所有审计都应满足使用者或某些使用者的需求或关注，因此，需要做些调查性工作来获得需求方面的信息。审计人员可以搜集与使用者需求有关的信息以确定准备审计的具体事项，或者了解使用者对已确定审计事项中最关注的问题是什么。调查可以回答三个有关客户需求或关注的问题：

第一，什么事项是客户所关心的（若未在审计提议中明确）？

第二，对于所选择的审计事项，客户想知道什么（或审计人员想让他们知道些什么）？

第三，客户希望（或审计人员希望）客户怎样处理这些信息？

对于这三个问题的回答，不仅意味着审计人员要确定、理解客户所关注的关键事项及其绩效指标，而且意味着审计人员可以从几个推论性问题的回答中寻找答案：客户是否只是需要简单了解一下被审计项目的情况？如果被审计项目绩效存在问题，客户是否想知道存在的是什么样的问题，以及这些问题的重要性？客户是否还想知道这些问题产生的原因或根源？客户是否想知道解决这些问题的方案？客户是否希望审计人员推荐一个解决问题的方案？不难想象，客户对上述这些问题的关注点和关注深度不同，依据客户需要确定的绩效审计项目的具体调查范围和思路就会有很大的差异，就会导致审计人员寻找的审计发现要素有很大的不同。审计小组在计划阶段需要利用这些分析的结果，来确定绩效审计具体审计目标，以及选择确定对应的审计范围和审计方法。

对源于外部或上级请求、委托的审计提议项目，报告使用者需要知道他们的需求或关注点是否在请求或委托中有所体现。但是与报告使用者就他们所关注事项的细节进行讨论是既谨慎又专业的一个过程。

对于来自年度审计计划或审计机构自行确定的审计提议，调查的任务则是确定可能的报告使用者，或是通过研究和分析来评估他们所关注的问题。

③了解利益相关者关注的问题。审计人员要明确利益相关者关注选定准备绩效审计项目中的哪些内容。利益相关者可能成为审计报告的使用者，但不是主要的使用者。如果期望利益相关者成为报告的使用者，审计人员需要对此加以明确，并且在编制审计计划时考虑他们所关心的内容和信息。这方面的工作可能包括从利益相关者的角度去了解所涉及问题的性质和历史、关注点、机会或风险。比如，《国际内部审计实务框架》（2017 版）规定，首席审计执行官必须识别和考虑其他利益相关方对于内部审计意见或其他结论的预期。

④确认“高层领导的意向”。在这方面，审计人员可能要考虑的问题包括：高级管理层是否只顾满足自己的偏好而忽视其客户的期望，如设定自己能实现的目标而不考虑目标是否满足客户的期望？出现问题时，管理层倾向于寻找责任人还是倾向于寻找问题的成因？员工满意度和士气如何？明确的或隐含的员工激励因素是什么？卓越的绩效表现是否归功于某个特定的绩效指标，如成本？哪些没有得到足够重视的绩效指标，或许就是审计的机会目标，如对这些领域或事项进行审计，将能够实现更好的绩效改进以满足客户期望，实现绩效审计的价值增值目标。

⑤征询其他来源的意见。审计人员可通过征询其他审计提议来源的意见，缩小审计调查范围。审计人员征询意见的来源，通常是管理人员和员工、客户投诉的档案资料、立法机构及其成员、消费者和市民、利益相关人、审计报告、管理报告、控制自我评估报告、财务报表、媒体报道以及民意调查。另一个能引导指引具体审计方向的信息来源，是审计人员亲临现场，观察绩效审计项目相关的事物和活动，如基础设施状况、工作团队、公司内部的业务流程、实际提供的服务机构（失业人员办事处、机动车辆登记处、医院等）。审计人员通过亲临现场可以获得第一手的有用信息，比如，其从审计调查中可能获得的信息包括：

a. 存货的数量和金额明显增加，原因在于该机构对存货缺乏有效的控制；

b. 工资核算系统不可靠，支付给员工的工资经常发生错误；

c. 不能迅速、及时地回收贷款，并且可能存在很高的坏账损失；

d. 没有使用竞争性报价程序进行采购，因此可能无法获得最优价格；

e. 交通指示灯指挥无序，给乘车者造成不必要的耽搁，同时还浪费汽油，破坏环境；

f. 测验分数表明非熟练工人的水平未能达到熟练工人程度；

g. 仪器计量的数据显示污染指数经常超过最大可接受污染水平，表明该组织没能实现将空气污染控制在一定范围内的目标等。

5. 审计调查的结果二：确定绩效数据来源

编制计划前，所做的审计调查，其共同目的是充分了解所调查的组织和主题（如项目）及其信息系统，以确定可用的审计数据。首要任务是了解现有数据的地点、形式及其可靠性；然后是了解搜集原始资料的必要性和可行性。所了解到的信息对于实施该审计项目是否可行，选择确定审计范围、审计方法，以及确定审计计划的详细程度都具有极为重要的作用。

如果不能获得可靠的数据，原始资料的搜集不可行或不实用，审计人员就应该选择是设计出一个审计目标绕开这些约束条件，还是取消这次绩效审计项目。对于后一种情况。审计人员应撰写一个报告，说明缺乏数据并建议被审计单位建立恰当的记录系统。这样做的前提是：被审计单位需要利用这些信息才能有效地完成本职任务，而不是为了审计人员工作方便，或者是审计工作需要而要求增加相应的信息记录。

6. 审计调查结果三：为编制审计计划获取运营信息

接下来的任务是获取关于这次任务和实施审前调查的需要的项目运营基本信息，以充分满足审计计划的需要。审计人员对这些信息的了解可能来自他们早已具备的关于项目及其管理的知识，也包括在调查或随后的计划阶段通过观察和询问得到的信息。

（1）审计调查需要获取的信息类型。一般而言，审计人员需要获得的关于被审计单位的信息，按照一般文献和审计标准上的分类是：项目目标、目的、产出和成果；项目绩效的计量标准；法律法规；财务；运营方式及其控制制度；信息系统，等等。所获得的这些实用信息，通常包括诸如工作完成的方式和地点、使用的资源（财力和人力）、生产的产出、绩效水平以及管理层对绩效信息的了解，尤其是控制方面的信息。审计人员既可以用这些信息来确定潜在的被审计事项，又可以用来在详细计划阶段作为选择、确定具体审计范围和方法的重要依据。

①项目目标、目的、产出和成果。审计人员必须了解的一件事情就是所调查的事项是否实现了其目标和目的。下面的这些调查步骤是获取此类信息的有效方式。

第一步：确定拟审计项目的。目的是希望达到的结果或效果，它可能没有以明确表达的方式存在。立法机构在批准一个项目（如食品券、学龄前儿童启蒙计划、中小学午餐补助等）时，通常会先确定目标。对于各类服务（如垃圾处理、中小学教育、自来水），其目的通常为大家熟知，可以在法律中明确规定，也可以不确定，通常比较理想的做法是在年度计划中明确目的。如果年度计划中也没有明确相应的目的，那么审计人员就应该在审计调查阶段完成。

第二步：确定项目的目标。目标可以使相关的重要绩效指标水平得到量化。立法机构可设定某些项目目标。如果立法机构未设定目标，管理部门应对目标进行设定。以立法形式规定的目标很少量化，量化成可计量的标准通常要由管理部门来完成。如果目标相关并能实现，且符合立法机构的意图，审计人员可把目标作为绩效评估的标准。

第三步：确定项目服务的“目标人群”。知道预期的客户，对确定某项目除使预期人群受益之外、是否还会使其他人员受益起到关键作用。在政府部门里，受益人群会随时间推移发生变化，可能由最初预期的人群变为完全没有预期到的人群。

第四步：确定交付给项目客户的产品和服务。能否实现项目的目的取决于产出成果的生产和配送：正确的类型、数量和质量达到要求、及时性、低成本。产出成果是预算资金的使用结果。

②项目绩效的计量标准。快速确定重要审计事项的方法之一就是查看被审计单位的业绩，即在可能的情况下，获悉有关重要绩效指标的运营完成情况和项目结果的水平，并与项目目标和其他相关绩效标准作比较。另一种方法就是着眼于观察可能存在弱点的业务流程并对其进行的控制，以及着眼于创造合理化和再设计的机会。这种方法可能比较耗费时间，尤其是对于那些涉及许多运营地点的项目更是如此。

业绩，是指衡量产品或提供的服务在数量、品种、质量和成本方面是否达到了预期的要求。而结果，是指在一定程度上衡量项目的目的是否实现，是项目提供产品和服务以及其影响的客观状态。

对绩效进行计量的机构通常会有自定的目标。在这种情况下，调查任务是运用机构自己事先确定的绩效计量系统，对实际业绩和机构的目标进行比较，或者与其他的绩效标准比较。如果该机构不计量绩效，审计人员应考虑设计一些基本的计量尺度或标准。

③法律、法规。在政府部门中，项目、某些活动和职能是根据法令建立的，并受具体法律、法规的约束。政府审计准则要求审计人员熟知适用的法律、法规规定。为达到这一要求，审计人员需要汇编一系列适用于被调查项目的法律、条例和规定，明确具体的条款并对其分类。这项工作可以与了解项目目的结合进行。

比如，《美国政府审计准则》2017 年修订版中的以下条款清楚地表明了理解适用法律法规的重要性；“政府项目通常是根据法律创建的并受制于具体法律和法规的约束。例如，法律和法规通常对要做什么、谁来做、要实现的目的、要服务的人群以及做某事需要花费多少成本做出阐述。因此，理解建立项目所依据的相关法律，对于审计人员理解该项目是十分必要的。在确定对审计目标有重要影响的法律、法规条款时，理解这些相关法律也是一项必不可少的重要工作。”

举例来讲，如果审计人员发现有迹象显示，遵循某项法律、法规并不能实现项目目的，或者某项法律、法规增加了不必要的成本而没有相应提高效率，那么审计人员就已经为下一步将要开展的详细审计确定了一个潜在的事项。

④财务。了解财务来源以及预算和支出的金额非常重要，了解实际成本和项目产出的单位成本也很重要。这些信息帮助审计人员了解一个单位的财务运行，并帮助他们确定发生大额支出、支出随时间发生的重大变化、高额成本、资源价格飞涨和巨额负债等情况。高支出和高负债的领域通常能产生最大数量的建设性审计发现。需要获得的信息可能包括：

a. 每年的资金来源报表——来自拨款和营利性活动。

b. 借款权限以及融资或支出限制——某项花费多少。

c. 支出的金额，支出具体又可以分为不同类型，比如：活动和职能类支出；成本类支出，如福利支出、运营、资本投资；资源类支出，如人员、办公用品、能源、场地、设备和技术。

d. 未来将要偿还的债务。

e. 可能要发生支出的或有事项，如未履行责任、贷款、诉讼。

f. 资产的种类、数量、成本和地点。

g. 主要资源的单价。

h. 产出成果的单位成本。

在审计调查中所需的历史财务数据数量的多少要由审计人员作出判断，但其基本的原则是，该财务数据的数量至少要能满足调查目的的需要。

⑤运营方式和控制。审计人员需要了解被审计对象的工作方式、地点和运营时间，其中包括通常需要的基本信息，主要有被审计单位的组织结构和人员聘用的方式，还包括总部和运营机构的地点、主要的管理人员、运营方式以及合同方/受让人。审计调查是获取上述信息的最直接和有效的方式。

对理解被审计单位运营方式有用的信息包括：

a. 由中央主管部门和被审计单位管理层建立的通用政策和程序；

b. 了解被审计单位的组织安排和权力划分，包括组织结构图；

c. 以流程图或文字叙述的方式描述运营方式；

d. 了解与调查中的目标项目和绩效指标相关的控制办法；

e. 被审计单位为实施监督和提高绩效而进行的“管理控制”过程。

⑥信息系统。在任何调查中，了解被审计单位信息系统都是一项必要的工作，尤其是那些有关管理控制的信息系统。具体的细节随审计项目和绩效指标的不同而有所区别。在某些情况下，在审计调查项目的过程中，审计人员需要确定信息系统的地点、类型，信息系统中主要用于提供结果和业绩的内容，政府指令要求的遵守情况，既定政策和程序的执行情况，以及实际绩效的报告情况，其中包括管理层收到的关于每个项目、活动和职能的财务和运营绩效情况的报告。

对于已确定的审计事项，为了确定审计计划所需的信息，审计人员需要详细了解被审计单位和与已确定审计事项相关的所有信息记录系统，包括日常业务组成部分的记录和单据。审计人员需要知道有关单据和记录的编制方式、存放地点、数据内容，并考虑数据的真实性。

（2）获取调查信息的一般方法。在为编制审计计划而进行审计审前的整个阶段，审计人员可采用多种方法来获取信息。通常的方法有：与被审计单位管理人员讨论、与其他人员面谈、审查管理部门报告和研究文件、查阅审计报告、实地观察、选择业务事项进行追踪测试。每种方法可单独使用，也可与其他的方法结合使用。

①与被审计单位管理人员讨论。所有调查的第一步都是与被审计单位负责的管理人员沟通，包括经理和员工。无论对外部审计人员还是内部审计人员来讲，这一点都是非常重要的。经理熟悉其所在单位的权限、绩效目标以及为实现目标所采取的方法，员工能提供关于业务方法和程序、会计和信息记录系统，以及相关绩效报告的细节性信息。他们还可能帮助审计人员确定并找到绩

效出现问题的原因。关于财务和人力资源的信息可从预算和会计人员那里获取。

②与其他人员面谈。审计人员与提出审计请求的人员、客户、预期受益人以及被审计单位以外的其他相关知情人面谈，面谈获取的信息能为揭示被审计项目存在的绩效管理薄弱环节和绩效缺陷提供非常有利的帮助。对于质量和及时性方面的问题，客户有切身体会。如果可行的话，还可以询问政府机构以外的对项目有了解和关注的利益相关者。这种做法能为寻找存在问题的领域和关注的问题指明方向。需要向立法机构提交报告时，审计人员应该与相关的立法委员会进行沟通，了解他们感兴趣和关注的问题。

从对客户或市民的问卷调查表中得出的结果能提供有关存在问题领域的有效信息。但是，在审计调查阶段就开展对客户或民众的问卷调查通常过于耗时，所以，基于成本时间因素的考虑，审计人员一般在编制计划阶段实施的审计调查一般不采用此方法。

③审阅管理部门报告。记载、陈述管理部门如何履行管理职能的报告信息，对审计人员而言同样也是有用的。从管理部门获得的信息，如预算、财务报表、业务报表、部门成本报告、控制自我评估和绩效报告等，能使审计人员了解相关绩效目标的实现情况，审计人员需要分析那些包括比较、揭示差异和可能反映下列情况的根告：

a. 收入、支出和负债如何，以及将其与预算数额进行比较的报告；

b. 与数量、质量、时间、成本目标和行业标杆有关的工作是怎样不断推进的报告；

c. 业务如何变得更高效或更低效的分析报告；

d. 质量和及时性是如何改进或降低的报告；

e. 期望的服务或项目目标是怎样实现的报告；

f. 服务和项目收益如何与成本进行比较的报告。

如果管理者根本未收到过此类报告信息，审计人员就应当询问他们是怎样对业务进行控制的，又是如何监督评价这些控制的执行情况的。通过一系列询问，可能会发现被审计单位缺乏有效的管理控制制度以及存在其他管理方面的弱点。

④研究报告、投诉、审计报告和新闻报道。对于任何单位来说，研究报告、投诉以及审计报告都是非常好的信息来源。在调查过程中，审计人员会发现把过去、现在和列入计划中的各种管理研究报告、内部审计报告、工作计划等搜集起来并列出清单，这对于获取绩效审计项目的相关信息是非常有用的。利用他人已加工好的信息有助于减少审计人员自身的工作量并节省审计工作时间。

a. 相关研究成果或报告。无论是这些研究成果或报告来自内部人员还是外部人员，审计人员通常都能从中挖掘出一些由于某种原因制订而未能实施的好想法。与制定项目目标有关的研究报告，以及与目标实现过程中对进展情况进行衡量的研究报告，对审计人员获取项目信息而言，更具有特别重要的价值和意义。

b. 客户的投诉和“热线”呼叫记录。如果有客户投诉系统或热线呼叫记录，这些投诉和呼叫记录信息，也能有效地帮助审计人员寻找出存在问题的领域。直接与公众打交道的单位可能会收到以信件、电话或 E－mail 的形式提出的投诉。许多单位设立了“热线”电话或网站投诉链接地址，方便市民通过电话或网站链接渠道，提出投诉或揭发不正当行为。

c. 以前年度的审计结果和建议。以前年度的审计结果和建议，也是有助于审计人员寻找确定现存问题的来源领域。外部审计人员应参考利用已完成的内部审计工作结果。审计准则一般也会规定，要求审计人员在计划阶段应参考以前审计发现的重大结果和提出的相应建议。

d. 其他地方类似项目的审计报告。其他地方类似项目的审计报告，也有助于审计人员挖掘被审计项目存在问题的领域。比如，对于美国其他地方政府审计人员而言，一个现成的信息来源是“美国地方政府审计师协会”出版的季刊。其中刊登了身为该协会会员的地方政府审计人员撰写的审计发现概要，提供了各级地方政府部门存在的潜在问题和改进的机会领域等现成的、可参考利用的信息。再比如，对于中国的内部审计机构或地方审计机关而言，审计署审计央企、中央部门单位、地方政府后发布的审计结果公告，对于其他审计机构人员发现类型项目领域存在的问题具有重要的参考价值。

e. 新闻媒体单位的报道，也为寻找存在问题的领域提供了丰富的资料信息来源。出版界、新闻媒体和新闻记者热衷于搜寻和报道关于政府的新闻，尤其是存在问题的领域。

⑤实地观察。实地观察是审计人员迅速了解一个组织的业务和环境状况时，采用的必不可少的方法。这一方法在任何与产品和服务配送有关的调查中都能起到无法估量的价值作用。亲自观察运营状况通常要比阅读程序手册快得多，并且经常能更准确地理解所执行的业务程序。但是，审计人员必须谨慎行事，以确保观察到的事实具有代表性。

如果审计人员调查的目的是确定进一步深入审计的事项，审计人员应该关注浪费或无效率的情况，这些迹象可能表明存在薄弱环节，例如，订单的积压、设备的闲置或原材料的多余、冗员的存在、生产运营过程中产品因质量问题而大范围返工、过时的工作方法和机器设备、糟糕的工作环境。审计人员并不需要像某个具体领域（如工业工程）的专家那样，通过观察一项活动和询问问题就能获得有用的信息并得出相应的结论。

⑥选择业务事项进行追踪。如果想深入了解业务操作和控制，一个有用的方法就是选择几个具体的业务事项或活动，通过实地观察和与工作人员讨论对业务全过程进行追踪。这种方法能够使审计人员迅速地摸清实际工作中的做法。这样做与审计人员查看业务手册，然后按部就班地对选择的业务活动进行审查以获知是否有效遵循了既定程序相比，更能得到令人满意的结果。例如，在审查票据支付及时性时，审计人员可以挑选一个包括不同类型票据的样本，了解从收发室收到发票或票据直到实际支付并在会计账簿中登记的整个支付过

程中的每一个步骤。

选择业务事项进行追踪是审计人员验证实际工作中控制活动是否有效的一个有效的方法。《美国政府审计准则》和《国际内部审计专业实务框架》，以及我国的政府审计准则和内部审计准则等都对关注管理控制，尤其是内部控制的重要性作出了规定。比如，我国 2010 年发布的《中华人民共和国国家审计准则》第三章审计计划规定：

审计人员可以从下列方面调查了解被审计单位相关内部控制及其执行情况：

a. 控制环境，即管理模式、组织结构、责权配置、人力资源制度等；

b. 风险评估，即被审计单位确定、分析与实现内部控制目标相关的风险，以及采取的应对措施；

c. 控制活动，即根据风险评估结果采取的控制措施，包括不相容职务分离控制、授权审批控制、资产保护控制、预算控制、业绩分析和绩效考评控制等；

d. 信息与沟通，即收集、处理、传递与内部控制相关的信息，并能有效沟通的情况；

e. 对控制的监督，即对各项内部控制设计、职责及其履行情况的监督检查。

审计人员可以从以下方面调查了解被审计单位信息系统控制情况：

a. 一般控制，即保障信息系统正常运行的稳定性、有效性、安全性等方面的控制；

b. 应用控制，即保障信息系统产生的数据的真实性、完整性、可靠性等方面的控制。

审计人员可以采取下列方法调查了解被审计单位及其相关情况：

a. 书面或者口头询问被审计单位内部和外部相关人员；

b. 检查有关文件、报告、内部管理手册、信息系统的技术文档和操作手册；

c. 观察有关业务活动及其场所、设施和有关内部控制的执行情况；

d. 追踪有关业务的处理过程；

f. 分析相关数据。

审计人员根据审计目标和被审计单位的实际情况，运用职业判断确定调查了解的范围和程度。对于定期审计项目，审计人员可以利用以往审计中获得的信息，重点调查了解已经发生变化的情况。

7. 审计调查结果的汇总报告

与审计机构的决策制定者及时沟通，是审计调查结果沟通的一项基本要求。根据审计调查的结果，可以确定下一步审计工作是否有依据或可行，如果审计机构批准该绩效审计项目继续进行，则审计调查结果将有助于根据决策来编制审计项目具体计划（项目实施方案）。

根据审计机关的工作侧重点，调查结果报告可以包括以下内容：

①包括一个或多个事项的项目以及对可能获得的潜在效果的初步估计。

②审计可获得的资料来源，包括数据的可靠性和搜集原始资料的必要性和实用性。

③编制审计计划所需的关于调查对象和管理组织的背景信息。它包括确定的被审计项目的目的、任务和产出成果、目标人群，以及审计地点、审计人员和审计方式，还包括适用的法律法规、所需资源（通常是财力和人力）、绩效水平和信息系统，其中包括管理层要获得的绩效，特别是关于控制的信息。

④如果认为进一步审计没有依据或不可行，解释其原因。

拥有上述信息后，审计人员在计划的第二阶段就应能够确定审计要实现的成果，并将审计目标明确地表达出来。

有些情况下，审计人员在调查过程中就已经了解到了足够的信息，使其能够立刻就调查结果进行沟通，甚至还能提出改进意见。这种情况在受邀开展的审计项目中出现的可能性比较大。如果对调查结果进行讨论之后，邀请者或被审计单位的负责人对审计人员的分析感到满意，并保证愿意采取改正措施，审计人员就可以根据调查结果形成最终的报告。

当审计调查的范围比事先计划的审计事项要大时，汇总报告的内容包括审前调查工作的全部范围是很有必要的。汇总报告为以后的工作提供了可供参考的记录，包括对所完成工作的说明、审计人员对运营和绩效充分性的观察情况，以及对以后审计工作提出的建议。

当审计调查结果表明，审计工作的范围超出了调查方案规定的范围时，则汇总调查报告可能包括以下信息：

①潜在问题以及深入审查的理由。

②通过改进管理可能取得的绩效。

③在调查阶段形成的相关信息。

④做进一步调查需要的时间和资源初步预算。

审前调查是审计计划阶段中的第一个重要环节，其调查结果为其后编制审计项目计划（或者叫审计实施方案）的工作服务，为撰写审计报告提供指引。作为业务惯例，审计调查是一个快速搜集信息的过程，对搜集到的信息不需要详细核查。

审计调查是一种大家熟悉的编制审计计划和实施审计的方法。它是一种有效的工具，可以帮助审计人员决定怎样有效地利用有限的审计资源，并使之发挥最大作用。审计调查所获取的信息对于编制审计计划和实施下一步审计也十分有用，审计人员从调查结果中获取的信息可以节省详细审计所需要的时间。在审前调查过程中，审计人员还可以对以后的审计报告内容形成一个初步的构思。审计人员可以利用审计调查得到的信息决定下一步的审计是否有依据和可行。

对于审计调查，没有一个权威的调查结果清单。不同的审计机构有各自的调查目标、方法和预期的调查结果。但是审计调查结果的最低标准是满足编制审计项目具体计划的需求，用于确定进一步的审计目标和选择审计范围及方式。调查结果应该包括：

①明确对所选择的事项进行审计是否可行。

②明确表述审计拟实现的目标。

③对优先选择目标的分析。

④获取与审计对象相关的项目任务、运营和管理组织的信息。

⑤了解可利用数据的来源。

每次调查中要获取的信息和调查所需时间投入，受到产生这次审计调查的审计提议中的具体内容影响。其他影响因素还包括审计的类型、被审计事项的复杂程度以及业务规模和地理分布，也取决于审计人员对调查对象/主题和业务是否熟悉，以及过去是否实施过此类审计，调查所需时间还取决于审计人员接受的培训和经验。

如果调查的目的是为审计工作确定一个或多个事项，审计人员通常要留意是否有迹象显示涉及立法机构、政府部门和公众利益，以及重要事项的潜在问题、关注点、机会和风险，还要关注可能存在舞弊、滥用和浪费的情况。审计人员应首先阅读审计提议中对问题的详细说明。绩效低下的问题可能会在审计提议中指出，然后审计人员通过确定有必要进一步询问的事项，缩小调查范围。绩效低下的问题可由管理部门或审计人员的汇总整理表达出来。调查阶段的做法无须非常精密，可以仅提供一些粗略的提示，通过其他渠道也可以显示绩效低下的情况。

一般而言，审计人员所需的信息大致可以分为以下几类：目的、产出和成果、法律法规、财务状况、运营方法和控制、信息系统。这些信息用来确定被审计事项并作为编制下一步审计计划的背景资料。

每次调查都可以采用许多方法来获得信息。通常采用的方法有：与被审计单位管理人员讨论、与其他人员面谈、实地考察、挑选部分业务事项或活动全程追踪、查阅管理部门的报告和研究成果、被审计单位的投诉文档、新闻报道以及审计报告。每种方法既可单独使用，也可结合其他方法同时使用。

（二）确定绩效审计目标

在完成审计调查之后，接下来最重要的工作内容就是确定审计目标。审计的目标是审计所要达到的目的，也描述了审计人员将要在审计报告中反映的内容。审计目标应明确审计所要涵盖的审计对象/主题和绩效指标，以及审计人员期望获得的审计发现要素。审计目标的确定可以分步进行，包括在审计调查阶段初步选定一个或几个审计事项或专题以及对应的绩效指标，明确审计人员希望或被要求从上述审计对象/主题中了解什么，进而确定或提炼出审计目标。

1. 编制审计项目计划的必要性

审计与其他工作的性质一样，都是利用有限的资源来提供服务。因此，有必要对审计工作制订详细计划，以有效地利用资源，为关注审计结果的人或组织，以及为审计人员付出的时间和精力支付薪酬的委托人提供最佳服务。编制审计计划是形成审计报告的整体过程中的重要阶段。这个阶段的最终成果是编制出一份开展现场审计的书面计划，除其他事项外，主要是明确审计目标、范围和实现目标的方法。

《美国政府审计准则》中有关绩效审计计划的现场工作准则指出："审计人员在着手实现审计目标时，应当对工作进行充分、必要的计划，并加以记录。"

编制审计计划涉及审计人员为每一项审计任务设计并起草一份审计计划，其内容包括审计的目标、范围、方法、时间和资源的分配。这是一个持续不断的审计过程。因而，审计人员在完成审计工作的过程中，对于审计的目标、范围、方法、时间和资源的分配需要及时地进行调整。

2. 编制审计项目计划过程中需要完成的任务

绩效审计不同于财务报表审计。财务报表审计有一些很明确、必须要完成的审计程序，如核实应收账款、存货余额和现金对账等；编制绩效审计计划远不如前者有规律可循，从而导致审计目标和方法种类繁多。然而，仍有一些步骤是每个绩效审计项目都必须要完成的。所以，尽管绩效审计的方法不如财务报表审计那么有规律性，但它应当具有系统性。这就意味着应先确定审计目标，设计实现审计目标的步骤，再将这些步骤与将来的现场审计发现和相关要素联系起来，从而保证审计目标的实现。审计发现可能是正面的也可能是负面的（缺陷）。一般而言，审计人员编制审计项目计划/审计方案的过程中，需要完成的任务如表 9－3 所示。

表 9－3　　编制审计方案阶段需要完成的任务

序号	任务
1	实施审前调查
2	确定审计目标
3	设计实现审计目标的步骤——选择审计范围和方法
4	确定所需要的人员和其他资源
5	实施现场计划，报告阶段性成果
6	将上述详细内容写入书面审计计划

预先确定审计工作是否需要具备特殊知识和技能的人员，会对审计管理、实现对审计工作的有效监督和控制有所帮助。同时，审计计划中最好还要为审计人员提供一定时间的在职培训。一旦审计人员分工到位，审计计划就要及时修订并反映在每个人分配的工作任务中。

3. 确定审计目标

审计工作是这样一些项目，即通过一定时间的努力创造出一个独特的产品，通常情况下，这个产品是一份审计报告。既然是项目，审计就要有目标，并最终实现目标。目标就是事先确定的审计工作所要满足的潜在消费者（审计报告使用者）的需求。

与其他所有项目一样，编制绩效审计计划应首先弄清审计工作最终要形成的成果。就绩效审计而言，这个成果是向有关利益方提交的、对其有价值的最终成果。审计人员要在审计目标中明确什么样的成果是有价值的。向有关利益方提供的有价值的成果通常是一份包含所有能满足审计目标的信息的书面报告。《美国政府审计准则》规定，审计报告也可以采用其他形式，只要是有证据支持即可。比如，一个简短的幻灯片也可以被当作一份审计报告。因此，审计人员在计划阶段就应开始为审计报告做打算，考虑要在审计报告中反映的内容，并对审计工作进行计划以获得必要的信息。编制方案的第一步工作——审计调查，为审计人员提供了有关信息，使其头脑中初步形成了审计发现的基本内容，包括固有风险、控制风险及敏感性等方面。

绩效审计计划阶段最重要的成果就是确定审计目标。审计目标明确了审计的目的，为确定审计范围和方法提供了基础，指导现场审计，并且有利于集中精力发现问题。正如《美国政府审计准则》所指出的："审计目标是审计工作要实现的目的。"审计目标在描述审计所要实现的成果的同时，也定义了审计的目的，为审计计划和现场工作指明了方向，为审计报告的内容提供了框架，并为获取审计发现确定了重点。所有的证据搜集和数据评价都源于审计目标。当审计人员获得了撰写和出具审计报告所需的合规的、相关的审计证据，实现了审计目标后，审计工作即告结束。审计发现完全取决于审计目标，一个或是一系列审计发现只要能够满足审计目标的实现，就被认为是完整的。

因此，绩效审计计划阶段的一项基本任务就是确保审计目标的正确性。提出不正确的目标或提出错误的问题都将不可避免地误导审计工作。目标不准确起不到任何引导的作用。

明确的审计目标为审计计划、现场审计和撰写审计报告提供了清晰的方向，使审计人员明确了在现场就某个或多个审计事项预期要做（或被要求做）的工作。以明确、具体的目标开始审计工作，可以大大节省时间，因为它避免了耗费大量精力搜集信息，而这些信息又最终被证明除了造成审计报告冗长外，毫无用处。而且，如果审计工作没有清晰的方向，就很可能造成无法达到预期目的。

最好避免模糊或不完整的审计目标，这样的目标不能引导它们自己找到答案。表 9－4 给出了审计目标模糊等级示例。

表 9－4　审计目标模糊等级示例

序号	目标模糊等级	例子
1	模糊	审计城市街道清洁工作
2	比较模糊	城市街道的清洁程度是否达到了最近进行的一次城市调查中居民和企业期望达到的水平
3	明确	确定城市街道的清洁状况是否达到了质量标准

模糊、不完整的审计目标，通常仅明确了审计对象/事项，但却很少指出对审计对象/事项的哪些绩效指标进行评价，以达到审计目的。常见的有，因为没有说明"发现重大问题并报告"或者"确定是否有改进的可能"等，而使审计目的不明确。在确定审计对象时模糊的审计目标会使审计人员对审计范围捉摸不定。模糊且模棱两可的审计目标还有如下例子：

（1）评价垃圾回收中的资源利用情况。

（2）审查回收账款的程序。

（3）评价员工补偿计划的效率。

（4）评估货物采购的程序。

（5）检查快速轨道大运量客运系统。

（6）评价城市鼠类控制项目及其实施状况。

不完整、非限定的审计目标对审前调查来讲可能是必要的，但对具体的审计工作却不适用。它既不能为编制审计计划和现场审计提供明确的方向，也无法为随后的审计报告确定核心内容。

正如美国陆军审计局在名为“依据目标审计”的审计指南中指出：不应使用诸如“评价资源的使用情况”“确定有待改进的领域”“评估效果性和效率性”“审查政策、实务、程序和控制”等模糊的审计目标。“此类目标不能为编制审计计划提供一个明确的方向。它们既没有充分指出审计应包括的范围，也没有说明审计人员需要或将要获取哪些方面的信息”。而且，依据此类表述模糊的审计目标通常也得不出审计结论，无法找到实现目标的答案。

4. 制订明确的审计目标

《美国政府审计准则》说明了什么是明确的审计目标，即审计目标要：可回答，也要明确审计对象/事项和指标，并确定审计人员期望获得的审计发现和报告要素。如果（在目标中）引用绩效评价标准会使审计目标变得更为具体。

如果没有表述明确的审计目标，则审计工作很可能无法及时、有效地实施。更糟糕的是，审计工作将不能实现预期结果。这样说并不意味着审计目标就一定是有意义和可实现的。

正确的做法是，当审计人员发现了一种情况（如一个明显的问题），并认定有必要或值得继续深入审查时，应当花一些时间对审计目标进行分析，厘清想要做什么，然后再进一步开展深入审查。同时，审计人员还要评估额外增加的工作对于原计划的审计时间和资源所产生的影响。如果没有明确的审计目标，则可能导致无法获得构成预期审计发现的全部所需信息，造成审计发现不完整或者缺乏说服力。其潜在后果是，审计工作可能无法实现原定审计任务的意图。最糟的局面可能是，由于没有实现原有意图，审计人员会非常尴尬。

绩效审计中审计目标的作用或许能通过下面这个比喻来说明：对足球而言，虽然有的人把篮球玩得花样百出，但这并不能保证他一定是一个好的足球运动员；如果他根本不擅长足球，他肯定不会成为一个好的足球运动员。同样的道理，虽然明确的审计目标不能保证取得高质量的审计结果，但是，如果审计目标不明确，则想要取得有效的、高质量的审计结果同样是不可能的。

（1）审计目标应表述成“可回答”的问题。审计目标明确、清晰的一个必要前提是，把目标表述成原则上可以接受或不能接受，并能用具体明确的词语予以回答的问题。除了描述性审计以外，对其他审计而言，审计目标都应当能用三种方式来回答，即“是”“否”或“从某种程度上”。实现这一点有两种方法：一是以提问方式表述目标；二是以“为了确定……”的句型表述目标。“为了确定”在韦氏词典中被定义为：为得出结论，以作出决定，为解决问题。举例如下：

①该县的采购程序能保证为其交通系统提供高质量的（即极少需要修理的）公共汽车吗?

②为了确定该县的采购程序是否能够保证为其交通系统提供高质量的（即极少需要修理的）公共汽车。

③本州处理失业救济的效率（人工小时利用率）令人满意吗?

④为了确定本州处理失业救济的效率（人工小时利用率）是否令人满意。

⑤联邦的羊毛补贴计划在多大程度上实现了预期的增产高质量羊毛的目标?

⑥为了确定联邦的羊毛补贴计划在多大程度上实现了预期的增产高质量羊毛的目标。

但是，无论是以提问方式表述目标，还是以“为了确定……”的句型表述目标，都还是不能避免模糊目标的出现。为了使审计的最终成果更加清晰，审计目标需要明确审计对象/事项和绩效指标，以及审计人员预期的审计发现和报告要素。下例很能说明问题：

假定你的老板向你提出“去了解X机构是如何实施它的土壤侵蚀治理项目的”。经过一个月左右的调查，你兴奋地向老板报告，已掌握证据证明该机构在人员缺口达10%的情况下仍能正常工作。老板不会分享你的兴奋，相反他会说：“嗯，那很好，但我真正想知道的是该机构能否成功地实现减少土壤侵蚀!”

（2）确定审计对象。审计对象通常是一个组织，或一个项目、项目内容、职能或者活动（即主题）。

①公共工程公司的街道维护工作是否达到了公司本身以及行业的质量标准?

②甲机构的内部控制是否可以合理地保证道路通行费的现金收入按照甲机构的规定及时（每天）存入银行?

在确定审计目标时，明确审计对象是必不可少的内在步骤，因为审计人员不可能在不明确审计对象的情况下制订出审计目标。这里要说的是，清晰地表述审计对象是至关重要的。

（3）确定绩效评价指标。项目绩效是管理层的责任，而评估绩效的充分性或帮助管理层提高绩效则是绩效审计的责任。项目绩效体现在很多“方面”。确定审计人员希望从哪些方面对绩效进行计量、评价和报告对避免审计目标模糊是非常重要的。在2007年修订版的《美国政府审计准则》中指出：“政府官员以及联邦政府资金的受用者，在实现预期的项目目标（成果）的同时，有责任经济地、有效率地、有效果地和公平正义地履行其公共职责。”

绩效审计的任务通常是为一个或一组事项找出答案。每一个事项实质上都有一个绩效指标。因此，确定审计内容的一项主要工作就是要确定绩效指标。这些指标是审计报告使用者所感兴趣的方面。正如审计调查部分指出，审计调查阶段通常会确定潜在的一个或多个事项及其绩效的一个或多个评价指标。计划阶段的任务之一是要最终确定审计中使用的绩效指标，以及在制订审计目标时考虑哪些绩效指标。

通常体现在结果方面的有：客户满意度、市场份额、服务的人口比例、利润或成本回收能力、目标的实现程度（项目的结果）、投资回报和成本收益。体现在产出方面的有：产品或服务的数量、质量、及时性以及价格或单位成本。资源的安全性也是一个关注点，因为它最终会影响成本，不同的词汇还可以表示不同的绩效特征，例如，质量可以用诸如准确、可靠、清洁、周到、方便、舒适、易懂等修饰词来定义。我们把这些词称之为“维”或“维度”。并不是所有计量质量的尺度，都适用于每一种产品或服务。计量绩效的维度是需要在确定审计目标时还是在审计标准时确定，需要审计人员自己判断。通常而言，任何被审计项目都可以分为投入、过程、产出和效果四个阶段，据此可以构建基于流程阶段的绩效指标综合模型。以下以管理者履行管理职责中的绩效组成要素及期望为例，来展示基于流程分析的各阶段绩效要素、目标和指标之间的关系，见图9－1：

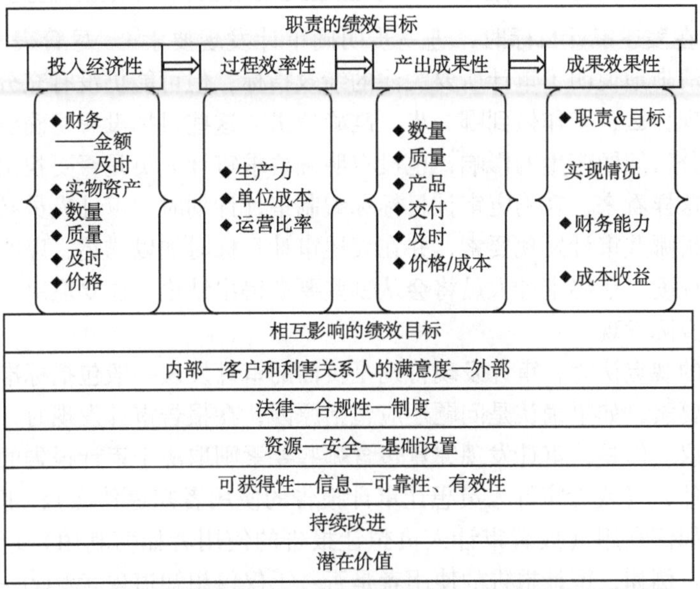

图9－1　基于管理者职责履行的绩效目标、要素和指标关系①

在审计目标中明确绩效指标是确定审计范围的重要手段，也是避免审计目标模糊的重要方法。为了说明这一点，我们假设某审计人员首先面临着这样一个审计目标：“税务局的纳税协管员对纳税问询的反应如何”。尽管可以作出

① （美）罗奈尔·B. 罗姆，（美）斯蒂芬·L. 摩根著. 绩效审计——一个计量的过程和方法［M］. 陈华，李丹主译. 第2版. 北京：中国时代经济出版社，2014：139.

正面的回答，但此审计目标却没能说明要对纳税协管员的哪些绩效指标进行审查。如果不加以说明，编制审计计划就变成了一个猜谜游戏。如果把审计目标重新表述为“税务局的纳税协管员对纳税人关于所得税条款和应用的问询的反应速度和准确性如何”。这个审计目标就不再模糊。

表9－5进一步说明了表述审计目标时应如何确定审计对象的绩效指标。在所举例子中，对没有明确绩效指标与明确了绩效指标进行比较。明确绩效指标使审计目标减少了模糊性，更加清晰、明了。

表9－5　绩效指标明确与否比较表[①]

绩效指标是否明确	具体表述方式
否	评价司机驾照申请的受理过程
是	确定受理司机驾照申请过程中降低成本的潜力（降低受理每份申请的成本）
否	评价员工病休假的情况
是	确定员工病休是否经过批准，是否不恰当地被当成年假而增加了成本
否	确定高速公路收费内部控制是否充分？
是	确定内部控制是否能保证高速公路收费的现金收入及时存入银行
否	检查为单位车队购买汽车的采购过程
是	确定是否以最低价购入汽车，审查汽车质量及使用目的

（4）在表述审计目标时，进一步明确审计发现要素[②]。尽管表9－5中所列的目标清晰地说明了审计所要关注的绩效指标，但可能仍没有充分表述审计到底要实现什么，工作做到哪一步。准确地讲，这些目标没有明确要求审计人员是否要分析问题产生的影响，也没有明确要求审计人员是否要找出产生问题的原因。这样看来，在确定审计目标和编制审计计划时，审计人员必须决定他们期望分析哪些审计发现要素，并在表述审计目标时加以描述，以明确审计的具体调查程度。最终审计人员将会从哪些要素得出结论，还要取决于现场审计过程中的实际发现。

传统的观点认为，审计发现特别是负面的审计发现一般包括标准、状况以及效果等要素，如果确认是问题还应包括原因；在报告审计发现时，还要加上结论和建议。但是，审计发现究竟包含哪些要素则取决于审计报告的可能使用者想知道什么（或者审计人员想让审计报告的使用者知道什么），审计报告的使用者想如何利用（或者审计人员想让报告的使用者如何利用）审计人员提供的信息。例如，审计报告的使用者是否：①仅仅想知道现状？②一旦发现了问题，还想知道产生的影响？③如果影响巨大，还想知道原因？④希望审计人

---

① （美）罗奈尔·B. 罗姆，（美）斯蒂芬·L. 摩根著. 绩效审计——一个计量的过程和方法［M］. 陈华，李丹主译. 第2版. 北京：中国时代经济出版社，2014：139.

② 对于我国的审计实践而言，审计发现要素应当包括事实、标准、结论、存在的问题、提出的建议。为更好地解决问题，也可以进一步分析这些存在问题产生的影响及其原因，但影响和原因要素不是强制要求的审计发现要素。在这一点上，我国的审计准则和其他国家的要求不同。所以，我国的绩效审计项目计划中一般不需要单独考虑这一问题。

员提出解决问题的办法？确定审计目标时，审计人员要以审计的专业语言对这些问题的答案予以说明。

如果在审计过程中发现被审计机构或项目的绩效是令人满意的，通常审计人员就不要继续追查其原因（根源）。但是如果发现了问题，审计人员通常要判断是否需要查出原因并提出改进的建议。绝大多数审计人员会选择继续追查原因，他们认为这是最为有效的做法。

由于通常一个审计发现中可能包含少于4个基本要素①，并且还不包括审计建议，所以在表述审计目标时，审计人员需要明确准备要进一步分析哪些审计发现要素。如果审计人员不打算提出审计建议，这一点最好事先清楚地说明。当然，如果审计机构的政策是无论审计目标是否要求分析原因，都应提供审计建议，这一点也不必再提②。

为了更好地帮助读者理解这一我国审计实务中较少考虑的问题，本书通过举例的方式（表9-6）列举了一系列包含不同审计发现要素的审计目标表述方式。这些表述方式，说明了在制订审计目标时审计人员如何确定审计发现的要素和是否需要提出审计建议。当然，对于这个问题的思考是一个递进的过程，从仅要求分析状况要素这一简单的审计目标开始，到要求分析影响要素的审计目标、分析原因要素的目标直至提出审计建议为止。

表9-6　　在审计目标中明确发现要素③

案例	审计目标	审计发现包含的要素
1	确定被审计单位支付工资的时间	事实/状况（1要素）
2	确定政府系统对付款期限支付法案的遵守程度 （本目标需要回答："是""否"或"在某种程度上……"）	标准；事实/状况（2要素）
3	确定：①政府系统对付款期限支付法案的遵守程度；②如果严重违反法案规定，则需确定对卖方和政府造成的财务后果	标准；事实/状况；影响（3要素）
4	确定：①政府系统对付款期限支付法案的遵守程度；②如果严重违反法案规定，则需确定对卖方和政府造成的财务后果；③如果发现严重违规且后果严重，则要求分析原因	标准；事实/状况；影响；原因（4要素）
5	确定：①政府系统对付款期限支付法案的遵守程度；②如果严重违反法案规定，则需确定对卖方和政府造成的财务后果；③如果发现严重违规且后果严重，则要求分析原因，并提出改正措施	标准；事实/状况；影响；原因；建议（5要素）

（5）在表述审计目标时，考虑拟采用的审计评价标准。当审计发现要素包括评价标准时，可以通过在审计目标描述中指出拟采用的审计评价标准（或评价标准的来源），以使审计目标的制定和表述更加明确。

① 4个基本要素包括：标准、状况、发现、结论。

② 中国的审计实践属于这一种情形，必须提出建议；而美国政府审计准则不强制要求审计人员提出建议。

③ （美）罗奈尔·B. 罗姆，（美）斯蒂芬·L. 摩根著. 绩效审计——一个计量的过程和方法[M]. 陈华，李丹主译. 第2版. 北京：中国时代经济出版社，2014：139.

比如，审计目标是："确定提高读表工作效率的潜力"时，可以通过引用准备在审计工作中采用的"评价标准"，以使得对审计目标的描述更为明确。其审计目标的表述方式改为："某市读表工作效率（读每个水表的人工小时）与私人公司读表工作效率相比相差多少?"这一目标表述，明确了某市读表工作效率的对比标准是私人公司的读表工作效率，以此作为评价其绩效是否充分的标准，挖掘改进潜力空间。

再比如，表9-6中，关于支付工资的目标表述表明，支付期限法案的条款将被用作评价支付期限目标是否实现或得以遵守的评价标准。因为联邦支付期限法案包括了很多个条款，所以当审计人员选择将法律法规作为审计评价标准时，重要的是需要在审计目标中明确将哪些条款作为评价标准。

当被审计单位的管理部门已经为审计涉及事项的绩效指标设定了量化的绩效目标时，有必要考虑将这些目标作为审计的评价标准，当然，也需要经过分析判断其合理性之后，当满足下列条件时，被审计单位的绩效目标才可以作为审计评价标准使用。被审计单位的绩效目标应满足的条件包括：

①目标相关并与审计人员确定的良好绩效标准水平一致或超出后者。

②审计目标仅限于评价被审计单位的目标是否实现，类似于合规性审计。

如果被审计单位对审计所涉及的绩效指标设定了目标，即使低于标准水平，仍有必要将实际的绩效水平与目标进行比较。如果这个单位没有绩效目标，或者目标低于标准水平，审计人员可能会把这个管理目标设定上的不足作为导致绩效不高的原因之一，并在审计建议中指出。至少，审计人员应该从管理部门得到详细的解释，以了解为什么没有设定目标，或者为什么目标会低于标准水平。

比如，市政公司的水表抄表员每天可以读37个水表数据，比私营水务公司员工每天抄100个水表的工作量的一半还低，尽管与私营水务公司的标准相比效率低很多，但与市政公司每天抄42个水表的标准相比，该公司水表读表员的工作效率相对来讲还是说得过去的。

（6）在表述审计目标时，确定需进一步分析的潜在原因。进一步分析原因发现要素，在表述审计目标时对已经发现的缺陷指出可能导致问题产生的具体根源是很有帮助的。指出最具可能性的潜在原因，包括那些审计报告使用者可能想到的或希望被考虑到的原因，可以有助于确保这些潜在原因在审计中得到关注。但这并不意味着其他在审计开始时没有预见到的因素就不会调查或不能最终成为原因之一。

审计人员或其他人发现的问题可以由多种因素导致。通常，确定具体原因的过程也就是一个解决问题的过程。

项目目标没有实现的潜在原因可能包括：

①理论框架有缺陷（即在项目和预期的结果之间没有直接的因果关系）；

②外部的干扰因素和变量将项目的成果抵消、歪曲和掩盖（即政府会计准则委员会所强调的解释性信息）；

③管理系统/程序低效；

④项目目标是不现实的/不可实现的；

⑤投入资源不足；

⑥不可抗力。

在某些情况下，审计人员可能还需要说明他们是如何在一系列可能导致问题的原因中，最终确定了一个或几个原因。如果审计人员可以凭事实证据清楚地进行解释和说明，并且把问题和他们确定的导致问题的一个或多个原因联系起来，那么审计建议将会更有说服力。

以下举例说明如何在表述审计目标时列举需要分析的可能导致审计发现问题的原因。

[**案例 9.1**] 学校伙食，在审计目标中确定绩效目标和审计发现要素。

(1) 案例背景。由于为数众多的申请免费或优惠食品的学生在申请表格中提供的信息不准确，国会通过法令，要求学校增加书面证据和资格审查。校园早、午餐项目一年内为大约 2400 万学生提供超过 40 亿美元的套餐，联邦政府支出 34 亿美元。

(2) 审计目标。为确定该项目是否仍存在促使国会采取行动的虚假申请资格问题。

具体目标是：

①国会提出的增加申请资格书面证据并加强审查的法令，对减少申请人自己填报的申请表格信息错误率有何影响？

a. 从该法令付诸实施以来，每年的申请资格错误率，即提供了不准确的资格信息的申请人是多少？

b. 如果没有实施该法令，错误率可能是多少？

②如果国会法令还不能大幅度减少错误率，后果（影响）如何？

a. 多少没有相应资格的学生正在领取免费或价格优惠的食品？

b. 这对政府来讲，增加了多少成本？

③如果国会法令还不能明显地降低错误率，并且后果严重，那么为什么国会法令不能发挥效用（原因）？是否还可以采取其他措施来降低错误率（建议）？

a. 农业部颁发的文件是否完全贯彻了国会法令中关于加强对申请学生资格信息进行备案和审查的规定？

b. 学校管理部门是否遵守了农业部的文件？

c. 还有哪些书面证据和查证程序能更有效地实现对申请学生的资格确认，从而进一步降低或消除申请学生提供资格信息的错误？

[**案例 9.2**] 账单支付，在审计目标中确定绩效指标和审计发现要素。

(1) 案例背景。《付款期限支付法案》规定了商业发票到期日的计算标准，要求对预定宽限期后的付款加付利息，并明确折扣期过后不再取得折扣。

但是，该法案颁布后，仍不断有商业机构对政府逾期付款的投诉。立法机构对这些投诉做出反应，要求我们对联邦机构商业性付款的及时性进行评价。

（2）审计目标。具体目标是：

①确定政府各机构对《付款期限支付法案》的遵守状况。

a. 发票是否于规定的到期日支付？

b. 对于迟付的款项（在宽限期后的逾期付款），是否支付了逾期付款的利息？

c. 卖方实际提供的折扣是否在卖方与政府机构协议规定的条件范围之内？

②如果未能遵守《付款期限支付法案》的要求，确定其所导致的后果（影响）。

a. 如果提前支付，损失的隐含利息是多少？

b. 由于延迟支付而支出的或应付的逾期利息是多少？

c. 损失的折扣或未恰当取得的打折金额是多少？

③如果逾期支付和提前支付的情况较普遍，损失的折扣金额大且后果严重，则确定为什么会出现逾期支付和提前支付的情况，为什么会损失或未恰当取得应得的折扣（原因）。

a. 联邦机构的规章制度和指导性文件是否遵循了该法案的规定？是否为各机构处理其所面临的大量多种票据和支付的复杂情况提供了现实可行的标准？

b. 各机构的业务手册是否落实了中央机构关于即期付款的规定？

c. 各机构的作业流程和内部控制是否需要改变？

d. 各机构运行所需的资源数量、质量和时效是否需要改变？

e. 是否存在故意违反规定的情况？

f. 各机构的负责人是否被告知关于《付款期限支付法案》的遵守情况？

（7）指出是否需要作出结论。从技术上讲，在表述审计目标时，我们需要考虑是否说明要作出审计结论。这样做的必要性取决于是否可能存在实施了审计而不作出审计结论的情况。绩效审计的传统观点认为，不能得出审计结论的业务不称其为审计。在《美国政府审计准则》中作了如下表述；“如果可行，审计人员应当在审计目标和审计发现的基础上报告审计结论。”

对于那些认为所有审计都应得出结论（否则就不是审计）的人来讲，大可不必在审计目标中说明需要得出结论，因为它是不言自明的。而对于那些认为审计可以不作出结论的人来讲，如果需要作出结论，则有必要在表述审计目标时明确这一点。

例如，审计目标——“确定新建的密西西比河大桥的实际成本。”

这一关于审计目标的例子中，没有明确地要求作出审计结论，仅要求作出描述性回答。

又如，审计目标——“确定联邦羊毛补贴项目对提高羊毛等级和产量的影响：如果收效甚微，确定其原因和结果，并作出结论，是否本项目有改进的余地或应该取消，同时给出恰当的建议。”

该目标清楚地表明审计人员要对绩效是否充分作出结论，并明确了如果审计发现是负面的，则需要落实审计发现的全部要素。

（8）引述条件目标。审计目标可能是条件目标。即此类目标表明，要做的工作将取决于已发现的结果。上面关于羊毛补贴项目的例子就是一个条件目标的举例。下面是另外一些例子：

比如，机构Z在支付供货方贷款方面是否高效（每笔业务耗用较少的人工小时）？如果低效，增加人工成本以及可能的延迟付款的实际后果是什么？如果高效，是否出现过差错？如果后果（成本增加、付款延迟或者出现差错）严重，原因是什么？应采取什么样的改正措施？

又如，养老金委员会是否违反养老金计划的规定，向已死亡的受益者支付退休金？如果是，总共进行了多少笔错误支付——导致多付还是少付？对于养老金计划和受益者所造成的后果以美元表示是多少？原因以及改正措施是什么？

再如，丙城市的地铁在运营期间，车厢内温度是否达到了令人体感舒适的标准？如果在相当长的运营时间内温度大大超过了令人体感舒适的温度区间，原因是什么？哪些原因是不可改变的？（注意：这个目标当中没有要求调查后果和影响）

可以看出，条件目标指出了完成既定审计任务的一般次序。

当审计工作的深度的确以所发现的结果为条件时，在目标中确定这些条件对审计经理们会很有帮助。此类目标表明审计过程中需要作出“继续或终止”的判断，并清楚地表明需要制订应急计划以测算财力和人力资源的需求。这些资源的需求量可能会大不相同，因为如果发现了问题，继续确定原因将会消耗大量的审计资源。诚然，可以期望通过周密的审前调查来判断是否会发现问题。但是，并非事事皆能如人所愿。

在购买审计服务时，具有条件目标的审计会对完成审计工作的人员小时数或天数产生重大影响。提出审计项目申请时应对此加以考虑。一旦发现条件成立，就会大幅增加审计工作量时，可能会选择根据条件的数量，分两次或三次（或更多次）组织分段招标。

（9）增加子目标。有了审计目标，审计人员可以接下来确定能够回答这些目标的数据信息。在本章中，我们所提出的方法是确定子目标所需要的信息。我们针对审计发现的状况（包括标准）、效果和原因这三个要素，增设子目标。

确定子目标在以下几个方面是有益处的：一是子目标与审计步骤相同，因此可以为分配审计任务提供基础。二是子目标降低了错误理解审计所要实现成果的可能性。审计目标和子目标越具体，参与审计业务的每个人，上至主要负责人下至新职员，也就会对审计所要取得的成果有越清楚的了解。三是子目标可以指导现场作业，并为报告的内容提供蓝图。子目标有助于审计工作在正常的轨道上进行，并能最终帮助审计人员撰写审计报告。

5. 在设定审计目标的过程中要作出的必要决策

在设定审计目标的过程中要作出一系列的决策，直到形成书面的审计目标。在设定目标的阶段，通常情况是初步的调查已经完成，确定了审计对象（被审计机构和审计主题），初步选定了审计事项、利益相关方以及他们的兴趣所在，并且了解了关于审计对象和其运营状况等背景。

下面列出了通常情况下要作出的判断。它们并不是按先后顺序排列的，有些判断可能是在调查阶段就应该作出的。

（1）确定审计事项并确认审计过程中要关注的绩效特征。

（2）确定（就某事项而言）审计所涵盖的机构和主题（如项目、项目的组成部分或者职能）。

（3）确定谁是报告的主要接收者，他们想要知道什么（或者审计人员想让他们了解什么），他们打算如何利用报告中提供的信息（或者审计人员打算让他们如何利用这些信息）。

（4）确定审计应考虑和满足哪些利益相关方的哪些需求。

（5）确定哪些审计发现要素是审计人员想要或者被希望最终形成的。

（6）确定审计重点——事项、报告的接收者、利益相关方的兴趣点，是否限于完成情况、过程和控制、合规、舞弊、影响，或者还有其他关注点。

（7）如果可行，确定审计所依据的标准。

（8）确定审计报告提交时间。

此外，还需建立一个决策程序。既然绩效审计的目标非常重要，建立一套设定审计目标的程序，将会使审计机构从中受益。这套程序将使所有的相关方对审计最终要实现的结果达成一致，还将促使各方对需要完成哪些工作以实现既定的审计目标达成共识。更为重要的一点是，该过程可以有助于思考这个审计项目为什么要实施，因为对审计单位而言，审计项目的成果、风险和收益是不同的。

6. 将事先决策用于审计目标的设定——案例分析

下面以机动车辆管理局（DMV）的案例说明如何把事先必要的决策用于审计目标的设定。本次审计任务是应立法机构的请求而安排的。其书面请求的基本内容如下：

（1）机动车辆管理局（DMV）案例中的书面请求：请求函。

审计局收到交通立法委员会主席递送的书面请求。该文件的内容是，立法委员和该委员会经常收到纳税人的大量投诉，投诉是纳税人不得不在机动车辆管理局各州办事处办公室门前排长队，排队时间长达一个多小时。该委员会主席要求审计局对机动车辆管理局的运行情况进行审查，确定问题的严重程度，并尽快向委员会提供全面报告，提出可行的改进建议。

根据上述请求，审计局进行了审前调查，目的是获取制定审计目标所需的必要信息，并选定审计的范围和方法。下面列示了审前调查结果：

（2）把决策用于 DMV 案例审计目标的确定：审前调查结果。

①主题：审计局审查了 30 份投诉信，用以确定；a. 投诉是否主要针对汽车注册和驾照办理；b. 投诉是否只来自某些地区，还是在本州普遍存在。发现除两例之外，其他都是针对汽车注册的投诉，并且投诉看起来分布地域较

广。相应地，审计局把审计对象限制在汽车注册和驾照办理业务上。

②绩效指标：审计局向交通立法委员会的工作人员证实，其所关心的问题在于“及时性”，而不是质量或效率的问题。接受查询的 DMV 官员承认排队等候的时间有时很长，但是原因在于他们缺乏办理业务的人员。

③审计报告的接收者：交通立法委员会，特别是该委员会主席。

④利益相关方：在查阅投诉信的过程中，审计局发现投诉已持续很久，并且没有“特殊利益”集团涉入。审计局注意到许多投诉信都表达了愤怒的情绪，要求他们选举的代表采取措施，否则他们就要另外选举愿意采取措施的代表。

⑤关注的焦点：关注点明显与“结果”有关，即业务办理的及时性。对于过程的检查将被用来发现产生问题的根源。

⑥审计发现的要素：交通立法委员会的工作人员向审计局确认该委员会感兴趣的是 DMV 办理业务时排队等候的性质和程度。该委员会需要知道缩短等候时间是否会提高成本，如果是，要增加多少成本；还想知道原因，以及可供选择的解决问题的方案；尤其想知道问题的存在是否和程序与标准设置、效率管理以及资源分配存在的缺陷有关。

⑦审计评价标准：该委员会尤其关注其职员和客户所认同的合理的排队等候时间。DMV 官员告诉审计人员，综合考虑人员配备和效率，45 分钟是比较合理的排队等候时间，而参与投诉的 30 个客户在电话采访中告诉审计人员 15 分钟比较合理。

⑧报告时间：该委员会主席提出要“尽可能快地”提交审计报告。

(3) 从初步调查中获得的信息，审计局可以为制订审计目标作出必要的决策。表 9 -7 可以用来记录这些决策和判断。

(4) 设定审计目标。选择了绩效指标（确定了需求方关注的事项）、需要落实的审计发现要素以及审计关注点后，审计人员就可以为审计业务制订审计目标了。这包括：

①以问句的形式（或“为了确定……”的陈述句形式）写出目标。

②在目标中确定：a. 审计对象；b. 绩效指标；c. 需要落实的审计发现要素。

③可行的情况下，明确适用的标准。

④指出审计的关注点/方法。

在描述需要落实的审计发现要素时，通常可行的办法是把事实要素和标准要素合并到一个问题中去。采取这种方式的最终目的是，使所制订的目标成为审计报告中的段落提纲。

DMV 案例中可能制订的审计目标包括了针对事实（和标准）、结果以及原因等审计发现要素所提出的目标。可能作为 DMV 案例的总体审计目标如下：

①客户在 DMV 办理机动车注册的等候（排队）时间是否可接受——是否符合客户和 DMV 高级管理层的预期？

②如果排队等候的时间超过了客户能接受的时间，后果如何？

表 9－7　　为制订 DMV 案例的审计目标所作的预先决策

序号	决策内容	决策结果
1	审计的对象是什么?	DMV，车辆注册。
2	事项的性质是什么（问题、担忧、机遇、风险）?	客户投诉在 DMV 办理车辆注册时排队等候时间长。看起来是全国性的普遍问题。
3	哪个（些）绩效特征可以用来说明和定义审计事项?	及时性。
4	关注点（划√）：过程____成果____影响____舞弊____合规性____其他____。	过程____成果__√__影响____舞弊____合规性____其他____。
5	谁是审计报告的主要接收者?	交通立法委员会，DMV 的高级管理层。
6	该委员会的关注点是什么?	想知道排队时间有多长?缩短排队时间是否会增加成本?如果会，将增加多少成本?尤其想要知道顾客所认可的合理的等候时间是多长?过长的等候时间是否低效的程序以及人员不足所导致?
7	谁是利益相关方?	办理车辆注册的顾客——选举人。
8	是否需要考虑利益相关方/顾客的观点?	是的。需要查实顾客所认同的合理的排队等候时间。
9	我们想要或者被要求形成和落实哪些审计发现的组成要素?	全部 4 个审计发现要素。特别是需要得到有关缩短排队时间可能增加的成本数。
10	我们所提供的信息将被如何使用?我们期望达到什么效果?	取决于审计结果。如果是员工配备上的问题，可能需要立法委员会采取行动。否则，我们希望 DMV 能够采取措施解决我们在审计中发现的问题成因。
11	什么时间提交审计报告?	越快越好，但没有提出具体的提交时间。

③如果排队时间超过可接受的限度，并且后果严重，那么是什么要素导致长时间的排队等候?

（5）增加子目标/具体目标。下一步是加入子目标/具体目标。这里，要通过子目标明确回答总体目标所需要的信息。在审计小组内开展头脑风暴是确定这些信息需求的一个非常有效的方式方法。通常情况下，信息的来源渠道可以通过上一步审计调查中获知。本书在描述子目标时所采用的方法是“以提问的方式”引述对信息的需求。DMV 项目的总体审计目标和子目标如下：

①客户在 DMV 办理机动车注册的等候（排队）时间是否可接受——是否符合客户和 DMV 高级管理层的预期?

- 子目标 1——DMV 的客户能接受的等候（排队）时间是多长?
- 子目标 2——DMV 高级管理层能接受的等候（排队）时间是多长?
- 子目标 3——实际的等候时间是多长——平均数和区间?

②如果排队等候的时间超过了客户能接受的时间，后果如何?

- 子目标 1——如果 DMV 要缩短客户的等候时间，需要增加多少成本?
- 子目标 2——由于等待的时间超出可接受的时间而给 DMV 客户带来的成本是多少?

③如果排队时间超过可接受的限度，并且后果严重，那么是什么原因导致长时间的排队等候？

- 子目标1——DMV的工作人员数量与工作量匹配吗？
- 子目标2——DMV的工作人员完成注册业务所耗用的时间是否合理？
- 子目标3——DMV是否认为保持现状，任其排队比增加人员以满足高峰时段的需要有效率，成本更低？
- 子目标4——DMV每个办事处是否有足够的工作人员使客户等候时间保持在合理水平？
- 子目标5——DMV每个办事处是否有足够的客户服务窗口？
- 子目标6——DMV每个办事处的办公场所是否足够大，（如果需要）是否还能再增加更多的客户服务窗口？

设定审计目标是形成审计报告的整体过程中的计划阶段的一个重要环节，审计调查是计划阶段的第一个重要环节。确定审计目标是计划阶段最重要的成果。这是因为，审计目标表述了审计最终要实现什么，为选择审计的范围和方法提供基础，指导现场作业，并为报告审计结果指明了方向。如果将审计目标表述好，它就能够明确表达审计人员所要报告的内容。

以明确的审计目标为起点开始绩效审计，是至关重要的。审计目标应当以“可回答”的问题的形式表述，应明确审计对象、绩效指标以及需要得出审计发现要素。在表述目标时涵盖这些具体细节，能避免模棱两可，降低做无用功和遗漏重要工作的可能性。

当以问句或“为了确定……”的陈述句来表述审计目标，且审计目标明确了审计对象、绩效指标、需要得出的审计发现要素以及适用标准时，审计人员完全可以就此设计完成既定目标所需要的审计工作步骤。如果没有这些针对审计目标的具体描述，审计人员就无法确定要为什么样的工作制订计划。此时，他们将面对这样的风险，即要么计划了不必要的工作，要么没有计划必要的工作以实现期望的结果（完全实现审计目标），或两种情况都存在。

当审计工作的深度取决于审计过程中的发现时，对项目经理而言，制订条件目标是大有益处的，因为它能保证只有条件存在时，工作才会继续，由此降低了不必要的审计成本。详细的审计目标有助于审计的执行，也同样有助于审计报告的撰写。

在确定审计目标之前需要作必要的判断，包括确定审计所涵盖的事项、绩效指标和主题。同时判断：①审计报告的使用者是谁，对于每个事项他们需要或者想要知道些什么，他们计划如何利用审计结果；②要形成哪些审计发现要素；③审计的关注点；④如果可行，将使用什么审计评价标准；⑤审计报告什么时间提交。作出上述判断后，审计人员就可以设定审计目标，并将恰当的子目标包含在总体目标中，子目标明确了要回答总体目标所需要的信息。

实施一个设定审计目标的过程，会使审计机构从中受益。理想的情况是，该过程能使所有相关方对审计所要实现的结果以及实现确定的审计目标所需开展的工作达成共识。

（三）选择审计范围和方法

完成审计调查，依据审计调查获取信息确定审计目标之后，编制审计方案的下一步重点工作就是要选择实现这些目标的审计范围和方法了。

审计范围决定了审计的边界，主要涉及审计所覆盖的期间、地点等事项，也就是审计的时间和空间范围。

审计方法，即审计方式，是对数据搜集和分析工作的详细描述，是审计人员为实现审计目标所选用的数据搜集、分析（包括比较和计量）方法。

采用结构分明并具有系统性的方法来设计绩效审计项目是大有裨益的。采用系统方法有助于选择恰当的审计范围和审计方法。为现场实施审计设计一个详细的审计计划方案是确保总体审计质量的根本要求。可以采用七步设计法这一有效的方法，来完成审计范围和方法的设计。这七个步骤包括：①选择总体审计策略。②选择审计范围，确定审计工作所涵盖的空间和时间范围。③选择分析方法和绩效度量尺度。④选择审计中将使用的数据。⑤确定数据来源和搜集方法。⑥选择确保数据可靠性、有效性的方法。⑦对现场工作计划进行测试。

审计人员和审计组织在实际使用七步设计法设计审计范围和方法的过程中，可以根据自身需要对它作出适当调整。

上述步骤依次进行。在具体执行的过程中，可能需要回过头来，修改业务目标并重新考虑工作范围。审计目标、审计范围以及方法的确定并不是孤立进行的，审计人员通常要同时考虑决定现场审计方案中的这三个因素，因为每个因素的确定所需要考虑的方面往往是相互重叠的。而决策则通常包括考虑限制因素和权衡取舍。

约束性限制条件会影响审计设计。审计业务的目标一旦确立，紧接着要进入审计的实施阶段。然而，考虑完成目标所需要的时间、成本以及人员数量和专业技能也是一件重要的事情。同样，决策和判断还取决于诸如数据的可获得性和及时性，以及特殊数据分析技术的易操作性和恰当性等因素。审计人员可能发现有必要在期望审计所实现的目标（理想的审计目标）和审计实际可以实现的目标（现实审计目标）之间作出权衡，选择一个平衡点，因为审计人员所工作的环境是一个受限制的现实世界，理想状态的审计并非总能实现。

时间是一种限制。它要求作出权衡，为审计目标设定范围，使得我们不断地考虑并对比哪些事情可以做，哪些事情值得做。一个经验法则是审计的时间安排、人员配备的数量和所涉及问题的范围应当相互关联。审计的一个致命错误是在没有搞清楚时间安排、人员配备和审计范围之间的联系的情况下就编制计划。

成本也是一种限制。成本不应决定设计，审计的质量与成本并不存在着必然的联系。只有当实现审计目标需要大量支出时，审计的成本才可能很高。这样一来，成本也就成为对审查范围作出现实选择时的一种约束。在拥有极少的财力和人力的情况下，审计人员将不得不考虑对审计所涉及的问题、数据搜集的模式、所要走访的地点和访谈的对象，以及分析的深入程度和精确性作严格限定。成本对审计所能走访的地点以及所能实施的测试工作量构成现实的约束。即使当资源增加时，成本也仍然是一种约束。但同时要认识到，方案设计的核心问题是如何发挥资金效益，而不应单纯考虑在规定的资金额度内能完成哪些事项。

人员的专业技能又是一种限制。在进行审计设计时，必须要考虑人员的技能和人员配备的数量，这些也是对审计范围进行取舍时的约束条件。审计设计范围、方法应与审计人员所能成功实施审计的能力相一致，不应过于困难，也不能过于简单。

设计步骤一：选择总体审计策略。

为实现某一特定审计任务的目标，可能有一系列可选的审计策略，关系到获取不同类型的审计证据，花费不同的审计时间和努力，获得具有不同说服力的审计证据。选择正确的审计策略是绩效审计面临的挑战。设计审计策略应当说明审计人员为实现审计目标而计划做些什么，计划从何处搜集审计证据以及如何进行分析。最后，还要指出审计中所要运用的比较分析的性质、抽样方法（如果适用）、计量单位以及计量仪器（如果有）等。

案例分析

背景资料：假设审计目标是判断与学校签约的承包商在用公共汽车接送孩子们上学时是否选择了可行的最短路途。假设承包商是以行驶的里程为基础计费的，有50多条公车行驶路线。

审计策略1：通过判断抽样抽取部分接学生到校的公共汽车，由审计人员驾驶，在行程的起点和终点检查里程计表，并在地图上标出行驶的路线，以及学生上车的站点。

审计策略2：通过判断抽样抽取部分接学生到校的公共汽车，聘请一组退休的人员驾驶，在行程的起点和终点检查里程计数表，并在地图上标出行驶的路线，以及学生上车的站点。

审计策略3：由学校管理层提供学生的住址以及公共汽车行驶路线，审计人员通过判断抽样抽取部分线路，并在地图上标出最短的公车路线，由审计人员驾车沿路线行驶，记录下里程表记录的行程数。

依据上述三种策略，接下来就是将审计的结论与承包商报告中所记载的里程数进行对比。

设计步骤二：选择审计范围。

审计目标确定后的下一个步骤就是选择审计范围。范围的选择包括选择时间范围和空间范围，某项审计业务的目标可能意味着特定的审计空间和时间范围。这里的任务是所选择的工作范围，要提供满足“充分性”测试所需的足够数据，保证得出审计结论所需要的审计证据的在数量上足够多。

（1）时间范围。时间范围也称为时间区间，是指审计人员想覆盖的时间跨度，以及他们是需要定点一次观察，还是需要多时点观察。审计人员通常选择一个期间跨度，但是这个时间期间必须与被审计事项的相关期间相一致，任何审计发现也必须是审计所覆盖的期间内发生的。缺少关于过去绩效的数据可能会限制对目前状况的分析。

（2）空间范围。空间范围是指审计中所包括的总体范围的一部分。空间范围通常指位置、业务交易、产出、可能涉及的单位和人员等。在选择审计空间范围的过程中，有三种选择：①获得全部总体的数据；②在总体中抽样；③把审计报告限制在总体中被审计的部分。

确定审计的空间范围也意味着判断谁拥有信息，这是七步法设计过程中的下一步。例如，如果目标主要集中于某项目的受益者，他们则可能掌握审计人员所需要的信息。

设计步骤三：选择分析技术。

下一步是选择将要使用的分析技术。包括确定进行何种性质的比较，选择计量和评估绩效的方法以及分析和反映数据的工具（注：这些通常会在表述总体审计策略时被提到）。

选择恰当的比较方法在审计工作中至关重要。这里的任务是选择比较结果的用途：①作为评估绩效充分性的标准；②作为判断绩效良好或绩效不佳的尺度；③用于对某个事项的影响因素进行评估的设计方案。

（1）比较。比较是认识的源泉，审计是比较的实践，绩效审计也不例外。比较分析是审计常用的分析方法。

审计目标决定了是否需要比较分析，并影响比较分析方法的选择。对于描述性目标，则不需要作比较；对于规范化的目标，可以和作为参照物的法规要求标准进行比较；对于传统性目标，可以将事实状况与确定的作为参照物的审计评价标准进行比较，通过比较来确定产生良好绩效和不佳绩效的原因；对于与影响程度相关的目标，比较可以在有干预因素和无干预因素的状况之间进行。

（2）计量。当需要对绩效进行量化衡量时，必须选择将要使用的计量方法和计量单位。例如，在计量及时性时，计量尺度可能是占用的时间或者是等待的时间。计量单位可能是月、日、小时或者分钟。审计中需要计量，以反映产出和结果，即成果。审计人员可以亲自设计计量方法；如果被审计单位所采用的方法能满足相关性和可靠性要求，也可采用这些计量方法。

（3）分析工具。分析问题及其原因可运用各种不同的分析工具。审计人员常用的工具包括因果图、关系图、流程图、柱状图、链图、账龄分析法、直方图、力场分析法、饼图等。

设计步骤四：选择审计中使用的数据。

下一个审计设计的步骤是选择数据（信息）以满足每个审计发现要素所关联的目标。本书是采用询问的方式、方法来描述子目标，在子目标中说明数据需求。这里的难点是选择满足相关性和可靠性测试方法并能在审计限制条件范围之内搜集到数据。

所需数据部分取决于准备进一步分析的、审计目标中明确的发现要素，每个发现要素都需要数据的支持。对于传统的四要素的审计发现，我们需要数据来：①支持标准；②确定事实；③证实影响；④确认原因。

为实现审计目标所需进行的对比分析的性质，也会对数据的需求产生影响。通常，审计人员采用对比分析的目的有三个：①评估绩效的充分性，做法是把绩效的事实与标准进行比较；②确认良好绩效或不佳绩效产生的原因；③对某个事项的影响因素进行评价，这个目的可通过把有干预因素获得的结果和没有干预因素获得的结果进行比较来实现。

设计步骤五：确定数据来源和搜集方法。

确定需要哪些数据之后，下一步要做的就是选择搜集数据的来源和方法。通常，所需数据有不同的来源，搜集数据的方法也有不同的选择。

必须考虑数据的类型，因为它影响数据搜集过程中所使用的方法。例如，搜集实物证据的方法不同于搜集口头证据的方法。通常所需数据的类型是不言自明的，因此，无须在审计计划中明确。

（1）数据来源。数据来源是指谁拥有可以回答任务目标的数据。数据来源分为：①被审计对象和第三方拥有的现成数据；②审计人员自己要搜集和准备的原始数据（亲历证据）。

考虑是否可以利用其他审计人员和专家的工作成果来满足部分的数据需要也很有必要。是否能获得其他人员的可靠的工作成果可能会影响到审计目标或审计范围的选择。

这一步骤中的要点就是确定潜在的数据来源，并在数据来源受限的情况下选择数据的最佳来源。因某些限制因素，如成本等，从最理想的渠道获取数据可能不太现实，需要在数据的可靠性、搜集的容易程度、所耗费的成本和时间之间作出权衡。

（2）数据的搜集。在选择所需数据的来源时，我们需要考虑并选择搜集数据的策略和方法。在搜集数据的时候，我们希望使数据的搜集方法与数据的类型相匹配。比如：观点可作为口头证据，能通过问卷、电话采访和面对面采访的形式搜集到。事实数据以实物、书面、口头和分析证据的形式存在，其搜集途径有：①目测观察；②审计人员的分析和逻辑推断；③审查书面资料；④通过询问审计人员所在部门之外的人员，得到其个人观点或通过审查记录而得到的证据，以提供事实数据。最后一种搜集事实数据的方法是在审计人员不得已时采取的方法，因为它使审计人员、数据和正确地获得并报告数据之间插入了一个中介。

设计步骤六：选择确保数据可靠性的方法。

审计的一个基本原则是，审计人员在将数据用到审计报告中之前，必须确保数据的可靠性。为了减少无用功，在搜集数据之前，需要评估数据的潜在可靠性。因此，在审计的计划阶段需要完成初步的数据测试，以避免在审计实施阶段对数据可靠性突然产生怀疑或者缺少核心的关键数据。

在设计审计任务时，必须明确、仔细地考虑数据的质量问题。搜集数据的方法和确保其质量的步骤必须设计好，并在所有审计管理人员之间达成一致。这点应得到一致认可，即审计计划中确定的审计方法可以保证高水平的数据质量。消除对证据的疑虑或者确保证据可靠性的步骤包括：证实、核实、验证、取得补充证据。

设计步骤七：对审计计划进行测试。

需要不断地对总体审计计划和所选择的技术进行评估和判断。本步骤的目的是确保所计划的工作切实有效。实施的测试将取决于选择的技术方法。这些测试和检查在数据搜集阶段开始之前就应当尽可能开始。需要时，应当在现场工作的全过程中实施。测试包括模块模拟、对问卷进行事先测试、文件审查以确认是否可以获得信息，测试业务交易以观察工作是怎样完成并核查数据的质量。

通常需要在审计过程的不同阶段对计划进行测试。如果在某一阶段有与预期不同的事情发生，此时可能需要修改审计目标或者审计范围和方法。对于应某个请求而实施的审计，任何修改都需要与请求者重新协商。对所有审计而言，如果审计机构拥有一套流程，能确保审计管理者、报告的使用者和其他的利害关系人都能理解重大的变更以及变更对审计期望值的潜在影响，则会使所有人从中受益。

对设计的审计计划方案，用设计矩阵加以记录。正如《美国政府审计准则》所要求的那样，审计目标和审计规划应以书面审计计划的形式加以记录；必要时，计划应不断更新，以反映现场工作过程中出现的重大变化。根据该审计准则，审计计划的内容因审计项目的不同而不同。但计划应当包括方案、备忘录，或关于审计目的、范围和方法等重要决策的文件，以及审计人员为上述决策准备的基础资料。

此处提出的设计矩阵是记录整个审计计划的一个通用工具，即一个指导性工具。审计机关可以根据各自需要对其进行加工。表9－8列示了设计矩阵的内容。在此矩阵表格基础上，结合前面的DMV机动车注册登记案例的相关资料，表9－9列示了DMV案例设计矩阵表（注：表9－8和表9－9是根据美国联邦审计署的计划矩阵修改而成）。

表9－8　设计矩阵的内容

封面
1. 审计对象——主题和管理机构。 2. 报告日期。 3. 报告的接收者和其他利益关联方。 4. 审计事项——需要审查的问题、关注点、机会或风险。 5. 审计所涵盖的绩效指标。 6. 需要进一步分析的审计发现要素。 7. 审计重点——过程、成果、影响及其他。 8. 设计策略： • 总体的信息搜集和分析策略。

续表

封面
• 如果采用抽样，则说明样本的设计，以及为什么要选择这些样本。 9. 审计范围——审计所涵盖的时间、空间范围。 10. 对审计结论的约束和限制。 • 对任何信息质量的事项作出说明。 • 一般情况下，哪些分析允许对外披露。 • 不能解决或者未涉及的事项。 11. 对审计计划进行测试——确认、保证计划可以实际操作的步骤。

详细矩阵
1. 审计目标——以问句的方式描述和确定审计对象、绩效指标、审计发现要素和标准（如果适用）。 2. 所需信息——审计中所需要的支持一个审计发现要素的信息。 3. 信息来源、搜集和分析的方法： • 如信息来源自身不是显而易见的，需要说明每项或每类数据的来源。 • 每项数据是如何获得（询问、观察等）的。 • 需要进行比较分析：①作为评价绩效是否充分的标准；②作为确定良好绩效和不良绩效的原因的尺度；③对某一事项的影响因素进行评估。 • 所有用于评估绩效的计量指标、计量单位和分析技术。 4. 确保数据的可靠性。 5. 人员——在审计人员之间进行分工以完成每个工作步骤。

表 9－9　　DMV 案例的审计方案设计矩阵表

工作职责：处理机动车注册业务		
序号	设计要素	具体内容
1	审计对象	DMV，机动车登记
2	报告日期	
3	报告接收者	交通立法委员会，DMV 管理层（或者是利益相关方）
4	引发审计的事项	立法部门关注到客户抱怨排队时间长，等候注册机构的职员办理手续的时间长。 （1）报告使用者想了解什么（或者我们想让报告使用者了解什么）？ 答：委员会想知道在 DMV 办事处的排队等候的严重程度，以及缩短等候时间是否会增加成本？如果是，将增加多少成本？他们还想知道问题产生的原因以及纠正的措施。尤其是想知道问题是否是低效的程序和（或）人力不足所导致的。 （2）明确报告的使用者将会如何使用报告（或者我们想让他们如何使用报告）？ 答：取决于审计结果，我们期望立法机构或者 DMV 管理层采取措施。
5	绩效指标	及时性
6	审计发现要素	全部 4 个发现要素
7	审计重点	完成情况
8	设计策略	随机抽取 DMV 的 48 个办事处，由 2 组审计人员、每组 2 人对排队情况进行观察（每组 24 个办事处），共用 24 天（每天一个办事处）。周一到周六，从办事处开门一直到关门，将客户排队的时间记录下来。向随机选出的客户询问他们所期望的合理等候时间是多长。同时，获得该办事处某月的日平均注册量与我们所观察的日期的注册量进行对比。

续表

工作职责：处理机动车注册业务		
序号	设计要素	具体内容
9	审计范围——覆盖的宽度	对抽选的 48 个 DMV 办事处的排队等候时间进行为期 24 天的观察，从周一到周六，从办事处开门到关门。
10	审计结论的约束和局限性	根据随机抽样得出的结论推断总体特征，但是要意识到并没有对每个办事处每一天的情况进行观察。
11	测试审计计划	在两个组开始现场工作之前，用一个审计组开展一天的测试。

工作职责：处理机动车注册业务				
审计目标	所需信息	信息的搜集与分析	信息的可靠性	人员
客户在 DMV 办事处办理机动车注册的等候（排队）时间是否符合客户和 DMV 高级管理层的预期	可接受的等候时间 • 对客户而言 • 对 DMV 管理层而言	向在每个办事处抽选的客户询问，向 DMV 管理层询问，检查 DMV 为实现目标所制定的政策	（1）由 2 名审计人员做访谈； （2）接受 DMV 的政策	
	实际等候的时间是多长——平均数和区间	观察一天当中每个小时的排队等候时间	由 2 名审计人员完成	
	办事处的日注册登记业务量	从 DMV 的记录中获取	与审计人员当天观察的记录进行对比	
如果排队等候的时间超过了客户能接受的时间，后果如何	如果缩短等候时间，DMV 会发生多少增量成本（如果有）	由审计人员根据观察的结论和 DMV 的成本数据计算得出	由 2 名审计人员完成	
	对于客户而言，超过可接受的等候时间所带来的成本是多少	计算等候时间的总和，并乘以工作系数	由第二个审计人员检验计算过程	
如果排队时间超过可接受的限度，并且后果严重，那么是什么要素导致了长时间的排队等候	DMV 的员工数与工作量是否匹配	在每个办事处观察实际情况	由 2 名审计人员完成	
	DMV 所耗用的完成注册登记的时间是否合理	观察并记录等候的时间，在办事处之间和职员之间进行对比	由 2 名审计人员完成	
	DMV 是否认为保持现状、任其排队，比在高峰期增加员工数量更加划算	向 DMV 管理层询问	由 2 名审计人员完成	
	每个办事处是否有足够的员工将排队时间保持在合理范围内	在 DMV 办事处观察人员配备的记录和工作流程	由 2 名审计人员完成	
	每个办事处是否有足够的客户服务窗口	在 DMV 办事处观察	由 2 名审计人员完成	
	每个办事处是否有足够的空间增加客户服务窗口	在 DMV 办事处观察	由 2 名审计人员完成	

花时间仔细选择确定审计的范围和方法是确保总体审计质量和审计有效性的一个关键步骤。对审计进行系统的设计能有效地防止时间和资源的无效使用，还能防止低质量的审计。完备的设计可以通过预防下述问题的发生来控制成本和确保及时性：

(1) 对下一步需要做些什么，总是由于临时作出决定而耽误时间；

(2) 浪费人力和时间对与审计事项不相关的数据进行搜集和分析；

(3) 重复搜集数据；

(4) 在寻找有关审计发现的过程中无计划地反复进行试错式数据分析。

一个完备的设计能通过关注结果使用者的需要，将需求与审计工作结合，从而审计结果能够满足使用者的需要。

一个能实现审计目标的合理设计可以通过以下方式体现：

(1) 针对审计所要研究和回答的问题制定了工作范围和方法策略；

(2) 制订了数据搜集计划，预见并强调了可能碰到的问题和障碍；

(3) 制订了详细的分析计划，从而保证以最佳的方式、用恰当的数据回答所涉及的问题；

(4) 提供了一个当审计目标、审计范围和方法发生变化调整时与审计管理者、报告使用者和利害关系人进行交流的系统过程。

这些细节需要在书面审计计划中记录，设计矩阵是对审计进行记录的通用方法，它还有助于指导数据的搜集和分析。

花些时间做出一个完善的审计设计，实际上等于对高质量的审计进行投资。重视设计，意味着对影响审计结果质量的要素非常关注。如果不肯为这一关键步骤投入必要的时间，那么最终会发现，这是自欺欺人。如果跳过这个步骤，对任何审计而言，即使不是致命的打击，也是具有足够的破坏力。在系统的审计计划阶段，需要遏制急于尽快进入现场审计阶段的冲动。审计设计能为审计现场工作提供指导，其审计结果也可为被审计单位增加价值提供基本方向。

审计项目确定后，就要按照审计项目的具体要求，选择若干能胜任工作的审计人员，组成审计小组。绩效审计涉及经济活动的各个方面，并有可能深入企业管理和工程技术等多个领域，因此，在配备小组人员时，不仅要考虑审计人员的知识结构，而且要考虑小组成员的知识结构。审计小组既要有精通财会业务的审计人员，也要配有经济管理人员和工程技术人员或有相应技术特长的审计人员，以便发现企业管理、工程技术等方面绩效不高的原因，提出改进的对策和途径。只有这样，才能对审计项目有较全面的把握，才能真正发现管理当中的薄弱环节，并提出切实可行的、提高经济效益的建议。

(四) 审计方案的撰写与批准

1. 审计方案的编制

审计方案，也称审计实施方案或审计计划，是实施绩效审计的总体安排，是保证绩效审计目标实现的重要文件。科学的审计方案可以提高审计效率、提高审计质量、降低审计风险，因此制定科学、合理的审计方案是实施绩效审计前的一项重要工作。

当审计目标和范围、审计评价标准以及审计方法都确定了之后，审计人员就可以编制审计方案了。审计方案是为了完成审计项目任务而制定的所有审计工作流程安排。审计组组长负责具体审计方案的编制，方案经审计组所在部门负责人审核，并通过审计机构的主管领导批准后，最后再交由审计组负责具体实施。

绩效审计方案的内容一般包括以下几个方面：①审计实施方案的编制依据；②审计项目的概况；③审计的目标、范围；④审计评价标准；⑤审计方法；⑥审计组组长、审计组成员及其分工；⑦聘用外部专家；⑧时间进度及费用预算；⑨预定的审计工作起止时间；⑩其他有关内容。

审计计划需要写成书面文件，一般在审计计划准则中都会对审计方案文书内容格式有专门的要求，当然也可以采用灵活的审计计划表——这一对计划进行书面记录的通用做法，它还有助于指导数据的搜集和分析。

审计方案并不是一成不变的。它需要根据实施审计过程中的具体情况不断地进行补充和修改，以使其更符合实际情况。另外，在制订审计方案的过程中，要注意与被审计单位相互协商，以消除误解和矛盾，提高审计方案的可行性。

2. 审计方案的批准

2010 年版的《国家审计准则》中规定：年度审计项目计划确定审计机关统一组织多个审计组共同实施一个审计项目或者分别实施同一类审计项目的，审计机关业务部门应当编制审计工作方案。审计机关业务部门编制的审计工作方案应当按照审计机关规定的程序审批。在年度审计项目计划确定的实施审计起始时间之前，下达到审计项目实施单位。审计机关批准审计工作方案前，根据需要，可以组织专家进行论证。审计机关业务部门根据审计实施过程中情况的变化，可以申请对审计工作方案的内容进行调整，并按审计机关规定的程序报批。审计机关应当在实施项目审计前组成审计组。审计组由审计组组长和其他成员组成。审计组实行审计组组长负责制。审计组组长由审计机关确定，审计组组长可以根据需要在审计组成员中确定主审，主审应当履行其规定职责和审计组组长委托履行的其他职责。审计组应当调查了解被审计单位及其相关情况，评估被审计单位存在重要问题的可能性，确定审计应对措施，编制审计实施方案。对于审计机关已经下达审计工作方案的，审计组应当按照审计工作方案的要求编制审计实施方案。一般审计项目的审计实施方案应当经审计组组长审定，并及时报审计机关业务部门备案。重要审计项目的审计实施方案应当报经审计机关负责人审定。审计组调整审计实施方案中的下列事项，应当报经审计机关主要负责人批准：①审计目标；②审计组组长；③审计重点；④现场审计结束时间。编制和调整审计实施方案可以采取文字、表格或者两者相结合的形式。

第 2101 内部审计具体准则——审计计划规定：审计计划一般包括年度审计计划和项目审计方案。年度审计计划是对年度预期要完成的审计任务所做的工作安排，是组织年度工作计划的重要组成部分。项目审计方案是对实施具体审计项目所需要的审计内容、审计程序、人员分工、审计时间等做出的安排。内部审计机构应当在本年度编制下年度审计计划，并报经组织董事会或者最高管理层批准；审计项目负责人应当在审计项目实施前编制项目审计方案，并报经内部审计机构负责人批准。内部审计机构应当根据批准后的审计计划组织开展内部审计活动。在审计计划执行过程中，如有必要，应当按照规定的程序对审计计划进行调整。

第二节　实施阶段

开展一项审计既可以看作是一个分析的过程，也可以看作是一个沟通的过程，绩效审计也不例外。在分析过程中，需要收集数据、解释数据并加以分析。而沟通过程在首次向被审计单位说明审计事项的时候就开始了，并随着审计过程的进展，审计发现、论证和观点的分析而持续进行，直到出具审计报告。

与被审计单位进行坦诚的、建设性的对话是非常理想的，但被审计单位也有可能对一项审计产生消极的反应。从坦率、愿意合作到推托、保密，审计人员会遇到各种各样的情况。因此，审计人员将审计目标和方法告知被审计单位是很重要的，尤其是在实施绩效审计项目的过程中，绩效审计的目的是帮助被审计对象实现绩效改进，如果没有良好的沟通和对话，被审计单位缺乏对审计结论和建议的理解和认可，最终将难以实现最佳的绩效改进效果和价值增值。这并不是说，要由审计对象决定审计情况，或者以其他方式控制执行过程，而是要建立一个建设性的交流过程。作为一个规则，被审计单位派出工作人员协助和认可审计，是决定该项审计是否高效的关键。审计过程中，与被审计单位、专家或其他人员进行积极对话，会使诸如对初步审计发现进行持续检查等变得更容易①。

秉持职业操守开展审计也是很重要的。工作计划必须得到遵循（包括资源和时间安排、质量控制），还要遵循相关的决定和准则（见 AS 2.2.39 和 3.0.2）。

实施阶段的主要任务是执行工作计划，开展审计工作，取得审计证据，并出具高质量的审计报告。绩效审计的执行必须遵循最佳实务。

一、实施审计程序获取审计证据

绩效审计的实施阶段是从审计方案开始实施到审计的证据基本收齐、审计

① 见审计署审计科研所译的《最高审计机关绩效审计指南（2004 年版）》第 2.2.25－26 条，即 AS 2.2.25－26。以后文中或脚注再出现 AS 的相应条款，如未明确标注，均指引自审计署审计科研所译《最高审计机关绩效审计指南（2004 年版）》的相应条款。

方案的要求基本完成为止的整个期间。实施阶段的重要工作是实施审计测试程序，收集审计证据。

（一）运用访谈等审计方法详细调查了解，进行初步测试

在企业绩效审计中，审计人员为完成审计目标经常需要对被审计单位的具体情况作进一步的详细调查了解，当面向有关人员了解情况，获取某些特殊证据，因此访谈就成了绩效审计中常用的审计方法。这种方法可以帮助审计人员加强对所审事项的理解，而且可以当面向访谈对象了解有关事项的来龙去脉。如可以利用访谈的方式详细调查企业的背景情况，生产经营的组织、方式及现状，企业的生产工艺特点，管理制度和内部控制制度的设计及运行状况等。如有必要，审计人员应对被审计单位的管理制度、质量制度、劳动定额制度等的贯彻落实情况进行抽样测试。测试的方法有：

1. 检查证据法，即通过检查部分凭证资料，看实施过程是否符合制度规定的程序。

2. 实验法，即审计人员依照业务程序跟踪操作一遍，看实施过程是否符合规定要求。

3. 现场观察法，即到审计现场观察业务的执行过程，看实际操作过程与制度的规定是否一致。

（二）收集审计证据

实施绩效审计的关键是收集审计证据。绩效审计证据是审计机关和审计人员猎取的用以支持审计意见和结论的证明材料。收集审计证据的关键是要紧紧围绕着审计目标进行。只有这样，审计人员才能取得高质量的审计证据，圆满完成绩效审计工作。一般而言，绩效审计证据的来源主要包括以下几个方面：

1. 审计人员通过询问记录、观察、查阅、鉴定、分析等方法直接采集、编制和分析资料。

2. 从被审计单位取得的资料，如会计账册报表、计划、报告、制度和会议记录、工作总结、内部审计资料以及被审计单位采用某种信息管理系统采集与生成的与被审计事项有关的数据信息等。

3. 由被审计单位以外的第三方提供的资料，如政策法规、手册、批文、行业背景资料、授权书及调查研究报告等。从第三方收集的资料未经审计人员证实，一般不能直接用来支持审计结果和结论。从第三方收集的资料对于了解一些背景信息非常有帮助，因而被广泛用于了解被审计单位和被审计事项、确定审计目标和审计评价标准。

（三）收集审计证据中应注意的问题①

由于绩效审计需要很多判断，其数据收集和记录的质量是至关重要的。美国政府的审计准则规定："审计人员应收集可靠、相关、合理的审计证据，以支持其对被审计的组织、程序、活动或者功能所作出的判断和结论。"（见

① 引自审计署审计科研所译的《最高审计机关绩效审计指南（2004年版）》。

AS3. 5. 1)。财务收支审计的证据偏向结论性(是/否，或者对/错)，而绩效审计中却往往不是这样的。通常，绩效审计的证据是说服性的(从中可以得出的结论是……)。[①]

收集审计证据的时候，审计人员要有创造性，保持灵活并且认真、仔细。如果所进行的审计需要的证据是说服性而非结论性的，那么，事先和该领域的专家讨论要获得的审计证据的本质以及审计人员如何去分析和利用这些证据，有时候是很有用处的。这个办法可以降低误解的风险，并加速审计报告进程。审计人员从众多不同的来源去获取信息也很重要，因为，组织本身、组织中的人员、专家和相关各方会持有不同的观点和角度[②]。

广义上说，数据、信息和知识是相似的，并且是关联在一起的概念。数据是最基本的工具。被编纂过的数据就转换成了信息。被分析和理解了的信息就变成了知识。在审计过程中，无论是将数据收集作为研究过程的一部分，还是为了用数据去说明和分析一个成果或问题，出于不同的目的，都要收集定性的和定量的数据。

基于一般经验，在采集信息的时候，区分下列要素是很重要的：

1. 研究所要明确回答的问题。

2. 研究设计，即要回答一些设定好的问题而采取的研究类型(时间安排、成本与收益、实现目标要进行哪些研究，等等)。

3. 审计方案，即为收集数据而进行的调查的类型(抽样调查、案例研究、二手分析、询问、事前事后分析、对比评价等)。

4. 为回答系列问题而采用的数据收集方法(对文件、会议、调查问卷和访谈的分析)。

5. 依据所收集的数据进行定量分析和定性分析(为了对信息进行更深入的分析)。

数据的收集可以一次进行，也可以随着数据(即证据)评价的开展而持续进行(如时间序列设计、纵向分析等)。信息来源于实物证据、文件(包括书面陈述)、口头证词(访谈)，或者依据审计目标而采取的其他方式。通常，定量数据和定性数据的收集都是必要的。收集各类数据应该在充分性、有效性、可靠性、相关性和合理性方面是可以解释和判断的。绩效审计通过问卷、调查和直接观察的方法，本身也会产生基础数据(来自自身的数据来源)。然而，大量的二手数据也很有用(来自其他方面的数据)。最有价值的信息应该被收集到。然而，在对数据的需求上，审计人员不能苛求精确。因为这样可能成本过高，但没必要。也就是说，利用一项二手数据通常是十分有效、合理的[③]。

对审计人员来说，采取批评的眼光并保持客观的态度来看待所提交的数据

---

① 更多信息参见审计署审计科研所译的《美国审计署政府审计准则(2003年版)》。

② 见 AS 2. 239 和 4. 0. 24。

③ 见 AS 3. 4. 5 和 3. 5. 1 – 4。

是至关重要的。同时，他们也必须能够接受不同的看法和论点。审计人员必须能够从不同的角度，并以坦诚和客观的态度来对待各种观点和质疑。如果这些观点被审计人员拒之门外，那么就很可能错过一个最好的论点。这也是在强调理性分析的重要性，审计人员尽量不要为自己或他人的好恶所左右。所以，审计人员的参与过程应该是一个反映性的过程，而不是一个确信某种观点是正确的过程，这一点很重要①。

当计算机处理的数据对于审计发现来说非常重要的时候，为收集那些证明数据有效、充分、可靠和相关的证据，采取额外的预防措施是非常明智的。另外，当对信息系统可靠性的评估是审计的主要目标之一的时候，审计人员也应该审查系统的一般性和应用性控制。除此之外，在主要研究过程中，审计人员还可能获得一些敏感性信息（比如对管理或者政策的意见和看法）。因此，审计人员要保护匿名者，而不将他们的意见泄露出去②。

（四）实施取证过程中，应定期召开业务讨论会③

审计实施过程中，审计组应定期召开业务会议，特别是现场审计实施即将结束时必须召开业务会议，对如下方面进行讨论：

1. 审计实施的范围、内容、方法是否与审计目标相结合。
2. 审计评价标准是否科学和恰当，来源是否真实、全面、客观，是否得到被审计对象的认可。
3. 外部专家提供信息的可用性。
4. 未达到审计方案效果的原因分析及可采取的补救措施。
5. 被审对象对项目的配合情况与对审计结果的接受情况。
6. 审计人员对项目分工及职责运行的自我评价与分析。
7. 绩效审计建议的可行性。
8. 下一步的工作安排。

二、审计证据的分析、评价与整理归纳

绩效审计证据的质量，直接影响了审计结果、结论和建议的质量。只有高质量的审计证据，才会有高质量的审计意见和建议。因此，应对每项审计证据从相关性、可靠性和充分性等几个方面进行分析鉴定。尤其要注意对审计证据的可靠性进行鉴定。在鉴定审计证据的充分性、相关性和可靠性时，应该注意证据本身可能存在的下列问题：只有单一来源，不能实现多个证据的相互佐证的证据（可靠性、充分性）；未经证实的询证证据（可靠性）；无时效性（相关性）；相对绩效而言，获取成本过高（相关性和充分性）；抽样调查中选取的样本无代表性（相关性、可靠性、充分性）；证据可能源于偶然事件（可靠性、充分性）；证据不完备（可靠性、充分性），以及证据相互矛盾（可靠

---

① 见 AS 2. 2. 40, 3. 5. 1 和 4. 0. 24。
② 见 AS 2. 2. 37, 2. 2. 46 和 3. 3. 4。
③ 见青岛市审计局 2009 年发布的《绩效审计操作指南》。

性），等等。

审计大都包含某种类型的分析，以此来理解或解释说明所观察到的事情。很多用于分析的模型和办法都被应用于此[①]。这里的分析可以是很复杂的统计分析，也可以是审计组内部对审计发现的讨论，以及对文献资料和工作底稿的研究，等等。分析可能有时候还需要比较审计发现，例如，将做得好的和做得不好的进行对比；将一个或多个被审计对象与总体进行对比；将被审计领域和国外类似的审计领域进行的对比。

数据分析的最后阶段就是将不同来源的数据结果进行综合。这项工作没有通用的模式，但是审计人员在解释收集到的数据和观点时，保持系统性和认真、仔细的态度是非常重要的。这个阶段包括权衡争论和观点，咨询专家和进行分析比较。随着工作的进展，报告草稿也逐渐成型。[②] 说明和观察资料得到有序组织，随着内部和外部讨论的进行，报告文本也得以起草、分析和修改；细节得到复核，对审计结论也进行了讨论。审计人员需要对审计过程中出现的主要问题进行讨论，形成讨论纪要，并根据讨论纪要进行信息交流。这些会谈的作用在于与被审计单位确认事实，并促进审计发现和审计建议的提出。

如果可能，所有能想到的论证都要覆盖到，以确保全新的和决定性的论证——或者事实——不会直到审计的最后阶段才被提到。在一个执行恰当的绩效审计中，审计人员要将提出的论点与最有可能相反的论点进行比较，并对各种不同观点进行权衡。有经验的同事和外聘咨询专家等，可以在这一过程中给予帮助。审计结论要建立在客观、合理和项目特定标准的基础之上[③]。

如果提出建议的话，建议要以逻辑的、以知识为基础的和合理的方式加以论证。审计发现的原因构成了审计建议的基础。这个原因有可能产生于被审计单位的控制范围之外：这种情况下，审计建议应该引起被审计单位外部的注意。重要的是，要确保审计建议的可行性、增值性并体现审计的目标。有些情况下，介绍支持不同建议的各种观点，也是很重要的。读者了解了不同的观点争议，也就更容易理解最后的建议[④]。

在公布绩效审计报告之前，应该让被审计单位有机会先阅读报告并检查其内容。报告草稿首先要将审计发现、审计结论和建议等全部内容以书面的形式展示给被审计单位。如果被审计单位的反馈意见提供了新的信息，而又符合审计证据的一般标准，那么审计人员要分析此项信息并修改报告。无论反馈意见是书面的还是口头的形式，都要尽可能加以记录。所有的分歧都要进行分析。最终的报告必须客观、公正[⑤]。

审计人员应当对取得的审计证据进行分析、判断和归纳，剔除与审计事项

---

① 见 AS 4.0.21。

② 如果分析是建立在科学知识和良好的理论基础之上的，分析会很可靠而且有趣。如果从一个很著名的理论的角度来看的话，审计发现的情况会很容易被解释（“好的理论是再实用不过的”）。

③ 见 AS 2.2.36，2.2.39，3.2.4，3.5.2，3.5.7 和 4.0.24。

④ 见 AS 1.05 和 4.0.23－27。

⑤ 见 AS 3.2.4 和 4.0.23－24。

无关、无效、重复、冗余的证据。

三、编制审计工作底稿

审计证据的整理归纳就是审计人员把收集的大量、零散的信息和数据进行简化、整理归纳，使其转换成审计结论的过程。通过审计证据的整理，可以过滤出客观、完整且有说服力的审计证据，从而形成高质量的审计意见和结论，提出可行的审计建议。一般情况下，审计证据的整理和审计证据的收集及鉴定是同时进行的。在整理阶段，重点要对审计证据的整体充分性和整体证明力进行归纳分析。在政府绩效的审计实施过程中，需要编制审计工作底稿。审计工作底稿是在开展审计工作、收集审计证据的过程中，对违反国家规定的财政、财务收支行为，对审计项目中存在的绩效问题等对审计结论会产生重大影响的相关事项的及时记录，并且还应在其后面附有相关的审计证据作为支持的基础。审计工作底稿对审计过程中发现的问题、处理的意见以及依据的基础都清楚地加以列示，在外勤审计工作完成时，可以通过分析审计工作底稿来为最终的政府绩效审计报告的出具提供依据。

依照审计计划方案，对现场工作和分析的结果要进行记录、归档并交叉索引，以便审计经理检查审计工作情况，并复核结论是否恰当。审计工作的记录应该以审计工作底稿的方式留存。充分、可靠和相关的审计证据应该为审计发现和审计结论提供合理的基础①。

四、审计工作底稿的复核

审计工作底稿为政府绩效审计的结论以及报告的出具提供判断的依据和基础，因而审计工作底稿对保证审计质量产生很大的影响。按照《审计机关事计项目质量控制办法的规定》，在出具审计报告前审计工作底稿需要被复核。为了保证审计结论的准确性，通常由审计组组长或者其他有资格的审计人员进行审计工作底稿的复核。

基于政府绩效审计的复杂性，复核其审计工作底稿包括的内容主要有：①使用法律、法规、规章是否准确；②审计实施方案确定的具体目标是否实现；③审计证据是否适当、充分；④审计步骤和方法是否执行；⑤审计结论是否恰当；⑥其他有关重要事项等。审计工作底稿一经复核审定，就不得随意删减或者修改，如果必须要有变动，应当另行编制审计工作底稿，并作出书面说明。

对于绩效审计项目实施阶段的时间而言，一项绩效审计可能持续很长时间，这期间，知识和现实情况与原来的出发点相比，都可能发生变化。在绩效审计中，一方面是工作计划中所确定的方向和对审计结构进行的说明，另一方面是在后来审计工作中对研究问题产生的兴趣，在两者之间做出选择常常是很

---

① 见 AS 3.2.1 和 3.5.5－7。

难的。为了避免沉溺于细节和过量数据，在审计之前和审计过程中都必须对信息需求进行评估。经验证明，这样便于删除多余的细节和无关的步骤，并将所收集到的信息进行分类和组织。然而，和前面讲的一样，审计人员必须绝对避免所有无计划的数据收集。

如 AS 2. 2. 26 所述，“与审计人员的既定任务在业务约定书中加以明确的私营部门审计相比，在绩效审计中，被审计单位与最高审计机关之间并不是客户关系。最高审计机关只好自由地、无偏见地履行其职责，在形成审计意见、结论和建议的时候要考虑被审计单位管理方面的看法，但是最高审计机关并不对其经营管理承担任何责任，这是由所实施审计的范围和本质所决定的。”而审计人员应该努力地和被审计人员及相关各方建立良好的关系。

为了避免不必要的冲突，审计人员要善于倾听和学习，设法去理解被审计活动的特殊性质。为了达到这样的效果，审计人员还必须从多个角度去看待一项活动，对于所提出的观点和异议保持一种坦诚、客观的态度。与被审计单位进行定期的会谈和讨论常常是审计中很有价值的一部分。如果发生了冲突，审计人员应努力将相互冲突的意见公开出来，以使审计结果尽可能真实、公允。审计人员应该在最早的时候，与被审计单位之间建立起坦诚合作和相互交流、相互信任的工作气氛。然而，审计工作的本质及其独立性的重要性，决定了在绩效审计人员和被审计单位之间必须划分一条明确的界限，防止审计人员参与到被审计单位的改进工作中去①。

绩效审计在确证其陈述和核实结果方面所能做的工作是有限的。一般来说，避免批评是不可能的，即使是在使用了最为复杂、科学的方法的情况下也是如此。因此，审计人员必须在核实问题和与其相关的时间限制、资源消耗之间进行权衡。同时，基础数据也必须具备较高的质量②。

在审计实施阶段，数据收集和记录的质量至关重要。审计人员在收集充分的审计证据过程中，要有创造性、保持灵活并且认真、仔细。审计人员以客观的态度对待所收集的数据是很重要的。此外，他们还必须能够接受不同的观点和论点，并要从不同的来源和利益相关者那里寻求信息。

总而言之，实施绩效审计时，需要考虑下列内容：

1. 秉持操守执行工作计划，认真、仔细，并遵循国际和国内的绩效审计准则。审计计划要贯穿于整个审计活动的始终。随着审计过程的向前推进，审计活动要不断检查和修正。

2. 要向被审计单位恰当地说明审计项目。审计过程中，要同被审计单位和相关各方开展积极的、坦诚的和建设性的对话。被审计单位（或者被审查的主要行政单位）应该参与到审计过程中去。

3. 谨慎地在审计范围内开展审计，数据收集、分析和记录的质量都是至关重要的。

---

① 见 AS 2. 2. 25，2. 2. 29，4. 0. 24。

② 见 AS 3. 1. 1，3. 5. 1，4. 0. 23 和 2. 1. 26。

4. 从不同来源获取最有可能或最合适的信息——事实或者意见、论点和反映，寻求必要的知识和专家意见；确保审计工作客观、公正并保持灵敏性；精确地评价所获得的信息和论点；所有相关的事实和论点都必须收集到。

5. 保护提供信息人员，确保工作底稿不会不恰当地散布；在所有其他方面也都保持高度良好的职业道德。

6. 如果提供建议的话，建议应该能够消除问题产生的根源。现场工作的成果应该加以记录，归档，并交叉索引。审计证据要充分、可靠和相关。

7. 执行恰当的定量和定性分析。与高级审计人员、利益相关者和该领域的专家商讨分析。在政治意图、理性思考和审计标准的基础之上，对所检查的事项进行分析和评价。审计建议应该以审计发现为基础。

8. 确保描述、分析和建议的事实基础是准确、客观的，并得到良好的支持和平衡，而且与被审计对象进行了适当的沟通。如果提供审计建议，审计人员应该针对审计目标提出建议。

第三节　报告阶段

一、撰写审计报告初稿

审计报告阶段是政府绩效审计工作提出意见、出具结论的环节，是政府绩效审计最关键的阶段。审计报告阶段的主要工作步骤包括：

（一）整理和归纳审计工作底稿

在编制审计报告之前，审计组应该把所有审计人员手中的审计工作底稿统一集中起来，按内容和性质进行整理和归纳，为政府绩效审计报告的编制提供依据和基础。

（二）起草绩效审计报告

政府绩效审计报告是由审计机构最终提交的一种书面文件。它反映了审计项目目标的实现程度，体现了审计项目的政府绩效结果。审计报告基本的撰写要求是：客观、公正、正确、完整。审计组应当在综合分析审计工作底稿以及相关资料的基础上来撰写审计报告初稿。审计报告需要经过审计组集体讨论并由审计组组长定稿，并按照规定及时征求审计项目所属单位的意见。

值得关注的是，企业经济绩效审计报告不同于财务审计报告，它不是为了证实财务状况的真实性，而是为了揭示被审计单位经济绩效的高低及其原因，并做出评价，提出建议或措施。在多数情况下，由于被审计业务的专业性强，往往不能提出直接证据来论证审计报告的结论，为了使审计报告具有充分的说服力，需要广泛地运用间接证据和推理证据，这都需要在审计报告中加以详细的说明。审计报告一般应具备背景资料、审计结论、论证结论的证据、改进的建议或措施等内容。

通过政府绩效审计报告，审计机关能够提供审计项目在主要资源使用方面的政府绩效情况，对于绩效不好的审计项目，还要提出改进建议。

起草审计报告初稿的过程又包括如下几个步骤：

第一步，审计组成员在整理和归纳证据的基础上，分别起草各自承担部分的报告草稿；第二步，审计组召开讨论会，讨论确定审计报告的框架、内容及具体的结构安排，必要时审计组也可以就审计报告的框架、内容和结构安排咨询审计机关业务负责人；第三步，根据已经确定的审计报告的框架和提纲，起草审计报告初稿；第四步，审计组针对报告草稿进行讨论，修改完成审计报告的草稿；第五步，如有必要，审计组可以针对审计报告草稿，征求审计机关内部其他部门，甚至审计机关外部的有关部门的意见；第六步，审计组根据征求的意见，修改完善审计报告，形成审计报告初稿。

二、与被审计单位沟通，征求被审计单位意见

报告阶段是对实施阶段的总结，在审计工作结束时，审计小组必须起草审计报告，经与被审计单位交流沟通后，报审计机关复核机构复核审计报告，审计组根据复核意见修改审计报告；审计机关审定审计报告，出具审计报告和审计决定（包括向政府、人大提出专题报告或专项报告）等。

绩效审计报告阶段通常应包含以下环节：审计组起草审计报告初稿；与被审计单位进行沟通，征求被审计单位意见；审计组修改审计报告，之后进入下一步正式征求意见环节。

我国的《审计法》规定：“审计组对审计事项实施审计后，应当向审计机关提出审计报告。审计报告报送审计机关前，应当征求被审计单位的意见。”由此可见，在审计实践中，所有的审计报告初稿都应向被审计单位征求意见。征求被审计单位意见是审计报告阶段非常关键的一环。如果审计项目所属单位对审计发现的某些关键性问题、审计的结果等提出不同看法，审计组就应该与他们交换意见。

针对审计报告的征求意见稿，审计组与被审计单位进行沟通，征求被审计单位的意见，其主要目的就是使报告中对事实情况的表达更加客观，避免争议，增强审计建议的可操作性，进而增加审计报告的公正性和全面性。审计组与被审计单位可以通过书面和召开征求意见会议等形式对审计结果进行沟通。

不论采用什么方式进行沟通，审计人员都应作充分的准备，以便对被审计单位提出的问题进行回答，同时对沟通的过程进行记录。为保证对被审计单位意见的完整、准确的理解和反映，审计人员还应特别注意，沟通结束后，要取得被审计单位对于审计报告中所描述事实的确认或者书面意见。

三、修改审计报告，提交正式审计报告

在审计组与审计项目所属单位之间进行充分沟通后，对于被审计单位提出的意见和建议，审计组应进一步研究、核实。如果有必要，审计组应对审计报告初稿进行必要的修改，然后将修改后的审计报告、被审计单位对审计报告的

书面意见、审计组的书面说明以及代拟的其他文书一并提交给审计机关的复核机构或者由相关领导审批。审计机关的审计报告需要在相关领导批准审计报告初稿后，由审计组所在部门代为拟定。

四、复核审计报告，根据复核意见修改审计报告

为了保证政府绩效审计报告的准确性、合理性，审计机构的相关部门/人员需要对审计组提交的审计报告、审计决定书以及其他相关材料进行复核并提出复核意见，做好复核工作记录。审计组根据复核机构或复核人员的意见，如有必要，应当修改审计报告。审计报告复核结束后，审计机关要将审计复核材料和复核意见书退还审计组所在部门。审计组根据复核意见，认真研究，对自己的工作再次加以验证，如果确实存在错误，应当修改审计报告，并将修改后的审计报告、复核意见、审计组的说明、审计决定书等一并报送审计机关主管领导再次进行审定。

五、审定、签发审计报告

审计报告经过复核以后，应提交审计机关审计业务会议审定。审定审计报告是绩效审计报告阶段的重要环节。所谓“审定审计报告”，就是审计机关/机构对审计组提交的审计报告、审计决定书（由相应的审计处理、处罚的决定）和其他相关材料所列的问题进行审理，作出最后的评判，对被审计项目作出最终的结论。绩效审计报告一经审定，即由审计机关/机构负责人签发，成为正式的绩效审计报告。

基于绩效审计项目重要性的不同，审计报告审定程序也有所不同：一般审计事项的审计报告、审计决定书和其他相关材料可以由审计机关/机构分管领导召开小型审计业务会议讨论审定；重大审计事项的审计报告、审计决定书和其他相关材料则应当由审计机关/机构分管领导提议，经审计机关/机构主要负责人或其指定的其他负责人同意后，召开审计业务会议讨论审定。经过审定的审计报告，由审计机关/机构负责人签发。

就审计机关而言，审计机关审定审计报告后，对有违反国家规定的财政收支、财务收支行为需要依法给予处理、处罚的，还应当对违反国家规定的财政收支、财务收支行为，依法作出处理、处罚的审计决定，制作审计决定书。对被审计单位违反国家规定的财政收支、财务收支行为及其负有直接责任的主管人员和其他直接责任人员，审计机关认为应当由有关主管机关处理、处罚的，作出移送处理书，由有关机关给予处理、处罚。对被审计单位的财政收支、财务收支行为和负有直接责任的主管人员、其他直接责任人员违反法律、行政法规的规定，涉嫌犯罪的，也作出移送处理书，由司法机关追究责任人的刑事责任。审计机关对被审计单位和有关责任人员违反国家规定的财政收支、财务收支行为，在作出较大数额罚款的审计决定之前，应当告知被审计单位和有关责任人员：有权在三日内要求举行听证。被审计单位和有关责任人员要求听证的，审计机关应当组织听证。

审计机关可以通过报纸、杂志等出版物，以及互联网、新闻发布会、公报、公告或其他形式向社会公众公布审计结果。而内部审计机构根据要求，在内部以适当的形式沟通绩效审计结果。

六、资料归档

对政府绩效审计文件的整理归档，就是建立政府绩效审计档案。审计档案真实地记录了审计活动，是审计工作的重要历史资料。审计档案的建立实行定期归档的责任制度，即谁审计谁立卷，审结卷成。所以，审计人员在提交政府绩效审计报告后，应当按照一定的方法和规则来归集和整理需要保存的审计文件，然后交由审计组组长进行复查，并经档案管理机构或者档案工作人员的再次检验后，按照相关的规定进行编目和装订。

第四节 后续跟踪检查与整改

后续跟踪检查阶段是在出具绩效审计报告，完成审计项目一段时间后，对审计建议和改进措施的执行情况进行回访性监督检查或开展后续审计的过程，主要是对审计决定和审计建议的落实、采纳情况进行检查，同时也是确认审计结果和建议本身是否正确的工作过程。后续跟踪检查对于发挥绩效审计的作用，实现绩效审计的价值，以及促进审计机关不断加强审计管理，提高审计质量等都十分重要。

绩效审计的目的决定了开展绩效审计不仅要着眼于对被审计单位或审计项目现时的经济绩效进行评价，更需注重未来经济绩效的提高。因此，在审计项目完成后，审计人员对完成的绩效审计项目开展后续监督检查，能促使被审计单位更好地执行审计建议和改进措施。审计人员到达现场后，可以通过座谈、查阅有关资料、现场观察等方法，检查审计报告提出的建议、措施是否获得执行，效果如何。对执行过程中存在的问题，应查明原因，根据被审计单位执行不力或审计建议不切合实际等不同情况，督促被审计单位严格执行或者提出更加切实可行的改进措施。

绩效审计程序的一大特点，就是后续审计具有特别重要的意义。

一、后续跟踪检查的目标

（一）监督检查审计结论和建议的落实情况

检查被审计单位落实审计结论和建议的情况，促进被审计单位改进管理，增强责任感，提高公共资金和资源的使用和管理的效率和效果。对被审计单位落实审计结论和建议的情况进行跟踪检查，是审计机关的一项重要工作，也是推动被审计单位积极落实审计结论和建议的一项重要机制。当被审计单位知道审计人员将对审计结论和建议的落实情况进行后续跟踪时，他们采用、实施审计建议的可能性便会提高。

（二）对审计质量进行检查和评价

对审计项目的质量进行事后的检查和评价，以便总结审计项目执行过程中的经验和教训，不断提高审计工作水平。一个审计项目完成后，通过审计组内外部对审计项目的分析和评估，可以总结其中的不足和取得的成功经验，以便在以后的审计项目中吸取经验教训，不断提高审计工作的质量和水平。如果是因审计建议不当，或者由于采纳审计建议而产生了风险，责任均应归属于承担此次绩效审计项目的审计主体。

（三）确认被审计单位已承担对审计发现问题不采取行动的风险

这一点一般是对于内部审计机构而言的，因为绩效审计报告中的审计结果，包括审计结论和审计建议，并不要求被审计单位必须执行①。如果被审计单位决定对审计结果不采取纠正行动，由此产生风险的责任属于被审计单位，而不属于负责此次绩效审计项目的审计主体②。

INTOSAI 发布的绩效审计指南明确指出：后续跟踪程序有助于有效实施审计报告提出的建议和向最高审计机关、立法机关和政府提供有关绩效审计效果的反馈信息。在跟踪审计报告时，审计人员应该保持客观性和独立性，并强调所发现的薄弱环节是否得到纠正，而不是所提出的审计建议是否得到采纳。后续跟踪的重点，应该在制定战略计划过程中确定总体审计战略时予以考虑（见 AS 4. 0. 26）。

最高审计机关国际组织建议的后续跟踪活动具有以下四个主要目的③：

1. 提高审计报告的效果：跟踪审计报告的首要原因就是提高建议得到落实的可能性。

2. 协助政府和立法机关的工作：后续跟踪可以在指导立法机关行动方面具有重要价值。

3. 对审计机关绩效进行评价：后续跟踪为评价审计机关绩效提供依据。

4. 为学习和发展创造动力：后续跟踪有助于获得更好的知识和改进实务。

在完成绩效审计时，有各种途径获取有关方面如何看待审计的信息。比如，可以关注被审计单位、议会和媒体的反应。可以安排内部或外部的会议来总结经验，促进学习。内部的审计检查和评估也同样有效。此外，可以请外部评论人员（科学家、专家或其他人）对绩效审计报告进行检查，或请他们对绩效审计工作质量发表意见（见 AS 2. 1. 26 – 30）。对审计建议的跟踪结果应

① 相对于内部审计机构而言，我国审计机关提出的审计建议，在无特殊原因的情况下，一般是要求被审计单位必须采纳和执行的。这一点和西方国家的政府审计也有差异，比如美国、澳大利亚等国家审计署提出的审计建议，审计署无权要求被审计单位强制执行，但其所隶属于的立法会有权要求被审计的联邦政府或部门采取相应措施。

② 比如，国际内部审计实务框架第 2500 条——监督进展规定：首席审计执行官必须制定并维护一个系统或制度，监督已通报结果的处理情况。首席审计执行官必须建立后续程序，监督及确保管理层已采取有效措施，或高级管理层已接受不采取行动的风险。

③ 引自最高审计机关国际组织发布的《绩效审计指南》。

予以记录。如果必要，对在跟踪审计中发现的不足和改进之处也应向政府或立法机关报告。

后续跟踪程序有助于有效实施报告中提出的建议和向审计机关提供反馈。获取此类信息有多种方式：内部检查和评估、会议和研讨会、专项后续审计等。

二、后续跟踪检查的内容

（一）审计决定的落实情况

就我国审计机关而言，其拥有对审计过程中发现的被审计单位的相关违法、违规问题的处理、处罚权，并出具审计决定书。审计决定书，是具有法律效力的行政处理、处罚文书，除非通过行政复议、行政诉讼等程序撤销或变更审计决定，一般来说，审计决定的执行是无条件的。按照规定，我国审计机关的审计决定自审计机关送达之日起生效，一般应于90日内执行完毕。特殊情况下，审计决定执行完毕的时间可以适当延长，但必须报经审计机关批准。审计机关应当自审计决定书送达之日起90日内，了解审计意见的采纳情况，监督检查审计决定的执行情况；如发现被审计单位超过90日未执行审计决定的，审计机关应当报告人民政府或者提请有关主管部门在法定职权范围内依法作出处理，或者向人民法院提出强制执行的申请。

（二）审计建议的采纳情况

绩效审计发挥作用的重要途径是在绩效审计报告中就审计发现的相关问题提出审计建议。对审计建议的采纳情况、被审计单位根据审计建议采取措施进行整改的落地情况，以及产生的效果进行了解，是后续跟踪检查的重要的内容。

对于审计建议的采纳情况，审计人员应该在后续跟踪检查过程中，针对每一项建议检查建议是否采纳。如果审计人员发现被审计单位没有采纳审计建议，应该分析其中的原因，确认是建议本身不可行，还是被审计单位的主观或客观原因导致被审计单位没有采取有效的措施落实审计建议。对于内部审计人员而言，对于建议的采纳的刚性要求没有审计机关那么严格，主要是确认被审计单位针对提出的审计问题和审计建议，是否采取了纠正措施。

对于已经采纳的审计建议，审计人员应该对被审计单位根据审计建议采取措施进行整改所产生的效果进行分析，评价审计产生的影响或者效果。对于审计产生的影响或者效果可以采用定性、定量或者定性和定量相结合的方式进行分析和评估，在分析和评估过程中不仅要考虑采纳审计建议所带来的成本节约等经济效果，也要考虑效率提高、管理改善等非经济方面的效果，还包括政治、社会等其他方面的效果。当然，如果被审计单位采纳了审计建议，就要分析其效果是否与预期相符合。如果与预期不符合，是什么原因导致的？如果是因审计建议不当，或者对于采纳审计建议而产生了风险，那么责任均应归属于负责审计的审计机构。

三、后续跟踪检查的方式

（一）随时了解被审计单位的活动

通过与被审计单位保持联系，及时了解被审计单位有关情况，取得被审计单位对审计报告理解和采纳情况的反馈，以实现后续跟踪的目标。它是对审计效果进行后续跟踪的基本方式。或者是要求被审计单位对审计报告中发现问题的整改、建议的采纳情况做出书面回复，并对书面回复进行审阅。审阅时，应以审计报告为依据，通过审阅审计人员将确定哪些事项值得与被审计单位讨论和澄清，哪些事项需要进行现场调查。审阅书面回复时应注意下面几种情况：

1. 不予回复的事项。
2. 回复不充分的事项。
3. 被审计单位有异议或误解的事项。
4. 回复中已说明将不采取任何纠正措施的事项。

（二）书面复核

当审计项目属于局部问题，审计工作刚完成不久时，常采用这种后续跟踪检查的方式。审计人员对被审计单位不做广泛的现场检查，只进行一些简单的复核，必要时与被审计单位人员进行访谈，与被审计单位管理当局探讨回复中不清楚或未作回复的事项，同时澄清有异议或有误解的审计事项或建议，可以通过面谈或电话询问的方式来解决问题和误会。

（三）后续审计

后续审计是针对被审计单位根据审计建议进行整改的情况进行的专门审计。与其他审计项目一样，后续跟踪审计项目也要经过选项和论证的过程，一般应纳入年初制定的审计计划。后续跟踪审计一般适用于重大的绩效审计项目，或者实施审计建议时间长的项目。审计项目较小、一次性事件或项目已经废止的，一般不进行单独的后续审计。现场审计的方法包括现场访谈、直接观察、测试和检查纠正措施的有关文件等，像正常审计工作一样，审计人员应将审计工作过程形成审计工作底稿并归档。在决定现场审计程序时，应考虑以下因素：

1. 该事项在审计报告中的重要性。
2. 按照审计报告提出的要求，采取该项审计建议产生的影响程度和所需要的费用。
3. 审计建议实施失败可能产生的影响。
4. 审计建议实施的复杂程度。
5. 所涉及的时间限制。

报告后续审计的结果。与绩效审计项目一样，后续跟踪审计需要提出后续审计报告。后续审计报告的框架和内容与绩效审计报告相似，主要包括跟踪审计项目的背景、审计目标和范围、审计方法、审计发现问题、审计建议、被审计单位的反馈意见等。报告中应确认以下事项：

1. 就被审计单位是否采纳审计报告结果，采取纠正行动及其效果以及审计主体的风险责任进行确认。

2. 就被审计单位管理层未采纳或决定不采纳审计报告结果，不采取纠正行动所承担的风险责任进行确认。

3. 就审计报告结果的执行情况与回复中的说明是否一致进行确认。

为了节约后续跟踪检查，尤其是后续审计所消耗的时间和资源，审计机构和审计人员可以采取以下有效的做法：

1. 在审计实施阶段，尽可能同时对更多的事项实施后续审计，当然就必须鼓励被审计单位在审计结束前实施简便易行的纠正措施，或者在可行的情况下，实施“边审计边整改”的方式，实施现场就能根据审计人员的建议对发现的问题及时采取有效的纠正措施，完成对问题的整改。

2. 审计人员定期与被审计单位管理局联系，了解最新的改进措施执行情况及效果。

3. 将注意力集中在最严重的或潜在的问题上，对一般事项的后续审计可仅限于询问或简短的讨论；

4. 只对值得关注的重要问题进行后续审计测试；对于不十分重要的问题，可以只审阅与纠正措施有关的文件记录。

除了后续跟踪检查以外，审计组织还有严密的质量后评估机制，对审计质量进行后续跟踪检查。

对绩效审计项目的质量进行后续的检查和评价、是一个绩效审计项目终了前一项非常重要的工作，也是审计机构质量控制体系的重要组成部分，意义重大。对绩效审计项目的质量进行后续的检查和评价包括下列四个方面：

1. 新闻媒体对审计项目质量的评估。在审计结果向社会公告一段时间以后，审计机关应该收集新闻媒体、社会公众对有关审计项目质量方面的反应、评论和报道，作为评价审计项目质量的重要方面。新闻媒体的反应、评论和报道包括对审计项目本身的反应或评论、审计报告的客观性的评估，也可能包括对审计项目带来的影响方面的分析。这些都是评价审计项目质量的有用信息。

2. 外部专家或同行对审计项目质量的评估。外部专家的评估主要包括以下 5 个方面的内容：①审计报告是否可靠、简明，篇幅是否合适；②所使用的数据图表是否恰当、合理；③审计的内容、范围、方法和评价标准是否明确，所得审计结论是否有充分、可靠的证据支持；④所得审计结论是否确为被审计单位的缺陷，原因分析是否准确，所提审计建议是否明确可行且有效；⑤绩效审计项目是否达到了预期的目的，并保持或提高了审计机关的权威性。

3. 被审计单位对审计项目质量的评估。审计机关还可以通过发出调查问卷或者进行座谈等方式，征求被审计单位对计审计质量的看法。被审计单位对审计质量的评价内容包括：项目是否对被审计单位有意义（增加了价值），审计的程序和方法是否科学、合理，双方的工作关系如何，审计报告是否客观、公正，以及总体评价。

4. 审计组对审计质量进行的内部分析和检查、复核。内容包括：审计组成员对审计报告的内容、格式的评价，对项目所使用技术方法和质量的评价，对审计所产生影响的分析和评估，以及对项目总体的评价。同时，审计组还要总结该项目成功和不足的方面，并提出可以为整个审计机关所借鉴的经验和教训。审计组应该就其对审计质量分析和检查的结果向审计机关提出审计项目质量报告。

思考与练习

1. 假如你是一名绩效审计人员，请你简述一下绩效审计的工作流程。

2. 在工作流程上，绩效审计与传统财务审计有哪些区别？

3. 如何选择和确定绩效审计项目？应考虑哪些因素？

4. 为什么要开展审计调查？审计调查的应用有哪些？

5. 如何制定明确的审计目标？

6. 收集审计证据是实施绩效审计的关键步骤，如何保证收集到高质量的审计证据？

7. 为什么要进行后续跟踪检查？常用的后续跟踪检查方法有哪些？

第三部分

案例分析

第十章　绩效审计案例分析

【导读】绩效审计是一门实践性强、灵活性高、难度大的业务。如果能以案例来直观展示如何运用绩效审计基本理论、方法完成绩效审计项目的整个流程，关键流程节点及分析问题、解决问题的思路，将能达到事半功倍的效果。因此，在前面理论框架和实务流程介绍的基础上，本章选择了审计机关和内部审计机构曾做过的典型绩效审计案例，展示整个绩效审计业务从项目选择，审计方案编制，包括对审计目标、内容、范围、方法的确定以及人员组织安排等考虑，到现场实施取证及评价证据，再到编制撰写报告等关键绩效审计环节的详细工作信息，以便读者更直观、感性地理解、掌握绩效审计的基本理论、方法和实务流程，提高实践操作应用能力。

【关键词】绩效审计案例、审计机关、内部审计

第一节　政府绩效审计案例分析

一、财政资金绩效审计案例

审计项目名称：青岛市淘汰燃煤锅炉财政资金绩效审计①

（一）基本情况介绍

1. 审计项目概述

为探索效益审计路子，2003 年 8 月初，青岛市审计局成立了效益审计工作组，开始效益审计试点选项工作。2003 年 9 月至 12 月，青岛市审计局首次将效益审计作为独立的审计类型，对青岛市区淘汰燃煤锅炉财政资金的使用效益状况进行了审计。通过此次审计，积累了效益审计的经验，树立了搞好效益审计的信心，为效益审计的长足发展奠定了良好的基础。

2. 被审计事项的简要情况

1998 年国家环保总局发布的环境质量状况公报中，1998 年全国空气污染

① 韩明升主编．结合型绩效审计实务［M］．青岛：青岛出版社，2009.

最重的十大城市，青岛市名列第八。为此，青岛市政府决定加大对空气环境质量治理的力度，成立了由副市长任总指挥、有关部门参加的淘汰燃煤锅炉指挥部。下发有关文件，要求到2002年，淘汰所有4吨/小时以下（含4吨/小时）和使用年限8年以上10吨/小时以下的燃煤锅炉，采用油、气、电等能源或实行集中供热。并提出到2000年创建国家环境保护模范城市的目标。为进一步推动淘汰燃煤锅炉工作的开展，市政府自1999年至2002年连续4年将淘汰燃煤锅工作列为城乡建设和改善人民生活方面重点办好的12件实事之一。财政自1999年至2002年对128个单位共投人资金5892万元，其中对52个行政事业单财政拨款4659万元，对69个单位发放环保贷款1108万元（后已减免），对7个单位发放环保补助125万元。

（二）审计项目选择

效益审计刚刚开展，选好项目非常关键。为此，审计局以财政资金为切入点，取得符合初始条件的财政拨款项目名单，约100个项目。分析了三年来青岛市政府每年确定的“为民办的12件大事”。经业务会讨论研究，初步圈定了5个项目进行了详细调查，这里面既包括可能有损失浪费和决策失误的项目，也包括估计效果良好、受到群众肯定的项目。然后，到相关单位进行调查，研究了项目的效果性和开展效益审计的可行性。经过深入、细致的调查，掌握了各个项目的基本情况，摸清了需重点关注的项目。在前期调查的基础上，对5个项目的基本情况、可采用的审计标准、实施过程中可能遇到的困难及可能产生的结果等情况进行了详细的分析，最终确定了淘汰燃煤锅炉这个项目。

选择此项目的理由主要有四点：

1. 政府和社会均比较关注，审计结果易引起政府和社会的关注。

2. 财政拨款金额适中，效益评价有标准，社会和环境效益比较明显，此项目实施相对比较容易。

3. 被审计单位比较配合工作。淘汰燃煤锅炉项目是环保局的一项重要工作，也是其突出业绩之一，他们欢迎审计机关开展审计，促进环保工作得到更多的支持。

4. 此项目属环境审计项目。青岛市承办2008年奥运会的水上项目，并且2008年奥运会提出了绿色奥运的口号，开展此项目对提高青岛市空气质量，办好奥运会有重要意义。

（三）审计方案编制

1. 审计目标和内容重点的确定

审计小组经审前调查，对此项目有了初步了解，淘汰燃煤锅炉工作是青岛市的一项重要工作。大气环境质量，不仅关系到青岛市的进一步发展，而且关系到老百姓的切身利益，是政府和社会均比较关注的项目。自1999年以来，审计组成员切身感受到青岛市的空气质量得到了逐步改善，但对于空气质量改善与淘汰燃煤锅炉工作的关系，以及财政资金在其中发挥的作用并不十分清楚。经审前调查，审计组制定了切实可行的审计实施方案。

首先，确立了审计目标，即通过对淘汰燃煤锅炉财政资金的审计，反映财政资金的使用效益情况，并就使用财政资金过程中的薄弱环节和出现的问题，提出针对性的建议；同时立足于今后如何加强对财政资金的管理、如何完善有关政策法规、如何进一步推动治理大气环境等方面，提出宏观方面的建议。

其次，基本确立了审计的重点内容，即以财政资金的拨付、使用、管理为基础，把握从项目立项、资金使用、后续管理等环节着手进行审计，不仅反映该项资金本身的经济性、效率性和效果性，而且反映该项目的环境效益和社会效益，分析财政资金在淘汰燃煤锅炉中所起的作用。

最后，根据效益审计重在评价的特点，依据了解到的情况，基本确立了淘汰燃煤锅炉工作有关的环境效益评价的标准，并初步考虑结合财务审计的方法，更多地运用效益审计的方法开展审计。

2. 审计评价标准和指标选择

效益审计评价难，难就难在如何确定合理的评价标准。我们查阅了青岛市1998年作为“十大污染城市”以及2000年被评为国家环境保护模范城市的有关资料，翻阅并研究了环保标准，听取了环保专家的介绍，大气环境指标中二氧化硫的90%、二氧化氮的60%、总悬浮颗粒物（2001年改为可吸入颗粒物）的40%以上来源于燃煤，酸雨频率与二氧化硫有密切关系。以上四项指标是大气环境质量评价的基本指标。可见，燃煤对大气环境质量有重要影响。审计组同时调查研究了影响大气环境质量的其他因素，如：机动车排气污染，市政建设带来的扬尘污染，工业废气污染等，发现其他因素在近几年并未发生大幅度的增加或减少，审计组最终确定淘汰燃煤锅炉工作与青岛市的大气环境质量有密切关系。把二氧化硫、二氧化氮、总悬浮颗粒物的年均值、酸雨频率指标作为淘汰燃煤锅炉资金效果的评价指标。就如何评价淘汰燃煤锅炉的间接效果，考虑到审计人员的知识结构、专业能力、审计风险，审计组坚持谨慎性原则，以定性评价为主。在资金使用方面，采用国家的有关财经法规，来反映淘汰锅炉财政资金的经济性和效率性。

3. 审计思路与方法确定

（1）审计思路。

审计组经过讨论研究，确立基本的审计思路是：围绕审计目标，确定审计重点内容和审计范围，围绕审计目标运用各种收集审计证据以及评价的方法，审计方法为审计目标服务。在审计评价过程中，坚持辨证、客观的态度，从微观和宏观两个角度去分析存在问题的原因，并着重提出有建设性的审计建议。

（2）审计步骤与方法。

第一步：与被审计单位深入交谈，全面了解相关资料。审计组到环保部门查阅了1998年至2003年与淘汰燃煤锅炉有关的资料，包括报刊、文摘、报告、文作和工作记录等，了解了淘汰锅炉项目前后有关大气环境指标的情况；到原市计委获取了拨款计划：到财政部门了解到实际拨款情况以及资金管理情况；到政府采购中心掌握了实行政府采购锅炉资金的收支情况。经交谈和查阅资料，了解了有关淘汰燃煤锅炉的立项背景、政策措施、实施情况以及资金的拨付使用和管理等情况。

第二步：紧紧围绕“3E”审计目标，依据审计目标确定审计范围。淘汰燃煤锅炉项目涉及单位众多，淘汰燃煤锅炉后的替代方式各异，我们不可能逐一审计。根据审计目标，我们以财政资金为主线。审计范围兼顾资金性质和替代方式两个方面。对接受财政拨款的单位进行了重点审计，选择3个使用燃油锅炉单位、三个实行集中供热的单位进行重点审计；对使用环保贷款和补助的单位，考虑以前进行过审计，有了大体了解，只抽查了2个单位进行审计。其余辅之以问卷的方式进行调查了解。

第三步：围绕审计目标，确定审计方法。审计过程中，我们结合运用财务审计中的审阅、计算、核对、分析性复核等方法的同时，运用了大量效益审计的访谈、实地观察、调查问卷、借助专家力量、统计分析等方法。

①对财政资金的支出和使用情况，采取核对法，将市财政局、环保局与使用资金单位的财政资金进行核对。

②对使用财政资金的单位，采取分层抽样的方法，按照淘汰燃煤锅炉的形式（改为燃油，或集中供热，或采取其他形式）进行分层，并考虑资金金额的大小、财政资金的支付形式（拨款、贷款）等因素，有重点地进行审计。

③对项目的资金监督管理、社会效益与经济效益进行评价，运用分析性复核、控制制度检查、分析比较等方法。

④对项目的经济性审查，采取核对比较等方法，将政府采购锅炉的成本支出与市场价格比较，看支出是否经济；将淘汰燃煤锅炉每削减一个吨位的财政支出与其他城市比较，看是否经济。

⑤对项目的效率性审计，侧重工作效率的审查，查看财政拨付是否及时，淘汰燃煤锅炉工作是否如期完成。

⑥对淘汰燃煤锅炉整体效果的评价，采取查看有关资料、与相关人员座谈的方式，并充分运用调查问卷的方式开展评价。在全面分析的基础上，我们设计了调查问卷。调查问卷按接受财政直接拨款和使用环保贷款或补助两类对象分别设计。对财政直接拨款单位的问卷主要包括五方面的内容：财政资金使用情况、淘汰锅炉前后的运行成本情况、锅炉拆除安装情况、锅炉管理情况、对淘汰燃煤锅炉的效果评价和建议，共计35个问题。对使用环保贷款或补助的单位调查侧重点有所不同，对调查内容作了调整。为强调调查的权威性和严肃性，审计组向财政直接拨款单位发放了书面会议通知，专门召开会议就问卷内容向调查对象作了说明，并由局领导亲自做了动员讲话，还着重指出对返回的问卷将进行抽查核实，要求填表单位在问卷上加盖公章，以此引起调查对象的重视，增强了问卷调查的真实性，保证了审计质量。考虑到环保局的影响力，审计组通过他们向使用环保贷款或补助的单位发放了问卷。从实际效果来看，对财政直接拨款的单位问卷回收率90%，对使用环保贷款或补助的单位问卷回收率100%，一共发放问卷127份，收回122份。所填内容基本真实、完整，节省了审计时间，提高了审计效率，达到了预期目的。

⑦为提升审计报告质量，审计组运用了调查和专家座谈等方法。审计组就审计发现的问题进行了研究讨论，分析原因，探讨如何提出审计建议，并到市

城管局、市环保局、青岛发电厂、青岛碱业公司等有关单位进行调查核实，在此基础上初步确定了审计报告中建议的内容。考虑到审计组知识结构的局限性，就审计报告中的建议内容，审计组特别召开了由各方面专家和负责人组成的座谈会，审计组专门列出了座谈议题，主要包括淘汰燃煤锅炉工作对青岛市的大气污染的影响程度，进一步改善青岛市大气质量应采取的措施及可行性，如何进一步做好供热规划，如何在环保的基础上利用好能源等。通过座谈，一方面报告中有关的内容得到了证实和支持；另一方面也给审计组提出了一些有益的建议，拓展了审计的思路，进一步丰富了报告的内容，提高了建议的水平。

第四步：撰写审计报告。在审计报告阶段，我们研究了国外审计报告的格式和内容，结合国内的语言习惯和我们审计实际情况，确定了报告的具体格式、自报告初次成稿，后审计组经多次讨论，数次修改，使报告逐步完善。为更直观地对比淘汰燃煤锅炉项目前后的效果性，审计组在报告中采取图示法，取得了较好的效果。

（四）审计组织与实施情况

青岛市审计局局领导高度重视效益审计试点工作，从效益审计的项目选项、确定审计项目、审计方案的编制、实施审计，到审计结果的利用，都给予了全过程的指导，多次听取审计组的汇报，效益审计得以顺利开展。审计实施过程中，审计组着重分析了该项目的特点和效益审计的特点，讨论了各步工作的突破点，研究了工作创新的方法，建立起审计组内部每周碰头会制度。为防范审计风险，保证审计建议的建设性和可接受性，审计组也建立起审前、审中和审后的充分听取环保等部门意见的外部沟通机制。审计组精心组织，合理分工，经过3个月的努力，出具了审计报告，所提建议全部被采纳，体现了效益审计的价值所在。

（五）审计结果与审计建议

1. 审计结果

按照以上审计实施步骤和方法，围绕确定的审计目标，审计结果表明：

（1）资金安排合理，在资金使用过程中，注重了资金的使用效率。财政部门在安排淘汰燃煤锅炉专项资金时，在环保部门对全市应淘汰燃煤锅炉情况进行摸底调查的基础上，考虑青岛市的财力状况，进行有重点地对单位进行拨款。从审计调查和收回的问卷看，市淘汰燃煤锅炉指挥部每年确定淘汰燃煤锅炉名单，向社会公布，接受社会监督。财政部门制定了详细的淘汰计划，保证了财政资金及时拨付和支出。使用资金的单位也及时淘汰燃煤锅炉。锅炉实行政府采购，节约了采购成本。

（2）财政资金取得了良好效果。

①财政资金推动了全市淘汰燃煤钢炉的工作，充分发挥了财政资金的杠杆和引导作用。1999 年在全面实施淘汰燃煤钢炉时，各单位等待观望，由市财政拨出资金用于行政机关和事业单位淘汰燃煤钢炉，从而带动了其他单位淘汰燃煤锅炉工作的快速开展。1999 年至 2002 年由财政直接拨付的单位淘汰燃煤锅炉 108 台、减少锅炉吨位 206 吨/小时；环保贷款和补助资金的单位共淘汰

燃煤锅炉246台（环保贷款和补助仅占企业自身计划投资的10%左右）、减少锅炉吨位850吨/小时。在此期间，全市用于淘汰燃煤锅炉的投资高达12亿元，全市淘汰燃煤锅炉2177台（计划1000台），完成计划的217.7%，削减吨位4136吨/小时。财政直接拨付的资金仅占全市淘汰燃煤锅炉总投资的5%。也就是说，用少部分财政资金带动了全市的淘汰燃煤锅炉的工作。

②淘汰燃煤锅炉在改善大气环境方面发挥了重要作用。青岛市环境监测站检测的1998年至2002年与燃煤有关的各项指标的年均值参见表10－1。

表10－1　1998年至2002年各项指标年均值

项目	二氧化硫（毫克/立方米）	总悬浮颗粒物（可吸入颗粒物）（毫克/立方米）	二氧化氮（毫克/立方米）	酸雨频率（%）	淘汰燃煤锅炉数（台）
1998年	0.126	0.211	0.044	37.38	
1999年	0.093	0.191	0.035	34.85	590
2000年	0.055	0.143	0.025	12.77	1003
2001年	0.052	0.098	0.023	16.25	253
2002年	0.054	0.097	0.026	18.06	331

注：根据国家规定，总悬浮颗粒物的统计自2001年上报为可吸入颗粒物；酸雨频率为国控点统计结果。

从以上指标看，2002年市区环境空气中二氧化硫、二氧化氮、可吸入颗粒物年均值分别为0.054毫克/立方米、0.026毫克/立方米、0.097毫克/立方米，其中二氧化硫、二氧化氮分别比1998年下降了57.1%和40.9%，酸雨频率由1998年的37.38%降至2002年的18.06%。从以上指标与淘汰燃煤锅炉台数的对应关系看，大气环境指标的下降与淘汰燃煤锅炉有密切关系。

③青岛市的大气环境质量得到了全国有关部门和社会的肯定。从国家环保部门的考核看，1998年青岛市列为全国污染最严重的十大城市之一，通过淘汰燃煤锅炉和其他方面的努力，1999年获全国46个城市环境综合整治定量考核综合得分第二名，2000年获国家环境保护模范城市；从社会各界对大气环境的满意度来看，统计本次收回的122份问卷中，有95个单位认为周围空气有明显改善，有118个单位认为应该实施淘汰燃煤锅炉项目，有118个单位认为实施淘汰燃煤锅炉项目是非常及时和必要的，分别占全部调查问卷的78%、97%和97%。在与环保专家的座谈中，专家提到，淘汰燃煤锅炉改善了青岛市的大气环境质量，使全体市民都从中受益；大气环境质量的改善提升了青岛市的整体城市形象，改善了投资环境，推动了青岛市旅游、外商投资、房地产等产业的发展。

（3）从审计和调查情况看，虽然财政资金在淘汰燃煤锅炉过程中发挥了重要作用，但在个别项目以及在资金的管理方面还存在一些问题，需加以改进。

①个别项目立项依据不合理，造成购进锅炉的闲置。

②资金在使用过程中缺乏强有力的监督和管理。

③废旧锅炉处理监督不严、残值未能上缴财政。

④财政拨款存在沉淀资金。

⑤部分更换的锅炉未入账。

⑥有些单位在拆除锅炉后，未能及时拆除烟囱。

2. 审计建议

（1）对在淘汰燃煤锅炉工作中存在的问题，建议采取以下措施：

①对闲置锅炉采取公开拍卖变现或调剂使用。

②对尚未竣工决算的单位进行决算审计。

③对沉淀的财政资金确认后，及时收回。

④对尚未入账的固定资产纳入账内核算。

⑤尽快收缴处理锅炉的残值收入。

⑥加快拆除烟囱进度，彻底美化城市景观。

（2）科学规划、合理布局、理顺关系，进一步巩固和改善青岛市大气质量。审计组在审计调查过程中，注意到以下情况：2002 年市区环境空气中二氧化硫、二氧化氮年均值分别为 0.054 毫克/立方米、0.026 毫克/立方米，比 2001 年二氧化硫 0.052 毫克/立方米、二氧化氮 0.023 毫克/立方米，略有回升，二氧化硫的指标已经接近国家环境空气质量的二级标准（依据国家环境空气质量二级标准，二氧化硫年均值为 0.06 毫克/立方米）。据有关专家介绍，青岛市今后很长一段时间还是以燃煤为主要能源，并且很多大型耗煤项目将在 2008 年之前建成，届时全市耗煤量与现在相比将成倍增长。如果不采取措施加以控制，就会影响前一阶段淘汰燃煤锅炉工作取得的成果。作为 2008 年奥运会的伙伴城市，如果没有一个良好的空气环境，将有悖于“绿色奥运”的精神，从而影响青岛市的国际和国内形象。为此，审计组从城市供热规划、城市集中供热发展等方面展开调查，根据调查情况，提出以下建议：

①整合供热资源，发展较大规模的热源点。按照《青岛市 2002—2010 年供热规划（草案）》，市内六区将建设 23 个供热点。对此，环保专家提出数量偏多。根据专家意见，审计组提出了发展大型燃煤锅炉、集中规模发展热源点、发挥规模效益的建议。对市区南部供热资源分散、规模较小的现象，提出了整合市区南部供热资源，发挥青岛发电厂热电联产热网工程规模优势的建议。

②科学规划供热布局，对坊子街热电厂项目进一步论证。在《青岛市 2002—2010 年供热规划（草案）》中，将在李沧区西北部增设坊子街热电厂，计划投资 3 亿元。拟建的坊子街热电厂距青岛碱业热电公司仅 1 公里。青岛碱业热电公司二期建成后，供热范围将覆盖坊子街周边，而且受规划限制，青岛碱业热电公司将有 150 吨/小时余热不能对外提供，从而造成有热不能供、急需用热用不上的现象。根据建设部《城市供热规划的技术和要求》：“一般在供热半径 3 千米的范围内不宜建第二个热电联产热源点。”所以，审计组提出对坊子街热电厂项目进一步论证，避免重复建设和污染工程的发生。同时，统筹各供热点的热能余缺，合理调整规划。

③建立供热市场竞争机制，将隶属城管局的供热企业逐步脱钩，创造公

开、公平的竞争环境。建立有效的市场竞争机制，实行特许经营制度，在统一管网规划、统一市场准入、同一价格监管的前提下，鼓励有资质的企业通过公开竞标获得对规划区域的特许经营权，打破区域垄断，降低供热成本。

（六）审计成效

1. 引起了市领导重视，建议被采纳

审计组向市审计局汇报审计结果后，市审计局及时向市政府以信息专报的形式做了汇报，审计结果得到了市领导及相关部门的重视，市领导在专报上做了批示。从跟踪审计情况看，《青岛日报》2004 年 7 月 29 日公布的“2004—2008 年拉近城市南北差距建设项目”中，坊子街供热站未被列入集中供热项目，通过回访环保局得知，拟建坊子街供热站的计划被取消。目前，青岛碱业热电公司供热范围已覆盖坊子街周围。提出的加快青岛发电厂供热建设的建议也被采纳，青岛发电厂供热建设项目已被列入相关规划。供热市场管理关系已逐步得到理顺。

2. 该案例的实践做法和理论成果得到了有关部门的认可

审计组编制的《淘汰燃煤锅炉财政资金效益审计实施方案》被审计署“效益审计程序与方法研究”课题所采用。审计组依据此项目撰写的《地方审计机关效益审计实践及若干问题的思考》的科研论文，被评为 2004 年度青岛市政府法制优秀调研成果一等奖。

3. 该案例的做法和成效被推广

2005 年 3 月和 10 月，该案例分别作为优秀效益审计案例在青岛市效益审计研讨会和山东省经济责任培训班上做了经验介绍；2006 年 2 月，在审计署特派办青岛效益审计现场会上做了交流发言。2005 年 12 月，《人民日报》《法制日报》等中央报社记者来青岛采访了该案例的做法和成效，并做了详细报道。

（七）经验与体会

“淘汰燃煤锅炉财政资金效益审计项目”是一个试点项目，有些做法还不成熟，也存在很多需改进的地方。相对于传统财务审计，效益审计具有自己的特色。

总结起来，有以下几点体会：

1. 重视选项和审前调查工作

与传统审计不同，开展效益审计的难度较大，必须花大力气在选项和审前调查上为顺利实施审计项目做好准备工作。首先，要选好项。应按照先易后难、由简及繁、循序渐进的思路筛选审计项目。效益审计刚刚开展，应选择那些政府和社会比较关注、财政投资金额不要太大、实施审计相对简单、效果便于评价的审计项目。其次，要注重审前调查。很大一部分传统审计项目用很少的时间去做审前调查，也不影响项目的开展。效益审计项目由于涉及的内容更多，性质更复杂，不经过充分的审前调查很难确定如何开展审计。淘汰燃煤锅炉效益审计项目，审计实施和审前调查各用了一半的时间，经审前调查后才摸清了淘汰锅炉项目的大致情况，制订了切实可行的审计实施方案，审计实施才得以顺利开展。

2. 更重视非财务资料

传统的审计项目只要有账本或计算机数据就可以开展审计，效益审计远非如此，必须同时考虑财务资料和非财务资料，而且应更侧重非财务资料。财务资料只反映业务资料的结果或过程的一部分，而业务资料更全面、更详细。在淘汰燃煤锅炉审计项目中，审计人员在审查财务资料的同时，翻阅和研究了大量的非财务资料，正是从这些非财务材料中发现了大量的信息，为做出审计判断奠定了基础。

3. 放下账本，“走出去”

传统审计项目在一个会议室通过看账本，经过一个或几个月的时间就可以出审计报告，而且一般是和被审计单位的财务、办公室人员打交道。效益审计项目不能再局限于账本，必须放下账本，“走出去”。审计人员的视野要放宽，必须学会沟通与协调，不仅和财务人员打交道，还要重视和其他各个层面的人员打交道。

4. 重视提出建设性建议

传统审计项目仅对真实、合法问题提出看法。效益审计项目不局限于对违规问题的揭露，而是站在客观、公正的角度去分析问题存在的原因，并提出切实解决问题的建议，目标是促进被审计事项更完善，以持续改进。此项目如果只开展真实、合法审计，那存在的问题只是几十万元的违规金额，也许审计组四名同志不用效益审计的四分之一的时间就完成了，但审计项目本身的效益将不会得到提高。正是开展了效益审计，不再局限于对违规问题的揭露，我们发现了有可能造成重复投资、破坏环境的建设项目，并提出了建设性的建议，在一定程度上避免了3亿元的盲目投资，其效益也体现出来了：这就是效益审计的价值所在。

5. 量力而行

效益审计刚刚开展，应考虑时间和人员情况，有选择性地开展效益审计项目。在开展效益审计初期，涉及很专业的问题，应考虑借助专家的力量。在淘汰锅炉项目中，我们就是在参考专家建议的基础上，提出了我们的审计建议，最终取得了很好的审计效果。

二、投资项目绩效审计案例

审计项目名称：××市×××污水处理厂效益审计①

（一）基本情况

1. 审计项目概述

2003年6月，根据省审计厅和市审计局的部署，××市审计局在对×××污水处理厂进行竣工决算审计的基础上，尝试对该项目的投资效益及投产后的环境效益情况进行了评价。由于事先筹划充分，实施中群策群力，事后精耕细作，这个项目取得了不错的成效。通过效益审计的尝试，厘清了建设项目开展效益审

① 韩明升主编．结合型绩效审计实务［M］．青岛：青岛出版社，2009.

计的思路，探索了传统投资审计与效益审计相结合的路子，找到了一个可操作性强的效益审计方法，也为建设项目开展效益审计提供了参考和样板示范。

2. 建设背景及项目概况

××市前海一线及周边地区原有排污系统，除东海路泵站建于1985年外，其余都建于20世纪60年代，设备落后，每天约有13000吨未经处理的污水沿9条雨水沟直接排入浮山湾，严重污染了浮山湾海域的环境。随着××市城市重心的转移，治理浮山湾海城环境污染的问题被提上议事日程，广大市民也十分关注。建设××污水处理厂被列为1997年××市政府在改善人民生活方面要重点办好的15件实事之一。这也是××市政府环境保护优先，坚持可持续发展战略进行决策的结果。×××污水处理厂既是公益环保项目，又是国债项目，因此选择该项目进行效益审计顺应了时代的需要。

该项目概算总投资1.74亿元，资金来源主要为国债和地方财政配套，计划新建一座污水处理厂、配套管网截污工程、新建泵站2个、扩建3个。设计日处理污水10万吨，采用一级预处理工艺，通过管道深海扩散排放，利用海洋自然净化功能，与海水混合、稀释和扩散，达到自净效果。该项目服务范围西起南海路，东到大麦岛，北到延吉路，涵盖市南区东部新城区域。该项目从1997年开工，1999年初建成试运行，2000年初正式运行。

（二）审计项目选择

原则上，任何一个建设项目都可以（应当）开展效益审计，但受时间、人力资源等条件限制，受重要性、风险性、可行性等因素影响，往往只能有选择性地开展。为什么选择×××污水处理厂及其配套项目作为探索效益审计的试点呢？因为这个项目有如下几个特点：

1. 社会影响较大

首先，该污水处理厂是一个国债项目。国债的投向和投资效益历来倍受关注。国债投资效益如何？有没有损失浪费？都是公众关心的问题。其次，它是一个公益环保项目，要解决×××海域的污染问题，从而改善附近公共海水浴场水质条件，这将直接关系到海水浴场游泳的广大市民和游客的身体健康和传染疾病防控。再次，该项目是1997年市政府重点要办好的实事之一，因此受到各界的广泛关注。最后，财政投资1.74亿元，上马这个项目对改善前海环境污染状况究竟起到什么效果，是否达到设计标准？社会影响较大。

2. 易于评价评估

首先，该项目有较完整的可行性研究报告，阐述了项目运行的必要性，规划了运行后的社会效益和环境效益。其次，该项目有较为详细的概算，概算书中甚至详细计划了每个泵站应配备几个人，配备几辆垃圾清运车，几个垃圾周转箱，这就为审计人员对照审查提供了依据。最后，通过调查学习，审计组了解了评价项目运行效果的评价标准，即《中华人民共和国海水水质标准》（GB3097－1997，以下简称《海水水质标准》）。

3. 已运行多年，投资效果已经显现

该项目从2000年开始正式运行，到2003年审计时已经建成投入使用了3

年多时间，各种效能的发挥已趋于稳定，这样也便于对其投资效果进行评价。从审计结果看，选择这个项目开展效益审计是成功的。

（三）审计方案编制

1. 审计目标确定

该项目是在竣工决算审计基础上进行效益审计探索，因此在制定建设项目审计目标的同时，试着对效益审计确定如下审计目标：以效果性为中心，评价项目的建设效果和投资效益，揭露项目在建设过程中存在的各类违纪违规问题；剖析经营性城市基础设施建设投融资体制方面出现的新问题，按照建立公共财政体制的要求，提出促进规范政府投资行为、提高投资效益的建议。

2. 审计评价标准

《海水水质标准》（GB3097－1997）中规定：一类海水水质适用于海洋渔业水域、海上自然保护区和珍稀濒危海洋生物保护区；二类海水水质适用于水产养殖区、海水浴场，以及人体直接接触海水的海上运动或娱乐区以及与人类食用直接有关的工业用水区；三类海水水质适用于一般工业用水区、滨海风景旅游区；四类海水水质适用于海洋港口水城、海洋开发作业区。

根据×××污水处理厂项目可行性研究报告和浮山湾海域的功能定位，该海域水质应达到国家一类水质要求，对×××污水处理厂对×××海域海水质量改善的效果采用目标评价法，对评价海水水质的COD、无机氮，磷酸盐和粪大肠菌群4个主要污染指标，用市环境监测站实际监测的数据与《海水水质标准》（GB3097－1997）中的三类水质标准值进行对照，从而评价该项目效果性。

另外，该项目的可行性研究报告、概算，以及部分专家的意见和我们从文献中查到的科学结论都被作为效益审计评价的标准。

3. 审计思路与方法

（1）审计思路。在做了充分的调查和准备之后，审计组首先讨论确定了制定审计方案的基本思路：以财政资金为主线，将传统投资审计与效益审计结合起来。关注各项设计标准的实现程度，揭露管理中存在的不经济、低效率问题，从而评价项目的经济性、效率性、效果性和合规性。

审计组剖析了建设项目传统投资审计的内容，将它们与建设项目的经济性，效率性、效果性和合规性对应联系起来，即“传统投资审计与效益审计四结合”：一是将经济性与项目可研设计的合理性、概算的真实科学性、概算的变更调整、资金的来源和成本、项目招投标、经济合同的订立和履行、工程造价结算、尾工工程量及价款结算等内容的审查对应结合起来；二是将效率性与项目法人责任制、工程质量责任制、计划概算执行、项目建设工期遵循、项目质量评定、交付使用资产、资金使用真实合法性等内容的审查对应结合起来；三是将效果与项目设计可研的遵循性、建设规模的控制、总投资的控制、交付使用资产等内容的审查对应结合起来；四是将合规性与项目审批合规性、概算编制程序、现场资料真实有效、财务收支真实合法性等内容的审查对应结合起来。

（2）灵活选用审计方法。开展效益审计的程序与传统审计的程序大致相同，在审计形式上，以就地审计为好，因为很多问题不在现场是无法察觉和感知的。在审计方法的选用上应体现灵活性，不能生搬硬套。

在审计取证技术方法的选用上，除传统审计常用的审阅法、盘点法、抽样法等审计查证方法外，还会大量使用诸如访谈、数理统计分析、现场拍摄、调查问卷等方法。这些方法在传统审计中不常使用。

在与被审计单位人员访谈时，要特别注意方式方法，注意讲策略。被审计单位的工作人员对待审计不是很了解，因此他们往往比较警觉，有很多话不愿意讲。在询问时，只有充分地尊重、理解对方，才能找到真实的、有价值的信息。这既是个工作方法问题，也是个工作作风问题。结合全国审计座谈会上李金华审计长提到的“审计工作为构建社会主义和谐社会做出贡献”的指导思想，我们要树立“和谐审计”的理念。当然，和谐审计并不是不讲原则，不敢碰硬，不敢查处大案要案线索，搞“好是行”，而是在审计中要勇于开展制度创新，从体制上机制上正确处理好各种内部和外部关系，妥善解决好影响审计工作的各方面因素和问题，最大限度地减少干扰和内耗，把时间和精力集中到审计工作上来，取得最大的工作绩效。审计机关和被审计单位是一对矛盾体。关系处理好了被审计单位会全力支持、配合审计；处理不好，审计推进就会很艰难。要处理好与被审计单位的关系，首先就要真心诚意地理解、尊重对方，千万不要态度生硬、指手画脚，要使彼此间的谈话气氛融洽。比如：我们在台湾路泵站调查询问时，从泵站工作原理谈起，向工作人员非常虚心地了解和讨教。工作人员采用示意图方式向我们详细讲述了这个泵站的总进水闸门和溢流口之间设计不当，导致差不多每隔一个月就要发生污水溢流的问题。这就揭开了我们对沙滩上污水溢流的疑虑。在现场，我们果然看到溢流的污水漫流到沙滩上（泵站设有溢流口，以防有意外发生时泄污。该泵站污水进入泵房管道时，有一上坡并且正好有一拐弯，因此污物就在此堆积了起来，大约一个月就把管道堵死了，污水只有通过溢流口流到沙滩上）。

不深入项目第一线，仅坐在办公室里审查资料，很多问题就发现不了。为了解该项目截污是否彻底，前海一带是否还有未治理的污染问题，两名审计人员沿着海滩，从××岛一直走到××湾。沿途对污水雨水仍然混流的污水处理厂西侧暗渠、××路暗渠等地方进行拍照取证，作为编制工作底稿的依据。

借助权威机构的监测结果，我们的结论会更加具有信服力。为了搞清楚该项目建成前后，前海一线海水水质的变化情况，我们走访了市环境监测站，与专家进行了多次交流，从那里我们取得了××海水浴场、××岛和×××岛三个监测点从 1996 年到 2002 年期间评价海水水质污染状况的四个主要污染指标的监测数据。对这些数据进行数理统计分析，得出了有关信息污水处理厂对治理前海一带污染状况效果的结论。通过分析我们发现，这个项目对改善前海海水水质有较好的作用。从总体上看，四项污染指标均有较为明显的下降：建成前，个别指标超国家标准；建成后，除“粪大肠菌群”外，其他指标均低于国家标准。对每一个指标进一步具体分析发现，化学污染指标降低幅度较明显，而与生活污水更加密切的“粪大肠菌群”下降的幅度不大，而且在×××检测点，这项指标非但未降，反而呈上升趋势。经分析，与三氧化氯发生车间未启用，污水直接排海有关；与污水在附近未经充分扩散就集中排放也有很大关系。

就像审计长所说的：很多时候，审计要利用别人的成果，不能把其他部门甩到一边。审计不能包打天下。在效益审计中利用其他部门成果及专家的意见，显得格外重要。

(3) 审计评价方法。审计评价的方法有多种，比如：目标评价法、因素分析法、比较分析法、工作标准评价法、调查评价法等。在选用的时候应当体现灵活性，不能生搬硬套。×××污水处理厂效益审计这个项目中，审计组根据评价需要，选择了其中的几种方法进行评价。例如，对于该项目环境效益的评价上，主要采用目标评价法，通过对建成后海水水质实测指标与国家标准的对比，来确定该项目的实施是否实现了预期目标。

对该项目中除砂工艺采用旋流式除砂机进行评价时，则采用了比较评价法。通过将上海污水处理厂采用旋流式除砂机除砂效果好与××市不适合使用进行对照，发现最大的区别在于沙砾的质地不同：上海的沙砾质地较软，××市的沙砾是花岗岩结构，非常坚硬，通过对比，参考专家意见，就可以对该项目使用旋流式除砂机是否合理做出客观评价。

（四）审计组织与实施情况

接受任务后，审计组首先对该项目进行了详细的审前调查，了解这个项目的大致情况。随着对该项目的逐步深入了解，有几个问题引起审计人员的关注：

1. 对××湾海域污染治理效果如何？是否达到设计的要求？
2. 设计处理能力与服务区城污水排放量是否匹配？
3. 资产运行状况如何？有无资产闲置浪费？
4. 投资概算遵循性如何？

这些问题与建设项目财政财务收支真实性、合法性审计的关注点明显不同。围绕这些问题，审计组展开热烈讨论。

为了提高效益审计尝试的成效，该局投资处安排思路开阔、善于创新和学习能力突出的同志参与这个项目。审计组共有5名成员组成，有2名工程审计人员、3名财务审计人员；在分工上，没有将负责工程审计、财务审计与效益审计的人员分离开来，而是一起参与，共同讨论。

在知识储备方面，审计组进行了精心准备。大家一起学习了污水处理工艺，了解污水一级预处理包括哪些环节，学习了环境污染指标和相关法律法规。通过学习讨论，大家知道，要评价污水处理厂对改善××湾海水水质的效果，可以通过4个主要污染指标的监测值与国家标准进行对比加以量化评估，这就解决了评价该项目效果性的技术难题，而且对项目的环境治理效果性，用量化的数据进行评价，更具有说服力。

由于之前没有开展过效益审计，大家对效益审计的理论知之甚少，审计组主要以美国绩效审计准则为基础，进行了大量阅读学习。在学习中，大家结合自己的理解，深入探讨效益审计的内容及其内涵。通过学习讨论，大家通俗地理解了效益审计的涵义。效益审计就是审计机关和人员对一个组织或项目的经营活动所做的评价，检查其资源管理是否符合经济性、效率性和效果性，是否遵循法律法规的要求。经济性，就是投入是否节约；效率性，就是投入是否高效；效果性，就是目标是否实现；合规性，就是是否遵循法律规范。审计组对效益审计内涵的讨论，不仅停留在定义是否准确的层面，而且深刻理解经济性、效率性、效果性和合规性的实质内涵，以及应当如何评价一个项目的投资效益。

审计组在充分调查准备之后，编写了可操作性、指导性较强的《审计方案》。2003 年 5 月 15 日正式进点审计，现场审计历时 3 个多月。

（五）审计报告编写

项目尚未结束，审计组就开始讨论审计报告如何写作。一种意见认为，出具一份报告，即建设项目竣工决算审计报告，在报告中加入一段关于效益审计的内容；另一种意见认为，应当出具两份报告，并报给不同的对象，当然报告的内容也应当有所区别。审计组采用了第二种意见，两份报告的内容如何取舍，没有标准可资遵循。我们把握的原则是：区分不同使用者，报告的内容也有所不同。

项目结束后，我们撰写了一个全面的、完整的审计报告，向省审计厅和市审计局报告。在这个报告中，我们针对发现的问题，实事求是地分析了造成这些问题的主客观原因，提出有针对性、建设性的建议。对能补救的，责令建设单位立即采取措施及时纠正；对不能补救的，则查明原因，引以为戒。对于向被审计单位报送的征求意见稿，我们将那些与建设单位不相关的内容做了删除。在此基础上，向被审计单位下达审计意见书和审计决定，除此之外，我们将××路暗渠污染、造价控制不严（多计工程价款）、设备闲置浪费等问题，以及提出进一步拓宽城市基础设施投融资渠道等与政府决策有关的建议，写成《污水处理厂及其配套项目影响投资效益的问题及建议》效益审计报告，以信息专题的形式向市政府汇报，最大限度地利用审计成果。

（六）审计结果与审计建议

1. 审计结果

审计组克服种种困难，通过大量的调查和统计分析，对该项目投资效果做出了如下结论：该项目的实施基本改变了前海一带雨水污水混流的现象，前海一带的污染状况比过去有明显改善。从评价海水水质状况的 4 个主要污染指标（COD、无机氮、磷酸盐和粪大肠菌群）的变化看，除粪大肠菌群外，其他指标均有比较明显的降低，低于国家二类海水水质的标准（各指标变动情况图略）。从效果上看，该项目的实施基本达到了设计要求，起到了治理××湾海域环境污染的作用。

但是，该项目仍然存在一些影响治理污染效果的问题，而且有些问题还比较突出，比如：

（1）截污不够彻底，××路暗渠仍然雨污混流。××路暗渠在入海口处形成露天河道，宽约50米，长约200米，河道内污水横流，臭气熏天。主要原因是××路美食一条街的餐饮企业私自改造下水道，大量生活污水没能进入排污管道，随暗渠直接流入××湾，造成较大的环境污染。有关部门虽然几次改造，但仍没有彻底解决。

（2）部分设施闲置不用，影响污水处理效果。污水处理环节之一的二氧化氯发生车间，价值138万元，从建成之后，只在“非典”时期运行了30余个小时，之后一直没有使用。预处理后的污水不经过杀菌、消毒、除藻等处理直接排海，将继续对附近海水造成污染。从市环境监测站获取的监测结果也证实了这一点。×××监测点“粪大肠菌群”这项指标比建成前不降反而升高应当与此有很大关系。

另外，排放管扩散区未安装也会影响污水净化效果。按照工艺设计，预处理后的污水要在180米长的扩散区经32个喷口分散排海。扩散区的主管道、上升管和海底排放阀均已制作和购买，总投资250万元，但至审计日没有安装到位。污水不经分散排放，会影响排海污水的净化效果。

在对该项目环保效果性给予基本肯定评价的同时，对项目中存在的不经济、低效率现象进行了客观披露：

（1）造价控制不严，经济性较差。建设、监理单位履行职责不严，有些单位不依法进行招投标，合同执行不规范，施工单位趁机通过多计施工费、高套定额、多计工程量等方式多结算工程价款。该项目原报工程决算值为10868万元，社会中介机构已经审减了工程造价1400万元；在此基础上，审计组又审减了781万元，两次合计2181万元，审减率达20%。通过审计，为财政节省资金2100多万元。

（2）设计生产能力过剩，投资存在浪费。目前污水处理厂配套的各泵站的实际日处理污水量均不到设计能力的50%，尤其是×××路泵站的实际处理量仅为设计能力的15%。按照一般规律，在城市建成区内，当污水排放达到一定数量后就会基本趋于稳定，不会不断增加。×××泵站截污区域尚未开发的土地所剩无几，即使考虑旧城改造，低层转高层因素，产生的污水也不会有太大幅度的增加。由此可见，该项目各个泵站的设计污水处理能力过大，投资过于浪费。

（3）设备选用决策不合理，造成设备损坏停用。该项目的除砂工艺采用的是进口的流式除砂系统，设计时未考虑××地区的污水中含砂量大，砂质较硬，极易造成除砂机部件损坏。经现场盘点，12台除砂机中已有6台损坏停用。这些花费397万元购置的设备只能停用闲置，非常可惜。不除砂带来的更为严重的后果是，污水中的砂石对水泵和管道将造成磨损。水泵损坏，尚可以修复；若管道磨损，则翻修的成本将比这6台除砂机的价值多得多。

（4）超标准建设办公场所，增加财政投资。该项目地上建筑物概算建筑面积5340平方米，实际面积8275平方米，超过概算面积55%；概算造价851万元，实际造价1226万元，是概算标准的1.4倍，财政为此多投入375万元。

建设单位将厂区综合楼将近一半的面积和×××路泵站上面两层，出租、出借给外单位使用。

2. 审计建议

针对发现的问题，效益审计报告中提出了一些富有建设性的建议。主要有：

（1）应严格实行项目法人责任制，要求建设、监理单位依法履行监管职责，避免高估冒算。

（2）有关部门应采取有效措施，彻底解决××路暗渠污染回题。

（3）适当加大经费支持力度，促使二氧化氯发生车间正常运转，同时尽快将扩散区安装到位，进一步提高污水治理效果。

（4）进一步拓宽融资渠道，吸引民间资本和国外投资参与城市基础设施建设、运行和维护，腾出更多的财政资金用于公共财政支出。

这些建议得到了市领导和有关部门的认同，大部分建议被采纳。

（七）审计成效

审计组撰写的效益审计报告《污水处理厂及其配套项目影响投资效益的问题及建议》得到了市领导的重要批示，分管城建的副市长要求市建委牵头查清反映的问题并报整改情况。有关单位对照报告认真进行了整改，对××路暗渠入海处增设了截污管道，彻底解决了这个“老大难”的污染问题，改善了周边的环境；建设单位组织力量将扩散区安装到位，提高了污水的净化效果。效益审计报告也促进了该市城市基础设施投融资体制的改革，×××污水处理厂引进法国某公司资金改造建设污水处理厂二期工程，将污水从一级预处理工艺，提升为化学处理。2006 年 6 月正式投入运营后，将彻底改善××湾海域的水质条件，为绿色奥运奠定良好的基础。

该审计项目获得××省审计厅2003 年度优秀审计项目奖；开展效益审计的做法和经验在××市审计系统、××省审计厅和全国效益审计研讨会上多次做交流研讨，得到好评和推广；2005 年 12 月，《人民日报》《经济日报》和中央电视台等新闻媒体曾对该项目进行过集中宣传，其中《经济日报》对该项目开展效益审计的做法进行了较为详细的报道。2006 年 2 月，国家审计署组织各地特派办在××市召开效益审计现场会，该项目在会上做了经验交流。

该审计项目还有一个很大的成效是对传统投资审计与效益审计的结合方面进行了有益的探索，试着将传统投资审计的内容进行梳理，并与项目的经济性、效率性、效果性和合规性进行了对应结合。这就为建设项目开展效益审计理清了思路，找到了可操作性强的效益审计方法，并为建设项目开展效益审计提供了参考或样板示范，具有较强的创新性、指导性和实用性。

（八）经验与体会

效益审计在我国才刚刚起步，许多问题需要探讨。但效益审计并不神秘，其实我们在传统审计中已经或多或少地涉及了一些效益审计的内容，只是没有把它作为重点并系统地加以提炼和反映。尽管在效益审计过程中会遇到许多困难和问题，但只要我们勤于思考，以积极的态度去尝试，一样可以搞好效益审计。

1. 效益审计工作中遇到的问题及其解决思路

开展效益审计会遇到许多新的问题和困难，如何解决？我们在×××污水处理厂这个项目中也遇到一些不好处理的问题，为解决这些问题，审计组曾争议很大，但最后基本达成一致意见。这里列举一些主要的问题及其解决思路：

（1）评价的标准和识别责任的界限不明确。效益审计涉及面很广，有些问题很难找到一个明确的标准来评价。对这类问题，我们在×××污水处理厂项目中采用的办法是向专家寻求技术支持和同类事物类比的方法。比如：二氧化氯发生车间是否可有可无？经向专家咨询，知道这个处理环节是必须有的，这足以成为我们的评价标准。

（2）效益审计取证比较困难。一方面是有些问题很难量化，只能定性分析；另一方面，取证时很难得到被调查人员的积极配合。被调查人员往往顾及自身的处境，不愿多说，或者即使说了，也不愿意在调查笔录上签字。我们对这个问题的解决对策是：对实在无法定量的问题，就采用描述的手法，客观描述事实，或采用比较评价法与同类案例进行比较；对不配合的被调查人员，我们通常使用一些必要的询问技巧。

（3）效益审计揭露的许多问题与政府决策、机制和体制不顺有关，整改落实比较困难。在现有政治、社会环境下，我们开展工作，对政策制定、政府管理绩效做出评价可能遇到很大阻力，这也是一个不能回避的问题。对于这个问题，我们在污水处理厂这个项目中明显感觉得到。我们认为解决的办法：一是有赖于我们自己的业绩是否能得到上级领导和社会公众的广泛认可，二是有赖于领导向决策部门坚持不懈的呼吁。

2. 效益审计对人员素质提出更高要求

效益审计毕竟与传统审计有不同之处，做好效益审计，必然对审计人员的素质提出了更高要求。基于审计组在效益审计探索过程中感觉到自身能力欠缺的切身体会，我们认为要搞好效益审计，审计人员应当在今后的工作中有意识地培养自己以下几点素质：

（1）开阔的视野、开放的思维和宏观的意识。搞效益审计，不能仅仅从财务角度或工程造价结算角度来评价项目的效益。这种思路仍旧未能跳出传统思维框架，其结论未免过于狭隘。任何一件事情如果不将它置于所处的大环境中观察，统筹考虑，就很容易因为偏见而否定它的意义。比如：审计组在讨论二氧化氯发生车间是否有必要建设时，曾出现两种不同的意见。一种意见认为，运行这个处理环节太昂贵，因为每年仅在7～9月使用就要耗费400万元，运行成本太高，没有必要建设。另一种意见认为，加氯车间作为污水处理的一个环节，如果缺少，污水不经消毒、脱色、除藻直接排海，仍会对环境造成污染，因此，应当保证这个处理环节正常运行。

（2）用发展的眼光看问题。审计组对污水处理厂建设中存在的各种问题，不仅仅局限于眼前利益，更注意用发展的眼光观察，关注它的可持续发展能力。通过对该项目资金来源的审查，审计组用发展的观点重新审视经营性城市基础设施的融资渠道问题。我们认为，诸如污水处理厂这样有着较好效益性的城市基础设施项目，不必要占用有限的财政资金，应当允许和鼓励民间资本和国外投资参与建设、运行和维护，以便腾出更多的资金用于公共财政支出。这些建议促进了该市投融资体制的改革，×××污水处理厂二期工程就引进法国一家公司进行投资并负责运营，效果良好。

（3）广泛的知识面和完善的知识结构。广泛的知识面会使一个人见多识广，思维发散，能从多角度、多层面进行思考。完善的知识结构有助于审计人员能客观地进行评价，不偏颇，不过激，统筹兼顾，客观公正。当然，不可能要求每一个参与效益审计的审计人员都有广泛的知识面，但需要每一个人都应当成为一个开放的个体，随时准备吸收新的与项目相关的知识。比如：我们开始接触污水处理时，对处理工艺、污染指标、环境法规等知识知之甚少，但我们可以找来资料主动学习，了解海水水质标准、生活污水排放标准，学习污水处理工艺、原理等，很快就会掌握与此项目相关的基本知识。对一些专业性较强的问题，我们请教专家帮助做出判断。正是借助于内部、外部的力量，才保证了审计组顺利完成这次效益审计的目标。

3. 效益审计与传统审计要紧密结合（即“四结合”）

我们在该项目的审计方案制作阶段就注意将传统投资审计和效益审计进行“四结合”。如果项目不大，在人员分工上也不要将搞效益审计和财务、工程人员分开，这样做的好处就是能很好地把效益审计和传统审计结合起来。比如：我们在现场调查时发现，厂综合楼一半的面积和×××路泵站上面两层均出租、出借给了外单位使用，二氧化氯发生车间的第二层和第三层分别是会议室和大礼堂等情况。工程人员立即与设计书和概算进行对比，发现该项目地上建筑物建筑面积和造价超概算情况较严重。经核对，处理厂及各泵站的实际建筑面积和造价分别是概算值的1.55倍和1.44倍，多投入财政资金375万元。

总之，由于效益审计刚刚起步，我们也是在探索中审计，难免有不成熟的地方，借此机会介绍我们在效益审计方面的做法和体会，权作抛砖引玉，请各位同行批评指正。

三、职能、活动绩效审计案例

审计项目名称：××市卫生系统医疗设备采购及大型医疗设备使用管理绩效审计①

（一）项目基本情况

××市市属医疗机构的医疗设备采购资金主要有三种来源：财政资金、医疗机构自有资金和银行贷款。医疗机构通过两种途径获得财政资金：在正常经费预算中安排购置经费，年中也可以申请经费追加，主要用于常规设备的购置；申请财政基建支出资金，除了用于医疗机构的基建项目外，也用于购置大型的医疗设备。相应的资金申请管理程序为：正常经费预算归口市财政局社保

① 陈志刚主编．深圳绩效审计案例选编［M］．北京：中国时代经济出版社，2006.

处管理；基建支出部分由各医疗机构提出申请，市卫生局审核，市计划局根据年度预算安排计划，市财政局基建处根据计划安排资金。为了加强仪器设备科学管理，充分发挥其经济效益和社会效益，国家卫生部、市卫生局对医疗卫生机构仪器设备的购置、管理、使用和维修做出了一系列规定，特别是对大型医疗设备的配置、使用和上岗人员实行“三证”管理，同时本着安全、有效、适宜的原则，建立大型医疗设备技术经济效益评价和有关配置、技术、人员管理制度、标准。2002 年 8 月至 11 月，市审计局对 × × 市人民医院、北京大学 × × 医院等 12 所市属医院的医疗设备采购及大型医疗设备的使用和管理情况进行了绩效审计。这里的大型医疗设备是指在医疗卫生中所应用的具有高技术水平、大型、精密、贵重的仪器设备，主要有 CT、磁共振成像装置、X 刀，伽马刀、PET、超高速 CT、激光治疗仪、医用直线加速器等。

截至 2002 年 6 月，被审计的 12 家市属医院 10 万元以上的医疗设备共配置 1150 台（件），价值 61383 万元，其中 50 万元以上设备 278 台（件）、价值 42089 万元，这次审计还特别关注到 1999 ~ 2002 年市财政局通过社保处和基建处安排给上述 12 家医院的设备采购资金，分别为 11619 万元和 9150 万元，分别占同期医疗设备采购额的 28. 6% 和 23. 30% 。

（二）审计立项理由

1. 重要性

在 2002 年 3 月 × × 市第三届人民代表大会第三次会议上，代表们在审议本年度政府投资项目计划时，对某医院购置价值 4000 万元的核磁共振设备预算提出质疑，认为综合利用全市各医院同类设备的配置已经可以满足市民看病需要，根据资源共享以节约财政支出的原则，目前不必再添置此类设备。这项预算被暂缓安排，同时引起了审计局的注意。

2. 实效性

考虑到医疗设备购置所受到的关注，负责绩效审计选项的审计人员走访了数家医院，对医疗设备的采购和管理使用情况作了初步调查，认为该项目在增值性等方面优于其他项目，而主管部门也愿意积极配合，于是提出了立项意见，由局务会研究确定作为 × × 市审计局开展的第一个绩效审计项目。

（三）审计方案编制

1. 审计目标及范围确定

（1）审计目标。通过对 × × 市运用财政资金进行医疗设备特别是大型医疗设备的采购情况进行审计，同时也对医疗设备的使用、维修和管理等活动进行审计，目标是评价其经济性、效率性和效果性，在审计中找出重复投资、使用不足和成本增加的环节并提出建议，促进统一管理，从优化资源配置的角度建立统一、协调的管理对策。

（2）审计范围包括市卫生局所辖医院等医疗机构在 1999 年 1 月至 2002 年 5 月间运用财政资金的医疗设备采购活动及大型医疗设备的使用、管理、维修情况。

2. 审计重点、评价标准及审计方法

（1）审计重点。该项目的审计重点主要是对医疗设备购置资金的来源渠道，不同资金来源的管理方式、可利用资源的分配方式和供应比例，以及设备购置资金的监察机制进行审计，核实市财政安排医疗设备采购资金的规模和程序，从资源统一分配管理的角度分析现行程序的效率和效果；对审计期间市计划安排的医疗设备采购资金的计划数、实际发生数、累计结余数进行审计，分析计划结余的原因，核对申购设备的申请报告、可行性分析、招标过程、实际采购设备的文件档案等资料；对医疗设备采购的申请工作、报批程序和审批情况进行审计，分析现行招标报批工作的效率和效果；对市级医疗机构所拥有的大型医疗设备情况进行审计，查清各机构购置情况是否符合规定、全市的大型医用设备配置是否合理，检查设备的使用情况、利用比率、查阳率、经济效益和社会效益，并与预计的指标进行比较，检查是否有重复购置、设备利用严重不足、闲置和超期服务等情况，弄清楚这些情况存在的原因，寻找对策；审计各医疗机构采取的设备维修政策、维修方法及其维修成本，比较不同的维修政策之间的成本差异，探讨统一政策、降低成本的可能性；对市医疗机构的医用设备特别关注大型设备的统一管理情况进行审计，取得大型医疗设备配置规划和年度分配计划，审查设备档案的建立和利用情况。

（2）审计评价标准。实施审计工作中，审计组主要采用如下评价标准：一是有关的政策法规，如卫生部、省卫生厅、市卫生局关于“医疗卫生机构仪器设备”相关管理规定；二是各医院大型医疗设备购置的可行性研究报告或论证结果；三是比较性标准，对相关年份、设备、数据等进行比较分析；四是对财务数据、资产管理等按现行财经法规进行评价。

（3）审计方法。本案例中，审计组采用的审计方法主要有：一是运用问卷和表格进行抽样和重点调查，利用传统审计中常用的对照检查法、文件档案查阅法、因果分析法、追踪检查法、综合评价法、比较分析等方法。二是对数据进行定量和定性分析，取得文件、规定、预算、计划等书面资料，对医疗设备购置资金的来源渠道，不同资金来源的管理方式、可利用资源的分配方式和供应比例，以及设备购置资金的当局监察机制进行审计，审计调查对象包括市财政局、市计划局、市卫生局等单位。三是运用数据分析方法，利用比率计算和比较，特别是经济效益和社会效益的数据和比率，在审计中获得和利用行业专业指标，并听取被审计单位的意见。四是利用外脑方法，通过与有关工作人员和专家沟通，了解情况，帮助确定审计重点、评价标准和审计报告需要评价的内容。

（4）审计组织。审计组成员有 4 人。审计组设立阶段性业务会议制度，在审计工作的每一个阶段，定期研究问题、布置工作、修正方向，并形成规范的备忘录，对审计目标、审计质量及审计人员工作绩效加以控制。由于本次审计涉及的单位较多，审计组在实际审计过程中针对具体的审计任务进行分工，做到职责到位，责任到人。审计组于 2002 年 7 月 29 日发出审计通知书，同年 9 月 30 日审计实施工作结束，10 月 15 日向市审计局提交审计报告。

（四）审计评价

审计结果表明，××市医疗设备总体使用情况较好，特别是综合医院的常规检测设备运用效率较高；卫生系统各级医疗主管部门都制定了较完善的制度。但各医院对医疗设备的使用效益考核评价制度执行不到位，部分医院存在“重购置，轻管理”的现象；市医疗主管部门对各医院医疗设备配置和使用信息掌握不及时，还没有做到利用这些信息科学、合理地统筹规划，财政资金对医疗设备的投入还缺乏统一规范的评价、分配体制；管理部门未建立专家评审制度，缺少总体规划论证，不利于资源的合理配置；各医院还存在部分闲置设备，或没有及时充分利用的设备；医疗设备使用效益评价制度还需要完善和有效执行，现有设备的经济效益和社会效益有待于进一步提高。

（五）审计发现的主要问题

1. 财政资金分配、设备采购招标过程中存在的问题

（1）财政资金的投入未做到统一规划、合理分配。为使卫生资源合理配置，财政资金对医疗设备的投入，应形成统一规划，具有明确的目标和长远的计划。但是，目前××市的做法基本上是医院各自申请，各自为政，在财政资金的分配过程中，政府对各医院每年提交的医疗设备购置申请项目还没有形成明确、规范的评价标准和评价制度，财政部门和医疗主管部门在财政资金的分配上缺乏沟通，医疗主管部门在设备购置财政资金的分配上能参与表达意见的程度不够。资源分配未做到统一规划，合理配置，效益有待进一步提高。1999年至2002年财政在市属各医院的经费预算中安排了专项购置费共11619万元；在政府投资计划中安排医疗设备项目购置资金13000万元，其中投入市属医院9450万元，占72.7%，投给区属医院的设备购置资金共1490万元（各医院每年50万~70万元），占总资金量的11.5%，这部分资金的投入较为分散，不利于财政资金的集中分配和使用。

（2）集中招标、设备购置计划管理等有待进一步提高效率。被审计医院普遍反映，目前医疗设备申请招标的审批环节过多，程序比较烦琐，招标周期过长，效率不高，不利于医院设备的及时购置和更新，有时候不能满足临床诊治的需要。目前医疗设备购置集中招标过程所需时间较长，从申报购置到设备入库一般至少需要3个月甚至更长时间。如某医院2001年6月申请购买一台彩超，直到2002年1月中旬才定标。财政局每年4~5月下达经费预算，计划局的购置计划要到8月份以后才下达（最近四年的计划下达时间为1999年9月27日，2000年10月20日，2001年8月21日，2002年8月19日），如果要求当年计划当年购买，考虑到计划项目要通过报批、招标、确定中标单位、签订合同等环节，医院缺少足够的时间审慎确定以最合理的价格购买最合适的设备。另外，医院设备部门反映，医疗设备招标专业性较强，从标书的审定到评标都要运用相关专业知识，运用现行最低价中标的方法未必能保证购买到最能满足临床需求的设备。目前财政资金实行的购置计划管理，要求各医院按照当年确定的项目和价格计划购置，实际采购价格高于计划价格的部分由医院自行解决，低于计划价格的部分收归财政，这样既规范了各单位的购置行为，也节约了财政资金。但医院方面反映，考虑到大型设备必须公开招标采购，在制定下一年度计划时，无法准确预计最终采购时的价格。由于从制定计划到第二年实际购置设备，一般需半年以上的时间，而在此期间，医疗设备技术的进

步、型号和标准的改变、设备功能的追加等因素使设备价格可能发生较大的变化，但现行制度对于这些变化的反映还不够及时。现行制度应对特殊需要购买行为的效率也不高，当医院临时需要购置计划外的急需设备，或对购置计划进行变更时，制度的应急反应效率不能满足医院业务的需要。如某医院一台血球计数仪突然损坏，申请新购设备要经过一系列复杂程序，难以应对实际需要。

2. 医疗主管部门存在的问题

（1）对医疗设备配备基础信息的采集和利用效率有待进一步提高，缺乏设备信息数据库对医疗设备配置进行统一的管理和规划。从统一管理和规划配置的要求来看，及时、全面掌握现有设备配置情况是必备的条件。《××市医疗卫生机构仪器设备管理暂行规定》规定，各医院购置大型设备须经主管部门审批或备案，各医院每年要定期向主管部门上报设备配备基本情况和增减情况报表，但是市医疗主管部门对该类审批和备案资料没有建立相应的数据库，对各医院上报信息的管理和统计手段还比较落后，数据更新不到位和不及时，统计数据也没有得到充分的利用。

（2）对设备使用效益关注不够，下属医院效益考核制度执行不到位。《××市医疗卫生机构仪器设备管理暂行规定》要求，各设备使用单位应对设备的使用情况和使用效益进行日常考核，并将考核结果上报主管部门。但是这项制度没有得到有效执行。审计中发现，目前医疗设备使用效益考核工作做得较好的医院只有三家大型综合医院，其他医院基本没有进行这项工作。进行考核的医院所采用的考核指标体系也不尽相同，考核的结果没有全部综合上报。医院方面反馈，没有执行设备效益分析考核的原因是主管部门对效益考核及其指标缺乏具体的要求。由于对设备使用效益考核的关注不够，没有实行效益考核的单位对设备使用情况基础数据的采集和保存也不完整。

3. 各医院在设备使用和管理中存在的问题

（1）设备购置性可行性研究比较随意，不够科学。设备管理制度要求各医院在购置大型医疗设备时要进行可行性研究和论证。从审计抽查的结果看，部分设备购性可行性研究和论证比较随意，缺乏科学依据，甚至没有可行性研究和论证，导致论证结论与实际使用结果严重背离。通过对部分可行性研究和论证结果与医疗设备的实际使用情况对比分析发现，一些大型设备的实际利用率和成本回收期等指标都远远低于预期值，设备常年处于一种“吃不饱”的状态，按照预计使用年限收回设备购置成本几无可能。如：A 医院 2000 年申请财政拨款购入的价值 200 万元全自动血液净化系统，申请时预计 2 年内收回成本，按实际收入测算约需 8 年甚至更长才能回收；B 医院价值 140 万元的半导体激光刀，在论证报告中预计每周使用 15～25 人次，年收入 70 万～100 万元，实际每周仅使用 0.6 人次，年收入才 1 万元，仅占预计收入的 1%；C 医院价值 61 万元的流式细胞仪，论证数据每周使用 500 人次，年收入 15 万元，实际每周仅使用 3.1 人次，年收入 2 万元。审计还发现，部分大型医疗设备购置根本没有进行可行性研究和论证，随意性较大。

（2）部分大型医疗设备利用率不高，处于闲置、半闲置状态。由于设备购置时没有进行科学论证，购入后设备的使用环境不具备、使用条件发生变化、配套设施不落实以及缺乏操作人员等，导致部分大型医疗设备使用效率不高，有的设备购置后无法安装、调试和使用，出现了闲置和半闲置。如前述A医院的血液净化系统，购入后使用18个月，仅50人次使用，处于半闲置状态；D医院1997年底购入的骨密度仪，价值138万元，至今已使用60个月（5年），仅使用452人次，总收入13万元，而F医院的相同设备，使用19个月，使用1665人次，总收入达33万元；G医院2001年7月购入价值150万元的一套准分子激光治疗仪（财政拍卖的罚没物资），2001年8月投入外地中医院合作使用，2002年2月合作结束后至今未投入使用；H医院检验科中心实验室1992年为一项科研课题购置的一台价值12万元的高压液相分析仪和一台19万元的双飞点扫描电脑机，课题负责人1997年8月退休后，无人继续该研究项目，而设备在临床检验中用不上，故一直闲置，目前已超过了使用年限；B医院1999年政府投资项目计划下达的1000MAX光机，2001年6月已入库，至今仍未使用，1998年12月申请购置的全数字化遥控胃肠X线拍片机，2000年12月到货，受条件限制，至2002年6月仍未安装使用；某急救医疗中心2000年计划项目购置的救护车一辆（价值150万元），因为资料不齐未能办理牌照，购入后一直未使用。

（3）超期使用的设备应引起关注。部分医院存在一部分医疗设备超过使用期限仍在使用的情况，在50万元以上的设备中，共有37台设备超期使用，设备原值金额达5860万元。这部分设备的使用，医院方面表示通过技术监督部门的检测能保证使用效果，而且，也能使设备充分发挥效用，提高经济效益。但是，由于各医院普遍采取对医疗业务科室进行经济效益考核，并与科室的收入挂钩，设备的折旧成本无疑关系到科室的医疗成本，因此应该关注超期使用的医疗设备的情况，建立相应的约束机制，保证设备的医疗效果和服务质量。

（4）设备资料的档愿管理、会计核算方面存在问题。各医院对于设备购置档案的管理制度执行不够统一，档案资料基本内容缺乏统一规定，部分医院设备档案不够完备。审计中发现，部分医院对设备资料的档案管理重视不够，档案管理人员缺乏必要的专业素质，归档内容不够规范。审计抽查档案时发现，B医院设备档案管理较乱，部分必要的资料缺损，不能真实反映设备购置、管理、使用情况；A医院价值1027万元的心血管造影机和价值187万元的彩色多普勒超声诊断仪，因交接而造成档案资料遗失。也有部分医院对设备购置、使用和报废的会计核算不够规范。C医院5台通过财政直接支付招标采购的设备，价值330.92万元，由于经办人员的疏忽未办理出入库手续，财务部门未作会计核算，造成账外资产。D医院设备实物账2002年6月底为877.8万元，财务账余额301.1万元，账实不符。此外，该医院在对医疗设备进行清理时，报废医疗设备共58件，价值总额91万元，报废手续也不齐全。

（六）审计建议

1. 改变各医院多头申购医疗设备的现状，建立全市统一的医疗设备申购体系。市医疗主管部门要对全市的医疗设备建立起完整的考核、评价制度，对医疗设备的使用、管理情况进行定期的考核和检查，消除“重购置、轻管理”的情况。根据考核评价结果并结合全市医疗设备的需求总体状况，做出近期和中期计划统一向有关部门申请购置新的医疗设备，杜绝各医院各自为政，竞相争购医疗设备的情况。

2. 应尽快推行医疗设备采购、管理、评价专家委员会制度。聘请国内有经验的医疗设备、工程技术、医学和信息等方面的专家建立医疗设备管理专家库，一库多用，在医疗设备区域规划、财政资金合理分配、采购招标评价以及医疗设备使用管理等方面利用专家意见，同时简化招标程序，提高工作效率。

3. 建立市级医疗设备管理数据库，建立统一的管理制度和考核指标，制定医疗设备采购、管理和使用准则。严格执行设备使用管理的各项规章制度，加强对设备使用效益的考核工作。

4. 各医院要高度重视医疗设备可行性研究的科学性和规范性，切实提高设备的使用效益和设备管理人员素质，加强医疗设备使用管理的基础工作。对现存的效益不高或闲置的医疗设备，要分析原因，研究解决办法，统筹调剂，提高医疗设备的使用效率。

5. 加强卫生系统的数字化、信息化建设，提高医疗设备检查、诊断结果的质量和共享程度，减轻病患人员的负担。

（七）审计成效

被审计单位对审计意见高度重视，积极整改。卫生系统在审计结束后完善了医疗设备管理制度，建立医疗设备资料档案：解决了医疗设备购置经费多头申请的问题；建立了医疗器械类评审专家资料库，医疗设备购置开始实行专家评审制度；加快医疗卫生设备信息化管理进度，“区城医疗卫生设备管理信息系统”开始运行；加强对医疗设备管理便用的考核和监督，着手建立绩效评价和考核的指标体系，医疗设备管理及运行绩效也成为内部审计监督的重要内容。

（八）案例评析

该项目是××市审计局第一个绩效审计项目，各方面都无先例可循，主要的经验体会是：

1. 要打消绩效审计的神秘感和消除畏难情绪

审计人员要通过审前调查了解被审计对象存在的“漏洞”（即被审计单位可改进空间），认真搜寻评价标准，通过对微观事项的评价来研究在宏观管理方面能够提出哪些可行性建议。

2. 要做到观念创新、视角创新，勇于实践

由于财务数据的局限性，审计人员需跳出传统的思维模式，学会用业务指标评价业务数据。绩效审计除了绩效分析评价外，着重要指出影响其绩效的环节和因素，促成被审计单位考核指标的形成和考核制度的完善及有效执行。绩

效审计要重点关注经济活动的结果，审计过程中不能局限于对具体审计事项的揭示，要归纳具体事例对整体绩效（结果）的影响，找出影响效益的环节及其产生的原因，要反映制度上的薄弱环节。绩效审计是一项个性化极强的工作，除了基本工作步骤外，具体的项目在审计内容、评价方法等方面都有很大的区别，要根据每个审计对象的具体情况确定评价标准、审计内容、取证范围，面对的被审计单位工作部门不仅仅是财务部门，更多要与其业务部门进行合作。

3. 规范工作程序

对审计工作方案进行细化，并形成规范的工作备忘录，传达给每个审计组成员，这有利于工作程序的规范和审计取证结果的一致性。所谓“绩效”是通过量化“比较”而言，需要大量收集和利用数据，绩效审计的取证数据远远超出了财务数据的范围。只有确定取证数据的构成（完整性和一致性），制作取证数据表格，对收集的数据进行实地核实并分析，才能找出值得关注的问题。

该项目也存在一些不足：本次审计未涉及区、镇医院，但在审计过程中了解到，区、镇医院大型医疗设备的配备在地域上与市属医院有重复现象，特别是某些大型的检查设备；也曾出现患者在区、镇医院的检查结果不理想，需要到市属医院重新检查的个例。

四、政策/制度绩效审计

审计项目名称：A 省就业及再就业税收优惠政策专项审计调查①

（一）项目特点

1. 该项目在选题上，抓住了当前经济工作中的热点问题，而且时机选择恰当，实施过程目标准确，重点突出，依托审计机关组织开展 2004 年度预算执行审计项目（简称“财政同级审”）的便利条件，同步开展实施了该项税收优惠政策专项审计调查项目，属于审计机关较早探索的项目统筹安排模式，提高了工作效率，丰富了审计成果，取得了较好的成效；

2. 该项目是对一项国家政策实施的对政策实施的经济性、效率性和效果性以及执行过程中的合规性进行检查和评价，已属于现代绩效审计的范畴；

3. 该项目从项目选择、目标定位、采用的方式方法、成果的充分运用等方面充分体现了绩效审计的特征，为绩效审计的探索提供了一个较为成功的范例。

（二）审计方案

按照 200 × 年度审计工作计划，决定在全省同步开展下岗失业人员再就业和劳动就业服务企业税收优惠政策专项审计调查，为了确保专项审计调查工作顺利实施，特制定本审计调查方案。

1. 调查目标

通过审计调查，了解有关下岗失业人员再就业和劳动就业服务企业税收优惠政策在 A 省的执行情况，分析该系列税收优惠政策的成本、效益情况，并

① 谢力群，王小龙．宏观服务型绩效审计模式·实例［M］．北京：中国时代经济出版社，2008.

反映执行中存在的问题，为该项政策的完善与调整提供基础信息和有关建议。

2. 调查的范围和对象

审计调查的范围是省本级及全省所有市、县（区），调查与当年同级审结合进行，时间范围为2002—2004年。调查对象是省及省以下各级地税部门和国税部门，并延伸调查部分享受优惠政策的企业。根据需要可对当地劳动和社会保障部门进行调查。

3. 调查的内容和重点

本次专项审计调查主要了解《财政部、国家税务总局关于企业所得税若干政策的通知》（财税字〔1994〕001号）中有关劳动就业服务企业税收优惠政策（包括对该项政策的有关补充）及《财政部、国家税务总局关于下岗失业人员再就业有关税收政策问题的通知》（财税〔2002〕208号）的执行情况，内容主要有：

（1）调查了解当地下岗失业人员再就业和劳动就业服务企业税收优惠政策执行情况。

①获减免企业总数，安置失业人数总户数，减免总税额；

②分企业类别减免情况，如劳动就业服务企业、新办服务型企业、新办商贸企业等减免情况；

③分税种减免情况，包括所得税、营业税、城建及教育费附加等。

经协商，各调查组向当地国税部门进行审计调查时，可要求提供下列资料：

①2002～2004年有关再就业税收优惠政策减免所得税基本情况及减免企业明细情况，包括安置人数、减免税额等；

②减免审批流程及内控制度；

③其他与该项政策调查有关的情况和资料。

（2）调查了解有无违规减免情况。

①是否严格把握下岗失业人员口径，有无扩大减免范围情况；

②安置比例是否达到标准，是否按规定签订劳动合同，有无放宽减免条件的情况；

③省地税局于2004年初下文（地税〔2004〕1号），规定自2003年1月1日起，房地产企业不得享受各项劳动就业服务企业税收优惠政策，了解这项政策在当地是否执行到位，有无存在房地产企业继续享受该项政策的情况；

④有无钻政策空子，转移利润、偷逃税金的情况。

（3）调查分析政策效益情况。

①通过计算总人均减免、按企业最高/最低人均减免等指标，分析该政策在当地执行的成本、效益情况；

②调查了解该项政策在当地促进再就业中发挥的作用；

③调整、完善再就业优惠政策的意见和建议；

④其他认为需分析的问题。

（三）审计报告

根据2005年度审计工作计划，全省的省、市、县三级审计机关上半年完成了对2002～2004年下岗失业人员再就业和劳动就业服务企业税收优惠政策执行情况的专项审计调查，现将调查结果报告如下：

1. 基本情况

（1）就业及再就业税收优惠政策执行总体情况。

本次就业及再就业税收优惠政策专项审计调查主要是了解《财政部、国家税务总局关于企业所得税若干优惠政策的通知》中有关劳动服务企业税收优惠政策（包括对该项政策的有关补充）及《财政部、国家税务总局关于下岗失业人员再就业有关税收政策问题的通知》在我省执行情况。2002～2004年度，上述税收优惠政策在我省执行的总体情况如表10－2所示。

表10－2 税收优惠政策执行总体情况表

	2002年	2003年	2004年
减免企业数（户）	604	909	1388
其中：劳动就业服务企业	409	356	306
再就业企业	195	553	1082
安置人数（人）	12508	14469	14244
其中：劳动就业服务企业	12012	10916	8893
再就业企业	496	3553	5351
减免税额（万元）	32060	37106	44778
其中：劳动就业服务企业	31875	19358	25658
再就业企业	185	7748	19120

（2）就业及再就业税收优惠政策执行现状。

①各级党委和政府十分重视。制定具体实施意见和办法，贯彻落实优惠政策。

②优惠政策在我省各地的适用情况不平衡。由于各地经济结构特点不同，优惠政策在各地的适用情况也有差别。H、N、J、I四个地区三年享受税收优惠政策的企业数占全省总数的80.21%。地区间也存在差异，如I区的a、b、c三个县（市）在三年内没有一家企业享受该项优惠政策。一般来说，经济的非公有制程度较高的地区，该两项税收优惠政策所起的作用就不大，这些地区虽然也吸纳了不少外来务工人员、失地农民或水库政策移民等人员，但安置国有企业下岗失业人员并不多，而按文件规定，前者是不能享受该两项税收政策的。

③国税/地税部门执行劳动就业服务企业税收优惠政策标准不够统一。自2004年起国税部门根据《劳动就业服务企业管理规定》（国务院令第66号），在劳动服务企业的集体所有制性质这一点上严格把关，停止了其他经济性质的劳动服务企业所得说减免申请，而地税部门2004年仍对劳动就业部门放宽认定的劳动就业服务企业实行所得税减免，在企业的经济性质上不受集体经济的

限制。

④相关部门沟通不够，认定工作与减免税审批脱节。

第一，对新办服务型、商贸型企业经营性质的认定和税收减免条件审核不一。

第二，企业对政策了解不够，导致部分劳动部门已认定的企业未享受税收优惠政策。经对H市劳动部门提供的认定企业名单与各地税务分局享受再就业税收优惠企业相核对，发现B有限公司等5家企业安置比例达到30%以上却未享受税收减免优惠。

2. 调查所揭示的政策缺陷及执行中存在的问题

（1）上述税收优惠政策在促进我省待业、失业人员就业和再就业工作中发挥的作用不够明显。

从调查情况看，享受优惠政策的安置人员占总失业人员的比重不高。再从享受优惠政策的安置人员占总安置人员的比重来看，情况也同样如此。

再就业人员待遇水平较低。调查表明，大部分再就业人员虽有工作和收入，但大多处于不稳定和低收入状态。电力劳动就业服务企业中安置的下岗再就业、社会待业人员与原主业分流人员的工资、福利待遇相差悬殊。

（2）随着经济发展，上述税收优惠政策的局限性已逐步显现。

①优惠政策适用对象范围过窄。

第一，享受税收优惠政策的企业和行业类型限制过严或滞后。A省《劳动就业服务企业管理规定》实施办法规定："劳动就业服务企业，是承担安置城镇待业人员就业任务，由国家和社会扶持，进行生产经营自救性质的集体所有制经济组织。"而调查显示的情况则表明，目前享受劳动就业服务企业政策的只有少数是集体企业，这种现象较为普遍。随着市场经济不断变化，单纯的集体所有制经济组织已日趋减少，以此为标准界定劳动就业服务企业不符合实际情况。

税收优惠政策的行业覆盖范围也较小，现行再就业税收扶持政策只涵盖服务型、商贸型和主辅业分离经济实体，而分布较广、数量较多、安置能力较强的加工业、制造业、修理业、建筑业被排除在外，影响这些行业安置下岗失业人员积极性。

第二，税种的覆盖面较窄。下岗失业人员再就业和劳动服务型企业税收优惠政策中对企业的税收优惠仅限于企业所得税、营业税、城市维护建设税和教育费附加，未包括个人所得税，而现行税收政策，对个人独资企业和合伙企业只对其投资人或合伙人征收个人所得税，不征收企业所得税，这就造成个人独资企业和合伙企业吸纳下岗失业人员达到了规定比例，却不能享受所得税方面的减免，显然不利于该类型企业吸纳失业人员，同时也造成了该类型企业与其他企业在税收政策适用上的不平等。

②再就业企业税收优惠政策中新办企业和现有企业的区分不合理。在相同条件下，吸纳下岗失业人员的新办企业所享受的税收优惠远远大于现有企业。而实际上，只要是吸纳了下岗失业人员，就是对再就业工作作出了贡献，就应

当平等享受税收优惠政策，并且现有企业相对新办企业来说吸纳下岗失业人员人数往往更多。此外，调查中还发现有的企业为享受更优惠的税收政策而注销老企业，注册成立新企业，更暴露了这种政策的负面导向。

③优惠政策的享受方式不合理。按企业安置失业人员比例确定是否享受减免税优惠的方式有诸多不合理之处。只要企业原从业人员人数较少，企业只需安置有限数量的失业人员，即可轻松达到60%或30%的比例要求，而获得税收减免。这样不仅不利于企业扩大对失业人员的吸收，也打击了规模较大企业安置失业人员的积极性。

（3）政策成本偏高。

国家出台减免税政策鼓励和促进企业吸纳失业人员劳动就业和再就业的目的，主要是想通过一定形式的税收减免的“支出成本”来获得增加就业机会，为政府缓解就业矛盾，即增加“社会效益”。但从2002～2004年全省情况来看，政策实际执行结果却未能体现“支出成本”与“社会效益”成正比，即“减免越多，安置越多”的平衡情况。同时，减免税收的数额还远远超过了安置人员的工资报酬。如2004年度，在C公司安置人员人均减免税额为43.73万元，而安置人员的人均年收入仅为1.28万元。又如H市被调查的62家下岗失业人员再就业企业，安置人员人均享受减免税15.03万元，而同期安置人员的人均报酬仅1.2万元，人均税收减免额是被安置人员所获得报酬的12.42倍。在不考虑企业为安置人员缴纳社会保障费用的前提下，企业通过吸纳失业人员而享受的税收优惠好处要远远大于其付给职工的支出，一定程度上也意味着国家和地方为促进就业和再就业工作而支付的成本要远远大于下岗职工实际得到的好处。政策的最大受益者成了企业主，与安置失业人员就业和再就业的政策初衷存在一定的距离。正是看到了这种现象，省国税局、地税局、劳动和社会保障厅于2004年初联合发文，从2003年起全省房地产企业不享受劳动就业服务企业税收优惠政策，因为这种效应在我省的房地产企业反映得更为明显。

（4）企业利用各种手段钻政策空子的现象屡有发生。

从大部分市、县的调查中发现，少数企业采取虚假业务、老店新开、国有企业主辅业分离和关联企业之间转移利润等方式骗取减免税。比如，第一种情形，老店新开，劳动部门仅审查了工商登记就进行了新办企业认证；第二种情形，两个公司一套人马，两块牌子；第三种情形，国有企业主辅业分离设立的经济实体，富余人员未真正剥离，主业与下属三产未真正分开。另外，还存在少数企业借用下岗失业人员再就业优惠证，但未真正安置失业人员。

（5）政策执行操作有不规范现象。

①税务部门对未经劳动部门认定的企业给予了税收减免。

②劳动部门在企业资质认定工作中存有缺陷。

③税务部门放宽减免条件。

④审批档案中年检资料不齐，基础工作薄弱。企业年度检查、认证制度不够健全，在税收减免报批资料中存在未附年检资料现象。如某市2002～2004

年共审批41家，29家档案中未附年检资料。

3. 原因分析

(1) 现行政策缺陷产生了不合理的导向。

一是未必多安置、多受益，这种安置办法导致部分产值大、缴税多、利润高、人数少的企业与其他企业相比，每安排一个再就业人员，减免的税收要大得多，不利于公平税负。二是从业人数越少的企业越容易享受到优惠政策。三是引导企业在安置比例上做文章。四是宾馆餐饮业等技能含量较低、劳动密集型企业容易获得税收优惠。五是现行政策没有明确规定安置下岗人员的工资福利水平和标准，导致弱势群体权益难保障。六是由于政策兑现的时效性，造成企业安置失业人员存在短期行为。在政策规定的税收减免期限内，企业为了享受政策而积极招收下岗失业人员；反之，则积极性较低。企业在用工时是有针对性地招收持有有效期内的A证下岗失业人员，且只愿一年一签用工合同，一旦时效已过，这些人员也就失去了再就业的优先性。在当前下岗失业人员还较多的客观情况下，这不利于持久地推动再就业工程。

(2) 未细化优惠政策的相关操作办法和未及时完善，政策与经济发展存在不相适应之处，导致钻政策空子现象时有发生。

1994年出台的《关于企业所得税若干优惠政策的通知》规定，“享受税收优惠的待业人员包括待业青年、国有企业转换经营机制的富余人员、机关事业单位精简机构的富余人员、农转非人员和两劳释放人员”。但对主辅分离设立的经济实体，主业没有与分流人员解除劳动合同和支付经济补偿金，而是用内部安置通知书和工资转移证明将富余人员转移到下属股份制企业的做法是否属于安置待业人员问题，政策未有进一步的细化说明。

(3) 企业经济利益驱动和现行就业形势决定了获安置人员待遇难以保障。

为了获取减免税的政策优惠，一些企业招用就业及再就业人员时，不是按人才要求，而是按“证”雇用，工资基数低，从而出现进入者多，自行走掉或被解雇也多的现象。调查结果显示，在目前劳动力总体上供大于求的形势下，再就业人员大多进入宾馆等服务行业，大部分人干的基本是过去以农民工为主体的苦脏累岗位或者临时岗位，大多只能充当企业临时“雇员”，工资低也就不足为奇了。因此没有政策的硬性规定，要提高弱势群体的工资、福利待遇是很难做到的。

(4) 政策宣传力度不够和相同类型税收优惠政策的存在是该项政策效用不明显的主要原因。

目前，相同类型的税收优惠政策较多，如民政福利企业的税收优惠政策、地方政府招商引资税收优惠政策等，企业有多种选择，一些企业权衡利弊后对再就业企业优惠政策失去了热情。审计调查发现，宣传力度不够也是影响这两项优惠政策全面执行的原因。失业人员自身或企业对税收优惠政策的具体认识不全面，或没有及时得到有关部门办理申请手续等，也会导致这两项税收优惠政策执行不到位。如：某县审计局对该县某镇几个较大的服务型企业进行调查，发现这些企业中有70%完全不知道这项政策，30%企业虽然对这项政策有点了解，但不是很清楚；某县审计局抽查了4家企业，对这两项政策“基本不了解”或“不了解”的各占50%。

（5）部门之间沟通不够，导致审批基础工作衔接不佳，出现劳服企业认定时间滞后，审批资料不齐，部门之间重复劳动等现象。

根据规定，企业应先向劳动和社会保障部门提出申请，由劳动和社会保障部门来审批认定该企业是否是下岗失业人员再就业型企业或劳动就业服务型企业，认定后企业再向税务部门提出申请减免税金。但在实际操作中，由于各审批部门对规定的程序不够重视，各部门之间协调、沟通不够，部分审批程序未操作到位。

4. 意见和建议

（1）进一步完善就业再就业税收扶持政策。

从税收执行总况我们可以看出，劳动就业服务企业享受税收优惠政策已趋萎缩，全省2002年享受的企业为409家，2004年为306家。《财政部、国家税务总局关于下岗失业人员再就业有关税收政策问题的通知》（财税〔2002〕208号）执行期到2005年12月底，出台新的再就业扶持政策已势在必行。

①整合出台统一的税收优惠政策。优惠政策通知、具体规定、实施办法、实施意见、补充通知、若干问题意见等文件，政策复杂，操作难度大；同时在优惠对象上，要区分国有企业和城镇其他失业人员；在优惠行业上，要区分服务业、商业和工业，工业中又分加工型工业和一般工业；在减免方式上，既有比例减免又有定额减免；在减免政策适用上，新老优惠政策并行，企业自行选择使用。随着市场经济的发展和企业改革的不断深入，原有劳动服务企业大多已改制，新办企业都是有限责任公司，而这些企业已成为安置下岗失业人员的主要渠道。为进一步发挥税收杠杆在促进下岗失业人员再就业中的作用，建议通过整合税收优惠政策，取消行业限制、税种限制、所有制限制，出台统一的再就业税收优惠政策，促进下岗职工再就业。

②实行财政补贴或安置人员定额减免的优惠方式。既要使安置失业人员的企业获得合法的利益，又不造成新的不公平现象出现，统筹考虑各方面的利益关系，建议将目前按吸纳比例享受政策，改为实施差别税率、定额减免或定额补助的办法，既可以按不同行业和不同的经营项目及企业规模大小实行差别税率，也可以按不同地区设定按企业招用失业人员的实际人数定额财政补贴或定额减免税收。取消统一比例减免税收，将企业获补助资金或获减免税金直接与企业安置失业人员数量挂钩，既有利于体现政策公平，也能控制和降低国家的安置成本。

③放宽再就业优惠政策享受对象限制，拓宽再就业税收优惠政策的覆盖面，减轻政府在就业、再就业工作上的压力。全省国有企业改制完成较早，当前政府就业和再就业的压力主要来自失地农民、城镇集体企业下岗失业人员等群体。为了充分发挥再就业税收杠杆作用，切实减轻政府压力，建设和谐社会，适度放宽再就业税收优惠政策享受对象限制值得进一步研究。

④加强政策的可操作性。从审计调查情况来看，有关审批部门对“新办

企业”的认识不同，操作上存在差异。政策规定“新办企业”是“从无到有”，但车间变成公司，企业破产改制等特殊情况是否属于新办企业，在政策上没有可操作性的解释，审批者认识不尽一致，产生了操作上的差异。建议政策制定部门就此制定相应的操作办法，更好地发挥税收优惠政策在促进社会再就业中的作用

（2）加强再就业税收优惠政策宣传，开创企业和再就业人员双赢新局面。

建议通过电视、报纸等大众媒体，加大税收优惠政策宣传力度，或者深入基层，到企业、街道、劳动职业介绍所等场所进行宣传，让失业人员了解政策的同时感受到党和政府的关怀，感受社会的温暖；让安排失业人员再就业的企业用足、用好现有的税收优惠政策，在为社会稳定做出贡献的同时也获得适当的利益回馈。

（3）劳动、税务和工商等相关部门进一步建立有效的工作监督、协管机制，形成分工协作、部门联动、齐抓共管的工作格局。

①建立科学、有效的监控机制。一是建立税收优惠减免公示制度。将优惠政策、优惠对象、减免情况及时向社会公示，接受纳税人、失业人员和广大群众的监督。二是实行跟踪问效制度。对优惠政策执行效果进行监控分析，确保税收促进就业优惠政策的正确、有效执行。三是减免大户专项稽查制度。建议对年度获得减免额总额列前3位的企业，开展年度专项稽查，重点查。对同一企业分别有国、地税办理减免审批事项的，也可以采用“联合稽查”的形式开展年度专项稽查。

②部门之间要进一步加强沟通，切实提高服务意识和服务水平，做好对企业和失业人员的服务工作。特别是对一些有时间限制的政策，一定要注意其时效性，迅速把国家有关政策及时、准确地落实到实处，同时减少各部门审批成本，提高工作效率；确保下岗失业人员得到稳妥安置和吸纳下岗失业人员企业能在最短的时间内享受到国家规定的税收优惠政策。

第二节　企业绩效审计案例分析

一、采购绩效审计案例

审计项目名称：××银行××中心支行集中采购绩效审计①

（一）立项背景

2011年，××银行总行出台《内部审计工作转型2011—2013年规划》，把探索开展绩效审计作为内部审计工作转型的主要任务之一。为落实该要求，

① 人民银行某分行内审处．人民银行某中心支行采购绩效审计案例［J］．中国内部审计，2016（03）：56－60．

××银行××分行（以下简称“××分行”）以风险和价值增值空间较大的集中采购领域为突破口，持续开展绩效审计实践探索和研究，并拟写《××银行分支行集中采购绩效审计操作指南》。2014 年，为印证指南的科学性和可操作性，××分行选取××中心支行开展了集中采购绩效审计。

（二）审计目标、范围和重点的确定

1. 审计目标

该项目的审计目标是在对某中心支行集中采购开展遵循性审计的基础上，评价“物有所值”这一采购核心目标的实现程度，分析影响目标实现的因素，并提出意见和建议，促进集中采购规范管理、物有所值，促进××银行履行职责。

2. 审计范围

审计范围涵盖 2012 ~2013 年××中心支行采购的××银行集中采购目录范围内及限额标准以上的货物、服务和工程项目。

3. 审计内容重点

本次审计的重点是以××银行集中采购操作流程为主线，围绕管理、预算和计划、采购需求、过程、合同、验收、结算与采购效果等环节进行审计，重点关注集中采购活动的效果和物有所值目标的实现程度。

（三）审计过程及方法

1. 运用现代采购价值理念——物有所值

围绕物有所值，确立审计目标及构建绩效评价指标体系是目前国际通行的政府采购价值理念。2013 年，全国政府采购工作会议明确提出，我国政府采购制度目标要从注重节资反腐向实现物有所值转变。鉴于此，结合××银行分支行实际，××分行决定将物有所值的实现程度作为分支行集中采购绩效审计的目标，并对物有所值的内涵和外延进行研究，总结、梳理集中采购领域物有所值的具体特点。主要包括：①物有所值不一定是最低价；②物有所值关注采购产品的全生命周期成本；③物有所值体现了经济性、效率性和效果性；④物有所值应该是质量、成本、效率、风险和社会效益内在统一的多维目标体系。

在梳理物有所值特点的基础上，通过绘制目标层次分析图，对物有所值这一核心目标进行层层分解，构建了质量、价格、效率、公平性、社会效益 5 个一级评价指标和 28 个二级评价指标（见图 10 -1）。同时，考虑到采购对象（货物、服务、工程）的不同，对 28 个二级评价指标的适用性进行了明确。

2. 创新分析形式——“鱼骨图”分析

本次审计，创新绩效分析形式，直观展示绩效影响因素围绕集中采购绩效审计目标，成都分行采用“鱼骨图”分析方式，从集中采购管理和采购项目流程两个视角列出了影响集中采购绩效的因素（见图 10 -2），包括采购组织管理、采购资源管理、采购预算和计划、采购需求、采购过程、采购合同、采购验收和采购结算 8 个方面。同时，清晰直观地列出每个方面应予以重点关注的内容。比如，采购组织管理，应重点对被审计单位的采购组织机构、监督、制度建设等情况进行审计；采购预算和计划，应重点关注采购申报核准、采购

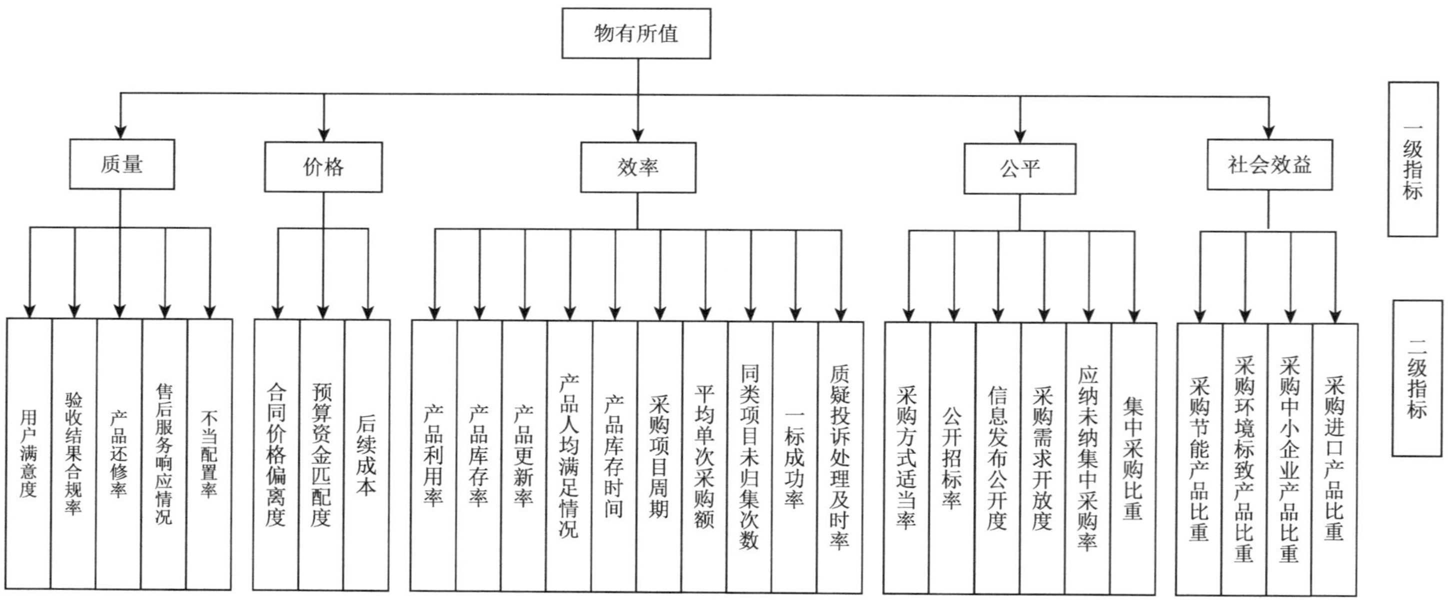

图 10－1　××银行分支行集中采购绩效审计评价指标体系

注：①货物类适用于所有指标；

②服务类适用于除质量中的售后服务响应指标、效率中的前 5 个指标、社会效益中的前 2 个指标外的所有指标；

③工程类适用于除效率中的第 2－5 指标外的所有指标。

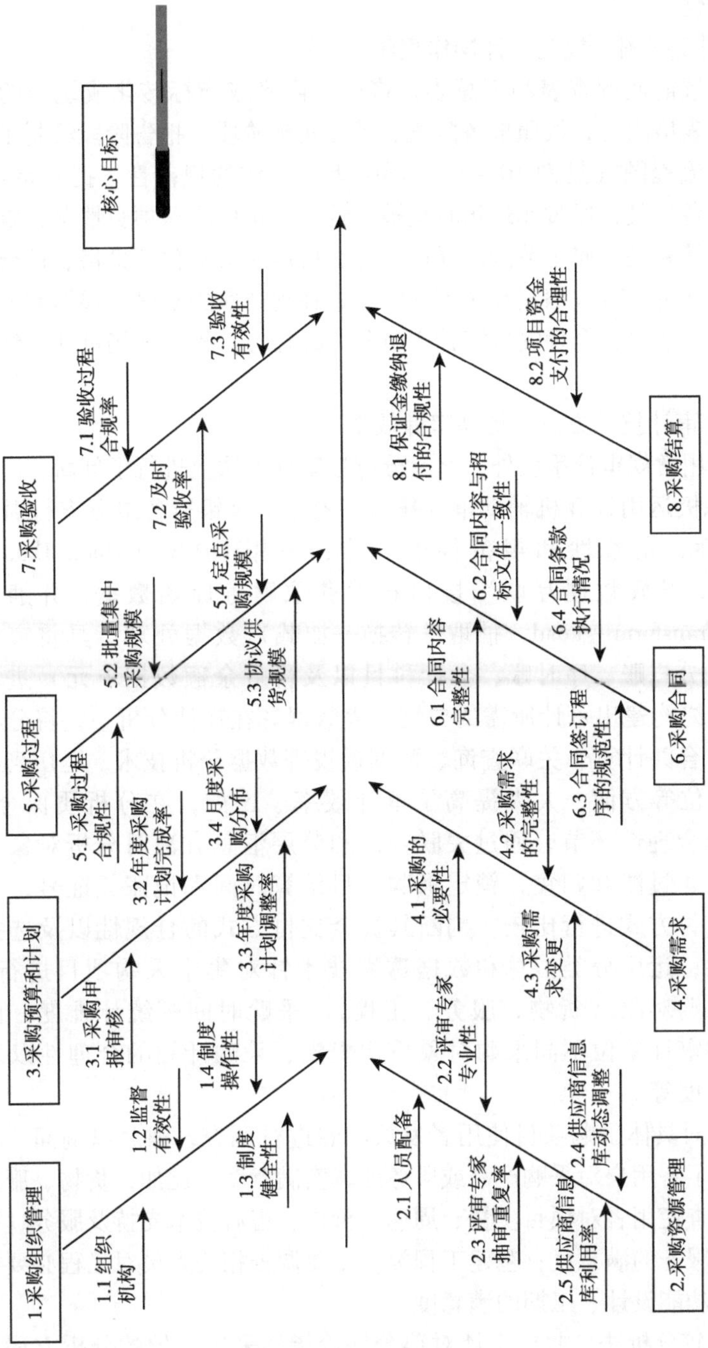

图 10－2 ××银行分支行集中采购绩效影响因素鱼骨图

计划完成、调整以及采购月度分布情况等；采购需求，应重点关注其必要性、完整性和变更情况；采购过程，应重点关注过程的合规性；采购合同，应重点审查合同内容的完整性、合法性及执行情况；采购验收，应关注其合规性、及时性和有效性。

3. 绘制流程图，规范审计操作程序

通过设置前期调查表和汇总表，将审计内容或指标转化成统一的表格形式，并根据表格内容，按照准备阶段、现场实施阶段、报告阶段绘制了集中采购绩效审计流程图（见图10－3），增强审计操作的规范性，提高审计效率。比如，在准备阶段，通过非现场收集被审计单位集中采购项目情况，查询相关项目市场供需和是否属于节能环保产品等，可以完成对包括价格、社会效益方面的非现场评价，有效缩短现场审计时间；在现场实施阶段，根据前期调查和集中采购项目情况，合理安排审计人员和审计任务，提高现场审计的针对性和有效性。

4. 创新审计技术方法，提高审计效率

除了运用常规审计手段外，××分行在审计方法上进行了创新。

（1）积极运用计算机辅助审计技术。鉴于××银行各级分支行财务数据具有集中性、完整性和规范性的特点，采用ODBC（Open Data－base Connectivity，开放数据互联）接口技术获取财务原始数据，并通过ETL（Extract－Transform－Load，抽取—转换—加载）数据处理工具将离散的结构化数据（分户账、序时账、会计科目以及科目余额数据单元）进行程序化加工，最终构建出审计所需的二维列表数据。在审计分析中，将分类（分层）汇总、合并计算、关联查询、数据透视等数据分析技术，运用到线索扫描、疑点定位等方面，大大提高了审计效率。比如，在分析质保金限额、供应商选择合理性环节，通过关联查询和分层汇总方法对分析对象的关键字进行匹配、过滤和归集，锁定采购项目结算时间和记账凭证号，再与合同约定的支付方式进行比较，判断其资金支付方式的合规性以及选择供应商的合理性；运用分类汇总和数据透视技术针对集中采购项目进行分析，通过不同采购对象（货物、服务、工程）、采购时间等统计维度，比较准确地判断被审计单位不同采购对象采购规模、采购计划的合理性以及采购执行的均衡度等。

（2）针对具体采购项目使用者发放问卷进行调查，辅之以询问、实地查看等方式，了解用户对采购产品或服务的真实满意度。比如，货物、服务类项目，主要调查使用者对项目质量、周期、价格、售后技术支持及服务、采购相关部门提供服务的满意度；基建工程类，主要调查相关人员对工程必要性、质量、装修、功能设计、工期的满意度。

（3）比较分析法。此次审计对部分评价指标采用比较的分析方法，对价格、公平性和社会效益方面的指标与同期政府采购平均水平进行了比较，在比较中判断绩效的优劣。

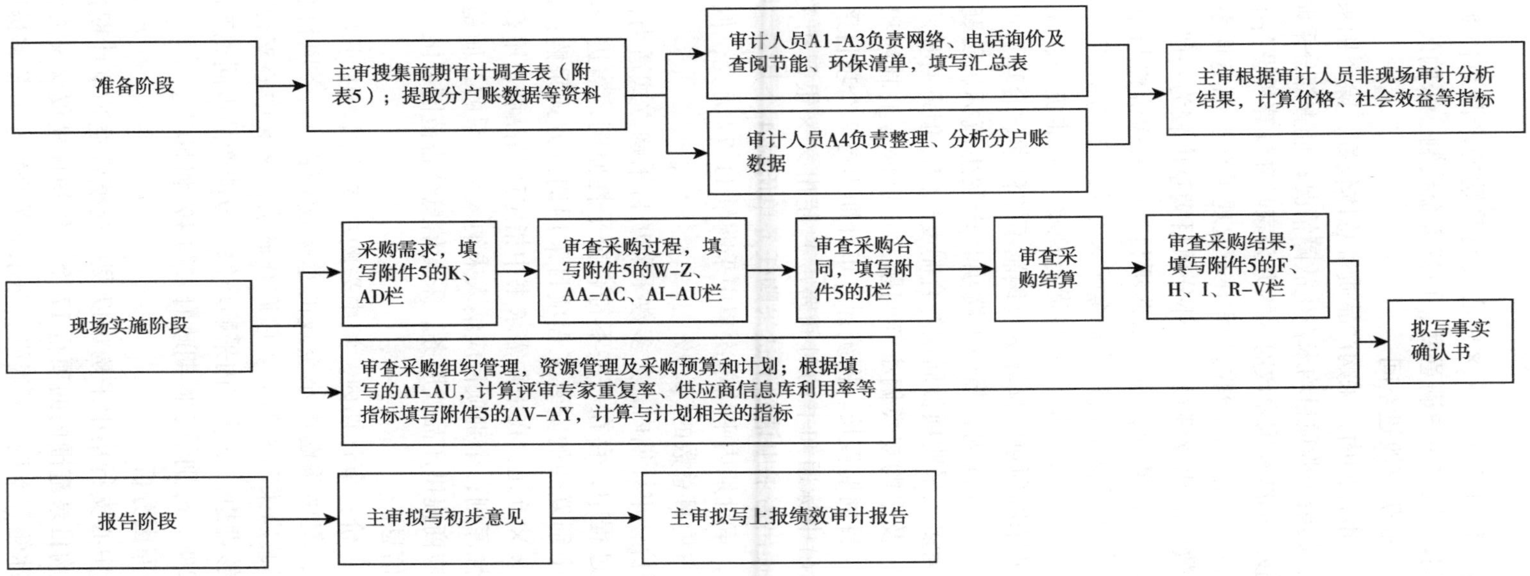

图 10－3　××银行分支行集中采购绩效审计流程图

注：本表中的附表、附件等均略去。

（四）审计评价、审计发现及原因分析

1. 审计评价

（1）总体评价：审计期内，××中心支行采购的产品总体实现了物有所值，能满足用户需求。但在用户满意度、预算资金编制、采购效率、公平性和节能环保产品采购方面仍有改进空间。

（2）质量评价：审计期内，采购产品质量总体较好，除个别采购项目由厂家提供免费维修外，其余采购项目均未发生故障情况；抽查部分采购项目，通过查询相关产品行业技术标准和国家政府采购办公家具和计算机设备配置标准，某中心支行采购的产品配置适当；验收过程中未发现采购产品有质量问题，需求部门对采购的大多数产品比较满意，但部分项目满意度较为一般，低于70%。

（3）价格评价：审计期内，集中采购项目实际采购价格与市场平均价较为较近，实施的17个项目共节约预算资金××万元，节约率17.75%，高出同期政府采购6.75%。但调查显示，一些货物规格、标准统一、现货货源充足且价格变化幅度小的采购项目，预算资金编制不够科学、合理。

（4）效率评价：审计期内，集中采购项目未发生流标、质疑投诉等影响采购周期的情况，大多数采购项目周期符合制度规定。但调查显示，存在部分采购项目周期偏长以及采购规模偏小等问题，一定程度上制约和影响采购效率。一是部分采购项目周期偏长。据统计，审计期内有7个项目采购周期（下达采购任务单到发出中标通知书的时间跨度）超出××银行相关制度规定。此外，个别项目从提出需求申请到下达采购任务单历时4个月。二是采购规模总体偏小。据统计，审计期内平均单次集中采购量11.77万元，低于2万元的采购项目有9个，占项目总数的52.9%。

（5）公平性评价：审计期内，大多数采购项目采购方式适当，程序合规，但部分项目在实施过程中，存在一些不符合公平性原则，需进一步改进的情况。主要表现为：个别复杂的安装工程项目采用询价方式采购；部分采购项目，涉及采购金额××万元，在采购需求书中指定产品品牌，不符合采购需求的开放性和非歧视性原则；个别项目应纳入未纳入集中采购，而是采取续签合同的方式确定原供应商提供产品或服务；采购信息公告范围有限，未按国家规定向社会公开采购信息。

（6）社会效益评价：审计期内，集中采购在支持国内中小企业发展方面较为突出。据统计，集中采购中小企业的总采购额占17个项目总采购额的84.91%，高于同期政府采购8.21%。但调查显示，××中心支行在节能环保产品采购方面还不够理想，审计期内采购环保、节能产品占同类产品比重分别为77.95%和36.32%，分别低于同期政府采购4%和50%。

2. 审计发现及原因分析

（1）××银行中心支行集中采购难以发挥规模效益。审计期内，××中心支行开展集中采购目录范围内的项目17个，年均规模仅××万元，其中按集中采购程序采购冰箱、空调、电视机、热水器等金额小、价格透明、竞争充分的项目多达9个，而且每个项目采购的数量有限，如热水器、冰箱项目分别为1台，难以发挥集中采购的规模优势。

原因分析：一是与政府集中采购机构代理同级政府所有部门的集中采购规模相比，××中心支行集中采购是在总行、分行授权下，按管理与操作职能相分离的内部控制机制自行组织开展，规模小，类别少。目前，××中心支行自行组织开展的集中采购项目主要包括冰箱、空调、电视机、家具、房屋维修、物业管理服务等项目。二是年度内对集中采购项目的统筹安排不够合理，对一些同类型的项目分批次采购，影响集中采购规模效益的发挥。比如，2012年开展2次捆钞机采购，2013年开展3次空调采购。

（2）采购计划调整频繁。据统计，××中心支行审计期内集中采购计划为××万元，调整计划××万元，调整率为36.47%。

原因分析：××银行中心支行未编制采购预算，而是在相关费用指标核批范围内开展采购工作，采购的具体项目、采购项目的合理性缺乏相应控制，有的需求部门到急需时才临时申报采购，以致临时追加（减）项目频繁。

（3）大部分采购项目未进行需求专业化论证，制定的采购需求科学性不够。部分采购项目，凭主观经验编制预算，缺乏对当期市场行情的充分了解；部分项目预算与实际采购价格之间偏离较大。

原因分析：一是需求部门计划安排不合理，急需时临时申报采购项目，时间紧，忽略采购需求的论证工作。二是部分项目，如物业管理、工程维修等项目，专业性强，需求部门缺乏相关专业人员。

（4）采购流程不合规。存在未按评审人员推荐中标人候选顺序确定中标人、个别项目评审分值和评标基准价设定不合规、合同条款与招投标文件不一致、签订程序不合规、验收记录简单等问题。

原因分析：××中心支行集中采购项目少、规模小，配备的采购人员和评审人员均为兼职，对政府采购法、招投标法等法律法规以及人民银行集中采购管理及操作规程缺乏深入的学习和领会，对一些条款的理解不够充分。

（五）审计成效

1. 提高了集中采购管理水平

审计报告反映的问题、提出的审计意见和建议，得到被审计单位的重视，并专门召开专题会议落实整改。2015年初已先后接入中央国家机关采购网和地方政府采购网，开始利用电子平台采购金额小、价格透明、竞争充分的通用项目。要求各部门年初申报采购计划，集中采购主管部门加强对采购计划的监督检查，减少采购的随意性。探索开展项目论证，重点审核项目的必要性、可行性及预算编制的合理性等。

2. 完善了集中采购管理制度

通过本次审计，修订完善了组织采购管理制度。一是被审计单位层面，对原有集中采购管理制度进行梳理，进一步明确采购工作中相关部门工作职责，同时修订了集中采购管理流程控制图。二是上级行层面。审计报告引起总行有关司局和××分行的重视，为总行、分行修订和完善相关制度提供参考。2015年总行会计财务工作会议明确提出“要从务求实效角度，按照物有所值目标，研究改进集中采购管理”；××分行对相关制度进行了修订和补充，包括修订管采分离的内部控制工作机制，“采委会”和“采购办”的工作职责、权限，补充完善与集中采购相对应的分散采购、零星采购的定义和范围。

3. 形成了规范通用的操作指南

在对××中心支行审计实践的基础上，××分行加强经验总结，多次修订，形成了××银行系统的《集中采购绩效审计操作指南》。2014 年 11 月，××分行在人民银行总行内部审计转型新业务培训班上做了经验交流。

（六）思考和启示

1. 以审计目标作为逻辑起点，突出项目特点

经济性、效率性和效果性是绩效审计的一般目标，围绕“三性”设计指标进行评价，是绩效审计的一种思路，但实践中要严格区分“三性”往往存在一定困难，尤其是经济性和效率性方面的指标。××分行开展集中采购绩效审计时，抓住“物有所值”这个关键点，改变以往机械地按照“三性”进行评价的模式，将“三性”融入具体项目中，突出了项目的特点。

2. 结合项目特点，选择适当的分析方法

××分行此次采用“鱼骨图”的分析方法，直观列出了影响集中采购绩效的因素，体现了问题导向和风险导向。在其他审计项目中，也应结合项目特点，选择适当的分析方法，按照问题导向和风险导向确定审计重点，提升审计效率。

3. 绩效审计评价标准有待进一步验证

××分行开展集中采购绩效审计，选用的标准主要来源于法律法规、制度、政府采购平均水平等，受审计资源的限制，对一些标准直接采取了“拿来主义”，这些标准的科学性和合理性有待验证。

二、公益性企业整体绩效审计案例

审计项目名称：A 市公交集团绩效审计[①]

案例简介：公益性行业是指占有公共资源无偿为公众服务的行业，如医疗、教育等，虽有收费但不以营利为目的。公交、热电、燃气、自来水等带有公益性质的行业企业，其产品定价一般受到政策性限制。近年来，由于物价不断上涨，而这些企业产品价格（收费）不变，于是出现收不抵支、负债经营的现象。为维持公益性企业的正常运转，财政给予这些企业适当补贴。在这种情况下，如何评价公益性行业的经济效益和社会效益，如何提出有针对性的建议，促进公益性行业的健康发展，下面以公交集团绩效审计为例，介绍对公益性行业开展绩效审计的思路和做法。

（一）审计项目概述

2007 年 6 月至 10 月，A 市审计局结合对公交集团董事长任期经济责任审计开展了企业绩效审计。

---

① 韩明升主编．结合型绩效审计实务［M］．青岛：青岛出版社，2009.

A 市公交集团是 1998 年 11 月在原市公交总公司基础上改组成立的国有独资公司。公交集团主业是市内公共交通客运服务，辅业涉及公交客车制造与维修、汽车出租与销售、轮胎翻修、对外投资、保险代理等行业。随着城市的发展，人口的增加，出现了乘车难和南北交通差距问题，市民意见很大。特别是 2003 年以来，由于物价上涨，公交票价不变，收入增加较少，成本增加较大，客运业务出现亏损，至 2006 年末累计亏损达 3 亿元。为维持城市公交的正常运转，不得不负债经营，2006 年末银行借款达 4 亿多元。根据国家公共交通发展政策，A 市政府已经确定优先发展公共交通事业，正在采取措施，核定公交企业政策性亏损数额，建立正常补贴制度。

（二）审计项目选择理由

1. 公共交通具有鲜明的公益性和社会性，社会和民众比较关注。对公交集团开展绩效审计是审计机关响应贯彻国家关注民生号召、维护人民群众切身利益的需要。

2. 市政府已经将优先发展公共交通事业作为解决民生问题的一项重要工程，正在采取有力措施，加大财政补贴力度。对公交集团开展绩效审计，是为建立公共交通补贴制度提供决策信息的需要。

3. 企业连年亏损，经营困难，通过审计，分析产生亏损的主要原因，可以找出企业管理上存在的薄弱环节，为企业提高管理水平和经济效益提出有价值的审计建议。对公交集团开展绩效审计，是促进企业加强内部控制，提高经济效益的需要。

（三）审计方案编制

1. 审计目标

根据公交集团公益性企业的特点，查明公交集团亏损的真实性和对外投资损失情况及其原因，在核实成本费用的基础上，尽量分清政策性亏损因素和经营性亏损因素，按照有关政策规定，重点对政策性因素分项进行核实，最终测算出财政应予补贴的数额。同时，对企业经营性因素增加的成本进行分析，找出企业在经营管理过程中存在的薄弱环节，进而提出审计建议，促进企业加强管理。

2. 审计评价标准

（1）国家和省、市对公交行业具体政策和绩效评价法规。

首先，学习掌握国家、省、市对公共交通行业的产业政策和优惠措施，以利于把握绩效审计重点内容。如：国务院办公厅转发建设部等部门《关于优先发展城市公共交通意见的通知》（国办发〔2005〕46 号），其中明确规定："将城市公共交通发展纳入公共财政体系，坚持以政府投入为主，统筹安排，重点扶持。一是加强城市公共交通设施建设的投入。二是要完善市场经济条件下城市公共交通企业经营的政策性经济补偿机制。对政策性亏损给予适当补贴，对承担社会福利和完成政府指令性任务增加的支出，定期进行专项经济补偿。"山东省文件规定（鲁建城字〔2007〕1 号），政策性亏损的范围明确为：公交企业承担社会福利和完成政府指令性任务增加支出而形成的亏损；因原材料、燃料、劳务等成本上涨，且公交票价未能调整而产生的亏损。据此，审计组在对公交集团进行整体效益分析的基础上，核实了涉及财政补贴的市内客运业务政策性亏损和经营性亏损情况。

其次，了解把握国家、省、市对国有企业绩效评价的有关法规、制度、规定。审计过程中主要参照了如下规定：《企业国有资本与财务管理暂行办法》（财企〔2001〕325 号）、《国有资本金绩效评价规则》、《国有资本金绩效评价操作细则》（财统字〔1992〕2 号）、《中央企业经济责任审计管理暂行办法》（国资委令第 7 号）、《中央企业经济责任审计实施细则》、《中央企业综合绩效评价管理暂行办法》（国资委令第 14 号）、《中央企业综合绩效评价实施细则》；A 市市国资委对 A 市公交集团企业负责人经营业绩的考核指标等。

（2）全国类似城市和同等规模公交企业业务数据。《城市公共交通信息》刊载的烟台、威海、长春、杭州、厦门 6 市公交公司的财务营运数据，与 A 市公交规模相当，以 6 市公交的平均数据为标准进行分析比较，提出市公交在客运业务管理方面可以改进的空间和建议。

（3）其他标准。经营管理方面，以有关法律法规、财务制度以及内部管理制度作为标准。

3. 审计思路与方法

（1）明确审计思路。首先，建立起以绩效审计理念为核心的审计思路。从财务收支入手，深入公交集团核心客运业务，核对、比较、分析财务业务数据，遵循摸清家底——查处违法违规问题——分析评价效益情况——提出合理化建议的步骤来进行。其次，遵循“把握总体，突出重点”的原则。对公交集团资产负债状况、效益情况、投资决策情况、内部管理及控制情况进行总体分析评价，揭露存在的突出问题，全面、客观反映企业经济效益和社会效益。最后，发挥计算机辅助审计功能作用，充分利用“AO”系统和“OA”系统对公交集团 IC 卡系统进行审计。

（2）遵循“把握总体，突出重点”方针实施审计。在公交集团审计中，审计组对集团资产负债状况、效益情况、投资决策情况、内部管理及控制情况进行了总体分析评价，同时揭露存在的突出问题，全面、客观反映企业负责人履行经济责任情况。将节能降耗审计情况纳入经济责任审计的范围。根据公交公益性的特点，审计过程中，在核实成本费用的基础上，分清政策性亏损因素和经营性亏损因素，重点对政策性因素分项进行核实，测算出财政应予补贴的数额。同时，也对企业经营性因素增加的成本进行分析，找出企业在经营管理过程中存在的薄弱环节，进而提出审计建议，促进企业加强管理。

（3）运用计算机，开展系统审计。在拓宽审计思路的同时，尽量运用一切科学、合理的审计方法，充分利用“AO”系统和“OA”系统之间的数据交互功能，规范管理整个项目；利用计算机对公交集团 IC 卡进行系统审计，查出了公交集团 IC 卡管理系统设计尚存在缺陷、职工卡消费数据不完整等问题。

（4）关注内控薄弱环节，发现问题线索。审计过程中，审计人员关注企业内部薄弱环节，发现公交集团公司与职工入股的两个股份公司存在大量关联交易，存在国有资产流失的风险。通过审计组的内查外调，最终查明了公司挪用公款、国有资产流失等问题，并及时移交市纪委、市国资委处理。

（5）创新审计方法，客观评价社会效益。创新网上问卷调查方式。设计调查表，经审批后在A市政务网进行网上调查，了解市民对公交服务的满意度和建议。这一问卷被交通委网站转载。这一做法得到了市交通委和国资委有关领导的肯定。国资委表示也将参考审计做法将市民满意度作为对国有公益性行业企业负责人业绩考核的一项指标。

（6）发出审计建议函，促进企业提高管理水平。对公交集团的绩效审计，审计组不满足于查处问题和测算亏损，而是对公交集团内部管理存在的问题进行了一一梳理，查找公交集团在现金管理、存货管理、合同管理、IC卡数据管理、驾驶员培训管理等五大方面存在的漏洞，并以审计建议函的形式发给公交集团，起到了促进管理、提高效益的作用。

（四）审计实施情况

在审前调查中，审计人员发现公交集团2004年至2006年亏损3亿元，亏损主要是市内公交客运业务亏损造成的，而其他非客运业务盈利。本次绩效审计，审计组结合经济责任审计，通过实地走访、现场观察、调查问卷、座谈交流、计算机辅助审计等方法，对公交集团2006年客运业务的经济效益和社会效益进行了审计和调查，并延伸和追溯了相关公司和相关年度，重点分析客运亏损的原因，了解市民对公交的满意度，提出审计建议，促进企业改进管理、提高服务水平，审计取得了较好成效。

（五）审计结果与审计建议

1. 审计结果

审计组对公交集团提供的下属单位会计报表、集团汇总报表、集团合并报表进行了核实，经审计调整后2006年底公交集团合并资产××亿元，负债××亿元，净资产××亿元，资产负债率82.7%。

（1）政策性亏损与经营性亏损测算结果。至2006年，公交集团累计亏损××亿元。审计组对公交集团所属市内5家客运公司经营情况进行了分析，测算出2001~2006年市内公交客运政策性因素亏损××××万元，占亏损的91.37%，经营性因素亏损××××万元，经营性亏损仅占整个亏损的8.63%。

（2）财务绩效指标分析结果。

①总资产周转速度比较慢，应收账款周转较快，符合公交行业的特点。参见表10-3。

表10-3　资产运营状况

财务比率	2004年	2005年	2006年
总资产周转率（次）	0.51	0.5	0.52
应收账款周转率（次）	15	15.78	11.32

②流动比率和速动比率较低，说明其短期偿债能力低，资产负债率逐年升高，说明集团总体偿债能力逐年下降，债务风险较大。参见表10-4。

表 10－4　债务风险状况

财务比率	2004 年	2005 年	2006 年
流动比率	0.65	0.58	0.46
速动比率	0.57	0.50	0.39
资产负债率	59%	64%	73%

③主营业务增长慢，主要是公交票价权受政府控制，在收入增长不大的情况下，成本费用增加，难以做到资本的保值增值。参见表 10－5。

表 10－5　经营增长状况

财务比率	2004 年	2005 年	2006 年
主营业务增长率	3%	3%	8%
资本保值增值率	92%	92%	80%

④对外投资收益逐年下降，应加强对投资的管理和控制。参见表 10－6。

表 10－6　对外投资效益情况

财务比率	2004 年	2005 年	2006 年
投资收益率	8.36%	2.61%	－3.48%

（3）业务营运指标分析结果。A 市公交人车比情况：根据 2007 年第 8 期《城市公共交通信息》数据，A 市公交集团 2007 年 7 月，营运车辆 3555 辆，职工 13818 人，人车比为 3.89；烟台、威海、长春、杭州、厦门 6 市公交公司平均人车比 2.74。A 市公交按人车比为 3 计，需要 10665 人，至少应减员 3153 名。冗员过多将消耗较多的财政资金。

根据建设部信息中心 2006 年度数据，A 市公交在全国营运车辆 150 辆以上的 16 个城市中，车千公里单位成本列第 6 位，平均票价 0.94 元/人次，列第 13 位。此外车均运量、车均收入、车均行程，分别排在第 10、第 12、第 16 位，处于较低水平。说明公交集团车辆运营效率低也是造成经营性亏损的原因。

（4）公交服务满意度分析结果。经网上问卷调查，有 1189 位网民参与了调查，并提出了很好的意见和建议。

①对公交汽车服务的总体满意度。调查问卷结果显示，市民总体满意的占 62.1%，不满意的占 35.5%，说明市民还算认可 A 市的公交，但仍有需要改善的方面。

②市民对 A 市公交路线设置满意度。公交路线设置的好与坏是公交的奠基石，因此选择了此项做详细分析。调查问卷显示，市民对公交路线设置满意度达 57.6%，但仍有 35.9% 的市民不够满意，主要是因为 A 市作为一个国际化的大都市，B 和 C 融入这个大集体，新建设的住宅区，给城市南北交通增加了压力。相信不久的将来，随着城市建设南北差距的缩小和公交路线的逐步优化，市民的满意度会逐渐上升。

③市民对 A 市公交乘务人员的服务态度满意度。调查结果中市民满意的占 71.7%，说明市民对公交乘务人员的服务态度是比较满意的。

④市民对 A 市公交乘车票价的满意度。网上调查结果显示，有 60.6% 的市民认为 A 市的票价偏高，仅有 35.8% 的市民认为价格比较合适。

以上分析表明，政策性亏损是导致公交集团亏损的一个重要原因，同时经营管理因素也不可忽视，增收节支的潜力还较大。主要表现在：一是行车事故损失费用增加较为突出，2004～2006 年行车事故损失费用平均比 2003 年增加×××万元；二是投资决策失误和管理薄弱，造成利润不实，审计调减利润×××万元；三是市民对公交的满意度尚有待提高，网上调查结果说明公交管理和服务还有较大的改进空间。

2. 审计建议

（1）对公交集团所属公司进行调整，剥离三产等非客运业务，整合市内客运业务公司，实行定岗定员，使财政投入发挥最大效益。

（2）细化内部管理措施，加强内部管理，切实增收节支。加强对以前年度行车事故费借款的清理，建立责任追究制度，防止不良资产的产生。加强对公交驾驶员的培训和管理，减少行车事故。

（3）进一步发挥财务管理和内部审计监督的作用，加强会计核算，提高财务管理水平；加大内部审计工作力度，进一步规范各职能部门的权力和责任，加强对下属企业的内部审计监督，促进企业健康发展。

（4）针对公交集团在企业管理上存在诸多薄弱环节，审计组提出改进建议，以审计建议函的形式发给公交集团，建议公司：一要加强现金安全管理；二要加强合同管理，由专人对合同进行审核，统一合同档案管理；三要健全职工乘车卡的管理，完善统计数据；四要加强对驾驶员的培训，增强行车安全意识，提高节能水平。

（六）审计成效

1. 服务内部管理，促进整改提高

在公交集团公司审计中，我们应被审计单位要求，就公交集团现金管理、废料处理、合同管理、人员培训、服务质量等五方面存在的共性问题提出了改进建议，发送了审计建议函。截至目前，根据审计建议函，公交集团设立了“零币兑换中心”，联系各大超市及需要零币的市民前来兑换，最大限度减低库存现金余额；制定了《废料物资统一回收管理办法》；由以前的分散签订合同归口集团企管部统一管理；理顺了驾驶员技能培训鉴定程序；制定了《文明驾驶，服务乘客，做×城一流驾驶员》工作规范；向社会公布了《A 市公交集团营运服务社会服务承诺制度》，设立 7 个举报奖励项目，接受社会监督。以审计建议函的形式帮助督促企业整改，得到了公交集团的响应和好评。

2. 审计结果为市有关部门制定政策提供了依据

在对公交集团进行全面绩效审计和分析后，向市委作了专题汇报，市委形成了《关于有关企业审计情况处理意见专题会议纪要》（市委办公厅〔2008〕2 号），并列入市委督查。市有关部门在对公交的发展进行研究后，市物价局等五部门联合出台了《A市市城市公共汽（电）车客运运营成本费用评价办法》，市财政局据此出台了《A市市城市公共汽（电）车运营企业政策性亏损补贴方案》，财政、物价部门认为审计测算的政策性亏损符合实际，对他们制定财政补贴政策提供了帮助。此项政策的出台促进了市公共交通快速、健康发展，同时进一步调动了企业加强经营管理、增收节支的积极性。

3. 公交集团IC卡管理系统审计案例获审计署表彰

通过此次审计，审计组人员提高了计算机审计能力，并对开展系统审计做了很好的尝试。公交集团IC卡管理系统的审计案例获“审计署2007年AO应用实例应用奖”。

（七）经验与体会

公交集团绩效审计，是对公益性行业开展绩效审计的一次有益尝试。我们认为，对公益性行业开展绩效审计是完全可行的，也非常有必要。按照《审计署2008—2012年审计工作发展规划》中全面推进绩效审计的要求，我们将继续探索对公益性行业的绩效审计，推进绩效审计工作深入开展。

思考与练习

1. 结合本章的绩效审计案例，分析确定选择审计项目时应考虑的要素。
2. 结合本章的绩效审计案例，分析绩效审计使用的特色审计方法。
3. 结合本章的绩效审计案例，分析其使用的评价经济性、效率性和效果性的指标和标准。
4. 结合本章的企业绩效审计案例一，分析其绩效审计思路模式的优势，以及需要优化改进的地方。
5. 结合本章的绩效审计案例，分析在得出绩效审计评价结论时应注意的事项。
6. 结合本章的绩效审计案例，请总结撰写绩效审计报告应考虑的问题。
7. 结合本章的绩效审计案例，谈谈你对成功开展绩效审计项目的心得体会。

参考书目

[1] 安秀梅. 政府绩效评估体系研究——从政府公共支出的角度创设政府绩效评估体系 [M]. 中国财政经济出版社，2009.

[2] 鲍国明. 国外绩效审计方法与案例 [M]. 中国时代经济出版社，2004.

[3] （美）R. E. 布朗，T. 加勒，C. 威廉斯著. 政府绩效审计 [M]. 袁军，贾文勤，于程亮译. 中国财政经济出版社，1992.

[4] 蔡春，刘学华. 绩效审计论 [M]. 中国时代经济出版社，2006.

[5] 蔡立辉. 政府绩效评估 [M]. 中国人民大学出版社，2012.

[6] 财政部财政科学研究生绩效预算课题组. 美国政府绩效评价体系 [M]. 经济管理出版社，2004.

[7] 陈思维，王会金，王晓震. 经济效益审计 [M]. 中国时代经济出版社，2002.

[8] 陈宋生. 政府绩效审计 [M]. 经济管理出版社，2006.

[9] 陈薛金. 绩效审计理论与实务 [M]. 中国财政经济出版社，2005.

[10] 陈志刚. 深圳绩效审计案例选编 [M]. 中国时代经济出版社，2006.

[11] 董大胜，钱啸森. 政府效益审计案例选编 [M]. 中国时代经济出版社，2006.

[12] 方振邦，罗海元. 战略性绩效管理 [M]. 第3版. 中国人民大学出版社，2010.

[13] 冯均科. 基于过程控制的公共投资项目绩效审计评价制度建设与指标设计研究 [M]. 中国财政经济出版社，2014.

[14] 国外绩效审计理论与实务课题组. 国外绩效审计理论与实务 [M]. 中国时代经济出版社，2010.

[15] 韩明升. 结合型绩效审计实务 [M]. 青岛经济出版社，2009.

[16] 韩明升. 三资绩效审计审计署 [M]. 中国时代经济出版社，20011.

[17] 江纹. 政府审计案例 [M]. 中国时代经济出版社，2009.

[18] 赖火云. 走进深圳政府绩效审计 [M]. 中国时代经济出版社，2005.

[19] 李克勤. 绩效审计 [M]. 中山大学出版社，1988.

[20] 李璐. 政府绩效审计研究 [M]. 湖北科学技术出版社，2009.

[21] 李四能，叶晓钢. 绩效审计实务 [M]. 中国财政经济出版社，2009.

[22] 李咏新. 绩效评价指标与标准 [J]. 企业导报，2010 (10)：66－67.

[23] 刘均刚. 外资绩效审计实践与探索 [M]. 中国财政经济出版社，2009.

[24] 刘美凤，方圆媛. 绩效改进 [M]. 北京大学出版社，2011.

［25］刘晓莲．市县绩效审计［M］．中国财政经济出版社，2009.

［26］卢千里．财政支出绩效评价的原理和方法［M］．经济科学出版社，2010.

［27］孟华．政府绩效评估——美国的经验与中国的实践［M］．上海人民出版社，2006.

［28］聂萍．顾客导向政府绩效审计制度改进与实现途径［M］．中国人民大学出版社，2015.

［29］欧阳华生．中国政府绩效审计研究——理论基础与制度变迁［M］．经济科学出版社，2010.

［30］彭华彰等．政府效益审计论［M］．中国时代经济出版社，2006.

［31］祁敦芳等．政府绩效审计［M］．中国时代经济出版社，2009.

［32］青岛市审计局2009年发布的《绩效审计操作指南》．

［33］曲婧．我国自然资源绩效审计评价指标体系研究［M］．中国财政经济出版社，2014.

［34］曲明．政府绩效审计——沿革、框架与展望［M］．东北财经大学出版社，2016.

［35］审计署科研所译．美国政府审计准则（2003版）．

［36］审计署科研所译．世界最高审计机关绩效审计指南（2003版）．

［37］审计署发布的《国家审计准则》（2010版）．

［38］审计署外事司．国外效益审计简介［M］．中国时代经济出版社，2003.

［39］审计署外资运用审计司．绩效审计实务专题研究汇编［M］．中国时代经济出版社，2015.

［40］审计署外资运用审计司．国外贷援款项目绩效审计评价指标体系研究及案例［M］．中国时代经济出版社，2012.

［41］施青军．中国特色的绩效审计探索［M］．中国财政经济出版社，2007.

［42］王光远．管理审计理论［M］．中国人民大学出版社，1996.

［43］王艳艳．MBO、KPI、BSC绩效指标体系设计思想比较研究［J］．现代管理科学，2011（3）：96－98.

［44］邢俊芳等．最新国外效益审计（上卷）［M］．中国时代经济出版社，2004.

［45］邢俊芳．效益审计中国模式探索（上卷）［M］．中国财政经济出版社，2005.

［46］谢力群，王小龙．宏观服务型绩效审计模式、实例［M］．中国时代经济出版社，2008.

［47］薛芬．农村饮水安全工程绩效审计研究［M］．中国财政经济出版社，2014.

［48］严明，尹华解．公共服务公平性的六个维度［J］．长春师范大学学报，2015（34），1.

［49］赵爱英，李晓宏．政府行政成本与绩效研究［M］．中国社会科学出版社，2009.

［50］赵保卿．绩效审计理论与实务［M］．复旦大学出版社，2007.

［51］赵耿毅．绩效审计指南［M］．中国财政经济出版社，2011.

［52］郑石桥．管理审计方法［M］．东北财经大学出版社，2012.

［53］郑石桥．绩效审计［M］．中国人民大学出版社，2018.